L'ABBAYE
ET
LA VALLÉE
D'ABONDANCE

Par le Chanoine J. MERCIER

Membre de l'Académie Salésienne, Membre correspondant de l'Académie de Savoie,
Lauréat de la Société Florimontane

> Plus ibi boni mores valent quam alibi
> bonæ leges.
> TACITE. — De Mori. Germ. XIX.

(Extrait des *Mémoires et Documents* publiés par l'Académie Salésienne, tome VIII.)

ANNECY
IMPRIMERIE J. NIÉRAT & Cie
IMPRIMEURS DE L'ÉVÊCHÉ
7, RUE ROYALE, 7

1885

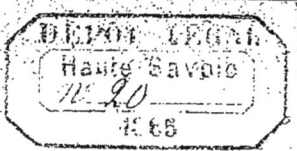

L'ABBAYE & LA VALLÉE
D'ABONDANCE

Par le Chanoine J. MERCIER

EGLISE D'ABONDANCE (Haute-Savoie.)

L'ABBAYE

ET

LA VALLÉE

D'ABONDANCE

Par le Chanoine J. MERCIER

Membre de l'Académie Salésienne, Membre correspondant de l'Académie de Savoie,
Lauréat de la Société Florimontane

> Plus ibi boni mores valent quam alibi
> bonæ leges.
> Tacite. — De Mori. Germ. XIX.

(Extrait des *Mémoires et Documents* publiés par l'Académie Salésienne,
tome VIII.)

ANNECY
IMPRIMERIE J. NIÉRAT & Cie
IMPRIMEURS DE L'ÉVÊCHÉ
7, RUE ROYALE, 7
—
1885

ERRATA.

Page 124, ligne 33, au lieu de : *il ne reparaît plus*, lisez : *il vivait encore* au 26 juillet 1458.

Page 144, le document N° 13 porte que Brunier était de la vallée d'Abondance, *de ipsa valle*.

Page 255, ligne 11, au lieu de : *la huitième année*, lisez : *la troisième année*.

Page 287, ligne 29, au lieu de *sous*, lisez *sans*.

L'ABBAYE & LA VALLÉE
D'ABONDANCE

Par le Chanoine J. MERCIER

Membre de l'Académie Salésienne, Membre correspondant de l'Académie de Savoie,
Lauréat de la Société Florimontane

> Plus ibi boni mores valent quam alibi bonæ leges.
> Tacite. — De Mori. Germ. XIX.

AVANT-PROPOS

Le touriste qui, d'Evian-les-Bains, veut se transporter en Vallais par le col de Morgin, prend la route montueuse dont les gracieux méandres l'amènent sur le plateau de Saint-Paul. Longtemps encore, il pourra plonger ses regards sur les eaux bleues du Léman ou admirer les splendeurs naturelles de ce panorama. Mais une fois qu'il aura dépassé Belle-Vue (1), le spectacle change : au levant et au midi se dressent des montagnes sourcilleuses qui sont les premiers gradins des Alpes Pennines. Bientôt la route, fléchissant à l'est, introduit notre voyageur dans la fertile vallée de Chevenoz et de Vacheresse, puis, se redressant vers le sud, elle laisse à droite Bonnevaux

---

(1) C'est le nom que la première République avait substitué à celui de Saint-Paul.

que domine le col du Corbier, et enfin, tournant brusquement à gauche, elle s'enfonce dans une gorge resserrée, où bientôt le chemin semble barré par deux bras de montagnes qui, des deux côtés, ne s'ouvrent que pour laisser un étroit passage à la Dranse. C'est le Pas d'Abondance, *lieu fameux dans l'histoire du pays. Le voyageur y franchit la rivière sur le pont des Portes et bientôt il a devant lui un étroit vallon, où lui apparaît le chef-lieu d'Abondance adossé au nord sur le talus de la montagne de Jorat. Le premier objet qui s'impose à ses regards, c'est un vaste et antique édifice derrière lequel s'élance hardiment la flèche d'un clocher.*

Si notre touriste est un artiste ou un chroniqueur, il éprouvera une singulière impression d'étonnement, quand il se trouvera en face de ces imposantes constructions ; qu'il saura que ce sont là les restes de ce qui fut, pendant des siècles, la principale abbaye du diocèse de Genève et qu'elle a servi d'asile à des princes et à d'illustres personnages ; quand il contemplera à loisir les ruines, toujours si belles, de son cloître ; quand, enfin, pénétrant dans l'antique église du monastère, il pourra en admirer l'architecture aussi hardie que gracieuse. Il applaudira à la décision souveraine qui a rangé ces édifices religieux parmi les Monuments historiques.

Il n'éprouverait pas moins de surprise alors que, se mêlant à la population de cette vallée, il apercevrait sur la contenance et dans le langage de ses habitants, cet air d'indépendance et de fierté qui caractérise l'homme libre, et qu'il apprendrait que ce sont là les descendants d'une race d'hommes qui, pendant les siècles de la féodalité, ont su conserver leur indépendance, se gouverner par eux-mêmes, exercer les attributions de la justice, et faire de leur vallée une oasis pour la liberté dans ce moyen-âge qu'on appelle les siècles de la servitude.

Voilà, se dirait-il, des souvenirs précieux à conserver, et si ce petit peuple n'a pas son histoire écrite, il la mérite, il la lui faut, soit pour la gloire de ses ancêtres, soit pour l'exemple de leurs descendants, soit parce qu'une telle monographie est une page intéressante dans l'histoire de la vieille Savoie.

Cet étranger aurait raison : Tamié, Hautecombe, Chamonix, Saint-Jean d'Aulps, Talloires, ont leurs souvenirs consignés dans d'intéressantes publications, et Abondance, qui occupa jadis une si grande place dans nos annales religieuses et nationales, attend encore son histoire.

Déjà cependant nous possédons sur Abondance d'excellentes pages dues aux plumes de Besson, d'Albanis Beaumont, de Grillet, de J. Dessaix, de Victor de Saint-Genix et d'autres écrivains, surtout de M. l'architecte Léon Charvet, dont les Recherches sur l'Abbaye d'Abondance *ont eu le mérite de faire ranger ces constructions parmi les* Monuments historiques. *Mais cette publication, la plus complète que nous ayons sur ce sujet, n'a été tirée qu'à deux cents exemplaires, et ne se rencontre plus que très rarement aujourd'hui. Cet auteur avoue d'ailleurs, quoique avec trop de modestie, que son livre est « le plus souvent une froide nomenclature de choses, de dates et de faits, souvent une compilation. »*

M. Glover avait fait espérer, en 1867, la publication d'une histoire d'Abondance, qu'on attend encore. M. Ménabréa se proposait de mettre au jour des documents fort intéressants sur le même sujet. Les intentions de cet éminent historien, mort trop tôt, ne manqueront pas de se réaliser plus tard. Déjà M. Mugnier, de Chambéry, annonce de son côté la publication prochaine de titres qui intéressent Abondance.

Du reste, les anciens habitants de cette vallée étaient si soigneux et si jaloux de leurs droits, de leurs intérêts, de leurs franchises, qu'ils en possédaient de nombreuses copies authentiques, dont plusieurs sont entre mes mains. Elles me viennent en majeure partie du regretté M. Dufour qui, pendant un vicariat de douze ans à Abondance, avait patiemment collectionné quantité de documents en vue d'une monographie d'Abondance, en particulier, le recueil des franchises et les copies des vieux parchemins relevés en *1783* et *1784 par le R^d J.-F. Blanc, vicaire à Abondance, sa paroisse natale.*

Héritier de ce legs archéologique, je ne me suis pas borné à débrouiller ce chaos, à classer, contrôler et traduire un grand nombre de titres latins. J'ai en outre puisé à toutes les sources qui pouvaient enrichir mon répertoire. J'ai fouillé nos riches bibliothèques d'Annecy, lu les publications historiques des Sociétés savantes de la Savoie et de la Suisse sur mon sujet ; j'ai recueilli d'autres documents et de précieuses notes auprès d'hommes dont la compétence est hautement reconnue, entre autres auprès de M. le comte A. de Foras, le savant auteur de l'Armorial et Nobiliaire de Savoie, que j'aime à remercier publiquement, ainsi que Messieurs le chanoine Brasier, Chevalier, professeur au Séminaire, Pettex et Gonthier, deux érudits curés, Piccard, auteur de l'Histoire de Thonon, E. Serand, archiviste-adjoint, et d'autres obligeants correspondants.

Riche de tous ces matériaux, et connaissant Abondance depuis plus de cinquante ans, je me suis dévoué, depuis cinq ans, à en rédiger l'histoire, m'attachant avant tout à être impartial et exact, me souvenant du précepte que donne Fénelon à l'historien, d'être sobre et de laisser tomber les menus faits qui ne mènent le lecteur à aucun but utile.

Du reste, au risque de paraître parfois aride, je laisserai d'ordinaire parler les documents, qui sont les organes autorisés de l'histoire. Un livre historique doit être une œuvre de justice et de vérité. Après des pages très édifiantes, le lecteur rencontrera parfois des ombres au tableau et des traces de la misère humaine. C'est qu'en effet toutes les institutions, même les meilleures, ont leur progrès, leur épanouissement et leur déclin. Il incombe à l'historien de les montrer dans toutes leurs phases, avec une sage réserve. Ce n'est qu'à cette condition qu'il est cru et qu'il est utile.

Ai-je réussi dans ma tâche? C'est au public qu'il appartient d'en juger. L'auteur content de soi, a dit encore Fénelon, est d'ordinaire content tout seul. Il est dit du patriarche Jacob qu'il préférait Joseph à ses autres enfants, parce qu'il était le fruit de sa vieillesse. Ce livre sera sans doute le dernier qui sortira d'une plume déjà bien usée par les ans ; vaut-il plus que ses devanciers ? je dois l'ignorer ; mais, quel que soit l'accueil que lui réserve le public, je dirai comme le vieil Entelle, en sortant de la lice :

Hic... cœstus artemque repono.

CHAPITRE Ier

Topographie de la Vallée d'Abondance. — Ses premiers habitants.

Traditions. — Burgondes. — Paroisse d'Abondance.

A la distance d'environ vingt-cinq kilomètres d'Evian-les-Bains, dans la direction du sud-est, à 930 mètres d'altitude, s'ouvre la vallée d'Abondance, dont le chef-lieu est un des cantons de l'arrondissement de **Thonon**. Cette vallée, telle que nous aurons à l'envisager dans ce travail, ne comprend que les trois communes d'Abondance, de la Chapelle et de Châtel, dont la population totale atteint à peine le chiffre de quatre mille habitants. Elle est séparée du Vallais, au levant, par le mont Linthal et le col de Morgin ; au nord, elle confine avec Vacheresse par les montagnes d'Autigny et de Ferrière ; au couchant, avec Bonnevaux et Saint-Jean d'Aulps, par l'Ecuelle ; au midi, avec Montriond et Morzine par Chaufleuriaz et autres montagnes dont chaque commune possède les versants qui lui font face. C'est au centre de cette vallée que s'élève la pointe de Grange, l'une des trois plus hautes cimes du Chablais.

Naguère encore on n'arrivait à Abondance que par une route impraticable aux voitures et quand, en 1804, Albanis Beaumont y fit son excursion scientifique, les habitants qui, pour la plupart, n'avaient jamais vu de voiture, dit-il, vinrent en foule autour de son char, ne pouvant comprendre qu'il eût pu pénétrer dans leur vallée avec une voiture aussi légère. Aujourd'hui, on y arrive par une route carrossable et bien entretenue, qui évite les montées scabreuses de la Fiogère et de Bellegarde, et qui longe le cours de la Dranse (1). Cette rivière arrose toute la vallée ; elle descend des montagnes de Châtel où elle prend sa source, traverse la Chapelle et Abondance, descend à Vacheresse et à Chevenoz, d'où elle court ensuite se mêler un peu au-dessus de Bioge, aux autres Dranses du Chablais.

Quoique peu connue des touristes et des naturalistes, la vallée d'Abondance mérite de l'être et quiconque l'a visitée en garde les meilleurs souvenirs. Voici quelques traits de la description qu'en a publiée Alb. Beaumont dans le volumineux ouvrage qu'il a dédié à Napoléon Ier et qui a pour titre : *Description des Alpes grecques et cottiennes* (2) :

« A environ vingt minutes de Bellegarde, on trouve le hameau de *Sous-le-Pas,* situé au pied d'une roche calcaire dont les couches supérieures se décomposent à l'air, ce qui rend cette partie du chemin extrêmement dangereuse, vu que le sentier que l'on est obligé de suivre n'a qu'à peine deux pieds de large, qu'il faut passer sur les débris de la montagne qui sont très glissants et que la Dranse roule ses eaux bourbeuses à une profondeur de plus de cinq cents pieds... Le hameau de *Sous-le-Pas* est en partie bâti sur les ruines d'un autre village nommé *le Pas*, qui fut

---

(1) L'orthographe de ce nom serait plus correcte par un c (Drance) *Druentia.* Saint François de Sales écrivait *Durance*, comme la Durance du midi de la France ; mais j'ai suivi l'usage.

(2) De la page 278 à la page 295, IIe part. Tome II.

englouti sous les décombres de la montagne. On a trouvé, il y a peu d'années, la voûte d'un four presque sous le chemin qui conduit à Abondance, ainsi que plusieurs autres ruines de maisons et de cheminées. Au reste, il est connu que ce village du *Pas* existait dans le XII° siècle... Enfin nous arrivâmes à Abondance sans accident.

« Je connais peu de vallées où les habitants, hommes et femmes, raisonnent avec plus de facilité, plus de bon sens, avec moins de fausse honte, que dans celle d'Abondance. Cependant ils n'ont pas l'habitude d'émigrer. Les hommes y sont de belle taille ; leur contenance est ouverte et leurs traits sont saillants. Je n'y ai presque point vu d'infirmes ou de boîteux. Les femmes, sans être grandes, y sont de bonne taille ; elles sont en général jolies et leur teint est de la plus grande fraîcheur. Toutes savent lire et écrire, ainsi que les hommes (1)... On aperçoit sur la contenance de ces habitants cet air de fierté qui caractérise l'homme libre....

« Le village d'Abondance, communément l'*Abbaye*, n'est composé que de quelques maisons, mais très joliment bâties ; elles sont entourées de galeries en bois faites avec goût et propreté... L'église, le couvent, ainsi que les maisons du village sont situées sur les bords de la Dranse, au pied du talus de la montagne d'Autigny. Cette charmante montagne est boisée jusqu'à son sommet, qui est couvert de vastes pâturages... Vis-à-vis de l'*Abbaye* est une vallée très alpine (Charmy), mais extrêmement pittoresque, dont la direction est du nord au sud. Elle est traversée par le torrent de Malève (mauvaise-eau), qui descend de la montagne de l'Ecuelle... L'abbaye d'Abondance est située dans un vallon étroit et sauvage. On est surpris de trouver dans un lieu si resserré une maison religieuse aussi renommée et aussi considérable, d'autant que, à une petite lieue de distance, en remontant la vallée, on entre dans un bassin

---

(1) Ce témoignage, rendu par un étranger, en 1804, à la vallée d'Abondance, prouve que l'instruction publique y florissait avant la Révolution.

au centre duquel est situé la Chapelle d'Abondance. Le chemin qui y conduit est extrêmement agréable. Après un quart d'heure de marche, on passe au pied d'une morène sous laquelle sont renfermés plusieurs filons de pétrole, ou poix minérale dont on pourrait tirer un parti très avantageux. Ce pétrole, fondu et distillé, produirait une excellente huile pour les reverbères et même pour les peintres (1)...

« Le village de *la Chapelle* est beaucoup plus considérable que celui de l'abbaye d'Abondance. Sa situation est délicieuse et les maisons y sont bâties avec goût et propreté. Entre ce village et la Dranse, il y a de vastes prairies entremêlées de champs et de bosquets de sapins, de frênes et de cerisiers... De l'autre côté de la Dranse, au sud du village de la Chapelle, s'élève le mont Grange à une hauteur de 902 toises (2) au-dessus du lac de Genève, mais très accessible et d'où l'on jouit d'une vue très étendue sur tout le Chablais.

« En sortant de la Chapelle, on côtoie la base schisteuse et gréïeuse du mont Linthal. Ce riant bassin s'élargit ensuite de plus en plus ; il offre partout l'aspect de la plus belle végétation. On croirait parcourir les belles prairies du canton de Fribourg. Plus on avance vers l'extrémité sud-est de la vallée, plus le bassin qui la termine offre d'intérêt et de charme. Je connais peu d'endroits dans les Alpes où l'on trouve une aussi grande variété de points de vue et de sites romantiques...

« Châtel (3) est un assez grand village situé sur le pen-

---

(1) On en a perdu la trace. Elle est inconnue dans la vallée, et toutes les recherches qu'a fait tenter M. J. Dessaix sont demeurées sans résultat. *Savoie hist. et pittor.*, p. 134.

(2) Il a 2133 mètres au-dessus du niveau de la mer.

(3) Châtel tire son nom de deux forts ou châteaux que les comtes de Savoie, aidés des habitants, avaient fait élever, au moyen-âge, près de la frontière vallaisane. Un acte de 1430 nous signale le *Castrum parvum* et la visite que Mgr Barthélemi, suffragant de Genève, fit à La Chapelle le 26 octobre 1443, mentionne la chapelle du grand château : *magni castri*. Le temps, et peut-être les Vallaisans, sous les faibles successeurs du Petit-Charlemagne et des Amédée V, VI, VII et VIII les auront rasés au XVe ou au XVIe siècle, alors qu'ils étaient maîtres de cette partie du Chablais.

chant d'une colline bien boisée et couverte de riches pâturages. Ce lieu me rappelait les petits cantons suisses, surtout lorsque ma vue se portait sur la charmante plaine qui s'étend au pied de Châtel et sur les vastes forêts qui couvrent les flancs des montagnes latérales. Je connais peu de vallées en Savoie où les habitants paraissent aussi heureux que dans celle d'Abondance.

« Dans le bassin qui s'étend sous Châtel, on voit souvent en automne plus de douze cents vaches qui paissent sur sa surface encore couverte de la plus belle verdure.

« La vallée d'Abondance ne se termine point à ce charmant vallon ; mais elle forme une espèce de cercle dont la direction se replie vers l'ouest. La Dranse, qui n'est presque plus qu'un ruisseau, décrit le même contour. Elle prend sa source dans un groupe de montagnes élevées, situées entre la vallée de Morzine et celle d'Abondance, nommées Plaine-Dranse, Lens et le Duret. Elle sort d'un petit glacier qu'on aperçoit au nord, derrière le Duret, à trois lieues au plus de Châtel. L'accès en est très facile ; car cette partie de la vallée d'Abondance est partout couverte d'une belle pelouse...

« Ce bassin de Châtel a visiblement formé dans le temps un grand lac : le sol, qui est une espèce de terre de dépôt, les tourbières qu'on y trouve, la pente douce des collines qui entourent ce charmant vallon, les bancs de gravier et de sable qui supportent la couche végétale, tout semble indiquer qu'une grande nappe d'eau a autrefois rempli ce vaste bassin, qui ne s'est desséché que lorsqu'il s'est opéré une commotion souterraine proche des roches de *Sous-le-Pas*, qui, par leur affaissement (ou leur rupture) ont procuré aux eaux une ouverture plus basse que celle qu'elles avaient auparavant. »

Il n'entre pas dans notre sujet de relever les observations de ce savant écrivain sur l'histoire naturelle de la vallée, en particulier sur sa flore, sur ses eaux minérales, sur la nature des roches et autres objets semblables. Il suffit de dire que ce qui fait la principale richesse de cette **vallée, ce sont ses belles forêts et surtout les excellents** pâturages de la plaine et de ses vastes montagnes. Le bétail y prospère, spécialement la race bovine, dont il se fait grand commerce au dehors. Les beurres et fromages d'Abondance sont très estimés. « Chacun connaît, dit Grillet (1), les vacherins (fromages liquides) de cette riche vallée ; ils font les délices des meilleures tables de Genève, de Suisse et de toute l'ancienne Savoie. » Ils franchissaient même les Alpes. En 1820, l'illustre comte de Maistre aimait à les *ravager* (2) et le bon roi Charles-Félix félicitait la Savoie de produire de si excellents vacherins (3). Les principales montagnes de la vallée qui produisent ces gras herbages, s'appellent Ardens, Tré-deux-Pertuis, Tavaneusa, Pertuis, Lens, le Soglier, Plaine-Drance, le Blattey, les Combes et Autigny, comprenant environ 200 chalets, sans parler d'une multitude d'autres mas de montagnes situés sur les trois communes de la vallée, appartenant soit à la commune soit à des particuliers, et desservies par un grand nombre de chalets (4).

Quant à l'*ancien bourg d'Abondance,* il convient de reproduire ici les remarques manuscrites qu'a laissées sur ce sujet le chroniqueur le plus autorisé (5).

« Dans les anciens dictionnaires, dit-il, et dans les an-

---

(1) *Dict. hist.*, t. i, p. 125.

(2) « Pour ce qui est des vacherins, jamais je n'en ai mangé de meilleurs. Ma femme m'en donne quand je suis sage, ou quand elle me croit tel ; mais je la séduis, et presque tous les jours j'en tire quelque chose. Grand merci, donc, monsieur l'abbé, et mille fois grand merci. Il n'y manque que vous pour les ravager avec nous. » (*Lettres et opusc. inéd.* t. ii, lettre à M. Rey, plus tard évêque d'Annecy, p 9. — Ces vacherins lui étaient procurés par M. F.-M. Favre, notaire d'Abondance.

(3) On lui prête cette exclamation : *O felix Sabaudia, quæ tot et tam bonos producit Vacherinos !*

(4) Extrait d'un manuscrit produit en justice devant le Sénat de Savoie en 1822.

(5) Il s'agit ici de M. J.-F. Blanc, vicaire en 1783 et 1784, à Abondance même, d'où il était natif. Il avait collectionné des documents pour l'histoire de la vallée ; il a eu en mains et transcrit un grand nombre de parchemins et de titres dans cette intention patriotique. Je possède plusieurs de ces manuscrits et de ses copies dont je me promets bon usage. Chacun de ses extraits est consciencieusement certifié conforme et signé de sa main.

ciennes géographies la paroisse d'Abondance s'appelle *petite ville*. Il est hors de doute, par les monuments antiques du lieu, que c'était tout au moins un village spacieux. A un petit quart-d'heure au couchant de l'église il y avait une forteresse dont on gardait les portes ; c'était une grosse muraille tendant d'un rocher à l'autre et qui s'appelait le *Fort du Pas*, parce qu'en faisant le pas de la porte on était dedans ou dehors de ce qu'on appelait *ville*. Le lieu qui est au couchant et près de la forteresse s'appelle encore aujourd'hui *aux Portes*. La Maison de ville et le Tribunal de la justice étaient dans l'enceinte et près de cette muraille, comme dans le lieu le plus tranquille et le plus libre pour l'exercice de la justice. Il y avait aussi des prisons et grand nombre de maisons dont plusieurs sont mentionnées dans des titres ; on y trouve des souterrains voûtés. Ce lieu s'appelle dans tous les vieux titres : *apud Passum* et la partie de la paroisse située au couchant, soit au bas du dit fort s'appelle *sublus Passum (Sous-le-Pas)*. Cette muraille n'était pas à l'extrémité de la paroisse, mais avancée en icelle, preuve qu'elle était le rempart de la ville et non du pays.

« Comme ce fort était à un quart d'heure (1) au couchant de l'église, de même, à un quart-d'heure au levant, il y avait un lieu qui s'est toujours appelé *au bourg*, quoiqu'il n'y ait pas une maison à présent, et, plus au levant, il y a un village qui s'est toujours appelé le *bourg de feur* (de dehors). Ces deux bourgs étaient séparés par une petite rivière qui descend de la montagne et vient se perdre dans la Dranse ; elle s'appelle *Nant des bourgs ;* preuve que cette espèce de ville, y compris le *bourg dedans*, s'étendait depuis le *fort du Pas* jusqu'au *Nant des bourgs* et l'autre bourg s'appelait *bourg de feur*, parce qu'il était hors de l'enceinte de la ville.

« Preuve encore que le pays était tout autre qu'il n'est

---

(1) Sur la rive gauche il subsiste des blocs et quartiers de ce fort, à quelques pas du pont des Portes où se trouvait l'*Aile* ou *la halle du Pas*, *Ala Passus*, où se traitaient les affaires publiques et l'exercice de la justice.

aujourd'hui et qu'il y avait une espèce de république, c'est qu'on faisait la garde perpétuelle, non seulement aux deux extrémités de la ville, mais encore aux deux extrémités accessibles de la paroisse d'Abondance... On appelle encore Belle-garde le lieu où on la faisait du côté du couchant. Ce lieu est précisément aux confins d'Abondance et de Bonnevaux sur la route publique (d'alors). Le lieu où l'on faisait la garde du côté du levant s'appelle l'*en-garde*, c'est-à-dire lieu où l'on fait la garde, parce que la sentinelle se tenait tant soit peu au-dessus du chemin qui passait de la vallée dans le Vallais ; ce lieu est près le chemin, entre les paroisses d'Abondance et de la Chapelle. Quand quelqu'un était condamné au bannissement, la justice le faisait conduire par la main du bourreau jusqu'au dit lieu de l'*en-garde*, soit sous les *Saix* (1). »

Alb. Beaumont a vu « non loin du chemin qui conduit à l'extrémité de la vallée d'Abondance, c'est-à-dire dans le Vallais, un pan de mur, attenant à l'abbaye (2), d'une construction fort ancienne, qu'il *croit* être du sixième siècle. Ce mur, dont l'épaisseur est d'environ six pieds, est construit avec des moellons bien échantillonnés, placés à côté les uns des autres avec la plus grande précision et unis ensemble par le moyen d'un ciment aussi dur que la pierre. » Il ne subsiste plus de traces apparentes de ce mur antique ; mais il était vraisemblablement situé vers l'*en-garde* et peut-être était-il lui-même l'*en-garde* de M. Blanc, bien que ce chroniqueur ne parle expressément pas de ce pan de

---

(1) Tiré du latin *Saxum*, pierre, bloc ; on retrouve dans la vallée beaucoup d'autres noms dérivés du latin, tels que l'avo *(avus)*, grand-père, l'amta *(amita)* tante ; mniat, mniata *(gnatus, gnata)*, fils, fille ; jouvene *(juvenis)*, jeune homme, etc. Mais on y retrouve encore un plus grand nombre des termes appartenant à la langue ancienne du pays, qui ont passé et se sont maintenus dans la langue moderne de notre pays, tels que *Dranse* ou mieux *Drance*, grand cours d'eau ; *Nant*, petit cours d'eau, torrent ; *Douïe* et *Thiou*, écluse, cours d'eau étranglé ; *Combe*, colline en berceau ; *Oche*, *Ouches*, pâturages gras ; *Devens*, terrains vagues et communs ; *Frasse*, terrain ou pays fermé ; *Lanche*, terrain ouvert, découvert ; *Balme*, *Barme*, terrain où se trouvent des grottes, *joux*, forêts, etc.

(2) **Descrip. des Alp. grecq., etc.,** *loco citato.*

mur remarquable. Quoi qu'il en soit, l'existence constatée de ce mur datant du sixième siècle, est une donnée utile pour la question qu'il s'agit maintenant d'examiner.

Cette population de la vallée d'Abondance, portant *sur sa contenance cet air de fierté qui caractérise l'homme libre,* cette race forte et énergique, en même temps qu'intelligente et morale, dont l'idiome, un peu lourd à la prononciation, est à la fois imagé et sentencieux, signe d'un esprit solide et réfléchi ; cette tribu patriarcale, si attachée au sol, à ses traditions, à la religion de ses pères, qui tranche d'une manière si saillante sur toutes les populations qui l'avoisinent, d'où vient-elle ? quelle race d'hommes a-t-elle eus pour ancêtres ? ou, si l'on veut, quels ont été les premiers habitants de la vallée d'Abondance ?

Avant de répondre à cette question, disons d'abord que selon l'opinion la plus vraisemblable, avant le commencement du sixième siècle de notre ère, cette vallée n'était pas encore habitée ; on n'y trouve aucun vestige d'une population antérieure à cette époque. Elle était encore couverte d'épaisses forêts vierges. Il importe donc peu de savoir si le territoire qu'elle occupe appartenait à l'Allobrogie ou bien au pays des Nantuates. Pour croire qu'elle ait été habitée et peuplée par des Allobroges ou par d'autres Gaulois, il n'y a aucun fond à faire sur ce prétendu monument druidique qu'on trouve près des limites qui séparent Abondance de La Chapelle. Il ne faut voir dans ce bizarre enrochement qu'un effet capricieux des éboulements de la montagne qui le domine au nord, et ensuite l'intervention de la main des hommes. A une époque peu reculée, on a fait de ce monceau de blocs le piédestal d'une croix qui le surmonte aujourd'hui.

Si cette vallée était déjà peuplée avant les occupations romaine et burgonde, supposition que nous n'admettons pas, elle aurait pu l'être aussi bien par les Nantuates du bas Vallais que par les Allobroges ; une colonie pouvait aussi facilement pénétrer dans la vallée d'Abondance par le col de Morgin, que par la Fiogère et Bellegarde, dont Alb. Beaumont, à quatre-vingts ans seulement en arrière, nous a montré que l'accès était presque impraticable (1).

Quant aux Romains, il n'existe, dans la vallée d'Abondance, aucune trace qui atteste de leur part un essai de colonisation, ou même simplement leur passage (2).

Tous les auteurs les plus récents qui se sont occupés de cette question tiennent pour certain que la première colonisation de la vallée d'Abondance est due aux Burgondes, vers la fin du cinquième siècle ou le commencement du sixième. On sait par les anciens historiens que les Burgondes furent les plus doux et les plus humains des Barbares qui envahirent l'Occident. Au lieu de détruire et de brûler comme les Vandales, ils aimaient à se fixer au sol et à s'y construire des habitations durables. Orose nous apprend que le nom de Burgondes leur vient des *bourgs* ou agglomérations de maisons qu'ils se plaisaient à élever (3). Abondance en avait plusieurs qui ont laissé le nom de *bourgs* à l'emplacement qu'ils occupaient. Ce qui nous reste de leurs constructions porte encore le caractère architectonique qu'Alb. Beaumont a constaté au pan de mur qu'il a vu entre Abondance et La Chapelle. Du temps du premier royaume de Bourgogne, nous dit cet auteur, le Chablais fut habité par les Bourguignons (4). Il le prouve surtout par les origines teutoniques d'un grand nombre de noms propres. La dénomination même d'*Abondance,* qui dans les titres du moyen-âge, est toujours écrite : *Habundancia,* porte avec elle le radical teutonique *bund,* qui signifie *association.*

---

(1) Il parle d'un chemin large de deux pieds, sans soupçonner que ce fût un *iter* romain. Des savants pensent que les deux tronçons qu'on trouve en amont de Vacheresse étaient les restes d'un *iter* romain. Quoi qu'il en soit de cette supposition, on ne retrouve aucune trace de ce chemin depuis la Fiogère en amont, sur le territoire de la vallée d'Abondance.

(2) M. Ducis, *Quest. sur les Alp.* 1871, p. 10, fait passer Sergius Galba, et même César, par Abondance et Morgin, pour aller châtier les Nantuates, les Véragres et les Sédunes. Mais dans un ouvrage de l'année suivante, les *Alpes Graïes*, etc., 1872, p. 16, le même auteur renonce à sa première supposition et fait passer Sergius Galba ainsi qu'Annibal par Lugrin et Saint-Gingolph, pour se rendre des Gaules en Vallais.

(3) Cité par Grillet, *Dict.* IIe v. p. 9.

(4) Ibid., p. 100.

Les Burgondes avaient laissé aux anciens habitants gallo-romains une partie des terres, et s'adonnaient dans les lots qu'ils s'étaient réservés, à la vie agricole et pastorale. Dans la vallée d'Abondance, nous dit J. Dessaix (1), les descendants des Burgondes se maintinrent exempts d'assujettissement politique, se gouvernant d'après des coutumes particulières, empreintes d'éléments importés de la Germanie. Avant lui, le savant L. Ménabréa *se réservait de publier un jour des documents aussi curieux qu'irréfragables* qui prouvent que les habitants d'Abondance étaient *des descendants des Burgondes,* qui se sont gouvernés jusqu'à la fin du quinzième siècle d'après des coutumes particulières, évidemment empreintes d'éléments importés de la Germanie (2). En attendant que ces précieux documents voient le jour, il est permis de bénéficier de l'affirmation et de l'autorité de cet érudit et consciencieux historien.

Nous avons d'ailleurs le tableau des *mœurs des Germains* tracé par l'incomparable pinceau de Tacite. Si, à cette peinture, due au prince des historiens romains, on compare les mœurs et usages des habitants de la vallée d'Abondance dans le passé et même dans le présent, on reconnaîtra aisément, quoique déjà affaiblis par les siècles et par les institutions politiques, plusieurs traits qui révèlent l'origine germanique des habitants de cette **vallée** alpestre.

Comme leurs ancêtres, c'est une race homogène, tenace dans ses traditions, toujours semblable à elle même, ne se mêlant aux étrangers ni par les mariages qu'ils contractent dans la tribu (3), ni par l'émigration à peu près inconnue parmi eux ; population aimant l'ordre, mais passionnée pour la liberté et impatiente d'une autorité

---

(1) *Evian-les-Bains et Thon.*, p. 121. 1865.
(2) Cité par M. Charvet, *Recherches sur l'Abb. d'Abond.* p. 128-129. — On voit que ces deux auteurs se sont rencontrés jusque dans les termes.
(3) Tacit. *De morib. German.*, cap. IV.

arbitraire (1), traitant par les chefs de famille les intérêts publics de la communauté ; ne se donnant pour magistrats ou représentants que ceux que le mérite désigne à leur choix (2) ; race loyale, franche, hospitalière, religieuse, ayant le culte des ancêtres et le respect des vieillards ; fière sans morgue et par simple sentiment de dignité et par souvenir de ses antiques franchises ; à la fois prudente et hardie dans ses desseins ; aimant la justice, mais se la faisant rendre par ses pairs (3), possédant ainsi le jury, sans en connaître le nom ; délibérant en commun dans des assemblées libres ; *peuple chez lequel les bonnes mœurs ont plus d'empire qu'ailleurs les bonnes lois* (4). Une trace saillante des anciens usages burgondes conservés dans la vallée d'Abondance, c'est que, jusqu'à notre législation moderne, le père de famille choisissait celui de ses enfants qui serait son héritier. A celui-ci le soin de représenter le père défunt et de perpétuer la famille. Le partage des biens y était inconnu. Tels étaient les Germains de Tacite (or les Burgondes étaient Germains), tels furent les habitants d'Abondance du plus loin qu'ils nous apparaissent dans les profondeurs du moyen-âge ; tels encore, malgré une altération des traits, on peut les reconnaître aujourd'hui (5).

Cette occupation de la vallée d'Abondance par les Burgondes a dû avoir lieu du milieu du cinquième au milieu du sixième siècle de notre ère. On sait que ce fut en l'année 422 que le faible Honorius abandonna au chef burgonde notre Savoie et d'autres provinces des Gaules. Une colonie de ce peuple a donc pu pénétrer dans la vallée d'Abondance pendant le règne de saint Sigismond ou de Gondebaud, son père, tous deux rois des Burgondes, résidant dans notre pays, soit à Genève, à Vienne en Dauphiné, ou à Saint-Maurice d'Agaune. Mais il paraît plus probable

---

(1) Tacite, *De Morib. German.*, cap. VII.
(2) Ibid., cap. VI.
(3) Ibid., cap. XII.
(4) Ibid., cap. XIX.
(5) C'est à la Chapelle et à Charmy que ce type s'est le mieux conservé.

que cet évènement n'eut lieu qu'après les guerres que les Burgondes eurent à soutenir contre les fils de Clovis, surtout après la défaite que subit, près d'Autun, Gothmar, leur dernier roi. Les restes des Burgondes échappés à l'extermination ne manquèrent pas de se chercher un asile dans les hautes vallées de nos Alpes. Aussi voyons-nous des *Teutonici* à Vallorsine, des *Allemani* à Sixt. La vallée d'Abondance présentait un refuge non moins favorable aux débris de notre tribu burgonde, et ils ont pu ainsi peupler les recoins alpestres et encore inoccupés du Chablais et du Faucigny; car dans le partage des terres que les Burgondes avaient fait avec les indigènes, ils avaient formé, des montagnes et des hautes vallées, une propriété commune, destinée au pâturage des troupeaux ou réservée aux établissements futurs qui pourraient s'y former (1). Cette dernière clause était une ressource pour eux après leurs désastres. Ils en bénéficièrent à l'insu ou même avec la tolérance des Francs, leurs vainqueurs, qui n'avaient plus rien à redouter de leur part.

On sait que, sous le pieux Sigismond, au début du sixième siècle, les Burgondes avaient renoncé à l'Arianisme où les avait maintenus ou entraînés leur roi Gondebaud et qu'ils embrassèrent la religion catholique, devenue religion de l'Etat. Ce fait explique, d'un côté, la ténacité des habitants de la vallée d'Abondance à leur foi héréditaire et, de l'autre, comment Mgr N. Deschamps, évêque de ce diocèse, a pu dire, en 1760, dans son mémoire au roi Ch.-Emmanuel III : *Quoiqu'on ne puisse pas fixer la première époque de l'établissement de la cure d'Abondance, on a lieu cependant de présumer que, ayant été une des plus vastes et des plus nombreuses, elle est aussi une des plus anciennes du diocèse de Genève, ayant été une paroisse distinguée longtemps même avant l'établissement des chanoines réguliers de Saint-Augustin* (2) (en 1108).

(1) *Les Châteaux des Allinges*, par M. Gonth. t. III de l'*Acad. Sal.*, p. 104. — item. *Notice sur Thonon et Evian*, par M. J. Dessaix.
(2) Communiqué par M. le chanoine Chevalier, professeur au Séminaire d'Annecy, et extrait de la bibliothèque de feu Mgr Magnin.

CHAPITRE II

Origine du Monastère d'Abondance.

Coup d'œil rétrospectif sur Saint-Maurice d'Agaune. — Premiers Moines d'Abondance. — Saint Colomban. — Mouvement religieux au XIIme siècle. — Arluin et ses Chanoines reçoivent la Vallée d'Abondance. — Acte de donation. — Installation à Abondance.

Une excursion rétrospective sur l'histoire du monastère de Saint-Maurice d'Agaune paraît opportune ici pour servir d'introduction au sujet énoncé ci-dessus. En effet, le célèbre établissement d'Agaune peut revendiquer des droits de paternité sur celui d'Abondance, soit parce que les premiers religieux qui ont paru dans la vallée d'Abondance ont vraisemblablement été des moines envoyés ou échappés du monastère d'Agaune après de nombreux désastres, soit parce que le territoire d'Abondance, relevant des moines d'Agaune, il leur importait d'en favoriser et d'en diriger la colonisation, surtout par des Burgondes, en mémoire de saint Sigismond, bienfaiteur de leur monastère, et de faire fleurir la religion dans cette jeune colonie ; soit enfin parce que l'établissement définitif des moines d'Abondance n'a été créé que par une concession spéciale du monastère d'Agaune, comme on le verra.

L'histoire atteste comme un fait certain que, avant l'époque d'Avitus, évêque de Vienne, et du pieux roi Sigismond, il existait à Agaune un établissement religieux qui se rattachait à la mémoire et au culte des martyrs thébéens (1) et que, environ cinquante-trois ans après le

---

(1) *Mém. de la Société d'hist. de Genève*, t. XVI, p. 42.

massacre de ces saints légionnaires, soit vers l'an 355, saint Théodore, premier évêque du Vallais, avait construit à Agaune une église pour y retirer et y vénérer les précieux restes de ces martyrs. A côté de l'édifice religieux s'élevait un monastère monté comme ceux d'Orient, où l'on exerçait l'hospitalité envers les étrangers et les arts mécaniques. On y suivait une règle particulière appelée *règle de Tarnade,* dont Benoît d'Agniane nous a conservé le texte. Cet établissement, déjà célèbre et florissant, fut brûlé et détruit en 408 par les Vandales (1).

Non content de le relever de ses ruines, le pieux roi saint Sigismond, sur le conseil d'Avitus et de Maxime, évêque de Genève, construisit, entre les années 517 et 522, une grande église avec un monastère, où de nombreux religieux, sous une règle nouvelle qui les affranchissait du travail manuel, étaient assujétis à la psalmodie perpétuelle, et dont saint Hinnemond fut établi le premier supérieur.

Pour l'entretien des cinq cents religieux d'Agaune, et pour les frais du culte, Sigismond affecta des territoires considérables dans différents pays (pagi) du voisinage, entr'autres dans le diocèse de Genève, les territoires dénommés *Communiacum* et *Marianum* (2). Vu le voisinage des lieux, il n'est point téméraire de supposer que ces deux localités, dont les noms et les sites sont aujourd'hui peu

---

(1) De Rivaz, *Eclaircis.* p. 51 et 54. — Le nom de la Tarnade, selon cet auteur, dérive d'un château voisin appelé *Tauredunense castrum* par Marius, évêque de Lausanne, auquel se rattacherait la fameuse question de la chute du *Tauredunum*.

(2) Mgr l'Evêque de Béthléem, abbé de Saint-Maurice, m'a très obligeamment permis de prendre la note suivante dans une pièce des archives de son abbaye, laquelle pièce est réputée une copie de la charte de donation faite par Saint-Sigismond... *in pago genevensi, curtes nominatas* COMMUNIACUM *et...* MARIANUM *hæc omnia donavi Sancto Mauritio ad prefatum monasterium cum omni integritate cum appendiciis et adjacentiis earum... id est terris, domibus, ædificiis, mancipiis, liberis, servis, plebeis, acolubus... vineis... decimis, Actum ex integro,* etc. Les auteurs du Regeste genevois voient dans *Communiacum,* Commugni en Suisse ; et dans *Marianum,* Marin en Chablais, ou Marigny en Faucigny. N° 52, p. 18. — C'est donc douteux.

reconnaissables, furent les vallées alpestres qui s'échelonnent en Savoie le long du Vallais depuis Abondance, et peut-être depuis Saint-Gingolph, jusqu'à Vallorcine et Chamonix *(Communiacum)* et dans lesquelles on pouvait pénétrer du Vallais par les cols de La Forclaz, de Coux, de Morgin, et d'autres passages (1). Quoi qu'il en soit de cette supposition, il conste, d'après saint Grégoire de Tours (2), que saint Sigismond dota fort richement l'établissement qu'il avait fondé à Agaune : *locum tam in territorio, quam in reliquis rebus affluentissime ditavit.*

Nous verrons d'ailleurs que les religieux de Saint-Maurice d'Agaune relâchèrent la vallée d'Abondance aux moines qui vinrent demander à s'y établir, parce qu'il était certain, porte l'acte de cession, que l'église et toute la vallée d'Abondance appartenaient à la juridiction et au territoire de l'église d'Agaune : *quia certum erat eam esse de jure et territorio Agaunensis ecclesiæ.* Or, qui leur aurait donné ce territoire, si ce n'est Sigismond ? Peut-être Charlemagne et son fils Louis-le-Débonnaire confirmèrent-ils les donations antérieurement faites ; mais nous ne voyons pas qu'ils aient fait eux-mêmes aucune donation en territoire.

La ferveur se soutenait encore dans l'établissement d'Agaune, lorsque, en 574, les Lombards envahirent le Vallais et dispersèrent les pieux cénobites d'Agaune. Mais l'orage passa, et les moines purent rentrer dans leur monastère. Plus tard Arnaud, bâtard de Louis-le-Débonnaire l'ayant eu en commende, quoique laïc, il en dissipa les fonds d'une manière scandaleuse, et introduisit le désordre dans ce pieux asile. C'est en vain que son père le révoqua ; dès lors ces moines dégénérés ne connurent plus de dis-

---

(1) Nous avons plusieurs titres qui mentionnent les délimitations intervenues entre l'abbaye de Saint-Maurice d'une part et les vallées d'Abondance, de Sixt et de Chamonix de l'autre. — Voir aussi le *Prieuré de Chamonix*, par MM. Bonnefoy-Perrin, t. I, p. 169.

(2) Cité par les *Mém. de la Soc. d'hist. et d'arch. de Gen.*, t. XVI, p. 46.

cipline ; le Pape et l'Empereur intervinrent ; on vida le couvent de cette triste engeance (1) et on y introduisit trente autres religieux édifiants, que l'on constitua gardiens des saintes reliques des martyrs thébéens.

En 939, les Sarrazins pénétrèrent dans le Vallais et deux fragments, cités par M. Lefort, et se rapportant l'un et l'autre à l'année 940, nous apprennent que ces infidèles ont occupé le Grand-Saint-Bernard et incendié le couvent de Saint-Maurice. Aussi lorsque l'évêque d'Augsbourg, Ulrich, se présenta peu après à Saint-Maurice pour emporter quelques reliques des martyrs thébéens, il trouva le monastère dévasté et désert. Pour tout habitant, il n'y rencontra que le gardien de ces vénérables ruines (2).

S'il fût resté quelque dévastation à commettre, elle eût été consommée par les Hongrois qui ne tardèrent pas à s'élancer sur l'Occident et parcoururent notre pays comme un torrent destructeur pendant tout le dixième siècle (3).

Il est évident, d'après ce qui précède que, si le monastère d'Agaune n'avait déjà pas antérieurement envoyé une colonie de ses religieux dans la vallée d'Abondance pendant les intermittences de calme, ils ne purent mieux faire, quand ils se virent si souvent expulsés de leur monastère et maltraités par les barbares, que de profiter de l'asile aussi sûr que commode dont leur vallée d'Abondance leur offrait la ressource.

Il n'est donc pas douteux qu'une ou plusieurs colonies successives de religieux sorties d'Agaune ne se soient fixées dans la vallée d'Abondance et n'y aient continué de leur mieux leur genre de vie religieuse, tout en s'occupant de défrichement, de culture des terres et de l'évangélisation des habitants qu'ils y trouvèrent ou qui s'y établirent dans

---

(1) Une bulle d'Eugène II déclare que ces moines étaient *polluti nephanda et miserabili sorde.* Cité par M. Rilliet, *Mémoir.* ib. t. XVI, p. 57.

(2) *Les Sarraz. dans les Alp.* 1879, p. 7 et 11 : Et quum illuc pervenisset, monasterium noviter a Sarracenis exustum invenit et nullum de habitantibus ibi conspexit, nisi unum œdilem combustum monasterium custodientem.

(3) Ménabréa, *Montmél. et les Alp.*, p. 46 et 47.

la suite. On comprend combien ils devaient s'intéresser aux restes de cette race burgonde dont le roi Sigismond avait été l'insigne bienfaiteur d'Agaune.

Ici se présente une question historique : saint Colomban a-t-il ébauché lui-même un établissement religieux à Abondance ?

Un grand nombre d'auteurs tiennent pour l'affirmative (1). Nous ne connaissons pour le sentiment contraire que M. Melville Glover, dans un article de journal (2) et MM. le général Dufour et Rabut, lesquels, sans discuter eux-mêmes ce point d'histoire, disent que M. Glover *a fait justice* du sentiment opposé (3). Au fond, cette divergence d'opinions n'a qu'une faible importance, puisque tous sont d'accord à reconnaître que le célèbre Irlandais n'aurait fait que tenter un établissement monastique à Abondance et qu'il aurait ensuite abandonné son entreprise encore imparfaite. Cependant, ce serait un souvenir glorieux pour cette vallée, d'avoir vu, même dans un rapide passage, le célèbre réformateur de la vie monastique.

Les raisons sur lesquelles M. Glover s'appuie pour nier l'apparition et la tentative de saint Colomban à Abondance paraissent peu convaincantes. Il allègue d'abord le silence de Tonas et des autres biographes du Saint sur sa présence à Abondance. Or ce n'est là qu'un argument négatif et peu concluant, quand il s'agit d'un projet ou d'une ébauche qui n'aboutit pas et d'une vallée qui peut-être n'avait point encore de nom reconnu au dehors.

Sans discuter le doute, si le *monasterium Habundense, habundantinum* était, comme le dit cet auteur, le monastère connu plus tard sous le nom moderne de *Remiremont* ou bien le monastère d'Abondance lui-même, on peut dire que la seconde raison qu'allègue M. Glover pour son sentiment se tourne contre lui, quand il attribue à *la fibre patriotique* de Besson l'initiative du sentiment contraire

---

(1) De Passier, Besson, Alb. Beaumont, Charvet, Lecoy de la Marche, Victor de Saint-Genix, etc.

(2) *Courrier du Chabl.* 9 août 1868, n° 24, aux deux prem. colonnes.

(3) *Sigilographie de la Savoie*, 1re série, p. 13 et 107.

qu'auraient suivi moutonnièrement tous les autres auteurs qui parlent du projet d'établissement de saint Colomban à Abondance.

Près d'un siècle avant Besson, R⁴ De Passier, chanoine de Sixt, faisait imprimer à Annecy, en 1666, une biographie intitulée *Recueil de la vie et gestes du vénérable Ponce, troisième supérieur de la Congrégation d'Abondance*. En tête de son livre, cet auteur affirme que ce *Recueil est extrait des manuscrits et chartres diverses qui se sont treuvées être faites du temps que ce Saint vivoit*, et, dans sa préface, ce biographe déclare que, *outre le grand nombre de tiltres anciens qu'il a rencontrés en différentes archives, la Providence lui a mis en main plusieurs originaux et manuscrits en parchemin*.

Il n'est pas étonnant que ce biographe ait disposé de ces précieux documents. Il était chanoine de Sixt, la première abbaye érigée par celle d'Abondance en 1144. Le fondateur et le premier abbé de Sixt fut, nous le verrons, le Vén. Ponce de Faucigny, qui avait été lui-même un des premiers religieux et le législateur d'Abondance, qui en devint le troisième abbé et qui vint ensuite terminer sa carrière à Sixt. Ce pieux personnage connaissait donc parfaitement les origines, les traditions et les titres qui concernaient Abondance et en a laissé des mémoires à son abbaye de Sixt. D'un autre côté, à la suppression des chanoines de Saint-Augustin d'Abondance, en 1607, Sixt était la seule abbaye de Savoie de la fondation d'Abondance qui lui fût restée affiliée. On ne peut douter que, avant la dispersion des chanoines d'Abondance dans divers couvents, ils n'aient livré leurs principaux documents historiques à l'abbaye de Sixt par les mains des R^{ds} Thomas Bidal et Jean Cornu, leurs confrères, auxquels le monastère de Sixt fut assigné pour séjour en 1607.

Le biographe De Passier, qui écrivait cinquante-neuf ans après leur arrivée à Sixt, était donc, comme il le marque, pourvu de *manuscrits*, de *chartres*, de *parchemins* remontant aux origines mêmes de l'abbaye d'Abondance.

Or, cet écrivain, nanti de ces précieux documents,

énonce sans hésitation et comme un fait historique, l'apparition de saint Colomban à Abondance, et ses constructions pour y établir un monastère. « *Le glorieux saint Colombin*, écrit R⁴ De Passier, *avoit commencé, en qualité d'abbé la construction d'une maison religieuse en une vallée de la province du Chablais, appelée Abondance. Mais cette entreprise ayant été divertie par les guerres et d'autres obstacles, le saint laissa l'œuvre imparfaite et fut contraint de se retirer* » (1).

M. Glover regrettera de n'avoir pas connu cette biographie, d'ailleurs très rare.

Ménabréa cite, au nombre des contrées que le saint parcourut, l'Helvétie et surtout *les bords du lac de Genève où ce grand homme*, dit-il, *laissa les plus précieux souvenirs* (2). Or, nous ne connaissons aucun souvenir de saint Colomban qui se rattache au Léman, excepté ce que la tradition nous apprend de son projet d'établissement à Abondance. M. Victor de Saint-Genix veut même qu'il ait *jeté au pied des glaciers du Mont-Blanc les semences qui devaient faire de ce pays la Thébaïde des Alpes* (3).

Du reste, quoi qu'il en soit du sentiment qui attribue à saint Colomban l'ébauche d'un établissement religieux à Abondance, il conste qu'il y existait des moines dans le onzième siècle. Déjà, en 1080, la piété du seigneur Louis de Féterne avait pourvu à l'établissement des chanoines réguliers dans cette vallée. Sa fille Hermengarde leur fit beaucoup de bien et son fils Guy est désigné, en 1108, comme l'avoué, c'est-à-dire le protecteur de ce monastère. Berlion, fils de ce seigneur Guy, devint à son tour le bien-

---

(1) *Vie du vén. Ponce*, ch. III, p. 15 et 16. — Quels furent ces *autres obstacles* ? Peut-être la haine de Brunehaut poursuivit-elle le saint fondateur jusque dans cet asile dont le territoire relevait alors des rois francs. Peut-être aussi les moines de Saint-Maurice ne permirent-ils pas à ce célèbre étranger de se fixer dans une vallée qui leur appartenait et qu'ils avaient déjà commencé ou qu'ils se proposaient d'exploiter et de desservir eux-mêmes.

(2) *Orig. féod.*, p. 122.

(3) *Hist. de Sav.*, p. 133.

faiteur de cet institut, en lui engageant une partie de ses dîmes de Larringes et d'Evian (1).

Bien qu'on ignore la date précise de l'érection de la vallée d'Abondance en paroisse, c'est une des plus anciennes. Comme elle relevait du chapitre, soit du monastère de Saint-Maurice d'Agaune, ces religieux la faisaient ou la laissaient desservir par des moines qui résidaient dans la vallée et qui recevaient leur institution de l'évêque de Genève.

S'il faut en croire une tradition locale, le premier établissement religieux dans la vallée d'Abondance aurait été situé au lieu dénommé *Sous-les-Crêts,* à un demi-kilomètre du chef-lieu. Mais survint un éboulement des hauteurs de Combafou, qui aurait emporté les constructions, tout en laissant intacte une statue de la Vierge, installée dans la cavité d'un sapin voisin. De là, le pèlerinage très ancien et très populaire à Notre-Dame d'Abondance pendant le moyen-âge, surtout à l'Assomption, qui est demeurée fête patronale de cette paroisse. Après cette catastrophe, les religieux se seraient établis à quatre kilomètres environ plus à l'est, sur l'emplacement actuel de la *Chapelle d'Abondance,* alors et longtemps depuis, appelée *Chapelle des Frasses* (2). L'édifice du culte ne fut d'abord qu'une grande chapelle qui a laissé son nom, *Chapelle d'Abondance,* au territoire sur lequel elle fut élevée. Mais si cet emplacement avait l'avantage d'être à l'abri des inondations et des avalanches, dans une gracieuse vallée, plus rapprochée du monastère d'Agaune, il avait aussi l'inconvénient de n'être pas assez central pour le service religieux et l'exercice de la charge d'âmes dans les diverses parties de la vallée, dont la population était devenue nombreuse. C'est alors qu'on se décida à se centraliser et à bâtir dans l'étroit vallon d'Abondance. La tradition ne fixe pas l'époque de ce changement; mais il ne peut être postérieur au onzième siècle, ainsi qu'on le verra. Toute la vallée ne

---

(1) *Pourpris hist.*, p. 140. — J. Dessaix, *Evian-les-Bains*, p. 129.
(2) Ces traditions ont été recueillies sur place par feu R. E. Dufour, homme fort compétent, qui a passé douze ans à Abondance comme vicaire.

formait encore qu'une paroisse ; mais la *Chapelle,* avec son saint Maurice pour patron, ne tarda pas à devenir une église paroissiale dont Châtel demeura membre, pendant plusieurs siècles encore.

On venait de traverser les *épaisses ténèbres du moyen-âge.* Durant cette longue période, pétrie de foi, le clergé séculier était encore peu nombreux. Les grandes cathédrales possédaient, il est vrai, des maîtrises d'où sortaient de précieuses recrues pour le service du culte et des consciences; mais ce n'était encore là que de faibles ébauches de nos séminaires modernes et, malgré les désirs et la vigilance de l'Eglise, le clergé séculier du moyen-âge laissait souvent à désirer pour la science et même pour les mœurs ; la confiance des peuples se portait de préférence sur les moines, à la fois plus instruits et mieux disciplinés.

On entrait dans le douzième siècle, le siècle du grand saint Bernard de Clairvaux. Il se produisit alors un admirable épanouissement de vie chrétienne dans nos pays, comme dans toute l'Europe. C'est pendant ce douzième siècle que saint Guérin, l'ami de saint Bernard, donna sa belle forme monastique à la jeune abbaye d'Aulps ; c'est vers cette époque (1136) que Vallon de Bellevaux vit s'élever sa chartreuse qui prospéra longtemps et que ne tarda pas à suivre, au Reposoir, cette communauté des fils de saint Bruno, qu'illustra le B. Jean d'Espagne, ainsi que la chartreuse de Pomiers, favorisée par les Comtes de Genevois (1179); avant ces établissements parurent aussi en Savoie la célèbre abbaye d'Hautecombe et celle de Tamié, à laquelle saint Pierre de Tarentaise et plus tard l'illustre réformateur de la Trappe, l'abbé de Rancé, ont attaché pour toujours leur nom. Inutile d'énumérer ici cette multitude de maisons religieuses des deux sexes que l'on vit éclore en Savoie pendant le laps de ce douzième siècle trop peu connu.

Un des premiers et des plus glorieux fruits de ce mouvement religieux fut la création de l'abbaye d'Abondance, dont nous avons à recueillir et à consigner les principaux souvenirs dans ce travail historique.

Ainsi qu'on l'a vu, jusqu'à la fin du onzième siècle, bien des obscurités planent sur l'histoire de cette vallée. Dès l'an 1080, *l'Abbaye*, nous dit Charles-Auguste de Sales, *fut réédifiée* par un seigneur de Féterne (1), qui ne manqua pas d'y introduire ces chanoines que nous verrons, vingt-huit ans plus tard, régulièrement et définitivement en possession de ces lieux.

On sait que, outre les moines qui, dans notre Occident, étaient les disciples de saint Benoît, de saint Bruno, de saint Colomban, il s'y était aussi répandu une institution de chanoines, soit de clercs réguliers, créés à Hippone par saint Augustin, à Verceil par saint Eusèbe, et à Metz par saint Chrodegand, dont les nombreuses colonies contribuèrent puissamment à l'évangélisation et à la civilisation de l'Europe. C'étaient de ces chanoines que Louis-le-Débonnaire, voulant remédier au mal que son bâtard Arnauld avait causé au monastère d'Agaune, y introduisit, avec l'agrément du Pape Léon III, au neuvième siècle, sous une règle qu'avait approuvée le Concile d'Aix-la-Chapelle en 816 (2). Ce sont aussi des chanoines réguliers que nous trouvons à Abondance à la fin du onzième siècle (3). Dès ce moment nous sortons des incertitudes et dans la suite de ce travail, nous ne marcherons plus qu'appuyés sur des documents authentiques. Voici le récit que nous a laissé R^d De Passier dans sa *Vie du B. Ponce* (4).

« Plusieurs années après que cette province (le Chablais) eut été réduite sous l'obéissance des comtes de Savoie, quelques chanoines réguliers conduits par leur prieur, nommé Herluin, faisant voyage dans cette contrée et ayant considéré la dite vallée d'Abondance, la jugèrent fort propre pour établir une maison de leur ordre sous la règle de saint Augustin.

« Cette résolution étant prise, continue notre biographe, ils cherchèrent d'abord le moyen de l'exécuter... Mais

---

(1) Cité par M. J. Dessaix, *Evian-les-Bains*, p. 129.
(2) M. Grobel, *Notre-Dame de Savoie*, p. 374.
(3) De Passier, *Vie*, etc., p. 17.
(4) Ibid., p. 16, 17 et 18.

comme le lieu et les mazures des bâtiments commencés par saint Colomban, aussi bien que toute la vallée d'Abondance se trouvoit être des appartenances du très ancien et royal monastère de Saint-Maurice, dont le comte de Savoie s'étoit déclaré le protecteur, ayant égard à la piété et à l'exemple que donnoient à ses sujets le prévôt et les chanoines séculiers qui servoient Dieu dans cette abbaye depuis que Léon III, à la prière de Louis-le-Pieux, fils de Charlemaigne en avoit fait l'établissement, cette petite, mais fort zélée troupe religieuse résolut de recourir à lui (au comte de Savoie) et de lui remontrer en toute humilité l'importance de leur dessein et les motifs qui les avoient obligés de le prendre. Cette remontrance ayant été examinée par le comte Aimon de Genève, tuteur du dit prince, ils furent renvoyez pour traiter et négocier avec Messieurs le prévost et les chanoines de Saint-Maurice, où ils s'acheminèrent incontinent et s'adressèrent avec toute sorte de confiance à ce vénérable chapitre dont Vuido étoit prévost, lui exposant les motifs de leur pieux dessin. Sur quoy, après une mure délibération, attendu que cette affaire étoit importante pour l'avancement de la gloire de Dieu et de son Eglise et que même le Comte, par la participation de son tuteur, y avoit donné son agrément, le dit chapitre accorda les fins de leur requeste, et passa avec eux un contract de cession et transport des lieux de la dite vallée d'Abondance. »

Nous possédons le texte de cet acte important, extrait par un notaire ducal du propre original (1). Comme tous les actes de cette époque, cette pièce est rédigée en latin. Vu l'importance capitale qu'elle a dans notre travail, nous en donnons ici la traduction française, et nous publierons le texte latin aux pièces justificatives (n° **1**.)

(1) « Et moi, Michel Favre, notaire ducal d'Abondance, au duché de Chablais qui la présente copie ai extraite par main d'autre sur son propre original et après dues collations faites sur son propre original, ai signé à la requête du R^d P. Dom Antoine de St-Bernard, prieur du Monastère du dit Abondance, le 2^d de Janvier 1739. » (Transcrite sur cette copie par R^d E. Dufour qui l'a collationnée et certifiée conforme.) **Voir aussi Guichenon,** (*Preuves*, p. 29.)

Traduction de l'acte de donation.

« Au nom du Seigneur éternel et du Sauveur Jésus-Christ. Quiconque veut acquérir quelque chose des biens d'une église doit avant tout s'appliquer à obtenir cette donation et les titres authentiques des supérieurs de cette église, avec le consentement commun des pères, afin qu'il puisse l'avoir avec plus de garantie et d'assurance et le posséder ensuite légitimement à perpétuité. C'est pourquoi, à tous les fidèles de Dieu, tant nés qu'à naître soit notoire que le frère Arluin, prieur des Chanoines réguliers de l'église de Sainte-Marie d'Abondance, avec l'approbation et concession du seigneur Guy de Féterne, avoué de ladite église, est venu à l'église de Saint-Maurice d'Agaune et au seigneur Guy, prévôt de cette même église et aux autres frères, demandant que, du consentement d'Amédée, fils d'Hubert (Humbert), et de son tuteur Aimon, comte de Genevois, ils lui relâchassent ladite église d'Abondance, avec toute sa vallée, attendu qu'il constait qu'elle est de la juridiction et du territoire de l'église d'Agaune ; à la prière duquel, nous, Guy, prévôt, et nous tous chanoines de Saint-Maurice, d'un consentement commun, avec l'aveu desdits princes et l'approbation du seigneur Guy de Féterne, faisant un accueil favorable et irrévocable, nous accordons et donnons cette église de Sainte-Marie (d'Abondance), avec toute sa vallée audit Arluin et à ses autres frères et à leurs successeurs qui y vivront canoniquement, pour être à perpétuité par eux eue et possédée, avec champs, prés, pâturages, forêts, eaux et cours d'eaux, alpes, montagnes, terres cultivées et incultes, et avec tous leurs usages, à l'exception de la chasse des cerfs et avec réserve que tant sur ce gibier que sur les autres bêtes fauves de quelque manière et en quelque endroit qu'ils aient été pris, dès que ce sera dans les limites de la vallée, l'épaule droite devra toujours leur être livrée ; et même quant aux cerfs il leur sera permis d'en prendre six par année, droit que leur accorde le seigneur Guy, de telle manière cependant qu'ils n'y introduisent ni meute ni chasseurs d'une juridiction autre que la sienne ou en son nom et place. Or, ladite vallée est bornée au levant par Morgin, au midi et au nord comme les eaux tombent dans la vallée, au couchant par Pertuis, laquelle donation est faite avec la clause que, à la fête de saint Maurice, ils payeront annuellement une livre de cire à l'église d'Agaune, moyennant quoi, en toute sécurité et sous l'avouerie légitime du seigneur Guy et de ses héritiers qui possèderont Féterne, ils en auront la perpétuelle jouissance et possession. Que si quelqu'un tente de violer ou d'attaquer cette présente donation, qu'il échoue dans sa criminelle tentative, qu'il soit excommunié et maudit de Dieu le Père, de Notre-Seigneur Jésus-Christ et du Saint-Esprit et de Marie, Mère de Dieu, et du Bienheureux Maurice avec ses compagnons et de tous les saints de Dieu ; qu'au contraire à tous les bienfaiteurs de ce lieu soit paix et récompense éternelle dans les siècles des siècles. Nous, frères dont les noms sont écrits ci-dessous, du consentement de Guy, notre prévôt, nous avons fait cette charte de donation et avons demandé qu'elle se fît. A signé Guillaume sacristain, a signé Anselme chantre — frère l'Audriet, maître — frère Boson, dépensier — frère Bernard, échanson — frère Robert — frère Anselme — frère Guillaume — frère Durand — frère Anselme et Gérard — frère l'Eldebaud — Les frères et tous les autres ont signé — Moi Alderic, remplaçant le seigneur Turumbert chancelier j'ai rédigé cette charte le samedi 6 des nones de mai, indiction première, lune 18e, épacte sixième, la 3e année du règne du roi Henri l'an de l'incarnation 1108. Fait dans le cloître d'Agaune avec bonheur. Voici les noms des princes (grands) qui sont témoins : Amédée de Blonay, Gérard d'Allinge et Boson son fils. »

L'intérêt principal de ce document consiste à nous faire assister à l'origine certaine et à l'établissement définitif d'un monastère et d'un institut religieux qui subsisteront pendant près de sept siècles dans la vallée d'Abondance. Il constate aussi que, avant l'an 1108, il y avait déjà à **Abondance** un prieuré de chanoines réguliers dont l'existence jusqu'alors avait été précaire. Ce fut pour la régulariser et la rendre définitive que le prieur Arluin (de Cervent) fit à Agaune l'importante démarche dont nous venons de parler et que le succès couronna. On voit que les religieux de Saint-Maurice y mirent une admirable condescendance ; mais, sans déroger au mérite de la spontanéité, il leur eût été difficile d'opposer un refus, quand Amédée III, comte de Savoie, par l'organe d'Aimon Ier, comte de Genevois, son tuteur et grand-oncle, intervenait, par un consentement préalable et quand le seigneur de Féterne, qui exerçait une sorte de juridiction à Abondance, favorisait de tout son crédit le nouvel établissement. D'ailleurs, la charte porte : *il constait (certum erat)* et non *il conste*, ce qui explique en partie la facilité avec laquelle le couvent de Saint-Maurice cédait ses droits sur Abondance sans correspectif sérieux.

L'acte de cession prouve que la vallée d'Abondance était alors riche en cerfs et en gros gibier.

Aussitôt après l'heureux résultat de la démarche d'Arluin à Agaune, dit le biographe du B. Ponce, « Herluin et toute sa troupe s'en retournèrent à Abondance pour s'y établir et mettre ordre à leurs logements. Dieu bénit si abondamment l'exécution de ce pieux dessein, qu'en peu de temps le vieux monastère fut relevé et rétabli mieux que jamais par le secours de plusieurs grands prélats de l'Eglise et des grands du siècle qui contribuoient libéralement de leurs moyens et de leur autorité pour le prompt avancement de cet ouvrage et l'achèvement de cette maison religieuse qui étoit habitée par des hommes dont le bon exemple, la doctrine et la pureté de vie attiroient de toutes parts, non seulement les peuples qui y accouroient en foule, mais encore des personnes du premier rang et d'un mérite éminent qui se consacroient au service de Dieu dans ce saint lieu (1). »

---

(1) De **Passier**, *Vie*, etc., p. 18 et 19.

CHAPITRE III

Statuts et Règles du Monastère d'Abondance.

Le vénérable Ponce de Faucigny. — Observations. — Le Monastère, d'abord Prieuré, devient bientôt Abbaye. — Vie édifiante, louée par le Pape.

« A mesure que la construction des bâtiments s'avançoit, poursuit le biographe du B. Ponce, on travailla sérieusement à bien établir la discipline régulière et à cet effet on fit choix des religieux les plus éclairés et les plus dévots pour rédiger une règle et des statuts conformes à la perfection à laquelle les chanoines de ce monastère avoient dessein d'atteindre (1). »

Un jeune prince, doué de toutes les qualités de l'esprit et du cœur, était venu demander une place parmi les chanoines réguliers d'Abondance. C'était Ponce, troisième fils de Rodolphe, sire de Faucigny, frère d'Aymon qui succéda à son père dans sa baronie et d'Arducius qui devint un des plus illustres évêques de Genève. Dès son admission, cet intéressant novice avait donné les preuves les moins équivoques de sa ferveur religieuse et de ses rares lumières ; ses exemples excitaient l'admiration et une sainte émulation parmi tous ses confrères. Aussi quand il s'agit de l'élaboration des statuts pour la jeune congrégation, frère Ponce fut nommé chef et devint l'âme de la commission désignée par le chapitre pour le choix de la règle à adopter et la rédaction des statuts qui devaient en assurer l'observance. Il se décida pour la règle de saint

---

(1) *Vie du B. Ponce*, p. 21 et 22.

Augustin, « *comme étant la plus propre pour des chanoines réguliers qui doivent donner tout leur temps à la pratique de l'oraison, à la psalmodie et au service des autels* (1).

La célèbre règle qui porte le nom de saint Augustin n'a pas été textuellement composée par le saint Evêque d'Hippone ; mais comme il avait établi une institution de clercs vivant en commun dans la pauvreté volontaire et dans la pratique de la perfection chrétienne, on a mis à profit les saintes instructions que ce grand docteur adressait à ses clercs, en particulier, dans deux discours cités par Pierre Damien sous le titre de *de Moribus clericorum* (2) et qu'on retrouve dans les œuvres complètes de saint Augustin, et dans son épître 109°, qui devint la règle des religieux et religieuses de saint Augustin. Tel fut le code fondamental d'une branche immense de l'arbre monastique. Elle a servi de base à une foule de congrégations et principalement des chanoines réguliers sous le nom de saint Augustin (3).

« Cette règle de saint Augustin, a dit saint François de Sales, est tellement animée de l'esprit de charité, qu'en tout et partout elle ne respire que douceur, suavité et bénignité et, par ce moyen, est propre à toutes sortes de personnes, de nations et de complexions (4). » Aussi est-ce cette règle qui a servi de fondement aux Constitutions que ce saint Fondateur a données à l'ordre de la Visitation et dont le Saint-Siège a fait le plus bel éloge. Elle est même devenue la règle d'un grand nombre de chapitres de collégiales et de cathédrales, en particulier du vénérable chapitre de la cathédrale de Genève. On remarque qu'elle ne contient pas de dispositions particulières de macérations ni de grandes mortifications corporelles. Elle est moins rigide que celle des moines et cénobites d'Orient, ou que celle de saint Benoit, patriarche

(1) *Vie du B. Ponce*, p. 22.
(2) Grobel, *Notre-Dame de Savoie*, p. 375.
(3) Montalembert, *Moines d'Occid.*, t. I, p. 206.
(4) Entretien IV, de *la Cordialité*.

des moines d'Occident ; mais elle est toute fondée sur la réforme du cœur, sur la pratique de la charité, sur le saint exercice du culte divin, combiné avec le travail manuel. En un mot, cette règle était l'*Introduction à la vie dévote* pour les siècles du moyen-âge.

C'est aussi cette règle de saint Augustin que le pape Innocent II, dans le concile de Latran, en 1139, ordonna à tous les chanoines réguliers d'embrasser, et ce ne fu en effet que dès cette époque qu'ils prirent universellement le titre de *chanoines de l'ordre de saint Augustin* (1). Ce serait pour le Vén. Ponce un mérite et une gloire d'avoir été le rédacteur du texte même de cette règle à laquelle le souverain Pontife assujettit tous les chanoines réguliers et que nous allons reproduire. Mais, si elle n'est pas textuellement son œuvre, on peut du moins supposer qu'il avait rédigé sa règle avant les prescriptions du concile de Latran en 1139. Le monastère d'Abondance, fondé définitivement en 1108, n'aurait pu subsister ni prospérer longtemps sans une règle fixe. D'ailleurs le biographe du Vén. Ponce nous marque que le choix et la rédaction de la règle se firent *à mesure que la construction des bâtiments avançoit* (2). Or, ajoute-t-il, cela s'exécuta *en peu de temps*. En outre, on voit que le choix de la règle fut mûrement délibéré par la commission que présidait frère Ponce et qu'elle fut acceptée par la communauté d'Abondance comme venant d'une *inspiration de Dieu ;* ce qui suppose qu'il n'existait encore pour ces chanoines aucune règle antérieure, obligatoire et imposée par un concile œcuménique (3).

Ce fut donc sur la règle dite de saint Augustin que le B. Ponce de Faucigny arrêta son choix. Elle fut formulée par écrit, et, pour lui servir de préface et de précis, le pieux législateur d'Abondance rédigea lui-même un *sommaire* ou abrégé qu'il plaça en tête des constitutions du

---

(1) Grobel, *Notre-Dame de Savoie*, p. 875.
(2) De Passier, *Vie*, p. 21.
(3 Ibid., p. 18.

monastère et qui en reproduit la substance. Chaque membre de la congrégation devait l'apprendre par cœur pour servir de *mémorial continuel*, selon qu'il en fait l'expresse recommandation. Cet abrégé étant l'œuvre de ce grand personnage qui a le plus illustré Abondance, il convient d'en donner ici la traduction française et de publier le texte latin aux pièces justificatives (n° **2**) (1).

« Sommaire des constitutions du monastère de N.-D. d'Abondance.

« Dès le début de cet opuscule on verra que les Saints-Pères ont exposé clairement de quelle manière les clercs doivent se conduire. Aussi celui qui lira cet exposé, avec une soigneuse attention, pourra y découvrir en pleine lumière quelle doit être la dévotion de sa foi, la perfection de ses actes et de ses mœurs, ainsi que l'exercice du culte divin. Comme cependant il en est un bon nombre qui sont moins instruits et moins capables, il nous a paru tout à fait nécessaire de revenir très brièvement sur ces instructions, afin que celui qui n'aura pu parfaitement les lire ou les comprendre à la lecture se serve de ce petit résumé comme d'un bouquet embaumé du parfum de diverses fleurs écloses et apprenne ainsi ce qu'il doit faire ou éviter.

« Rappelons d'abord que les prescriptions de la loi et les commandements si salutaires de l'Evangile nous obligent à *aimer le Seigneur notre Dieu de tout notre cœur et le prochain comme nous-mêmes,* etc. Or, si tous les fidèles

---

(1) Ces précieux autographes de la vie monastique d'Abondance, dès longtemps disparus, ont été retrouvés récemment dans les archives de Berne, où M. L. Cibrario les a fait acheter, pour les insérer dans son monumental ouvrage *Historiæ Patriæ monumenta.* C'est de là que je les ai tirés pour leur donner la place qui leur convient dans ce travail sur Abondance. « *Ci parve pregio,* dit l'illustre historien, *dell' opera l' aggiungere le prudentissime antiche costituzioni dello stesso Monastero d'Abbondanza, comprese nel volume medesimo in cui sono il necrologio ed... un copioso martirologio.* (II° volume des *Monumenta,* partie des *écrivains,* préface sur Abondance.)

doivent mettre tous leurs soins à pratiquer ces préceptes dont leur salut dépend, à combien plus forte raison doivent les pratiquer ceux qui se sont engagés au service de Dieu et qui, par l'exemple de leurs vertus, doivent servir de modèles aux autres ? Il faut donc avant tout qu'ils *aiment le Seigneur leur Dieu de tout leur cœur, de toute leur âme, de toutes leurs forces et le prochain comme eux-mêmes* et qu'ils sachent que dans *ces deux commandements sont toute la loi et les prophètes ;* qu'il est défendu de *tuer* et même de *haïr son frère*, car l'apôtre dit : *Celui qui hait son frère est homicide ;* de commettre l'*adultère, l'injustice, de convoiter le bien d'autrui, de rendre un faux témoignage, de faire à autrui ce qu'ils ne voudraient pas leur être fait ;* qu'ils ne doivent pas être orgueilleux, pleins d'eux-mêmes, adonnés à la détraction, à la boisson ; amollis par la luxure, troublés par la colère, ni sujets à aucun autre vice ; qu'ils doivent éviter un langage frivole, l'envie, l'abus du sommeil et du repos, le murmure, les médisances clandestines, la passion du vin et l'excès dans le manger ; qu'ils se gardent de fraudes et de ruses ; qu'ils s'abstiennent absolument de l'usure, qu'ils évitent le serment par crainte du parjure ; qu'ils ne rendent pas le mal pour le mal. S'ils voient en eux quelque bien, ils doivent l'attribuer à Dieu et s'imputer à eux-mêmes le mal qu'ils découvrent en eux. Qu'ils évitent la discorde, et ceux qu'ils trouveraient brouillés entre eux, qu'ils les réconcilient, et que, selon la parole du psalmiste, ils ÉVITENT LE MAL ET FASSENT LE BIEN. Qu'ils réfléchissent aussi à cette défense de l'apôtre : *Vivez, non dans les excès du manger et du boire, non dans les dissolutions et les impudicités, non dans la contention et l'envie ; mais revêtez-vous de Notre-Seigneur Jésus-Christ.* Ils doivent aussi faire réflexion que de ces vices défendus par l'apôtre tous les autres vices jaillissent comme de leur semence et que la mère de toutes ces maladies (morales), c'est l'orgueil. Il faut aussi qu'ils conservent leur âme et leur corps à l'abri de toute souillure de la chair et de l'esprit, afin que, selon l'apôtre, *votre esprit dans son intégrité, votre âme et votre corps soient gardés irréprochables pour l'avènement de Notre-Seigneur Jésus-Christ.* Ils doivent vivre avec sobriété, piété et justice ; rejeter absolument les désirs du siècle, parce que, selon le même apôtre : *Quiconque s'est enrôlé au service de Dieu doit éviter l'embarras des affaires du siècle, pour plaire à celui à qui il s'est engagé.*

« Ils doivent aimer le jeûne, exercer l'hospitalité, assister les pauvres, vêtir ceux qui sont nus, visiter les malades, ensevelir les morts, porter secours aux malheureux, consoler l'affligé, préférer à tout l'amour du Christ, s'attacher à l'exercice de la charité, conserver la paix avec tout le monde, si c'est possible, craindre le jour du jugement, désirer spirituellement la vie éternelle, mettre leur espérance en Dieu, obéir en tout à leur propre évêque (*presbytero*), conformément à l'institution canonique, ne pas blâmer leurs maîtres à la légère, s'appliquer enfin à la spiritualité, à la lecture, aux psaumes, aux hymnes, aux cantiques et s'adonner sans relâche à l'exercice des autres bonnes œuvres.

« Tous doivent prendre leur repos dans le même dortoir, sauf celui qui en serait empêché par une maladie.

« Ils doivent tous les jours se rendre à la conférence. Aussitôt le signal donné, que tous s'empressent de venir à l'église pour y célébrer en commun les heures canoniales en toute piété et non avec négligence. Ils ne doivent point entrer dans l'église avec ostentation, mais avec respect, ni s'appuyer au chœur sur leurs bâtons (1), ni se livrer aucunement à des paroles inutiles, mais s'acquitter en toute dévotion et révérence de l'œuvre du service divin, se rappelant que les anges y sont continuellement présents. Ils ne doivent sortir du cloître qu'avec la permission, et dans leurs sorties il faut qu'ils se conduisent d'une manière irréprochable, afin que les gens du dehors leur rendent bon témoignage, qu'ils se gardent bien de souiller par des actes répréhensibles leur sainte profession, et qu'ainsi ils

---

(1) C'étaient vraisemblablement des insignes de dignité et d'honneur.

puissent plutôt édifier ceux qui les fréquenteront, par l'assaisonnement du sel de la sagesse et par l'exemple de leurs bonnes œuvres.

« Qu'ils se gardent bien de rechercher la société des femmes dans leurs maisons, de marcher avec des yeux évaporés, avec pétulance, avec des manières hautaines ou avec un extérieur trop libre. Ils doivent éviter les spectacles et les divertissements profanes ; s'abstenir des cartes et de tout genre de chasse. Il faut que, conformément aux instructions de l'apôtre qui dit : NON DANS DE RICHES VÊTEMENTS, ils évitent toute recherche de mise somptueuse. Qu'ils aient le plus grand soin de ne pas s'attarder hors du monastère, si ce n'est selon l'obéissance et l'exigence des circonstances. Dans leur cellule ils ne doivent pas rester oisifs ; mais ils doivent s'adonner soit aux offices divins, soit à leurs propres affaires, soit, mieux encore, à l'accomplissement de ce que leurs supérieurs leur auront prescrit ; car, s'ils croupissent dans l'oisiveté, qu'ils se rappellent cette parole de l'apôtre : *Celui qui ne veut pas travailler ne doit pas manger*.

« Les anciens auront une affection spéciale pour les jeunes ; à leur tour que les jeunes témoignent aux anciens une prévenance respectueuse ; que ceux qui sont plus instruits ne se préfèrent pas à ceux qui le sont moins, mais que plutôt ils les édifient avec charité. Il ne faut pas non plus que ceux qui, dans le monastère, ont l'avantage d'être d'extraction noble ou d'avoir reçu les dons des vertus s'enflent et s'élèvent au-dessus des autres. Que tous, dans cette congrégation, se rendent réciproquement les bons offices de la charité. Pendant la durée du repas au réfectoire, ils garderont un religieux silence pour entendre la lecture. Il faut que l'amour de la règle provoque mutuellement des réprimandes et la punition sur ceux qui y contreviennent. Il faut corriger par des peines afflictives *(verberum disciplina)* les enfants (1) et les jeunes gens pares-

---

(1) On voit qu'on recevait des enfants au monastère ; il s'agissait de jeunes novices, ou même des enfants du dehors qui recevaient l'ins-

seux. Que tous, chacun selon son aptitude, se forment à l'apprentissage de divers métiers, afin que, dans notre Congrégation canonique, on ne voie aucun membre inutile et qu'on n'y mange pas dans l'oisiveté les oblations des fidèles.

« Voilà donc ce que doivent être, ou plutôt, voilà la conduite que doivent tenir tous ceux qui se sont dévoués au service de Dieu. C'est pourquoi tous doivent s'appliquer à lire attentivement et à méditer sérieusement ce petit abrégé, à l'apprendre par cœur et moyennant la grâce de Dieu, à le pratiquer de leur mieux, afin de pouvoir, avec plus de facilité et de liberté, exécuter les choses plus importantes enseignées par les SS. Pères. Qu'ils marchent donc dans leur vocation, sans fléchir ni à droite ni à gauche, afin que, par cette soumission aux volontés divines, ils méritent de parvenir, avec le secours de la grâce, jusqu'à Jésus-Christ *qu'ils ont adopté pour leur partage et qui est la* VÉRITÉ ET LA VIE. »

Voici maintenant plus au long la règle adoptée par le Vén. Ponce et par la communauté d'Abondance, à laquelle l'admirable pièce que nous venons de reproduire sert de préface et de résumé. Il sera aisé de reconnaître, dans l'important document qui va suivre, l'esprit et même le genre littéraire de saint Augustin.

« Ici commence la Règle du Bienheureux Augustin, évêque.

CHAPITRE PREMIER

DE L'HABITATION COMMUNE

2ᵐᵉ Férie (Lundi)

« Membres du monastère, voici les règles dont nous vous prescrivons l'observation. D'abord, puisque vous êtes

---

truction au couvent. L'usage de la verge n'était pas encore défendu : on se souvenait que Dieu l'avait recommandé et pratiqué.

réunis en une même congrégation, vous devez vivre dans cette maison en parfaite union, n'ayant tous qu'un cœur et qu'une âme en Dieu ; n'ayez rien en propre, mais que tout soit commun entre vous et que chacun reçoive du supérieur (*præposito*) la nourriture et le vêtement, non dans la même proportion pour tous, car vous n'êtes pas tous dans les mêmes conditions, mais plutôt chacun selon ses besoins. C'est ce que vous lisez dans les Actes des Apôtres : *Tout était commun entre eux et la distribution se faisait à proportion des besoins de chacun.*

3me *Férie (Mardi)*

« Ceux qui possédaient quelque chose dans le siècle doivent, une fois admis au monastère, consentir volontairement à le mettre en commun. Ceux qui ne possédaient rien ne doivent pas rechercher dans le monastère ce que le siècle leur refusait. Cependant il faut accorder à leur infirmité ce qui lui est nécessaire, quoiqu'ils fussent pauvres dans le siècle et qu'ils n'y pussent pas même trouver le nécessaire. Seulement il ne faut pas qu'ils se jugent heureux, pour avoir trouvé dans le monastère le vivre et le vêtement, tels qu'ils ne l'ont pu trouver au dehors.

4me *Férie (Mercredi)*

« Il ne faut pas que les pauvres s'estiment, parce qu'ils se voient associés à ceux qu'ils n'osaient approcher dans le siècle ; ils doivent élever leur cœur plus haut et ne pas rechercher ces vanités terrestres, autrement les monastères deviendraient utiles à ceux qui s'y abaissent et inutiles aux pauvres qui s'enflent. A leur tour ceux qui faisaient quelque figure dans le monde ne doivent point prendre en dédain leurs frères qui, du sein de la pauvreté, sont venus partager leur sainte société ; ils doivent au contraire s'étudier à être fiers, non de la dignité de leurs parents, mais de la société de ces pauvres, devenus leurs frères.

5ᵐᵉ *Férie (Jeudi)*

« Ils ne doivent point se prévaloir de ce qu'ils ont contribué pour une part de leurs biens à la vie commune, ni s'enorgueillir des ressources qu'ils procurent au monastère, plus que s'ils en jouissaient dans le siècle. En effet, tout autre vice s'exerce à produire des actions mauvaises ; mais le vice de l'orgueil s'insinue perfidement jusque dans les bonnes œuvres, pour les faire périr. A quoi bon jeter ses biens entre les mains des pauvres et s'appauvrir soi-même, si l'âme misérable devient plus superbe par ce mépris des richesses, qu'elle ne l'avait été par leur possession ? Vivez donc tous comme n'ayant qu'un cœur et qu'une âme et honorez les uns dans les autres ce Dieu dont vous êtes devenus les temples.

6ᵐᵉ *Férie (Vendredi)*

« Adonnez-vous à l'oraison aux heures et aux moments fixés. Que personne ne fasse dans l'oratoire que ce à quoi ce saint lieu est destiné et d'où il tire même son nom, et cela, de crainte que, si quelques-uns qui en auraient le loisir voulaient prier même en dehors des heures réglées, ils n'en fussent empêchés par ceux qui croiraient devoir y faire autre chose (dans l'oratoire). Lorsque votre prière consiste dans des psaumes et des hymnes, ayez dans le cœur ce que vous avez sur les lèvres ; ne chantez que ce qui est marqué devoir être chanté ; ce qui ne porte pas cette indication, ne le chantez pas.

Le Samedi

« Domptez votre chair par les jeûnes et le retranchement dans le manger et le boire, autant que votre santé le permet. Si quelqu'un ne peut pas jeûner, il ne doit cependant prendre aucun aliment hors l'heure du repas, sauf le cas de maladie. Une fois à table et jusqu'à ce que vous la quittiez, écoutez sans bruit ni contention la lecture qu'on a coutume de vous faire. Il ne suffit pas que vous preniez de la nourriture par la bouche; il faut encore que vos oreilles soient affamées de la parole de Dieu.

Au Réfectoire

« S'il en est qui souffrent d'une infirmité invétérée, les autres ne doivent pas trouver mauvais qu'on les traite avec un autre régime alimentaire; cela ne doit point paraître injuste à ceux qu'une habitude a rendus plus robustes; il ne faut pas qu'ils pensent que ces frères sont plus heureux, parce qu'ils mangent ce qui ne leur est pas accordé à eux-mêmes; mais ils doivent plutôt se féliciter de pouvoir ce que ceux-là ne peuvent pas.

« Il en est qui, habitués aux douceurs de la vie avant leur entrée au monastère, sont, par cette raison, nourris, vêtus et couverts avec plus de délicatesse que ceux qui sont valides. Ceux-ci sont heureux de n'avoir pas de tels besoins. Ceux à qui ces adoucissements ne sont pas accordés, doivent considérer que leurs frères, pour ne pouvoir pratiquer les mêmes mortifications que ceux qui jouissent d'une forte santé, ont mis cependant une bien grande distance entre leur vie dans le siècle et leur vie dans le cloître. Tous ne doivent pas désirer ce qu'ils voient accordé à un petit nombre, non par un privilège honorifique, mais par une légitime tolérance, autrement le monastère offrirait le triste spectacle de pauvres recherchant une vie sensuelle, alors que les riches se livrent de leur mieux à une vie pénible.

« Il est juste que les infirmes qui, par crainte de se surcharger, sont réduits à moins prendre de nourriture, soient en retour, après avoir exposé leur état, traités de manière à être plus tôt rétablis, fussent-ils sortis des derniers rangs de l'indigence; ils trouvent ainsi dans leur récente maladie des adoucissements que les riches avaient rencontrés dans leur ancienne aisance. Mais aussitôt qu'ils auront repris leurs premières forces, ils doivent revenir à cette bienheureuse habitude qui sied d'autant mieux aux serviteurs de Dieu, qu'ils ont moins de besoins, autrement la sensualité gouvernerait encore après leur rétablissement ceux que la nécessité avait soulagés dans leur infirmité. Ils doivent tenir pour plus riches ceux qui ont été plus constants à supporter la privation. En effet, il vaut mieux avoir moins de besoins que plus de ressources.

« Que votre mise ne se fasse point remarquer; ce n'est pas par vos vêtements, mais par vos mœurs que vous devez chercher à plaire. Quand vous allez à la promenade, faites-la ensemble. Arrivés au point où vous allez, arrêtez-vous ensemble. Qu'il n'y ait rien dans votre démarche, dans votre maintien, dans votre mise, dans tous vos mouvements qui blesse les regards de personne, mais qu'au contraire tout convienne à votre sainte profession.

« Si vos yeux viennent à rencontrer quelque femme, au moins ne les arrêtez sur aucune. Quand vous sortez, il ne vous est sans doute pas défendu d'apercevoir ces personnes, mais ce qui est criminel, c'est de vouloir concevoir ou inspirer des désirs et ce n'est point par le regard seulement, mais par une affection secrète que s'exerce cette passion, et ne dites pas que vous avez le cœur chaste, si vos yeux ne le sont pas, car l'œil est l'interprète du cœur. Lorsque des regards échangés, même sans l'intervention de la langue, s'annoncent réciproquement des cœurs passionnés et se repaissent des délectations qu'inspire la concupiscence de la chair, alors la chasteté s'exile des mœurs, bien qu'il ne soit survenu aucun contact coupable.

« Et il ne faut pas que celui qui arrête ses regards sur une femme et qui aime à en être regardé, s'imagine que personne ne s'en aperçoive. Il est parfaitement remarqué, même de ceux qu'il en soupçonne le moins. Mais mettons que ce soit en secret et que personne ne le voie, esquivera-t-il le regard de cet Inspecteur suprême à qui rien ne saurait se dérober, ou pensera-t-il qu'il ne le voit pas, parce qu'il n'a pas moins de patience que de sagesse. Or c'est à Lui que l'homme pur doit craindre de déplaire, en cherchant à plaire criminellement à une femme. Il doit réfléchir qu'il voit tout, afin de renoncer au désir d'attirer des regards coupables. C'est en effet ce qu'il doit craindre, et cette crainte lui est recommandée dans le texte où il est écrit : *Celui qui attache son regard est en abomination devant le Seigneur*.

« Quand donc vous êtes ensemble dans l'église ou partout ailleurs où des femmes se trouvent aussi, gardez la modestie. C'est par ce moyen que Dieu, qui réside dans votre cœur, vous protègera vous-mêmes contre vous-mêmes ; et si vous remarquez dans quelqu'un d'entre vous cette intempérance des yeux dont je parle, avertissez-le aussitôt, afin que ce commencement n'ait pas de suite, mais qu'il soit corrigé au début. Que si, malgré cet avertissement, vous le voyez récidiver, même un autre jour, quiconque l'aura pu surprendre doit le signaler comme un blessé qu'il faut guérir. Cependant il le fera préalablement remarquer à un ou deux frères, afin que, sur la déposition de deux ou trois témoins, il puisse être convaincu et réprimé avec la sévérité qu'il mérite ; et n'allez pas vous réputer malveillant, quand vous dénoncerez cela ; au contraire, vous ne seriez pas innocent, si vous laissiez périr par votre silence des frères que vous pouvez corriger par une révélation. En effet, si votre frère avait dans son corps une ulcère qu'il voudrait céler par crainte d'une amputation, ne seriez-vous pas cruel de n'en rien dire et charitable de le faire connaître ? A combien plus forte raison devez-vous révéler ce qui peut produire dans son cœur une putréfaction bien plus funeste ? Mais avant d'être traduit devant ceux qui peuvent le convaincre, il doit être déféré au supérieur ; alors, si, après avertissement, il néglige de s'amender, ... (*le texte latin n'est pas clair et paraît altéré*). Si au contraire il vient à nier, alors il faut opposer à ses dénégations, même devant toute la communauté, les témoignages de ceux qui ont vu, afin qu'il puisse être, non accusé par un seul témoin, mais convaincu par deux ou trois. Or, après la preuve faite de sa culpabilité, il doit subir un châtiment médicinal suivant l'appréciation du supérieur, ou même du *prêtre* sous l'autorité duquel il vit. S'il refuse de le subir, ne sortît-il pas de son plein gré, il doit être chassé de votre compagnie. Ce n'est pas là un acte de cruauté, mais de charité, autrement la contagion pestilentielle d'un seul en perdrait un grand nombre.

« Et ce que j'ai dit de la modestie des yeux doit être aussi observé avec soin et fidélité au sujet des autres manquements qu'il s'agit de découvrir, d'empêcher, de révéler, de prouver et de juger, avec charité pour les personnes, mais avec haine pour les vices. Quant à celui qui serait assez avancé dans le mal, pour recevoir en cachette d'un autre des lettres ou un présent quelconque, s'il l'avoue de plein gré, il faut l'épargner et prier pour lui. Mais s'il est surpris et convaincu, il doit subir une correction plus sévère, suivant la décision du prêtre ou du supérieur.

Ayez vos vêtements dans un même lieu, sous la garde d'un ou deux commis ou d'autant qu'il en faudra pour les soigner et les préserver des teignes, et de même que vous êtes nourris de la même dépense, de même tirez vos habillements du même vestiaire. Si cela se peut, n'ayez pas à vous inquiéter de la qualité du vêtement, suivant l'exigence du temps. Qu'importe qu'on vous donne celui que vous avez quitté ou qu'un autre a déjà porté, pourvu qu'on ne refuse à aucun celui qui lui est nécessaire? Si au contraire il s'élève entre vous des contestations et des murmures à ce sujet, que quelqu'un se plaigne qu'on lui a fourni un plus mauvais vêtement qu'il n'avait auparavant, et s'il se croit maltraité pour n'être pas vêtu comme son autre frère, reconnaissez par là, vous qui querellez pour le vêtement de votre corps, tout ce qui manque à la sainteté du vêtement qui doit orner votre âme. Cependant si vous êtes assez faible pour qu'on vous rende l'habillement que vous avez quitté, au moins, quand vous le déposez, qu'il soit retiré dans un même vestiaire, sous des gardiens communs. Cette concession n'autorise personne à faire quelque chose pour soi, mais que tous vos travaux se fassent pour la communauté, en y déployant plus d'application, d'assiduité et de joie, que si chacun travaillait pour son propre compte. Car ce qui est écrit de la charité, *qu'elle ne recherche pas ce qui est sien*, doit être entendu en ce sens, qu'elle préfère les intérêts communs aux intérêts privés et non les intérêts privés aux intérêts communs. Ainsi, plus vous donnerez de soin aux intérêts de la communauté, en les préférant aux vôtres, plus vous pourrez constater vos progrès dans la charité, en sorte que, dans toutes les choses dont use le besoin qui passe, vous conserviez la charité qui demeure. En conséquence, si quelqu'un dans le monastère donne même un habit ou toute autre chose réputée nécessaire à ses enfants ou à quelques parents, il ne doit pas le prendre en cachette, mais s'en référer à l'autorité du supérieur, afin que ce qui forme le patrimoine commun soit fourni à qui en a besoin.

« Celui qui cèle un présent reçu est un voleur et celui qui aura fait cela doit être condamné comme coupable de vol.

« Que votre linge soit lavé par vous-mêmes ou par les lavandiers, suivant ce que statuera le supérieur et qu'un désir exagéré de propreté ne fasse pas contracter des souillures à votre âme. On ne devra pas refuser le bain à celui que le besoin y oblige. Il le prendra sans murmure, bien que ce soit contre son gré, sur l'ordre du supérieur, si c'est l'ordonnance du médecin. Mais s'il désire le bain et qu'il puisse lui nuire, on ne doit pas se prêter à ce désir. Quelquefois on croit qu'une chose sera utile parce qu'elle plait, tandis qu'elle sera nuisible.

« Enfin s'il s'agit de quelque indisposition corporelle qui ne soit pas apparente, il faut s'en rapporter sans hésiter à un serviteur de Dieu qui déclare son mal ; mais quand il s'agit d'y remédier, s'il est douteux que le remède que le malade désire lui soit favorable, le médecin sera consulté et il ne faut pas qu'on aille au bain ni où qu'on soit obligé d'aller sans être au moins deux ou trois et celui qui doit se rendre quelque part sera accompagné de ceux que le supérieur aura désignés. Le soin des malades, soit pendant la convalescence, soit de ceux qui souffriraient de quelque langueur ou même de la fièvre doit être enjoint à chacun des frères. C'est à lui à demander au dépensier ce qu'il jugera être nécessaire à l'infirme qui lui est confié.

« Ceux qui sont désignés, soit pour la dépense, soit pour le vestiaire, soit pour la bibliothèque, doivent se prêter de bonne grâce au service de leurs frères. Les volumes pourront se demander tous les jours à heure fixe. En dehors de cette heure, on n'en livrera pas. Quant aux habits et aux chaussures, ceux qui en ont la garde s'empresseront de les donner à ceux qui en ont besoin.

« Pour les contestations, il faut ou qu'il n'y en ait pas parmi vous ou qu'elles finissent aussitôt, autrement la colère deviendrait de la haine, la paille deviendrait poutre et votre âme deviendrait homicide, car il est écrit : *celui qui hait son frère est homicide*. Quiconque, par une injure, une parole malveillante, ou même par un reproche aura blessé quelqu'un, qu'il ne manque pas d'y remédier par la réparation la plus prompte, et celui qui a été offensé doit pardonner sans récrimination, et qu'ainsi, s'il survient quelque offense réciproque, elle soit suivie d'une satisfaction et d'un pardon réciproques ; autrement, qu'en serait-il de vos prières, qui doivent être d'autant plus saintes qu'elles sont plus fréquentes ? Or, celui qui, sujet à des accès de colère, se hâte de demander pardon à celui qu'il reconnait avoir offensé, est meilleur que celui qui, plus lent à s'irriter, est aussi plus lent à demander pardon. Mais celui qui ne veut pas pardonner à son frère ne peut se promettre l'effet de sa prière. Quant à celui qui ne veut pas demander pardon ou qui ne le fait qu'à contre-cœur, il n'a plus de raison de rester au monastère, bien qu'il n'en soit pas éliminé. Abstenez-vous donc de paroles dures ; s'il en sort de votre bouche, que cette même bouche, qui a fait la blessure, se hâte d'y porter le remède.

« S'il arrive que les exigences de la règle et la discipline des mœurs vous arrachent des paroles pénibles et que vous reconnaissiez avoir dépassé les bornes, on n'exige pas que vous demandiez pardon à vos inférieurs, parce que cette pratique outrée de l'humilité vis à vis de ceux qui doivent être inférieurs risque de paralyser l'autorité qui doit les conduire. Mais alors il faut demander pardon à ce

Maître universel qui connaît combien vous avez de bienveillant amour même pour ceux que vous reprenez plus vivement qu'il ne faudrait.

« Or, cet amour ne doit pas être selon la chair, mais selon l'esprit.

« Obéissez à votre supérieur comme à un père, plus encore au prêtre qui a la charge de vous tous.

« Voilà donc les règles à observer, et s'il survient quelque transgression, ce sera la tâche du supérieur de veiller à ce qu'on ne glisse pas légèrement sur ces fautes et à ce qu'il y soit apporté l'amendement et la correction nécessaires, et, s'il se présente des cas qui excèdent ses attributions et ses forces, il aura une obligation toute spéciale d'en référer au prêtre qui est le dépositaire de l'autorité. Ce prêtre lui-même qui est à votre tête ne doit pas mettre sa complaisance dans une autorité qui domine, mais dans une charité qui se dévoue, et pendant que vous lui rendez l'honneur que vous lui devez comme à votre chef, il doit avec une humble crainte s'étendre à vos pieds devant Dieu. A l'égard de tous, qu'il donne l'exemple aux bons, qu'ils corrige les turbulents, qu'il encourage les pusillanimes, qu'il supporte les faibles, plein de patience pour tous, qu'il s'arme avec bon courage de la règle, qu'il se fasse craindre en l'imposant. Et bien que ces deux choses soient nécessaires, il doit cependant plus chercher à être aimé que craint, et penser souvent qu'il devra rendre compte de vous. Ainsi, en lui obéissant, ayez pitié, non-seulement de vous, mais aussi de lui, car plus sa place est élevée au milieu de vous, plus est grand le danger qu'il court.

PRIÈRE

« Fasse le Seigneur que vous observiez toutes ces choses, comme de vrais amants de la beauté spirituelle, répandant par votre sainte vie la bonne odeur de Jésus-Christ, non point comme esclaves sous la loi, mais comme libres sous le joug de la grâce ! Or, afin que vous puissiez voir dans ce petit livre comme dans un miroir et de peur de négliger quelque point par oubli, qu'on vous le lise une fois par semaine et, quand vous vous reconnaîtrez fidèles à ses prescriptions, remerciez-en l'Auteur de tout bien Mais si quelqu'un de vous voit quelque lacune dans sa conduite, qu'il ait le regret du passé, des résolutions pour l'avenir et qu'il prie afin que sa dette lui soit remise et qu'il ne succombe plus à la tentation. »

Ainsi qu'on le voit, cette règle n'était point surchargée d'observances ; elle n'était, au fond, que le christianisme, tel que l'Évangile le donne, tel que le pratiqua le divin Législateur avec ses apôtres, tel encore que le pratiquèrent les premiers fidèles suivant le récit des Actes des Apôtres (1). On y voit la vie en commun, la pauvreté volontaire, la pratique de l'obéissance aux supérieurs, de la parfaite continence et les plus sages recommandations pour la garde fidèle de ces vertus ; on y voit des signaux pour les exercices communs. On n'avait encore ni costume particulier, ni des vœux publics, et malgré cette sainte liberté et flexibilité, cette règle a fait pendant trois siècles une multitude de saints, tant à Abondance qu'ailleurs. C'était une règle qu'avait suivie saint Augustin et qui nous a donné saint Augustin, plus que saint Augustin ne l'a lui-même donnée.

Le B. Ponce « ajouta à cette règle, nous marque R^d De Passier, un directoire des offices contenant environ cinquante-trois pages, où l'on voit ce qui doit être observé exactement sous peine de mortification, chaque jour à chaque heure, touchant les offices divins, les cérémonies, le chant et les rubriques, sans oublier la lecture qui devait se faire, dans le chœur, chaque jour après prime, des noms des bienfaiteurs et des confrères de la congrégation qui étaient décédés ce jour-là (2). » Nous ne possédons plus ce directoire ; mais M. Cibrario a aussi tiré de Berne et publié le nécrologe ou obituaire d'Abondance, où sont inscrits les noms des religieux, des affiliés et des bienfaiteurs pendant les quatre

---

(1) *Actuum*, c. II, ỹ 42 et suiv.
(2) De Passier, *Vie*, etc., p. 22 et 23.

premiers siècles de l'existence du monastère d'Abondance. Nous en profiterons en temps et lieu, avec la critique que recommande l'illustre historien (1).

Pendant trente ans environ, à dater de 1108, le monastère d'Abondance n'eut que le titre de prieuré. Le fondateur définitif de l'institut, le vénérable Herluin ou Arluin, qui est qualifié du titre de *prieur* dans l'acte de cession, sans doute trop absorbé par les soins matériels que réclamaient les constructions et les débuts toujours pénibles d'un grand établissement, paraît avoir résigné la direction spirituelle du couvent, car le nécrologe enregistrant sa mémoire ne l'appelle que *prieur séculier*. 11 8bris. *Obiit Herluinus prior sœcularis*. Frère Robert, un de ses premiers compagnons, dont on ne connaît ni le pays ni les actions, est mentionné dans l'obituaire comme *premier prieur de cette église*. 7 8bris. *Obiit Robertus primus prior hujus ecclesiæ*. Le second prieur fut Rodolphe, que nous voyons en 1121 recevoir de Girod de Neuvecelle une importante donation dont nous publierons le texte en son lieu (n° 3). Il y figure avec son titre de prieur : *priori ejusdem loci*. Après lui parut un troisième et dernier prieur, du nom d'Emérard. On le voit figurer, avec saint Guérin d'Aulps, comme témoin dans le célèbre accord de Seyssel, vers la fin de l'année 1124. Il reparaît encore dans d'autres actes avant 1128. Enfin le nécrologe d'Abondance mentionne ainsi sa mort, le 5 septembre : *Obiit Aimerrardus prior tercius hujus ecclesiæ*.

---

(1) *Questa classe di documenti* (les nécrologes), *sebbene d'una importanza secondaria è dà non consultarsi senza molto esame e molta considerazione, fù nondimeno come sicuro sussidio storico, utilmente investigata da buoni e sinceri scrittori e perciò compresa nelle collezioni diplomatiche.*

Abbiamo detto CON MOLTO ESAME... *perchè mancano quasi sempre la data dell' anno negli obiti... e perchè quella medesima del giorno, del mese dinota alcune volte il giorno a cui venne assegnata il sacrifizio annuale d'espiazione anziche la data della morte, il che si persuaderà facilmente chi confronti le date sicure che s'hanno daltronde... con quelle segnalate negli obituarii e chi avverta come le commemorazioni... sieno segnate collo stesso vocabolo d'* OBIIT, OBITUS ANNIVERSARIUM. (*Hist. patr. monum.*, II° vol., *Scriptorum*.)

« Le nombre des serviteurs de Dieu, dit R^d De Passier, se trouvant notablement accru dans Abondance, on songea à donner à l'institut une importance plus grande que celle d'un simple *prieuré*. Il fut élevé à la dignité d'Abbaye. » On ignore la date précise de cette transformation; mais on sait du moins qu'il faut la placer dans la période qui s'écoule entre les années 1128 et 1144, car à cette première date, Aimerard, dernier prieur, vivait encore, et à la date de 1144, on voit déjà en fonction le premier abbé d'Abondance. Il n'est pas douteux que l'autorité ecclésiastique ne soit intervenue pour sanctioner et peut-être pour opérer cette transformation. Le Vén. Ponce, avons-nous dit, était le frère de l'évêque de Genève, Arducius, et Burchard, un des principaux religieux d'Abondance, était parent du comte de Genève; on était donc en crédit auprès des deux autorités. Ce dont il conste du moins par notre biographe, c'est que cette opération et l'élection du premier abbé furent *canoniques* (1). Du reste, cette honorifique transformation laissa intacts les statuts et la règle. Mais le chef de l'institut élevé à la dignité d'abbé, acquérait par là un caractère qui le recommandait davantage à la vénération de ses frères en religion, en même temps qu'il puisait dans l'élection libre qu'ils faisaient de lui un titre de plus à leur obéissance. Cette élévation ne contribuait pas moins à donner devant le monde du relief au monastère et du crédit à son chef. Dès la première moitié du douzième siècle, pendant que vivaient encore saint Guérin d'Aulps et saint Bernard de Clairvaux, le monastère d'Abondance, d'abord simple prieuré, était devenu une importante abbaye, où le monde aimait à s'édifier et où une multitude d'âmes venaient demander une place pour s'y sanctifier.

« Je ne saurais mieux représenter ce dévot monastère, dit le biographe souvent cité (2), qu'en le comparant à une mère ruche d'abeilles mystérieuses. Car ce couvent était

---

(1) De Passier, *Vie*, etc., p. 27.
(2) Ibid., p. 28 et 29.

composé de plusieurs cellules propres pour la retraite de chaque religieux, comme l'on voit que dans les ruches, il y a plusieurs petits endroits pour la retraite de chaque mouche à miel. C'est là où l'on entendait résonner les louanges de Dieu d'un chant toujours harmonieux et d'un ton agréable. C'est là où les uns travaillaient au dedans au ministère des autels et à la plus haute contemplation, pendant que les autres s'employaient au dehors pour les provisions nécessaires et avoient un soin particulier de bien édifier le prochain par leur exemple. Le supérieur y commandoit et y étoit obéi comme un roy, qui n'avoit pas besoin d'aiguillon pour faire exécuter ses ordres, puisque ceux qui lui étoient soumis se portoient au bien par le seul amour de la vertu et le désir de plaire à Dieu. »

Le monde contemporain traiterait ces religieux de pieux fainéants, d'êtres parasites. Ce n'est pas ce qu'en pensaient les siècles de foi. Au lieu de s'égorger entr'eux et de faire égorger leurs vassaux ou leurs serfs, ces princes et grands du siècle venaient immoler leurs rudes instincts dans l'enceinte du monastère, faire à leurs passions une guerre sans trêve et y conquérir la palme de la sainteté.

Peut-être trouvera-t-on que les moines d'Abondance n'ont point passé leur vie, comme les Bénédictins, à la transcription des monuments littéraires et artistiques, à la culture de l'histoire, des sciences et de cette érudition monastique dont les siècles postérieurs ont bénéficié. Mais était-ce une légère tâche pour les chanoines d'Abondance d'évangéliser et de civiliser les rudes descendants des Burgondes qui les environnaient et de diriger la mise en culture et la sage exploitation des forêts et des déserts qui font, encore aujourd'hui, des habitants de cette vallée, une des meilleures et des plus riches populations de nos Alpes ? D'ailleurs, dit Montalembert, de tant de fondateurs et de législateurs de la vie religieuse, pas un n'a imaginé d'assigner pour but à ses disciples de défoncer la terre, de copier des manuscrits, de cultiver les arts ou les lettres, d'écrire les annales des peuples. Ce n'était là pour eux que l'accessoire, ce n'était que la conséquence indirecte d'un institut qui n'avait en vue que l'éducation de l'âme humaine, sa conformité avec la loi du Christ et l'expiation de la corruption native par une vie de sacrifice et de mortifications. Là était pour tous le but, l'objet suprême de l'existence, l'unique ambition, le mérite unique et la souveraine victoire (1). »

Sans doute, la vie de ces moines d'Abondance, s'écoulant dans une étroite vallée des Alpes, dans l'enceinte plus étroite encore du monastère, loin des regards et du bruit du monde, n'a pas jeté aux yeux du public cet éclat profane que le monde recherche et que ces serviteurs de Dieu avaient au contraire fait profession de mépriser; mais la bonne odeur de leurs vertus franchissait l'enceinte du cloître et, pendant trois siècles, embauma la vallée et les alentours. Ces religieux se contentaient des regards de Dieu, et l'obscurité apparente à laquelle ils s'étaient spontanément condamnés était tout à la fois le moyen et la preuve de leur sainte vie.

Du reste, si ces chanoines, ou *frères,* comme ils s'appelaient entre eux, bien qu'un bon nombre appartinssent aux plus nobles familles dans le siècle, ont tant aimé la sainte obscurité de leur vocation monastique, on doit en signaler quelques-uns, surtout parmi les abbés d'Abondance, dont les vertus, les mérites et les services ont éclaté au dehors et ont été hautement appréciés par l'Eglise, les princes et les peuples. Il fut d'un mérite tellement distingué, ce Rodolphe, premier abbé d'Abondance, que, après avoir fait prospérer toutes choses dans son abbaye, l'insigne monastère de Saint-Maurice d'Agaune voulant consolider l'œuvre de sa réforme cénobitique, l'élut pour un de ses premiers abbés réguliers et lui décerna ensuite pour son excellente gestion les éloges que le cartulaire de Saint-Maurice a enregistrés, en l'appelant *homme illustre et magnanime qui a puissamment procuré le progrès spirituel et temporel de l'église d'Agaune.* On ne contestera pas le mérite ni la valeur de cet abbé Bur-

(1) *Les moines d'Occid*, préface, p. XIV.

chard, frère du comte de Genève, que l'on voit intervenir si souvent comme arbitre ou conciliateur dans des affaires très importantes pour des princes, pour l'évêque de Genève ou pour d'autres graves intérêts ; il est d'un mérite hors ligne ce B. Ponce de Faucigny, législateur d'Abondance, qui renonça aux plus belles espérances du siècle pour s'ensevelir dans la solitude et qui, après une vie pleine d'œuvres et de mérites, alla mourir en odeur de sainteté dans cette abbaye de Sixt dont il fut le fondateur. Ils n'étaient pas non plus des moines d'une vertu vulgaire ce quatrième abbé d'Abondance, Pierre Ier, qui fut reconnu d'un tel mérite qu'il dut accepter la mitre épiscopale ; ni ce Jean, dit d'*Abondance*, que la crainte des honneurs et le zèle de sa perfection déterminèrent à aller s'enfermer, sous la conduite de saint Arthold, dans la chartreuse d'Arvières, où il mourut en odeur de sainteté ; ni cet autre Pierre, neuvième abbé d'Abondance, qui, pour mener une vie plus pénitente et plus parfaite, alla solliciter la dernière place dans la chartreuse du Reposoir, où ses vertus l'élevèrent malgré lui à la dignité de prieur et où il mourut saintement.

Mais ce qui atteste mieux que ces traits détachés la sainte vie que menaient les religieux d'Abondance, ce sont les éloges que le Saint-Siège lui-même décerna à cette fervente communauté. Il s'agit d'une bulle d'Adrien IV, dont le texte nous manque, mais dont la substance est reproduite par R^d De Passier. « Le saint pape Adrien IV, dit-il, séant pour lors en la chaire de Saint-Pierre, ayant eu des fidèles relations de l'intégrité de vie et de sainte conversation de ces chanoines, daigna adresser à l'abbé du monastère d'Abondance une bulle expédiée le 12 février 1155, par laquelle il félicite l'abbé et les chanoines de la Congrégation de N.-D. d'Abondance, d'avoir, par une spéciale assistance du Saint-Esprit, entrepris de faire revivre l'ancienne façon de vie pratiquée par les fidèles de l'Eglise naissante, afin que, par ce moyen, se conformant aux saints établissements des SS. Pères, ils puissent, étant unis d'âme et de cœur, se soumettre au service de Dieu selon la règle du glorieux saint Augustin, mettant sous la protection du Saint-Siège les personnes et les biens de cette Congrégation et spécialement ceux qui sont distinctement désignés en ladite bulle (1). »

Tels furent les heureux et édifiants débuts du monastère d'Abondance.

CHAPITRE IV

Créations et Succursales de l'Abbaye d'Abondance.

Fondation de Sixt par le vénérable Ponce, et ses conditions. — Débat réglé ; — D'Entremont, — De Grandval, — De Gollie. — Traité d'union fraternelle avec Agaune. — Droit d'Abondance sur le Prieuré de Peillonnex. — Sur plusieurs paroisses. — Renommée de l'Abbaye d'Abondance. — Rang de l'abbé au Synode diocésain.

« Le nombre de cette sainte troupe croissant de jour à autre, poursuit le R^d De Passier, et cette ruche mystérieuse devenant très féconde, elle fournit en peu de temps de quoi peupler les lieux que la piété et la libéralité des princes avoient préparés en faveur de ceux d'Abondance (2). » Il devint donc nécessaire que cette ruche trop pleine essaimât. C'est ce qui arriva. L'abbaye d'Abondance forma successivement diverses colonies qui allèrent s'établir sur d'autres points et y portèrent l'esprit et la règle de la Congrégation mère.

La première colonie émigra dans la vallée de Sixt, en Faucigny, sous la conduite du Vén. Ponce de Faucigny. Ce territoire relevait en pleine propriété de l'abbaye d'A-

---

(1) Vie du vén. Ponce, etc., p. 38 et 39.
(2) Ibid., p. 29.

bondance (1). Ce ne fut pas sans de grands frais ni sans des difficultés qui paraissaient d'abord insurmontables, que le saint fondateur put achever une telle entreprise dans ce coin perdu de nos Alpes. Les constructions furent terminées entre les années 1140 et 1144, pendant la supériorité de Rodolphe, premier abbé d'Abondance. Le nouvel établissement fut mis sous le vocable de l'Annonciation de Notre-Dame. A peine le nouveau monastère fut-il habitable, qu'il se remplit de pieux postulants y demandant une place. Les choses y prospérèrent si bien que, à peine né, il fut érigé en abbaye en l'année 1144. Nous possédons la charte de cette fondation (2). En voici le début, traduit du latin :

« Soit notoire à la génération présente et à toute la postérité à venir que l'église d'Abondance, à la gloire de Dieu tout puissant, et de la bienheureuse Marie toujours Vierge, a bâti à force de peine et de zèle, une certaine maison au lieu de Six, reconnu être sa possession et propriété et qu'elle lui a fourni autant qu'elle a pu, tant en personnel qu'en autres choses nécessaires, l'assistance d'une mère à sa fille ; dans la suite, par une faveur que nous croyons divine et sans autre vue que l'augmentation de la piété et de la religion, elle l'a en toute bienveillance élevée à la dignité d'abbaye. » Le premier abbé de Six fut Ponce, chef de la colonie et de l'entreprise.

Les clauses de cette fondation et d'érection de Sixt en abbaye portent que l'abbé d'Abondance conservera la prééminence, le droit de correction et l'autorité, tant au temporel qu'au spirituel sur la nouvelle abbaye ; qu'il y occupera la place du prieur ou d'abbé et en exercera l'office ; que, en cas de décès de l'abbé Ponce et de ses successeurs, les chanoines de Sixt iront prendre l'avis de l'Abbé et du Chapitre d'Abondance pour se donner un autre *pasteur*,

---

(1) *In loco de Six sua possessione propria* (acte d'érection en Abbaye au Monastère de Sixt, voir Besson, *Preuves*, 38 et 39.
(2) Besson, *Preuves*, n° 21, p. 354 et suiv.

lequel, aussitôt élu, ira faire acte de soumission à Abondance, où il siègera après l'Abbé ; en cas d'absence de celui-ci, il devra le suppléer en tout et, en cas de décès, il accourra à Abondance, où, sur l'avis du Chapitre il administrera toute la maison, jusqu'à ce que la congrégation l'ait élu lui-même ou un autre pour *recteur* (abbé). Que si l'abbé de Sixt devenait inutile ou rebelle, celui d'Abondance, après deux ou trois admonitions de son Chapitre, le déposerait. Les deux maisons ne se feront aucune concurrence en fait de bénéfices ou de libéralités provenant des fidèles.

En 1161, survint une contestation au sujet des clauses de suprématie réservées à l'abbé d'Abondance sur l'abbaye de Sixt. Quoique le texte en parût clair en faveur de l'Abbaye-mère, on trouva cette suzeraineté exorbitante. Pour dirimer ce différend, eut lieu une assemblée où ne parurent pas les abbés d'Abondance et de Sixt, mais où intervinrent saint Pierre de Tarentaise, l'évêque de Genève Arducius, frère de Ponce, les abbés d'Aulps, d'Hautecombe, de Haut-Crêt, d'Entremont, puis Rodolphe, premier abbé d'Abondance, alors abbé d'Agaune, puis Aymon, sire de Faucigny, sur les Etats duquel était située l'abbaye de Sixt, avec plusieurs seigneurs. Il fut décidé (1) que l'abbé de Sixt aurait la libre et entière jouissance du domaine et des dépendances de son abbaye et que l'abbé d'Abondance ne pourrait déposer celui de Sixt qu'après trois citations successives et sans résultat, devant lui, devant le Chapitre d'Abondance, et devant l'évêque de Genève ; que l'abbé d'Abondance conservait le droit de visite à Sixt avec le titre de premier supérieur. Le reste, comme dans l'acte de 1144. On y a cependant inséré une clause, relatée par R^d De Passier et supprimée par Besson : c'est que l'abbaye de Sixt ne pourrait passer à un autre ordre (2), clause que les saints Canons n'autorisent pas s'il s'agit d'entrer dans un ordre plus austère ou

---

(1) Besson, *Preuves*, 29. L'année est désignée (1161) ; mais le lieu, le jour, le mois ne sont pas mentionnés dans ce document.

(2) *Sane sciendum est quod Abbatia de Siz ad nullum alium ordinem se transferre poterit.* (De Passier, *Vie*, p. 51.)

d'une perfection plus élevée. Après cette solennelle décision, la meilleure entente se rétablit et les deux abbayes continuèrent de prospérer (1).

Dix ans après l'établissement de l'abbaye de Sixt, soit en l'année 1154, eut lieu la fondation de celle d'Entremont. Amédée Ier, comte de Genevois, avait donné cette vallée à l'abbaye d'Abondance, qui venait d'y bâtir à grands frais un monastère où la règle de l'abbaye-mère était fidèlement observée et qui, à son tour, s'était pris à prospérer. Une députation de ce couvent, accompagnée de Ponce, encore abbé de Sixt, se rendit à Abondance pour demander à ce chapitre l'érection de leur monastère en abbaye sous le patronage de la sainte Vierge Marie. Burchard, alors abbé d'Abondance et ses religieux acquiescèrent à cette demande, sous les conditions et clauses acceptées précédemment pour Sixt. L'abbé d'Entremont occupera le troisième rang dans le chapitre d'Abondance, le second appartenant déjà à l'abbé de Sixt, et le premier appartenant de droit à celui d'Abondance qui, dans ce titre (2), est qualifié du titre d'abbé *majeur*. Cette charte est du 12 février 1154.

Pendant plus d'un siècle, l'abbaye d'Entremont fut édifiante et prospère. Mais dans la suite elle tomba dans un déplorable relâchement ; la discipline souffrait par l'incurie des abbés ; l'hospitalité ne s'y exerçait plus ; l'aumône en était bannie. L'abbaye d'Abondance, invitée par l'Evêque de Genève à réformer sa filleule, comme c'était son droit et son devoir, échoua dans tous ses efforts. A la fin, n'y voyant plus de remède, l'Evêque de Genève, Robert, le 22 juin 1279, la soumit à celle de saint Ruph de Valence. Comme compensation, l'abbaye d'Abondance reçut, à titre perpétuel, l'église de Mésigny avec son patronat, ainsi que le droit de prélever 15 livres sur les dîmes de cette paroisse, et, en cas d'insuffisance, le déficit serait comblé par celle de Menthonay. Cet accord est du mercredi après Tous-

---

(1) Celle de Sixt a subsisté jusqu'à la Révolution. L'église de Saint-Maurice d'Annecy possède une grande croix d'argent qui provient de ce Monastère et qui a été payée 528 francs fournis par dons volontaires.

(2) Besson, *Preuves*, n° 28.

saint 1279 (1), Raymond étant alors abbé d'Abondance.

Dès le sixième siècle il y avait eu à Grandval, dans le diocèse de Besançon, un monastère dont les commencements sont peu connus. S'il avait eu quelque réputation avant le douzième siècle, il était ensuite tombé dans une sorte d'oubli. Ce n'est que vers la fin du douzième siècle, que Gérard, premier comte de Viennois, pria Pierre, abbé d'Abondance, de restaurer ce monastère et d'y établir la discipline d'Abondance, ce qui fut accepté. Le nouvel établissement ne tarda pas à prospérer ; aussi, le 6 des calendes de mars 1172, des religieux de Grandval, munis de pressantes lettres de recommandation, se présentèrent à Abondance, demandant l'érection de leur prieuré en abbaye. Le Vén. Ponce, devenu abbé d'Abondance, convoqua son Chapitre et, d'un accord unanime, l'Abbé et ses chanoines accédèrent à la demande des députés de Grandval. La concession se fit sous les mêmes réserves et clauses que pour Sixt et Entremont. Le nouvel abbé de Grandval devait occuper le quatrième rang au Chapitre d'Abondance (2). Là encore se rencontre la clause irrégulière selon laquelle l'abbaye de Grandval ne peut pas se transférer à un autre ordre. Malgré cette stipulation, cette abbaye, moins d'un siècle plus tard (1244), se trouvant grevée de dettes et étant d'ailleurs trop distante d'Abondance, en fut détachée. Jean, abbé d'Abondance, consentit à ce qu'elle se réunît à l'abbaye de Saint-Oyen (Saint-Claude), moyennant la cession de Divonne et d'Avrigny, cession que le pape Innocent IV ratifia en 1250 (3).

Enfin, entre les années 1207 et 1208, l'abbaye d'Abondance fonde encore celle de la Gollie, en Franche-Comté. Gaucher, seigneur de Salins, du consentement de la comtesse Mora, sa mère, avait cédé à l'Abbaye d'Abondance, dont Guillaume était alors abbé, un lieu dénommé le Villars,

---

(1) *Mém. et docum. de la Soc. d'Hist. et d'Arch. de Gen.*, 7ᵉ vol. p. 335.
(2) L'acte de fondation porte que cette maison de Grandval a coûté beaucoup de peines et de dépenses à Abondance et qu'elle est sa possession propre et très libre, ainsi que ses dépendances.
(3) Besson, *Preuves*, n° 34.

où il y avait eu précédemment un prieuré du nom de Beaulieu, pour y établir une abbaye selon la règle d'Abondance. Ainsi fut fait. Pour cet établissement le couvent d'Abondance céda tout ce qu'il possédait, autour du château de Joux, en bâtiments, vignes et revenus. Le nouvel abbé occupait le cinquième rang au chapitre d'Abondance. Survinrent plus tard des contestations au sujet du droit qu'Abondance avait sur la Gollie ; l'archevêque de Besançon s'attribuait le droit de nommer l'abbé, droit que l'abbaye-mère entendait retenir et exercer. Les débats sur ce point se renouvelèrent plusieurs fois dès l'année 1351 jusqu'à l'année 1469, époque où il fut décidé d'un commun accord que le droit de confirmation de l'abbé de la Gollie serait exercé alternativement par l'Evêque de Besançon et par l'Abbé d'Abondance (1). L'abbaye de la Gollie a subsisté jusqu'à la Révolution.

Pendant que le service de Dieu florissait à Abondance, le monastère d'Agaune, auquel celui d'Abondance était si redevable, subissait depuis quelque temps une décadence déplorable. Le cartulaire d'Agaune porte que, vers l'an 1128, Amédée III, comte de Maurienne, étant allé visiter ce monastère, le trouva dans un si pitoyable état, qu'il ne s'y faisait presque point d'offices, soit par l'usurpation des biens de ce monastère, soit par le relâchement des chanoines séculiers qui y avaient été établis depuis deux siècles et demi. Attristé de ce spectacle, ce religieux prince résolut de procurer un remède à ce mal, en faisant introduire des chanoines réguliers de saint Augustin à la place des séculiers, qui seraient supprimés par extinction ; et quant aux biens, le prince ordonna par autorité souveraine de les rendre entièrement à ladite église, sous peine de grandes amendes. Toutes ces mesures furent authentiquement

---

(1) Guichen. *Bibl. Sebus.*, cent. 1, ch. 11 ; — *item* Charvet, *Recherch.*, p. 93 et 94. Ces deux dernières fondations expliquent les générosités des seigneurs de Salins, plus tard, des comtes de Bourgogne à l'égard d'Abondance, qui tirait son sel de Salins, moyennant quelques services religieux, surtout en y ajoutant la réception à Abondance du pauvre malade qui s'appelait Henri de Salins.

approuvées par un rescrit apostolique du pape Honorius II (1).

Or un des premiers Abbés qui furent choisis pour gouverner l'église et le chapitre de Saint-Maurice d'Agaune ainsi réformés fut, avons-nous déjà dit, le vénérable Rodolphe, qui était alors premier Abbé d'Abondance. Il ne quitta qu'avec regret et par obéissance cette congrégation qu'il avait élevée à un degré si florissant de prospérité. Le zèle qu'il déploya à la tête du monastère d'Agaune ne fut ni moins dévoué, ni moins efficace. Sous sa vigoureuse et édifiante direction, l'abbaye de Saint-Maurice, habitée dès lors, comme celle d'Abondance, par des chanoines réguliers de saint Augustin, s'est admirablement soutenue jusqu'à nos jours à travers les épreuves des événements et des siècles. Aujourd'hui encore nous la voyons, moins riche, il est vrai, des biens de la terre, mais toujours pleine de mérites et de vertus, garder avec un soin jaloux et pieux les reliques des saints légionnaires thébéens et, sous la houlette d'un Abbé (2) digne de saint Augustin, éclairer, édifier et moraliser les habitants de tous le bas Vallais, surtout les paroisses que cette Abbaye a la charge de desservir.

Ainsi non seulement Abondance a su créer des colonies religieuses en Savoie et en Bourgogne, mais encore, par un légitime retour de reconnaissance, elle a contribué à la salutaire réforme dont le monastère de Saint-Maurice naguère, son bienfaiteur, avait, en 1128, un si urgent besoin.

Pour assurer l'avenir de cette réforme et procurer aux deux abbayes de Saint-Maurice et d'Abondance une alliance spirituelle et une sainte émulation, le vénérable Rodolphe ménagea un traité de confraternité entre les deux congrégations.

A cette fin, en l'an 1156, saint Pierre de Tarentaise, les Evêques de Genève et de Belley, les Abbés de Saint-Maurice, d'Abondance, de Sixt et d'Entremont, savoir :

(1) Tous ces détails sont tirés de la *Vie du vén. Ponce*, p. 40 et 41.
(2) Mgr Bagnoux, évêque de Bethléem, auquel le diocèse d'Annecy, où il est si avantageusement connu, gardera une inviolable reconnaissance pour les nombreux services qu'il lui a rendus.

Rodolphe, Burchard, Ponce et Girold, du plein consentement des deux chapitres intéressés dans la question, tinrent une assemblée, où l'on dressa les articles de cette fraternelle société entre les deux congrégations de Saint-Maurice et d'Abondance. En voici le précis :

Quand un chanoine d'Abondance se trouvera à Saint-Maurice ou réciproquement, il sera traité comme un membre de la communauté et en suivra la règle, sauf que celui d'Abondance, portant habituellement le rochet, tant aux offices qu'ailleurs, ne sera point employé au travail manuel quand ceux de Saint-Maurice y vaqueront ; mais pendant ce temps il se retirera à l'église ou à l'écart, pour se livrer à la lecture spirituelle ou à l'oraison.

Les suffrages et services religieux pour les défunts des deux congrégations se feront par chacune des deux congrégations selon les rites et constitutions précédemment pratiqués en chacune.

En faveur de cette union, le monastère de Saint-Maurice confirme les concessions antérieurement faites au monastère d'Abondance, concernant tant la vallée que l'église ; la division du côté de Morgin est faite par les eaux pendantes.

Aucune des deux congrégations ne pourra emprunter ni s'approprier ce qui appartient à l'autre, sans le consentement de celle qui possède.

Chaque Abbé conservera son rang et sa stalle chez lui, si ce n'est que, par une déférence honorifique, il ne les cède à l'Abbé qui lui fera visite.

Si un religieux réfractaire à la règle dans sa communauté se rend dans la congrégation associée, il n'y sera pas admis comme membre ; il y sera cependant retenu, pour le ramener à son devoir et en disposer d'un commun accord.

Si l'une des maisons alliées vient à éprouver quelque désastre, l'autre s'empressera de lui tendre une main fraternelle et de la secourir aussitôt qu'elle pourra et selon ses propres ressources (1).

---

(1) Extrait de l'analyse que donne de ce traité R^d De Passier (*Vie du vén. Ponce*, p. 42 et suiv.) Voir aussi le précis que M. Lecoy de la Marche en a communiqué à M. Charvet (*Recherch.*, p. 31 et 32.)

Un autre traité de 1158 (1) porte que Saint-Maurice n'obtenait ni ne conservait ni droit ni prérogative sur Abondance. Il n'y est même plus question de la chasse ni de la cire, mentionnée dans l'acte de cession de 1108.

Il conste que l'abbaye d'Abondance avait anciennement un droit de suprématie sur le prieuré des chanoines de Saint-Augustin de Peillonnex. Ce droit résulte d'une charte que vient de publier cette année (1884) la *Société savoisienne* de Chambéry. En juillet 1156, le comte de Genevois, Amédée Ier, confirme à Peillonnex les libéralités faites par ses prédécesseurs vers l'an 1000 et l'an 1019, à condition qu'il sera lui-même l'abbé du monastère, que l'abbé d'Abondance en soit le prévôt et que les chanoines et les possessions du couvent de Peillonnex soient sous la main et le gouvernement de l'abbé d'Abondance (2). Cette concession s'explique par la haute réputation de cette abbaye et par la circonstance que Burchard, qui y tenait alors la crosse abbatiale, était un parent consanguin d'Amédée Ier.

En vertu de cette dépendance, le prieur de Peillonnex devait se rendre à Abondance pour le chapitre général. On trouve plusieurs lettres de convocation en 1376 et plus tard encore.

L'antipape Robert de Genève, par bulle du 9 septembre 1379, avait supprimé cette dépendance ; mais son successeur, Pierre de Lune, par autre bulle du 2 des Kalendes de mai 1395, réintégra Peillonnex sous la juridiction d'Abondance. On voit par un inventaire récemment découvert que ce prieuré ne se soumettait pas sans peine à cette décision, et qu'en 1424 il existait un procès à ce sujet. Avec

---

(1) Communiqué à M. Charvet par M. Lecoy de la Marche, *Recherch.*, p. 32.

(2) Ego Amedeus comes gebennarum... hanc eleemosinam (ecclesiam Pellionacensem cum universis possessionibus et appenditiis suis) bona fide facio atque concedo Domino et beatæ Mariæ et ecclesiæ Abundantiæ in manus domini Borcardi Abbatis... pro anima etc... tali pacto quod... Abbas de Abundantia sit præpositus et canonici (et) possessiones in manu et in gubernatione ejusdem sint, etc... (Extrait d'une charte publiée par M. Mugnier, président de la Soc. savois. de Chambéry, t. XXII, p. 12 et 13.

le temps la suprématie d'Abondance s'est amoindrie, mais sans cesser entièrement (1).

Abondance avait les droits de juridiction et de nomination sur un grand nombre de bénéfices-cures. Il y avait plus de 40 ans que l'abbaye exerçait ce droit au sujet des églises de la chapelle des Frasses (la Chapelle d'Abondance), de Passy (2) et d'Evian, lorsque l'évêque de Genève, Aimon de Grandson, armé de censures ecclésiastiques, lui dénia ce droit et le renvendiqua pour son siège. Le pape Honorius III, auquel la cause fut déférée, nomma, aux ides de mai 1218, une commission chargée d'avertir l'évêque qu'il eût à retirer les censures déjà infligées et à ne plus molester l'abbaye dans sa jouissance. A défaut de pouvoir terminer pacifiquement le litige, la Commission devait assigner les parties à comparaître à Rome devant

---

(1) Une preuve que toute relation n'avait pas cessé entre les deux couvents, c'est qu'en 1607, lors de la suppression des chanoines d'Abondance, deux de ces religieux, Jacques de Compois et François de Thorens, furent envoyés au prieuré de Peillonnex pour leur résidence permanente. Toute dépendance s'éteignit à l'arrivée des Feuillants.

(2) Il n'est pas facile de préciser de quel Passy ou Passier il s'agit ici. Après des hésitations, le *Regeste Genevois* dit que « ce Passier doit être la localité appelée sous *le Pas*, à demi-lieue à l'ouest d'Abondance. » (Suppl. n° 367 bis, p. 485.) J'incline vers ce sentiment. On a déjà dit qu'anciennement le village du Pas était considérable. Il pouvait former une petite paroisse dont l'église aura été engloutie avec lui. Dès cet acte de 1219, on ne trouve plus de hameau au Pas, mais plus bas, *sous le Pas*. Ailleurs, n° 159, le *Regeste Genevois* avait supposé, supposition non moins plausible, qu'il s'agit de Passy près de Sallanches. Cette localité avait été relâchée au prieuré de Peillonnex entre les années 1012 et 1019. Mais, ainsi qu'on vient de le voir, le comte de Genevois, Amédée Ier, en 1156, avait mis les chanoines et les possessions du prieuré de Peillonnex sous la main et le gouvernement de l'Abbaye d'Abondance, ce qui expliquerait que la nomination du curé de Passy eût pu appartenir à notre abbaye ; mais les distances ne lui permettant pas l'exercice de sa juridiction sur Passy, elle l'aurait dans la suite abandonnée tout entière à Peillonnex. Dans les n°ˢ 343 bis et 486 bis, ces savants historiens, parlant des limites de la juridiction de Sixt, signalent un autre Passy dans la vallée même de Sixt. Mais, de même que les Alpes d'Agaune qui sont mentionnées comme limites de ces possessions, au nord-est, sont les hautes montagnes qui les séparent du Vallais, de même, croyons-nous, **les Alpes de Passy sont les cols d'Anterne et Platée qui séparent la vallée de Sixt de la paroisse de Passy près de Sallanches.**

le Saint-Siège dans un délai compétent (1). Le métropolitain de Vienne rendit, le 10 octobre 1279, sur ce débat, une sentence définitive qui conserve à l'abbaye le droit de présentation aux églises précitées, et à l'évêque le droit de confirmation (2).

Par une bulle des ides du mois d'août, huitième année de son Pontificat, par conséquent en 1250 ou 1251, Innocent IV soumit à l'abbé et au monastère d'Abondance, outre la paroisse d'Abondance, neuf autres paroisses qui y sont nommées ; l'abbaye en peut prendre possession *sans demander l'agrément de l'évêque diocésain* (3). Il ne s'agit évidemment là que des intérêts temporels, et non d'une dispense d'institution de l'ordinaire.

Voici, d'après la visite faite en 1443 et 1444, par Monseigneur Barthélemi, évêque de Cornetto et de Monteliascone, au nom de Mgr François de Mez, évêque de Genève, les noms des paroisses qui, dans l'ancien diocèse de Genève, relevaient de l'abbaye d'Abondance : ce sont Cusy ; Avrigny (section de Cercier) ; Vacheresse ; Abondance ; Chevenoz avez Vinzier, sa filleule ; La Chapelle ; Saint-Gingolph ; Evian ; Neuvecelle ; Marèche ; Larringe avec Marninge, soit Champange, sa filleule ; Féterne ; Publier ; le prieuré de Vion en Chautagne ; Thusy ; Crempigny et Sion (4).

Il avait fallu que, dans ces temps reculés, l'abbaye d'Abondance jouît d'une bien grande considération, pour

---

(1) *Recueil des lettres d'Honorius III*, par D. La Porte du Theil, *Gallia Christ.*, t. XVI, p. 154. — Item, *Mém. de la Soc. d'Hist. de Gen.* t. XVI, p. 172.

(2) *Reg. Gen.*, n° 576, p. 156.

(3) « Indulgemus » porte cette bulle, « ut de Abundantia, de Vacheresiis, etc. Ecclesiarum parochialium gebennensis diœcesis eidem monasterio subjectarum, cedentibus vel decedentibus rectoribus earumdem possessionem irrequisito diæcesano episcopo ingredi, ac eas in usus proprios retinere libere valeatis, proviso quod ipsis ecclesiis faciatis, sive per canonicos vestros vel sæculares alios deserviri, ne debitis divinorum obsequiis defraudentur. » Cette bulle fut approuvée par le Concile de Bâle, aux ides de mars 1440. (Extrait textuellement des Notes du R^d Dufour, qui n'a pas indiqué la source, mais dont il n'y a aucun lieu de douter.

(4) *Mém. et Docum. de l'Acad. Salés.*, dès la p. 300 à la p. 320 ; item, Charvet, *Recherch.*, p. 98 et 99.

qu'on lui ait annexé tant de prieurés et de paroisses. Les hauts seigneurs de l'époque et les populations, témoins des mérites et de la vie édifiante de ce chapitre canonial, étaient instinctivement portés à les favoriser et à se mettre sous sa conduite. L'évêque de Genève lui-même, encore pauvre de prêtres séculiers, avait confié plusieurs paroisses de son vaste diocèse à la direction des moines de Savigny, d'Ainay, du Grand-Saint-Bernard, d'Aulps et d'autres encore. Ce fut pour lui un précieux soulagement de pouvoir, sans sortir de son diocèse, se décharger de la direction spirituelle de plusieurs autres paroisses, sur une congrégation religieuse qui avait mérité les éloges du Souverain-Pontife et dont le ministère était aussi édifiant que profitable pour les âmes : aussi voyons-nous que toutes les paroisses du Chablais-Gavot avaient été cédées à des établissements religieux, chapitres, monastères, abbayes qui les desservaient par quelques-uns de leurs membres, ou qui avaient droit d'en nommer d'autres tirés d'ailleurs, auxquels l'évêque diocésain donnait l'institution. Mais c'est l'abbaye d'Abondance qui avait le plus de ces cures dans le Chablais-Gavot. Voici celles qui en relevaient : Evian, Neuvecelle, avec ses deux filleules, la Thouvière et Marêche, Publier, Saint-Gingolph et plus tard Novel, Féterne, Larringe avec sa filleule Merninge, aujourd'hui Champange, Chevenoz avec Vinzier sa filleule, Vacheresse avec sa section de Bonnevaux, La Chapelle d'Abondance comprenant encore Châtel (1).

C'est donc à bon droit que l'auteur de l'ouvrage *Gallia Christiana* constate que le monastère d'Abondance jouissait

---

(4) Lugrin, avec sa filleule de Montigny, relevait du chapitre de Saint-Pierre de Genève ; Meillerie, Thollon et Marin, du Grand-Saint-Bernard ; le prieuré de Saint-Paul avec son annexe Bernex et sa filleule Maxilly dépendaient du prieuré de Saint-Victor et de Savigny. En 1443 le curé de Saint-Paul était nommé par le prieur de Lutri (Vaud), et le prieur de Saint-Paul nommait celui de Bernex. Ainsi en était-il dans les autres parties du Chablais et même de tout le diocèse. L'évêque ne nommait qu'à fort peu de postes. Ce droit appartenait à des patronages tantôt ecclésiastiques tantôt laïques. L'évêque ne jouissait donc pas d'une assez grande initiative et autorité. Plus tard le Concile de Trente, au moyen

d'une haute renommée (1) : *Magna fuit hujus domûs fama.* Elle fut associée à la célèbre abbaye de Saint-Germain-des-Prés (2). Elle se concilia tellement l'estime universelle, dit Grillet, que toutes les cathédrales de Savoie observèrent sa règle au commencement du douzième siècle et que les princes et les seigneurs s'empressèrent de lui faire de grandes largesses.

On voit, par un extrait de l'état du diocèse de Genève, dressé en 1457 par le notaire Sapientis, que, dans les synodes diocésains, les abbés d'Abondance occupaient la place d'honneur avant tous les abbés réguliers du diocèse. Voici leur ordre de préséance :

1° L'Evêque et Prince de Genève ;
2° Le Prévôt et le Chantre de la Cathédrale ;
3° Les huit doyens ruraux du diocèse ;
4° Les trente chanoines de Saint-Pierre de Genève ;
5° Les sept curés de Genève ;
6° Les abbés réguliers du diocèse dans l'ordre suivant :
Abondance, Filly, Entremont, Sixt, Hautecombe, Beaumont, Cheysery, Tamié, Aulps, et soixante-huit prieurs, lesquels réguliers n'avaient droit au Synode qu'en qualité de curés primitifs des paroisses dont ils étaient patrons (3).

---

des concours pour bénéfices, des synodes et du droit canonique mis en vigueur et en honneur, remédia à cette situation trop effacée. Par là l'Eglise prévenait aussi le favoritisme, l'arbitraire, les coups fourrés, de quelque part qu'ils vinssent, inconvénients qui peuvent se produire, là où ses saintes garanties sont tombées en désuétude.

(1) Cité par Grillet, *Dict. hist.*, etc., I vol., p. 226.
(2) Glover, *Journal le Chablais*, déjà cité.
(3) *Les Synodes*, etc., par l'abbé Pl. Brand, *Mémoir. et Docum. de l'Acad Salés.*, t. II\ :e, p. 189, année 1880.

CHAPITRE V

Eglise et Cloître d'Abondance.

Description architectonique. — Le Monastère. — Dilapidation.

Il convenait qu'un chapitre canonial aussi distingué que celui des chanoines réguliers d'Abondance eût une église et un monastère dignes de leur destination. Aussi, la congrégation des religieux d'Abondance avait su se procurer ces précieux avantages, et aujourd'hui encore, malgré le laps des siècles et les vicissitudes diverses par lesquelles ces pieuses constructions ont passé, le touriste et l'artiste peuvent admirer les dessins et les travaux que faisaient exécuter, dans ces temps si décriés du moyen-âge, ces moines plus décriés encore par leurs détracteurs modernes. La Haute-Savoie ne possède qu'un édifice religieux qui ait été jugé digne d'être classé parmi les monuments historiques : c'est l'église et le cloître (1) de l'antique abbaye d'Abondance. Il est à propos d'en tracer ici une description sommaire.

L'église d'Abondance se compose d'une nef, de deux travées, sans bas-côtés, d'un transept et d'un chœur avec *deambulatorium* d'une belle disposition. Le rond-point est formé par quatre colonnes qui sont évidemment la seule partie du monument antérieure au treizième siècle.

(1) Le cloître, bien que jugé digne de cet honneur, ne l'a pas encore reçu officiellement, l'entente entre le ministre des beaux-arts et le propriétaire n'ayant encore, depuis 1864, pu s'établir sur le prix de vente. Mais le projet n'est pas abandonné. Quant à l'église, une lettre de M. André Folliet, maire d'Abondance, sous date du 24 juillet 1864, déposée aux archives, remercie le préfet Ferrand, de l'avoir fait agréer comme *monument historique* de l'Empire. Dès lors son entretien s'est toujours fait aux frais de l'Etat.

Sept chapelles rayonnent autour des bas-côtés du chœur.

Une galerie étroite avec arcatures en plein-cintre, pratiquée dans l'épaisseur du mur entoure l'église dans la hauteur des combles qui couvrent les bas-côtés ; les fenêtres qui éclairent la grande nef sont percées dans la hauteur des voûtes et là aussi il a été ménagé un passage dans l'épaisseur du mur, qui fait le tour de l'édifice. Ces fenêtres sont ogivales, ainsi que les arcs des voûtes. Les arcs des basses nefs et chapelles sont en tiers-point. Le plein-cintre ne règne que dans les arcs des galeries. Les nervures diagonales sont formées d'un seul carreau de pierre, sans moulure, qui retombe selon la direction de la nervure jusque sur le sol de l'église, où il a, de même que les piliers, un socle avec chanfrein. Les impostes des arcs et cordons ne sont composés que d'un listel, avec ou sans gorge (1).

En entrant dans cette église, on est vivement impressionné à l'aspect de ce vaisseau svelte et bien ajouré (2).

La grande nef a dix-huit mètres, soit cinquante-quatre pieds d'élévation sous clef.

Il est difficile d'assigner une date exacte à un édifice qui ne présente aucun caractère architectonique, tel que base ou chapiteau. Il semble cependant que cette église doit être du quatorzième siècle (3).

Les quatre colonnes du rond-point sont plus anciennes, du onzième siècle peut-être ; leurs chapiteaux sont remarquables par leur caractère spécial de sévérité et par des

---

(1) La description qui précède, avec ses détails techniques, est reproduite à peu près textuellement des *Recherches sur l'Abb. d'Abondance*, par M. l'architecte Charvet, p. 5 et 6. Bien que j'aie visité quatre fois ce monument, je ne connais pas assez le langage de l'architecture, pour ne pas faire parler un architecte aussi compétent que M. L. Charvet.

(2) Elle a été décorée dans les années 1845 et 1846. M. Charvet appelle ces peintures un *affreux badigeon*. Cette sévérité d'appréciation est méritée ; car ce vase ne comportait pas ce genre de décoration. Mais, en soi, ces peintures sont loin d'être sans mérite ; elles sont l'œuvre de feu M. Vicario, peintre italien, dont le pinceau est avantageusement connu en Savoie et dans les environs.

(3) M. l'archidiacre Poncet, dans son *Etude* intéressante sur nos anciennes *Eglises*, la place à la fin du XIIe siècle et en donne des raisons plausibles (p. 35, 36.)

détails extrêmement curieux de petites volutes et de dispositions géométriques.

Le clocher est du dix-septième siècle et ne présente aucun style.

Les stalles, remaniées à une époque récente, sont du commencement du quatorzième siècle. Auprès de l'autel, on voit un siège en bois, à trois places, du quatorzième siècle. Les parois sont ornées de figures, d'enroulements et de fenestrages. La conservation d'un meuble si fragile pendant plus de cinq siècles a de quoi étonner.

Cette église possédait un orgue dès le quatorzième ou quinzième siècle. En 1476, les Vallaisans remportèrent de leur expédition en Chablais l'orgue enlevé à cette abbaye (1).

Le monument le plus précieux de l'abbaye d'Abondance est la porte qui donne accès de l'église dans le cloître; elle est de la fin du treizième siècle et se fait remarquer au triple point de vue de l'art, de l'exécution et de l'archéologie. Sa hauteur, y compris les moulures, mesure quatre mètres et demi; sa largeur est de deux mètres et dix centimètres. Elle est entièrement en molasse verdâtre, du même grain que celle des cathédrales de Genève et de Lausanne. Les proportions sont heureuses et ne le cèdent à aucune œuvre de l'époque; la sculpture en est pleine de noblesse et de pureté. Les fûts des deux colonnes qui supportent son arcature sont décorés de deux figures (2) allégoriques qui représentent l'Eglise personnifiée, c'est-à-dire, la Synagogue et l'Eglise chrétienne, qui toutes deux rendent hommage à la Vierge-Mère. En effet, au centre de cette porte est la sainte Vierge, assise sur un trône, tenant sur ses genoux le divin Enfant et foulant aux pieds deux serpents entrelacés. Cette statue est prise dans un seul bloc, mais le ciseau du statuaire a donné une âme à ce bloc; la tête de la Vierge est d'une admirable expression, tous les détails qui l'entourent sont parfaits dans leur

---

(1) Boccard, *Hist. du Vall.*, p. 125. Cet instrument, assez primitif, existe encore à Valère.

(2) Charvet, *Recherch.*, p. 15.

genre, et malgré de regrettables mutilations, tout cet ensemble est d'un effet saisissant. On pourra parler ailleurs de divers accidents et incendies que cette belle église a eus à subir, sans qu'ils aient cependant entamé sa puissante structure. On verra plus tard le sort que lui a fait momentanément la Révolution.

Le cloître forme une des parties les plus intéressantes des restes de l'abbaye ; deux galeries, sur quatre, subsistent encore, mais menaçant ruine. Ce cloître appartiendrait à la fin du treizième siècle. Le nécrologe d'Abondance mentionne un abbé Jean, qui a tenu la crosse abbatiale entre les années 1331 et 1345. Ce document, assez sobre de notes sur les défunts, dit de cet abbé Jean : « Il a composé le cloître de l'église de ce monastère : *qui composuit claustrum ecclesie hujus monasterii* (1). » Ce cloître a été construit avec grand soin et par des artistes de premier ordre ; la statuaire est remarquable et accuse une main très habile. La plupart des culs-de-lampe, des piliers d'angles, des chapiteaux et des fenestrages portent en sculpture des animaux et des personnages. Les fûts des colonnes sont en beau marbre noir, ainsi que la moulure du bahut et les huit colonnettes qui contournent la colonne centrale des faisceaux d'angle.

Ce cloître a été peint à la fin du quinzième siècle. L'architecture même est colorée, surtout en jaune et en rouge. Les tympans ont reçu des sujets empruntés à l'histoire de la sainte Vierge. Ces sujets sont composés avec beaucoup d'entente de la peinture murale ; ils sont peints à fresque sur mortier. Les têtes sont généralement belles de style et nobles d'expression. Le coloris est assez vigoureux. On voit dans ces quatre galeries les figures et les sujets les plus contrastants : les divers signes du zodiaque se mêlent à la représentation des divers mystères de la vie de Jésus-Christ et de Marie. Les mutilations survenues dans ces galeries ne permettent plus de saisir toujours le sens allé-

---

(1) C'est la date que M. Poncet assigne à ce monument. *Etud.*, p. 39.

gorique des objets profanes peints ou sculptés dans ce cloître monumental (1).

Aujourd'hui, à côté de ces vénérables restes de l'art et de la foi, le milieu du cloître est un chaos de débris, de pierres et d'autres objets qui contrastent singulièrement avec sa destination primitive.

Le monastère occupe trois côtés du cloître. Celui du nord était réservé à l'église : à l'est étaient la sacristie, la salle capitulaire, le grand escalier ; au midi, l'appartement, *dit de l'abbé*, le chauffoir, le réfectoire, et à la suite, neuf cellules au niveau du cloître, et neuf au-dessus, tant pour les religieux que pour les familiers. A l'ouest était le surplus des pièces de service. La plus grande partie de ce bâtiment ne doit pas remonter plus haut que le quatorzième siècle. Du côté du midi, il paraît qu'on a utilisé des arcs en ogive d'une construction plus ancienne. Toutes les pièces sont voûtées en tuf ; les portes des cellules sont basses et étroites. Les constructeurs ont tenu compte de la température d'un pays de montagne. Les murs sont d'une épaisseur qui ne laisse pas soupçonner la rigueur de l'hiver à ceux qui habitent ces cellules. Selon M. Charvet (p. 119), le monastère brûlé, au commencement du quinzième siècle, aurait été reconstruit et serait celui qui existe actuellement. D'autres auteurs et lui-même, p. 20, assignent une plus haute antiquité à la plus grande partie de ce bâtiment.

En 1580, la maison de l'abbé fut renversée par un tremblement de terre ; l'abbé Aiazza la reconstruisit plus tard sous le nom de *logement de l'abbé*.

Le curé, chanoine de l'abbaye et délégué du chapitre pour le service de la paroisse, habitait le monastère ; plus tard, du temps des Feuillants, on construisit un presbytère voisin de l'église, auquel était contigu un jardinet. Au dix-septième siècle, ce bâtiment, d'ailleurs très modeste, fut miné par la rivière de la Dranse et disparut.

Inutile de parler des riches objets et ustensiles du culte que possédait autrefois l'abbaye, puisqu'au départ des

---

(1) **Charvet**, *Recherch.*, de p. 9 à p. 19.

chanoines d'Abondance au dix-septième siècle et des Feuillants, leurs successeurs, au dix-huitième, ces vénérables émigrants ont pu emporter ce qui était à leur convenance. Survint ensuite la Révolution qui a fait razzia de tout ce qui n'a pu lui être soustrait.

Parmi ces heureuses soustractions on montre encore dans la sacristie d'Abondance deux calices, l'un du quatorzième siècle et l'autre du quinzième, dont l'un est en or et d'un bon style, ainsi que plusieurs autres objets précieux, mais plus récents, tels que deux autres calices, un ciboire, un encensoir avec sa navette du dix-septième siècle, deux reliquaires du seizième et quelques ornements sacerdotaux des deux derniers siècles, riches et beaux encore, quoique fanés par la vétusté.

Quoique toutes les sages mesures à prendre pour conserver cette antique église d'Abondance et pour consolider son cloître n'aient pas encore reçu leur entière exécution, les plus urgentes, du moins pour l'église, sont successivement exécutées, depuis que le gouvernement, en rangeant cette église parmi les monuments historiques (1), en a pris l'entretien à sa charge. Aucun régime politique de la nation ne voudra faillir à cet engagement.

---

(1) C'est le préfet de la Haute-Savoie, M. Ferrand, qui a provoqué cette sage mesure, et M. Charvet qui en a fourni les motifs et les moyens dans son rapport.

CHAPITRE VI

Prospérité temporelle de l'Abbaye d'Abondance.

Diverses donations et possessions. — Droits féodaux. — Droits sur Montagnes. — Juridiction sur Saint-Gingolph. — Le voleur Reynaud. — Inventaire et sacs de titres. — Observation sur le régime féodal au sujet des tènements fonciers avec leurs hommes. — L'Abbaye d'Abondance justifiée.

Après la description sommaire des monuments d'Abondance, on se demande avec quelles ressources ces religieux ont pu faire face aux énormes dépenses que ces créations leur ont coûté.

Déjà nous avons dit que la réputation dont ils jouissaient au loin leur avaient attiré les largesses des princes, des grands dans le siècle et dans l'Eglise. Il faut ici en fournir la preuve et le détail.

Sans revenir sur la donation de la vallée d'Abondance faite au prieur Arluin, relevons la plupart des autres qui la suivirent.

En 1121, le seigneur Girold de Neuvecelle fait la donation suivante : « Moi, Girold de Neuvecelle, je fais une donation qui vaudra et durera à perpétuité pour le rachat de mon âme et pour le soulagement des âmes de mon épouse Guillemette et de mon fils Burchard. Je donne donc de mon plein gré à l'église des moines d'Abondance, au seigneur Rodolphe prieur dudit lieu, trente sols monnaie de Saint-Maurice *(Mauricianæ)*, tout ce que je possédais ou que l'on croyait m'appartenir à Abondance en montagnes, dans la plaine, en eaux, pâturages, vallées et forêts. Si quelqu'un de nos parents enfreint ou tente d'enfreindre cette donation, qu'il subisse le sort de Dathan et d'Abiron.

Témoins Rodolphe prieur d'Abondance, Guérin d'Aulps, Girold, chanoine de Genève. Fait cette année de l'Incarnation onze cent vingt-un, indiction sixième (n° **3**) (1). »

Il existe un inventaire officiel et très minutieux, de 1687, des archives d'Abondance, rédigé par M. de Ville, sénateur, copié sur un inventaire de date antérieure et conservé aux archives du Sénat de Chambéry. Nous en utiliserons les indications sans négliger les renseignements puisés ailleurs.

Possessions à Bonnevaux. — En 1230, Etienne de Féterne, chevalier, donne au monastère d'Abondance tout le tènement de Girold de Bonnevaux et le huitième de la montagne d'Ubine. En 1237, Henri d'Alinge fait aussi donation d'un chosal situé à Bonnevaux (Archiv.)

A Vacheresse. — Par acte d'échange du 10 juin 1363, Pierre de Lullier, abbé d'Abondance, acquiert d'Amédée VI, comte de Savoie, des servis, tailles, hommages et la juridiction de Vacheresse, avec droit d'ériger des fourches patibulaires à Saint-Gingolph (2).

A Bernex. — Un nommé Jean Pellissier ou Peillex *(Pelliparius)*, de Trossy, avait donné à l'abbaye un revenu annuel de onze florins genevois (Obituaire d'Abondance), et en 1399, le seigneur de Saint-Paul, noble de Blonay, avait relâché à cette abbaye la taille que lui devait Jeannod Marietta. (Invent.)

A Saint-Paul. — Pierre de Blonay, seigneur dudit lieu, avait donné au couvent d'Abondance un revenu annuel de six coupes de froment et une somme de 40 florins pour une messe chaque année (3). (Nécrol. sans date.)

---

(1) Copie extraite d'un ancien nécrologe d'Abondance et communiquée par feu Mgr Magnin à M. l'arch. Charvet, *Recherch.*, p. 55. — M. de Foras suspecte l'authenticité de cette pièce. En tous cas sa date est inexacte, car en 1121 l'indiction était la 14ᵉ et non la 6ᵉ.

(2) Pièce fournie par M. A. de Foras et insérée au t. IIᵉ des *Mém. de l'Acad. Sal*, p. 279 et suiv.

(3) Le château de la famille de Blonay à Saint-Paul fut bâti en 1146 par concession qu'avait faite à Aimon seigneur de Blonay, le seigneur Aymon de Faucigny, en lui relâchant le territoire compris entre la Dranse et Bret. Il n'en reste plus que les ruines, qu'on appelle encore *vers le château*. (*Regeste Genev.*, n° 317.)

A Larringe. — Dès 1235, Girold d'Evian donne à l'abbaye quatre poses de terre et un pré au lieu de Moiserier. Déjà, longtemps auparavant, Burchard, abbé d'Abondance, avait acquis du bienheureux comte Humbert III, pour le prix de 300 sols genevois, divers autres immeubles à Larringes. (Invent.)

A Publier, dans l'année 1225, l'abbaye avait déjà reçu une donation de quelques dîmes à percevoir sur Publier et Amphion ; et en 1335 noble Girold d'Evian lui relâcha aussi une vigne près de Publier, avec d'autres immeubles. (Invent.)

A Amphion, autrefois *Ancion,* en 1209, donation d'une chapelle (1). L'abbaye acheta dans la même localité plusieurs terres et vignes. (Invent.)

A Evian, en 1276, donation d'une maison près de cette ville, faite par R^d Raymond, chapelain, soit curé d'Evian, plus, legs d'une vigne à Bissinge, qu'un chanoine d'Abondance tenait des gens de Marclaz. (Nécrol. sans date.)

A Neuvecelle, en 1425, legs fait par noble François de Neuvecelle, d'une rente annuelle de cent florins.

A Marêches, en 1171, le chevalier Humbert, seigneur de Marêche, fait donation de tout son alleu. En 1184, Pierre Châtillon, seigneur de Larringe, cède à l'abbaye la moitié de sa vigne et ses droits sur celle du clos de Marêche. Un accord sans date, passé avec l'abbaye d'Aulps, assurait à celle d'Abondance huit arpents de terre et une vigne à Marêche. L'abbaye acheta dans la suite beaucoup de cens sur des blés et vignes à Marêche. Aussi elle y possédait un grand cellier et une habitation très confortable dont on voit encore de bons restes.

A Champanges, soit *Merninge* anciennement, en 1210, l'abbaye acquit un moulin et, en 1235, Aymon, seigneur de Faucigny, lui relâcha les dîmes qu'il possédait à Merninge. (Invent.)

---

(1) On ne sait s'il s'agit de la chapelle de Sainte-Agathe détruite par la Dranse, ou de celle que j'ai encore vue naguère au bord du lac, au Petit-Amphion.

A Féterne. — Les seigneurs de ce nom furent les premiers et les principaux bienfaiteurs du monastère d'Abondance. Ainsi, sans revenir sur les libéralités antérieures, en 1123, Uldric de Féterne, relâche à l'abbaye un mas de terre au lieu dit Curninge. Avant 1208, les seigneurs de Féterne, Berlion et son fils, lui avaient fait des donations d'immeubles. Leurs successeurs, à diverses reprises, approuvèrent et amplifièrent encore ces concessions.

En 1366, on voit noble Mermet de Compeys *(de Compessio)* faire à l'abbaye une donation annuelle de deux coupes de blé sur le mas de Veringe. Elle avait aussi des droits sur les immeubles de Cursinge et chez Portay (1), trois hameaux de Féterne, où elle possédait un bâtiment au lieu dit Pré des Fées.

Le comte Thomas de Maurienne avait préludé à la confirmation qu'il fit de ces donations en 1208 et 1225, en confiant, dès 1190, la garde de son château de Féterne au monastère d'Abondance et en lui abandonnant ses dîmes sur tout le territoire de cette paroisse. En retour de tous ces avantages, ou plutôt par surcroît, la cure de Féterne était dévolue à l'Abbaye. (Invent.)

Les seigneurs Guillaume de Faucigny, en 1180, et Aymon de Faucigny, en 1235, avaient aussi fait des libéralités à l'Abbaye (2).

Au moment des guerres de Bourgogne l'abbaye possédait à Genève une maison située au Bourg du Four, entre celle d'Etienne Dupuis et celle d'Aymon du Cret de Cruseilles (3). En 1270, elle tenait à bail une maison dite de *Clasus,* appartenant au chapitre de Saint-Pierre. Le prix du loyer était de douze deniers annuellement.

Le Dauphin Jean, fils de Béatrix, dame de Faucigny, fut aussi un des bienfaiteurs de l'abbaye d'Abondance, car l'obituaire mentionne qu'on devait annuellement fêter sa mémoire par de bonnes agapes. (VII kal. octob.)

---

(1) Charvet, *Recherch.*, p. 120. Compte de l'Abb. du 24 mai 1690, cl.
(2) *Mémoir. de la Suis. Rom.*, t. XII, p. 44. (Invent. cité par M. Charvet, *Recherch.*, p. 57.
(3) Communiqué par M. Vuy, not⁹, à feu M. Dufour.

Elle possédait aussi des immeubles à Brécorens et à Mesinge (1), plus, une vigne à Nernier, une autre pièce à Tagny *(Taniaco)*, les deux estimées annuellement cinquante florins ; une vigne à la Pigeonnière de Saint-Jean-la-Porte (2).

A *Presinge,* près Jussy-l'Evêque, l'abbaye reçoit en 1180, de Guillaume de Faucigny, dit l'Allemand, pour le prix de quatre livres et deux sols, une terre d'un revenu annuel de cent écus d'or (3).

L'abbaye possédait, en 1220, une propriété avec bâtiments au Devens, dans les Bornes, laquelle consistait en champs, prés, pâturages et bois. Elle les relâcha à l'abbaye de Talloires (4).

Les dîmes de la paroisse de Cusy appartenaient à l'abbé d'Abondance ; de même les dîmes d'Hermance étaient, en partie, perçues par cet abbé (5).

Dès l'année 1151, Uldric de Clermont donna à l'abbaye les dîmes qui lui appartenaient sur l'abbaye de Thusy et en 1235 elle perçoit encore d'autres dîmes sur le territoire de cette paroisse. (Invent.)

Les anciens droits d'Abondance sur le monastère de Grandval furent échangées en 1244 avec l'abbé de Saint-Oyen. Abondance renonça plus tard au prieuré de Divonne et reçut en retour ceux de Saint-Genix, de Nyon et d'Avrigny, plus chaque année quatre livres genevoises assignées sur le prieuré d'Arbois (6).

Les églises de Vions en Chautagne, de Sion et de Crempigny relevaient aussi de notre abbaye (7).

---

(1) S'il est vrai que les noms de localités terminés en *inge* désignaient les terres relevant du domaine direct des premiers rois Burgondes, on voit que le Chablais leur en avait fourni un bon contingent.

(2) Je n'ai pu m'en assurer, mais c'est une note de M. E. Dufour.

(3) Menabréa, *Mém. de l'Acad. de Savoie*, t. XI, p. 302 ; *Reg. Genev.*, n° 419.

(4) *Notice sur l'Abb. de Tall.* par J. Philippe, p. 105. — Item Charvet, *Recherch.*, p. 99.

(5) *Enquête sur les bénéf. du Chab.* en 1598, *Œuvr. comp. de S. Fr. de Sal.*, édit. Blaise, opuscul., p. 102 et 103.

(6) Guichen., *Bibl. Sebus.*, cent. 1, ch. 98.

(7) **Visite de Mgr Barthélemi en 1443.**

Le prieuré de Géronde (Vallais) dépendait du couvent d'Abondance, jusqu'au 5 janvier 1351, époque où Aymon, évêque de Sion, céda en échange à notre abbaye ses droits sur l'église de Val-d'Illiers, avec charge d'y tenir un prieur et un compagnon (sacristain) et pour Val-d'Illiers de payer à Abondance soixante sols et deux livres de poivre (1). En 1233, Gérold, seigneur de la Tour, donne l'église de Loetschen, en Vallais, à l'église d'Abondance (2).

Par son testament du 7 mai 1268, Pierre de Savoie, dit le Petit-Charlemagne, légua à l'abbaye d'Abondance une somme de quarante livres.

Outre les laods, dîmes, redevances, droit d'ochéage (hautciège ou inalpage) sur les immeubles et les montagnes de toute la vallée d'Abondance, l'abbaye possédait encore des droits sur les quatre belles montagnes de Bize, d'Ubine, de Darbon et d'Oche, bien que situées en dehors des limites de la vallée. Elle avait cinq chalets à Bize ; plus, partie de la montagne dite le Replan, et la montagne des Baux, située entre Abondance, Vacheresse et Bernex, que l'abbé Aiazza s'était fait judiciairement adjuger pour une somme de huit cent quatorze florins que lui devait François Favre, en son vivant capitaine de justice en Chablais et propriétaire desdites montagnes. L'abbé Aiazza, par acte du 7 juin 1619, Girod, not[e], les revendit à M. Jacques Piotton, fils de M. Claude Piotton, châtelain d'Abondance, pour le prix sus-indiqué de huit cent quatorze florins (3), somme convertie ensuite en rente en faveur de l'abbaye.

Outre les droits prémentionnés, l'abbaye avait plusieurs bâtiments et granges dans la vallée, elle y percevait la prémice, un chapon sur chaque faisant feu, une dîme de dix pour cent sur les moutons et un subside biennal en numéraire évalué à cent livres (4).

(1) Furrer, hist. du Vall., *Documents*, p. 103 et 109. Briguet, dans son ouvrage *Vallina Christ.*, assigne à cet acte la date du 15 janvier 1326, p. 155.

(2) *Suisse Romande*, t. xxix, Gremaud, t. i, p 306.

(3) Acte authentique communiqué par M. Eloi Serand, archiviste-adjoint.

(4) Un acte du mercredi après la fête de saint Marc de l'an 1239, fait entre

Une charte inédite, citée par Ménabréa (1), nous apprend qu'un sire Humbert de Divonne, partant pour une des premières croisades, fit donation de la plus grande partie de ses biens à l'abbaye d'Abondance. Mais comme il en revint très pauvre, l'abbaye les lui rendit ou le dédommagea amplement. Moins d'un demi-siècle plus tard la famille de ce seigneur nous apparaît très puissante dans les pays de Gex et de Vaud.

L'abbaye possédait la seigneurie de Monthey, avec le droit de taillabilité personnelle. Ce droit fut affranchi en 1436. Depuis l'occupation du Chablais oriental par le Vallais en 1536, elle posséda encore cette seigneurie, mais avec des droits réels seulement, jusqu'en 1563, époque où l'abbé de Blonay la concéda à Jacques du Nant de Grilly. Par le traité de Thonon de 1569, les seigneurs du haut Vallais retinrent toute la partie du bas Vallais qui s'étend de Saint-Maurice jusqu'au Léman. Plus tard Abondance obtint de rentrer en jouissance de la partie située à la gauche de la Morge, soit la commune de Saint-Gingolph, partie française (2).

Il conste que le pape Eugène III, en 1153, avait donné l'église de Saint-Gingolph au monastère de Saint-Jean de Genève (3). Mais cette église, ainsi que le village, la paroisse et le territoire de Saint-Gingolph, tant en deçà qu'au delà du torrent de la Morge, depuis le Laucon jusqu'à la pointe du Laydie (4), ne tarda pas à appartenir à l'abbaye

---

l'abbé d'Aulps et les procureurs de la vallée d'Abondance, constate que cette abbaye avait déjà depuis longtemps relâché des mas de terre à des particuliers, sous la redevance d'une coupe de froment, de douze deniers et d'un chapon. Il y est dit : Quilibet mansus assensatus fuit olim ipsis hominibus pro una cupa frumenti, pro duodecim denariis, pro uno capone, etc. Ce titre ajoute : Quando solvebant dicta usagia celerarius abbatiæ debebat eis dare quartam partem unius panis frumenti donatoria pidantiæ et si solvebant in quadragesima, celerarius debebat dare cuilibet unum mirale vini. (Environ les 3/5 du litre.)

(1) *Origin. féodal.*, p. 509.
(2) Gremaud, t. III, pag. 189 et 190.
(3) *Reg. Gen.*, n° 331.
(4) C'est la pointe que forme le coude au Bouveret ; c'est là que furent dressées plus tard les fourches patibulaires.

d'Abondance. Avant l'année 1203 l'abbaye d'Abondance avait sur eux mère et mixte empire et omnimode juridiction ; elle avait droit d'y saisir les malfaiteurs, ou de se les faire livrer par les châtelains d'Evian et de Chillon, de les faire conduire à Abondance pour y instruire leur procès criminel et de leur faire subir, suivant le cas, le châtiment mérité, même la mutilation et le dernier supplice. Ce droit lui fut solennellement maintenu, sur l'exhibition de titres et de lettres rémissoires, par les comtes de Savoie, Thomas en 1203, Amédée IV en 1239 et Amédée V en 1319. Le prince Thomas reconnut, en outre, n'avoir d'autre droit à St-Gingolph, que celui d'y être nourri un jour et une nuit avant Noël avec trois hommes seulement, quand ils allaient percevoir le droit de pêche ou de chasse *(tractus)* (1).

Un évènement survint, qui fit constater, sinon l'origine, du moins l'existence de cette *omnimode* juridiction de l'abbaye d'Abondance sur Saint-Gingolph. C'était en 1319 : un nommé Jean Reynaud (de Allio) (2) avait été saisi en flagrant délit de vol sur le territoire de Saint-Gingolph, et les familiers de l'abbaye d'Abondance l'avaient incarcéré, en attendant de le conduire à Abondance, pour y être jugé. Humbert de Chevron, bailli d'Evian, prétendit que le jugement et la punition du coupable lui appartenaient et obligea par violence le métral de l'abbaye à le lui livrer. Gérold, abbé d'Abondance, adressa ses plaintes et ses réclamations au comte de Savoie. Amédée V (le Grand), fit étudier et traiter la question de juridiction, de manière que, tout en sauvegardant ses droits, il ne fût porté aucune atteinte à ceux de l'abbaye. L'affaire traîna en longueur ; mais enfin, en juin 1322, l'enquête et les dépositions des témoins donnèrent lieu aux conclusions suivantes (3) :

---

(1) Le tractus, d'après Ducange, s'appliquait à l'un et à l'autre. On ne sait sur lequel des deux cette redevance pesait à Saint-Gingolph.

(2) On n'est pas d'accord sur le lieu d'origine de ce voleur. Il est peu probable que cet *Allio* fût Aillon en Beauges, ou Alex en Genevois. Une pareille distance de lieux, à cette époque reculée, se prête mal à cette supposition. Il est à peu près certain qu'il s'agit d'*Aigle*, au canton de Vaud.

(3) Gremaud, *Docum. relat. à l'Hist. du Vallais*, t. III, p. 348 et suiv.

« Nous avons clairement reconnu, dit le prince, que ces religieux (d'Abondance) et leurs prédécesseurs ont la possession pacifique et le droit de mère et mixte empire et l'omnimode juridiction dans la villa, territoire et paroisse de Saint-Gingolph, qu'il leur appartenait d'exercer le châtiment corporel, mutilation de membres et dernier supplice ; que nos châtelains d'Evian ou de Chillon et nos baillis renvoyaient à Abondance les malfaiteurs qu'ils avaient pu saisir sur le territoire de Saint Gingolph, comme ces religieux l'ont prouvé par l'exhibition de plusieurs lettres remissoires et par la production d'une ancienne lettre (du comte Thomas) et par la confirmation (d'Amédée IV) ; ensuite de tout quoi, après longue délibération, ayant pris l'avis de tous les membres qui composent notre conseil... Nous déclarons et prononçons que les dits religieux ont fourni de bonnes et idoines preuves au sujet de leur droit de mère et mixte empire sur Saint-Gingolph et que le voleur en question qui a été soustrait à leur juridiction doit être remis entre leurs mains pour en faire bonne justice. En conséquence ordre est donné par les présentes au châtelain d'Evian de livrer aux dits religieux ou à leur mandataire ledit voleur dont le nom est *Jean Reynaud*. Donné à Villeneuve avec apposition de notre sceau... le vendredi après la nativité de St Jean Baptiste, l'an du Seigneur mille trois cent vingt-deux. » (n° **4**.)

Mais durant une détention si longue et quand survint la décision prémentionnée, ce voleur était mort. Comment le rendre et que pouvait-il craindre encore de la justice de l'abbaye ? Le nouveau bailli du Chablais, Gallois de la Beaume, imagina un expédient qui nous donne une peinture fidèle, mais dramatique, des mœurs de l'époque. Il fit faire un mannequin d'une seule tunique, remplie de paille, coiffée d'un capuchon, reproduisant autant que possible la taille et la ressemblance du larron, et s'en alla solennellement remettre ce fantôme entre les mains du métral de Saint-Gingolph, en présence d'un chanoine et d'un clerc qui intervinrent à l'acte de remise comme procureurs du monastère. Ce mannequin fut de là transporté à Abondance où il fut jugé, condamné et livré aux flammes (1).

Jusqu'en 1318, les habitants de la petite localité de Novel au-dessus de Saint-Gingolph, quoique enclavés dans les limites de la juridiction d'Abondance, n'en étaient cependant pas ressortissants. Cette anomalie disparut en 1318 par une transaction intervenue entre Villelme (ou plutôt Gérold), abbé d'Abondance et Villelme prévôt du Grand-Saint-Bernard. Les gens de Novel deviennent communiers avec ceux de Saint-Gingolph, moyennant la charge par les premiers de payer annuellement trois coupes de froment à la confrérie du Saint-Esprit érigée dans la paroisse de Saint-Gingolph (2).

Cette juridiction qu'Abondance possédait à Saint-Gingolph ne se bornait pas à l'exercice de la justice. C'était aussi pour l'abbaye une source de revenus : elle y exerçait la taillabilité réelle, des droits de laods pour ventes d'immeubles et de servis à la mort des chefs de famille. En 1436, l'abbé d'Abondance, François du Cret, affranchit les habitants de la taillabilité sans condition et réduisit la quotité des laods et servis.

L'abbé Amblard de Viry, en 1471, affranchit les communiers du double laod, moyennant une soulte de deux cents florins dont la quittance est au bas de l'acte, affranchissement que confirmèrent à leur tour les abbés Philibert Provana en 1590 et Vespasien Aiazza en 1610.

En 1436, l'abbé du Cret, du consentement de son couvent d'Abondance, avait accordé aux habitants de Saint-Gingolph la libération de la main-morte, aux instances du métral Jacquet ; mais cette libération n'était guère qu'une déclaration d'exemption, car ce droit, souvent contesté et nié par l'habitant, n'était qu'une source d'embarras et de conflits. L'abbaye ne fit pourtant cette concession ou déclaration, qu'en se réservant les meubles de ceux qui décèderaient intestat, plus, la moitié du poisson qui se pêcherait au filet dans le lac depuis la St-André jusqu'à la Purification, 2 février (3).

(1) *Mém. de l'Acad. de Sav.*, t. XII, p. 32.
(2) Note extraite par M. Dufour des actes primitifs à Abondance.
(3) Abondance avait à Saint-Gingolph une maison, une grange, un moulin

Le village de Bret, au couchant de Saint-Gingolph, là où quelques auteurs placent le fameux *Tauredunum*, était membre de la paroisse de Saint-Gingolph ; mais les bois, qui forment aujourd'hui la principale ressource de cette population, appartenaient à la ville d'Evian. Or, les bourgeois de cette ville ayant été incarcérés après la guerre des Genevois de 1589, durent payer pour leur élargissement une forte rançon, et pour se procurer la somme exigée, ils vendirent les bois de Bret au prix de 9,000 florins. Les habitants de Bret ne pouvant parfaire toute cette somme, empruntèrent deux mille florins de l'abbé d'Abondance, qui exigea comme condition que ces bois fussent reconnus comme dépendants de son fief.

La juridiction de l'abbaye d'Abondance sur Saint-Gingolph subit plus tard d'autres modifications ; et enfin elle s'éteignit entièrement. Depuis la conquête du Vallais et la prise de possession du Chablais-Gavot par la république du Vallais en 1536, cette juridiction d'Abondance fut religieusement respectée par les nouveaux maîtres. Ce fut un abbé d'Abondance, Claude de Blonay, qui lui porta la première atteinte. Le 7 août 1563, à teneur d'un contrat dressé par les notaires Jacquerod et Uldric, cet Abbé, du consentement de son couvent, avons-nous déjà dit, donna en albergement le fief de Saint-Gingolph à noble Jacques du Nant, seigneur de Grilly et de Saint-Paul, sous une redevance qui ne nous est pas connue. L'acte réservait la ratification du pouvoir suprême de la république du Vallais, qui ne la fit pas attendre. Elle député des commissaires pour mettre ledit seigneur du Nant en possession réelle du fief de Saint-Gingolph ; ce qui se fit par acte public du 29 septembre 1563, rédigé par J. Kalbermatter. Intervinrent même des Lettres apostoliques adressées au prévôt et à l'official de Genève, accordant l'autorisation et fournissant les motifs d'approbation. Que cet albergement fût favorable

et d'autres artifices. (Charvet, *Recherch.*, p. 120.) Ces détails sur Saint-Gingolph suffisent à mon dessein ; mais cette intéressante localité ne manquera pas d'avoir un jour sa monographie. Nul ne la fera mieux que son érudit curé, M. Pettex.

ou défavorable à l'abbaye, Pie IV et Paul V le ratifièrent et confirmèrent par l'organe desdits prévôts Guillet et Pamel, lesquels acquiescèrent par acte du 7 avril 1565.

Il semble qu'un acte entouré de tant de garanties et de formalités civiles et ecclésiastiques ne devait pas être sujet à contestation. Cependant, cinquante ans plus tard, l'abbaye en demanda juridiquement l'annulation et réclama la réintégration de ce fief dans sa juridiction, avec la restitution des fruits mal perçus pendant ce laps de temps. Après de longs et inutiles débats, la cause fut plaidée le 23 mai 1614 devant la Cour suprême siégeant à Sion et composée des représentants des sept dizains du Vallais. L'avocat de de l'abbaye était noble Jean-Baptiste Colliet, de Chambéry, seigneur de Vaulx *(de Valle)*. Celui qui patronnait le maintien de l'ancien albergement était noble de Blonay, seigneur de Saint-Paul, en son nom et au nom de ses frères, héritiers du seigneur Jacques Dunant de Grilly, décédé depuis longtemps. Le seigneur Colliet soutint que l'albergement en question était nul, par défaut des formalités requises pour l'aliénation des biens ecclésiastiques. Le seigneur de Saint-Paul, nanti de toutes pièces, exhiba alors tous les titres d'autorisations et de ratifications, qu'on avait jusqu'alors laissé ignorer à la partie adverse. L'aréopage vallaisan prononça solennellement la sentence par laquelle les seigneurs de Blonay étaient maintenus en possession du fief de Saint-Gingolph; mais il les condamna aux frais du procès pour dissimulation de titres et indue prolongation du procès (1).

Malgré cet échec dans la revendication dont nous venons de parler, il résulte de tout le contenu de ce chapitre que l'abbaye d'Abondance était très riche. On verra plus tard que cette grande opulence finit par être une cause de décadence.

Pour se faire une idée plus précise de l'énorme mouvement d'affaires temporelles qui intéressaient l'abbaye, il suffit d'un coup d'œil superficiel sur l'inventaire déjà

---

(1) **Furrer**, *Hist. du Vallais*, etc.

plusieurs fois cité. Cet inventaire des archives de l'abbaye d'Abondance est celui que trouva le conseiller Deville en 1687, chargé de le confronter et de le compléter. Ce premier inventaire, tour à tour en latin et en français, porte le titre : *Inventarium jurium abbatiæ B. Mariæ de Abundancia*. (Inventaire des droits de l'abbaye de Notre-Dame d'Abondance.) Il est divisé en vingt-deux sacs, qui contiennent toutes les pièces relatives aux localités ou aux objets indiqués :

1° Sac d'Abondance, 87 pièces ou titres ; — 2° Vacheresse, 46 ; — 3° Larringe, 20 ; — 4° Féterne, 42 ; — 5° Marèche (1er sac), 55 ; — 6° Marèche (2e sac), 10 ; — 7° Bernex, 12 ; — 8° Evian, Amphion et lieux circonvoisins, 61 ; — 9° Publier, 11 ; — 10° Mesinge, 26 ; — 11° Cusy, 44 ; — 12° Présinge, 31 ; — 13° Pâturages de Monthey, 19 ; — 14° Etrangers *(advenæ)*, 19 ; — 15° Entremont, Publier et Sixt, 29 ; — 16° Pellionnex et Vion, 35 ; — 17° Chanfleurie et autres montagnes contentieuses avec la vallée d'Aulps, 67 ; — 18° Bize, 65 ; — 19° Saint-Gingolph, 74 ; — 20° Droits de divers bénéfices, 60 ; — 21° Gollie, 37 ; — 22° Thusy et Chevenoz, 45. — Total : 885 pièces.

Il faut observer :

1° Que l'abbaye n'a jamais possédé *en même temps* tous les droits, immeubles et revenus mentionnés dans ces nombreuses pièces ; il survenait des remplois, des échanges, etc., qui faisaient double ou même triple emploi ;

2° Que l'abbaye était tenue de faire chaque jour des distributions déterminées, et chaque année cinq grandes aumônes, sous le nom de *donnes* générales ; on y accourait de loin et la quotité des denrées à distribuer était considérable et fixée (n° **19**). L'hospitalité de l'abbaye était prescrite et honorablement pratiquée ;

3° On a vu dans la règle d'Abondance, rédigée par le Vén. Ponce, qu'*on ne doit voir dans la congrégation aucun membre inutile et ne pas y manger dans l'oisiveté les oblations des fidèles*. Par ce travail de ses membres, l'abbaye s'épargnait beaucoup de dépenses. Comme, d'un autre côté, les *oblations* faites à l'abbaye avaient un caractère sacré, elle était obligée de les conserver, de les garantir par des titres authentiques. De là, cette multitude de pièces accumulées pendant des siècles (1).

L'abbaye avait aussi un grand nombre de fonctionnaires et d'employés à son service et à sa solde : le métral, qui était l'économe et le régisseur en chef des intérêts temporels de l'abbaye ; le notaire, chargé de la rédaction et de la garde de ses actes ; le curial, spécialement affecté à l'exercice de la justice et à l'instruction des causes ; un avocat, un procureur *(causidicus)*; en outre, un grand nombre d'officiers, d'agents subalternes, de familiers ou de gens de service. Tout ce nombreux personnel était entretenu et défrayé par l'abbaye.

Pendant le moyen-âge, elle dut s'adapter au régime de l'époque. Il est de nos contemporains qui faute, d'avoir étudié les institutions féodales, affectent de croire que les couvents et les seigneurs trafiquaient des *hommes* comme de marchandises vénales et pratiquaient une sorte de *traite des blancs*. Ils oublient ou ignorent qu'on ne pouvait vendre ou céder un tènement immeuble, sans y comprendre le tenancier. Ils perdent de vue le côté fiscal qui *seul* régissait ces actes et qui ne traitait des *hommes* que par rapport à leurs possessions. Un homme de condition libre pouvait tenir des biens en emphythéose et passer avec son tènement, en vertu d'un acte de vente, à un autre seigneur, acquéreur de ce tènement. Ces tenanciers, albergataires, emphythéotes étaient en quelque sorte des fermiers inamovibles et perpétuels qui, moyennant certaines redevances,

(1) Que sont devenus tant de titres ? Peut-être le chartier laissé par L. Ménabréa en contient-ils plusieurs. M. Charvet suppose qu'une partie de ces pièces ont été portées à la Sainte-Maison de Thonon. Le peu qui en reste est postérieur à l'inventaire. M. l'abbé Piccard a eu l'obligeance de me communiquer ce qui se rapportait à mon travail. Le riche chartier de M. le comte A. de Foras, qu'il m'a été donné de visiter, ne s'est pas enrichi de ces documents ; ceux qu'il possède viennent d'ailleurs. On sait que la Révolution avait prescrit la destruction des terriers, grosses, chartes, vieux titres d'albergements, etc., qu'elle tenait pour de *honteux monuments de la servitude féodale*. Je crois donc que les 22 sacs des titres d'Abondance auront disparu dans les auto-da-fé républicains.

vivaient avec leur famille sur les terres qu'ils cultivaient et dont ils possédaient le domaine *utile*. A bien des égards, leur sort était moins précaire et moins malheureux que celui de nos fermiers modernes.

Au-dessous de ces tenanciers, la féodalité avait, il est vrai, des classes d'hommes moins heureux : C'étaient les corvéables et taillables *à merci*. Mais même pour eux les redevances ou prestations n'étaient pas arbitraires ; tout était réglé. Du reste, nous ne voyons nulle part que l'abbaye d'Abondance ait bénéficié du *servage* dans la dure acception de ce mot.

Sous le bénéfice de ces explications, voici quelques actes de cession d'*hommes*.

Ainsi, au milieu du douzième siècle, nous trouvons un accord fait par la médiation de Dom Henri, abbé d'Hautecombe, entre R^d Burchard, abbé d'Abondance et R^d Guillaume, abbé d'Aulps, portant cession, en faveur de ce dernier et de son couvent, de tous les droits de l'abbaye d'Abondance sur certaine terre appelée Boëge, et, en faveur de ceux d'Abondance, d'un *homme* taillable d'Aulps rière le village de Larringe et de vingt-huit arpens situés en partie au même lieu (1).

En 1206, on trouve une donation du comte Thomas faite à l'abbaye d'Abondance des *hommes* Dunant de Vacheresse (2).

En 1225, le comte Thomas confirme de nouveau à Abondance des donations d'*hommes*, de prés, pâturages, bois, etc., faites par les seigneurs de Féterne, d'Allinge et de Monthey.

En 1227, quittance et cession faite par Villeneuve, chevalier d'Amancy, du droit qu'il avait sur les hommes de *prato bello* (pré beau).

En 1232, lettre sur lesdits hommes *de prato bello* (3), entre l'abbé d'Abondance et Aymon de Blonay.

(1) Acte sans date ni signature, mais l'époque en est fixée approximativement par les noms des contractants connus.
(2) Invent. — Charvet, *Recherch.*, p. 53 et suiv.
(3) **On a traduit ces mots latins par *Prabel*. En patois-gavot le pré**

En 1288, à Bonnevaux, donation de quelques *hommes* faite par le chevalier Girard de Féterne.

En 1369, 13 mars, noble Guillaume de Châtillon vend pour 300 florins à Pierre de Lullier, abbé d'Abondance, tous ses *hommes*, tailles, censes, servis, usages, droits et domaine de la Forclaz. Cinq jours auparavant, le même seigneur avait vendu au même abbé l'omnimode juridiction rière la Forclaz, plus un nommé Jean Chamot, son taillable, et plusieurs autres *hommes* dudit lieu.

Le 13 janvier 1383, Jean de Fillinge, abbé d'Abondance, relâche à Dom François de Balme, abbé d'Aulps, tous les fiefs, *hommes* et autres que son abbaye possédait dans la paroisse de la Forclaz, en contre-échange de toutes les censes, *hommes,* hommages que celle d'Aulps possède à Ancion (Amphion), Marèche et Vacheresse, échange ratifié le 1er février 1383.

En 1374, achat pour Abondance de certains *hommes* et cens à Bonnevaux, vendeur noble Etienne de Colomnelle.

En 1377, à Pressinge, donation à l'abbaye d'un *homme* taillable près Franinge, par le châtelain Pierre Denaine (1).

Un article de l'inventaire des archives de l'abbaye réunit diverses espèces d'acquisitions sous la forme suivante : Achat de certains *hommes,* animaux, censes à Publier et d'un enclos de vigne et pré, dans lequel sont comprises trois pièces de terre léguées en même temps (2).

Certes, l'abolition d'un pareil régime social était désirable. La raison et la dignité humaine souffraient de cette inégalité féodale et notre siècle reproche aux moines d'avoir favorisé *l'esclavage* et de l'avoir exploité à leur profit. Mais, dit M. Dareste de la Chavanne (3), « c'est mal comprendre l'esprit qui les animait. Ils ne pouvaient se proposer

---

s'appelle *pro*. Je conjecture que ce *Prato Bello* est le hameau de Saint-Paul qui s'appelle *Probel*, ou *Probey*. On sait qu'Aymon de Blonay était Seigneur de Saint-Paul.

(1) *Invent des arch.* — Charvet, *Recherch.*, etc., p. 54 et ailleurs ; c'est de cet auteur que sont tirés la plupart des détails qui précèdent sur les *hommes* mis en commerce.

(2) Ibid., *Recherch.*, p. 124 et 125.

(3) Cité par M. Charvet, *Recherch.*, p. 123 et 124.

d'affranchir les paysans du travail manuel ni des obligations légales qui pesaient sur eux ; ils auraient jeté inutilement le plus grand trouble et le plus grand effroi dans la société tout entière, s'ils avaient attaqué de front ses institutions sociales et politiques. » Ce servage adouci par les idées chrétiennes était infiniment plus tolérable que l'esclavage antique. Dans Rome païenne, le maître avait le droit de vie et de mort sur ses esclaves ; ils n'étaient pour lui ni des citoyens ni même des hommes ; mais ils étaient des marchandises, des choses, exprimées par un nom neutre *(mancipium)* et dont le maître pouvait user et abuser jusqu'à nourrir de leur chair les murènes de ses viviers. Au contraire, dans tous les contrats que nous avons cités et où il est question de cette classe déshéritée, toujours les serfs sont appelés des *hommes,* et la loi protégeait leur vie, ainsi que les conditions de leur existence.

Quant aux *hommes* que possédait l'abbaye d'Abondance, et qui étaient tous étrangers à la vallée, on voit, d'après les titres, qu'ils étaient moins des serfs que des tenanciers, albergataires ou fermiers perpétuels, dont les obligations envers le couvent se limitaient à certaines redevances ou prestations déterminées ; ils élevaient leur famille sur des propriétés dont la jouissance, moyennant la fidélité aux conditions réglées, leur était assurée,

On peut donc conclure, avec M. Ménabréa, qu' « il ne faut pas adopter en entier ce que d'ignorants déclamateurs se sont amusés à débiter sur les intolérables misères de la servitude (1). »

En ce qui concerne le servage au profit de l'abbaye, nous remarquerons, par anticipation : 1° que les habitants de la vallée d'Abondance étaient de condition franche, sans la moindre tache de servage, ainsi qu'on le verra au chapitre suivant ; 2° que c'était une bonne fortune d'appartenir à une abbaye à la fois riche et bienfaisante, plutôt qu'à des seigneurs souvent durs et intraitables ; 3° que, si la servitude foncière a subsisté jusqu'à la fin du dix-huitième

---

(1) *Hist. de l'Abb. d'Aulps,* cité par M. Charvet, *Recherch.,* etc., p. 130.

siècle, on ne retrouve plus de trace de servitude corporelle dès la fin du quatorzième siècle, du moins en faveur de l'abbaye d'Abondance.

Il résulte donc de ce chapitre que l'abbaye d'Abondance était un établissement riche. On se convaincra en même temps qu'il était bon envers les habitants, quand on saura que cette bonté a été la source d'une des franchises dont la population de ces hauts lieux a joui pendant des siècles et à laquelle elle tenait le plus.

CHAPITRE VII

Habitants de la Vallée au moyen-âge. — Leurs Franchises. La Justice.

Leur situation avant et après la cession de 1108. — Redevances réelles. — Liberté personnelle. — Franchises héréditaires dans la Vallée, — attestées par le Vallais, — confirmées par les princes. — Détail des Franchises. — Le jury. — Jugement de Marrolaz, — de Claudine-Albi, — de Brelaz. — Supplice de Claudine Jorand. — Vente de ses biens. — Le Métral, l'Abbé lui-même tenus à l'observance des franchises.

Selon le sentiment le plus accrédité et le plus fondé, une colonie burgonde, avons-nous établi, avait pénétré et s'était établie pendant le sixième siècle, dans la vallée jusqu'alors sauvage et inhabitée d'Abondance ; elle s'y était créé une petite patrie. Ignorés du reste du monde, ces débris de Burgondes se multiplièrent avec le temps, défrichèrent successivement les parties de la vallée les plus favorables aux pâturages et à l'agriculture. Ils s'administraient eux-mêmes par des chefs librement élus dans leurs rangs. Leur législation consistait dans leurs usages et traditions, ainsi que dans les dispositions de la loi Gombette qui avait régi leurs pères. Les neuvième, dixième et onzième siècles, les plus durs de la féodalité et du moyenâge, passèrent inaperçus pour eux et ne les entamèrent point et, pendant que les bourgs et les campagnes des contrées voisines, plus favorisés qu'eux par la nature, étaient enserrés dans les liens et sous le joug d'une féodalité absorbante, les habitants d'Abondance se maintinrent dans leur indépendance politique et civile.

Enfermés dans leur vallée alpestre, ils vivaient heureux et libres. L'agriculture, les produits de leurs montagnes, surtout le soin de leurs troupeaux faisaient leur principale occupation et leurs meilleures ressources. Des laines de leurs brebis, du chanvre qu'il semaient, ils tissaient leurs vêtements. Les hommes portaient volontiers des habits de peau de chamois et de daim, gibier qui peuplait alors leurs montagnes. Les femmes ignoraient d'autres modes que la simplicité de leurs devancières, s'occupaient du détail du ménage, prenaient leur part dans les travaux de la campagne, dans le soin du bétail, filaient, tressaient et portaient ces hauts chapeaux de paille noire que nous avons encore vus, mais qui tendent à disparaître devant nos coiffures modernes.

La distance qui séparait ces montagnards des centres populeux, ainsi que le manque de routes et de débouchés, leur laissait peu de facilité pour le commerce avec l'étranger. Cependant, leur belle race bovine et la qualité supérieure de leurs fromages ne tardèrent pas à être appréciés et recherchés. Bientôt ces produits franchirent leurs frontières et même les Alpes. Sans aller chercher la richesse, elle leur arrivait naturellement.

Jamais ils ne connurent d'autre religion que le catholicisme dont leurs ancêtres avaient fait constamment profession depuis le règne de saint Sigismond.

Il est à remarquer que dans la cession de 1108, contrairement aux autres cessions de territoires, il ne fut relâché aux religieux d'Abondance que des immeubles ; les hommes de la vallée ne furent point cédés avec le fonds. Il n'est fait, dans cet acte, aucune mention ni de serfs ni d'*hommes,* comme dans la cession faite à Agaune par saint Sigismond et néanmoins on ne peut nier que, en 1108, la vallée ne fût habitée, puisque l'acte de cession fait mention de *champs,* de *prés,* de *terres cultivées.*

Partout ailleurs, quand des chartes de franchises ont été obtenues par des villes, des bourgs murés ou des populations quelconques, elles ont été accordées par les souverains avec des restrictions, des conditions, des compensations pécuniaires ; elles étaient accueillies comme de précieuses faveurs.

A Abondance, rien de semblable. Les franchises des habitants étaient un droit héréditaire ; il ne s'agissait pour eux que de les maintenir et non de les obtenir. Ils s'étaient toujours gouvernés, comme une tribu libre et indépendante, par leurs bons us et coutumes. Quand, en 1108, les chanoines réguliers vinrent s'établir dans la vallée, il y avait environ six siècles que les descendants des Burgondes l'occupaient et y jouissaient de la plus entière indépendance. Il eût été impossible aux nouveaux venus de plier à aucune servitude personnelle cette race fière et passionnée pour la liberté. Ainsi, les franchises ne leur étaient point venues par faveur ou par accession : ces hommes n'avaient eu qu'à les conserver ; ils étaient libres, parce qu'ils l'avaient toujours été et qu'ils voulaient continuer de l'être.

Il est vrai que la donation de la vallée à Arluin et à ses religieux modifia notablement les conditions d'existence de l'habitant. Sous le rapport matériel, en vertu du droit de l'époque, il fut assujetti à la dîme sur certaines denrées et à d'autres redevances envers le monastère auquel la vallée venait d'être donnée ; il fallut payer *l'introge* pour droit de succession, les *laods* pour ventes ou échanges, un *subside biennal,* quelques prestations en nature. Mais moyennant le service de ces redevances, il était propriétaire de son fonds ; il pouvait le vendre, le louer, l'échanger, le donner, le transmettre par testament et, à défaut de testament, il passait à ses plus proches parents. Plus tard, l'abbaye se prétendit propriétaire foncier de la vallée et revendiquait un droit de *terrage ;* mais, faute de pouvoir justifier cette prétention, elle fut écartée dans la célèbre transaction de 1430.

Les charges réelles étaient lourdes ; mais à qui les trouverait écrasantes il suffit de rappeler les rigueurs bien autrement asservissantes de la féodalité qui sévissaient ailleurs, et surtout la série de nos impôts modernes en tous genres.

Du reste, ces charges réelles furent successivement allégées : la dîme fut réduite de moitié le 7 décembre 1532 (1) et ne fut plus que d'une gerbe sur douze. Le 18 juillet 1572 (2), elle descendit encore à la gerbe quinzième. Les habitants, heureux de cette réduction et voulant la rendre irrévocable et sacrée, s'adressèrent au Saint-Siège pour la faire approuver, ce que fit le pape Paul V le 10 juin 1603. Il est même quelques anciennes redevances dont on n'aperçoit plus trace depuis le commencement du seizième siècle. L'abbaye étant dès longtemps assez riche, elle pensait plutôt à dégrever qu'à pressurer une population au milieu de laquelle elle vivait, et dont elle avait d'ailleurs à ménager l'esprit assez porté à la résistance.

Si les habitants d'Abondance ne purent se préserver de toutes redevances réelles, jamais du moins, ni avant ni après la donation de 1108, ils n'ont subi le joug de la taillabilité personnelle. Jamais ils n'ont éprouvé la moindre atteinte dans leur dignité d'hommes libres. La plus légère marque de servitude eût été une flétrissure que ces fiers montagnards n'eussent point acceptée. Ils aimaient à faire exception au milieu des populations voisines de taillables à merci, de corvéables, d'hommes-liges, d'attachés à la glèbe, etc. Ils aimaient à faire constater authentiquement leur état privilégié et à s'en prévaloir.

Ainsi, même après que les princes de Savoie eurent ramené tous leurs sujets sous le droit commun par une

---

(1) Manuscrit de M Blanc, rédigé en 1783 sur des titres authentiques de l'abbaye.
(2) Acte du 6 août, Faulcon, notaire, et vérifié par M. l'abbé Dufour.

législation uniforme, les habitants de la vallée d'Abondance, fiers de leur origine et de leurs antiques libertés, dans le but, comme ils le disent, de se conduire toujours d'une manière digne de leurs honorables antécédants, envoyèrent une députation au grand conseil de la République du Vallais, pour en obtenir une attestation authentique qui établit que leurs ancêtres, avant et pendant les occupations du Chablais par les Vallaisans, *avaient toujours été réputés et tenus pour des hommes de condition franche et exempts de toute tache servile. Après avoir fait de diligentes recherches dans leurs archives publiques de Sion, le bailli Rotten* et les députés des sept dizains du Vallais, réunis dans le Conseil général de la République, siégeant à Sion, déclarent solennellement que « les hommes des trois paroisses de la Chapelle, de Châtel et de Notre-Dame d'Abondance ont toujours été et sont encore tenus, pendant leur séjour dans la République du Vallais, pour des personnes de franche et libre condition, tout-à-fait exempts de toute taillabilité, avec une notable différence en cela avec les personnes originaires des autres provinces de la Savoie… et qu'il n'existe à la chancellerie et aux archives de la République aucun vestige d'une reconnaissance quelconque faite par les habitants desdites paroisses en faveur de l'Etat du Vallais, ni d'aucune dette ou paiement de censes féodales (1) ou de laods et ils en délivrent une attestation officielle munie du

---

(1) La production de cette pièce eut encore un autre avantage. Par son édit du 19 décembre 1771, Charles-Emmanuel III, roi de Sardaigne, décréta l'extinction générale des fiefs dont relevaient les biens et maisons d'une multitude de communes et de particuliers. Cet affranchissement exigeait des frais dont les habitants de la vallée d'Abondance, qui n'avaient pas besoin d'affranchissement, voulaient se préserver.

Nous avons sous les yeux *les propositions* que fait le conseil de Vacheresse au seigneur Baron de la Bâtie pour l'affranchissement de son fief. Le montant des servis était de 2767 livres 18 sous. — Cette commune avait encore 18 taillables à 14 livres l'un, total : 252 livres. Le Conseil l'évalue à 565 livres et 6 sous ; mais de ces diverses sommes il fait plusieurs déductions, soit pour frais de recouvrement soit pour d'autres motifs. En somme, il propose de donner 2767 · 5. 7 pour son affranchissement. Il était dû 18 chapons estimés 12 sous.

sceau de la République et de la signature du secrétaire d'Etat, Maurice-Antoine-Fabien Seneger (n° **10**). »

Elles sont rares dans l'histoire, les populations rurales qui, au moyen-âge, ont mérité un si glorieux témoignage.

Ces libertés ayant été transmises comme un héritage aux habitants de la vallée par leurs ancêtres, on comprend que, originairement, elles ne furent point ténorisées dans des chartes. Elles formaient un espèce de droit coutumier dont les chefs de familles, appelés consuétudinaires, étaient les gardiens, et qu'ils transmettaient à leur tour à leurs descendants comme un héritage précieux. Il n'en fut écrit dans la suite que les points qui furent contestés et qui donnèrent lieu à des transactions ou à des sentences arbitrales. Elles ne formaient point un recueil complet des franchises de la vallée.

Aussi quand, le 31 mai 1399, les habitants d'Abondance s'adressèrent au jeune comte de Savoie, Amédée VIII, pour la conservation de leurs franchises, ils ne lui présentèrent point une charte écrite à confirmer ; ils ne demandèrent point qu'on leur accordât des franchises, mais seulement que ce prince les maintînt et les protégeât dans la tranquille jouissance de leurs franchises, bons us et coutumes. Ce bon prince, en considération des *agréables services* qu'ils lui avaient rendus, accueille favorablement leur demande, les appelle ses *bien-aimés* (1) *gardes* (garderios), enjoint aux dépositaires de son autorité de les maintenir et défendre *virilement dans leurs franchises, usages et coutumes, de les protéger dans leurs personnes, leurs familles, leurs intérêts et tous leurs biens, dans les villes, marchés, foires et tous autres lieux de ses Etats, sans permettre à qui que ce soit et sur les instances de personne, de les arrêter et détenir, sauf le cas d'une obligation bien constatée.* Donné à Chambéry le dernier jour de mai 1399. Copie prise sur l'original par moi, notaire

---

(1) Ce terme doit se prendre, selon M. de Foras, dans le sens d'*incolæ* ou de *gardiens* des coutumes. Peut-être aussi dans celui de gardes-frontières aux forts de Châtel.

soussigné. Piérre Perroudet (n° **6**). Ainsi qu'on le voit, il s'agit de franchises confirmées et non de franchises accordées.

Dans cette charte de confirmation, le prince appelle bien les habitants d'Abondance *nos hommes ;* il en est de même de Louis de Savoie, d'Amédée IX et même de Charles III, mais ils ne les appellent pas *nos sujets,* non que ceux-ci déclinassent l'autorité de ces princes, puisqu'ils y recouraient, mais parce que ces princes, à l'instar de leurs ancêtres, voyaient dans ce petit peuple de la vallée une tribu à part, une sorte de république, se gouvernant sagement elle-même et vivant pacifiquement sous la dépendance religieuse de l'abbaye. Ce n'est que dès l'année 1570, que ces hommes d'Abondance se sont vus, malgré leurs protestations, soumis au droit commun sous le gouvernement des ducs de Savoie. Il est cependant probable que, avant cette époque, ils payaient quelque tribut au fisc ducal, indépendamment de ce que leur coûtaient les nouvelles confirmations des franchises.

Leur dépendance de l'abbaye n'avait aucun caractère politique ; aussi tous les actes, transactions, sentences arbitrales dans lesquels les rapports des habitants sont réglés, appellent l'abbé le Révérend Père *en Christ,* le *Seigneur* du monastère d'Abondance ; mais jamais ils ne l'appellent *leur seigneur,* bien qu'il le fût sous certains rapports civils et juridictionnels.

Voici quels étaient les points principaux et les plus saillants de ces franchises :

1° Les habitants avaient le droit d'élire leurs magistrats qui, sous le nom de syndics, étaient chargés des intérêts de la communauté, ainsi qu'un conseil de prud'hommes ou prob'hommes (c'est ainsi qu'ils étaient appelés, *probi homines*), qui devaient les assister de leurs avis et de leur concours. C'étaient nos municipalités modernes. Les syndics étaient élus annuellement au nombre de quatre et ils ne pouvaient se dérober ni à la peine ni à l'honneur. Leurs fonctions n'étaient pas rétribuées et ne duraient qu'une année ; mais ils étaient rééligibles.

2° Les syndics avaient une large part dans l'exercice de la police locale ; ainsi nous voyons que, par acte du 16 octobre 1525, rédigé par le notaire L. Clerc, les syndics communiquent leur autorité au métral de l'abbaye, pour sévir contre des vagabonds et malfaiteurs, se réservant d'assister en personne à toutes les informations sur les méfaits, n'accordant d'ailleurs cette autorisation que *pour cette fois* et pour un espace de temps limité, le tout requis sous condition de nullité (n° **21**).

3° Les habitants de la vallée, jouissant de l'inviolabilité personnelle, ne pouvaient être saisis ni incarcérés par les officiers de l'abbaye, sans dénonciateur qui soutînt l'accusation. La prison préventive n'avait lieu que pour les grands crimes de droit commun ; pour moindres crimes ou délits, il suffisait que l'inculpé donnât caution de satisfaire à la justice.

La justice devait se rendre sous l'*aile* ou *la halle du Pas* (sub alà passùs) (1) et non point dans l'enclos du monastère, sous peine de nullité.

4° Ils pouvaient faire tels contrats qu'ils voulaient, testaments, ventes, donations de meubles ou d'immeubles, échanges, etc., devant tel notaire qui leur conviendrait, sans être tenus à user du notaire de l'abbaye (2).

5° Les biens des habitants de la vallée ne pouvaient, ni pour dettes ni pour autres raisons, être séquestrés ou saisis. Il suffisait de fournir caution de satisfaire à la justice.

6° Tous les frais de culte pesaient uniquement sur l'abbaye. Les communiers n'avaient aucune prestation ni fournitures à faire pour l'entretien, l'ornementation ou la réparation de l'église, non plus que pour vases sacrés,

---

(1) C'était une large toiture élevée près du pont actuel des Portes ; on y était à couvert en cas d'intempérie. Le public, qui y était admis, pouvait voir et entendre. C'était ce qu'on appela plus tard *la halle* de la place publique.

(2) En 1424 Amédée VIII avait accordé une foire franche aux habitants d'Abondance.

linges, ornements ou mobiliers quelconques, bien qu'elle fût à la fois paroissiale et conventuelle.

7º Mais la plus importante et la plus précieuse de leurs franchises était l'exercice de la justice. Nos temps modernes pensent avoir fait une découverte ou une conquête en instituant le jury. Il existait de temps immémorial dans la vallée d'Abondance. C'était aux prud'hommes et consuétudinaires de la vallée, sous la présidence de leurs syndics, qu'il appartenait de connaître de toutes les causes criminelles. Les premières poursuites et l'instruction du procès appartenaient à l'abbaye, qui agissait d'abord par son curial et ses officiers ; mais l'appréciation ou connaissance de la cause et la sentence définitive étaient du ressort des consuétudinaires. Il ne restait à l'abbaye que le droit et l'obligation de relâcher le prévenu s'il était absous ou d'appliquer au coupable la peine à laquelle le jury l'avait condamné (1).

On voit par là que les attributions du jury d'Abondance étaient plus étendues que celles de nos jurys modernes (2). Si, d'un côté, on peut croire que ce jury inclinait à l'indulgence, on eût pu craindre, d'un autre côté, que les curiaux, métraux et officiers de l'abbaye n'inclinassent à la rigueur.

Du reste, on verra par quelques jugements dont nous allons publier le texte, que ces sentences, dictées au nom et en présence de Dieu, portent le cachet de l'impartialité et de l'équité, sans aucune trace de passion.

Il est à remarquer que les débats de la cause et le jugement qui intervenait se faisaient dans la langue du pays, bien qu'ensuite les notaires, soit greffiers, les rédigeassent

(1) Nous ne connaissons pas, dans notre Savoie, de population qui, dans ces temps antiques, ait eu des franchises plus étendues. Les *Statuta* et *Capitula* des franchises de Chamonix présentaient, il est vrai, un caractère assez marqué de liberté pour l'habitant. Nous ne voyons cependant pas que la justice se rendît par un jury, soit par les chefs de famille de la vallée. Elle s'exerçait par le juge du prieuré des Bénédictins, qui étaient alors seigneurs de la vallée de Chamonix.

(2) Nos jurys prononcent la culpabilité ou le non-lieu et les juges de nos assises déclarent l'acquittement ou déterminent la peine. A Abondance, les consuétudinaires prononçaient l'acquittement ou fixaient eux-mêmes la peine.

en latin. Voici le texte de quelques-unes de ces causes et des sentences rendues, dont les syndics de la vallée se faisaient toujours expédier une copie authentique, afin de faire constater la jouissance publique de leurs droits en matière de justice.

Le 15 janvier 1476, à la réquisition du couvent d'Abondance, cent sept consuétudinaires et prud'hommes de la vallée, réunis sous l'*Aile-du-Pas* (la halle), prononcent une sentence de bannissement contre le nommé Jean Marrolaz, d'Orromont en Vallais, qui déclarait s'être évadé des prisons de Saint-Maurice et s'était réfugié à Abondance. L'instruction de son procès contenait plusieurs griefs qui ne sont pas désignés dans le jugement, mais qui ne furent pas juridiquement établis. Comme d'un côté le jury ne voulait pas faire de la vallée le réceptacle des malfaiteurs étrangers, que, d'un autre côté, il n'existait pas de traité d'extradition, lesdits consuétudinaires, sans porter une sentence de condamnation, ni d'acquittement, prononcèrent que l'accusé serait expulsé de la vallée pour une année et un jour, sans néanmoins le remettre entre les mains de la justice du Vallais (n° **22)**.

Le 30 janvier 1557, à la sollicitation de M. Kalbermatter, alors gouverneur du pays de Gavot pour le Vallais et du procureur d'office pour l'abbaye d'Abondance, les consuétudinaires de la vallée furent appelés à juger une Claudine Albi (Blanc), accusée d'avoir fait périr un enfant illégitime. Dans le cours de l'instruction et des débats, l'accusée, qui avait subi la torture de la question sans convenir du crime à elle imputée, était tombée dans des contradictions, des parjures et des mensonges. Comme cependant l'accusation, quant au fait pour lequel cette malheureuse était traduite en justice criminelle, ne put être établie ni par l'aveu de la prévenue ni par les dépositions de témoins, les syndics, prud'hommes et consuétudinaires rendent l'arrêt suivant : « Nous Jacques *de Calce* (de la Chaux), Jean Touly, Rémond Chernavel, Jean David, sindics et procureurs de la vallée d'Abondance, Maurice Curtaz, François Piotaz, Louis Déportes, Jacques Blanc, André Gagnoux, Guill. Gerard,

Guill. Command, Jacques Maulaz, Berthet Marchand, Ant. Rey, André Advocat, etc., agissant en notre nom et au nom des autres prud'hommes de la vallée, en vertu de nos libertés, siégeant au tribunal au *Pas d'Abondance*, où, d'après l'usage très antique, nos ancêtres avaient coutume de rendre leurs sentences, après avoir pris l'avis des hommes de loi, par l'organe dudit Jacques *de Calce*, syndic, parlant dans la langue du pays, en présence des autres prud'hommes et consuétudinaires, *connaissons* et jugeons à l'unanimité, quant au cas en question, que toi, Claudine, dénoncée et détenue entre les mains des officiers (de l'abbaye), tu dois être absoute et déchargée des griefs et de la détention que tu subissais. En conséquence, nous t'acquittons et délivrons des charges et de la prison et nous voulons que tu sois relâchée sans aucun frais pour toi. De tout ce que dessus, les syndics, prud'hommes et consuétudinaires m'ont requis, moi notaire et curial soussigné, de leur expédier des lettres testimoniales; ce que j'ai jugé devoir leur accorder. Signé : Adrien Hudri, du Villards de la Combe de Boëge (n° **24**). »

On reconnaît bien dans ce jugement toutes les marques de l'autorité souveraine, en matière de justice.

Toutes les causes criminelles n'avaient pas une issue aussi favorable que les deux que nous venons de rapporter.

Un nommé Antoine Brelaz, dit Molard-Fayet, avait été incarcéré dans la prison de l'abbaye par les officiers de l'abbé Claude de Blonay, sous prévention d'avoir volé et ensuite vendu à son profit une jument qui paissait dans un enclos. L'instruction se fit par le magnifique S^{gr} François Faily, gouverneur d'Evian pour le Vallais et juge de la juridiction d'Abondance au nom dudit abbé de Blonay. Au jour indiqué pour le jugement de cette cause, le prévenu fut amené au lieu et place *du Pas*, en présence des syndics, prud'hommes et consuétudinaires de la vallée pour les débats de la cause et la sentence définitive. Voici textuellement le résultat de ce procès : « Ayant vu le procès soutenu par toi, Antoine Brelaz, par lequel maximement en ta spontanée et libre confession faite en tes réponses tant sommaires que formelles nous appert toi en revenant de Sallanovaz, étant avant jour près de la Joux des Ponts (Joriam), a pris et dérobé une cavale en un clos, laquelle tu as amenée jusqu'à Blonay et de là jusqu'à Vouvrier où tu l'as vendue, commettant latrocien qui est contre Dieu et toute humaine raison, et pour ce que tel méfait, péché et délit, ne demeure impuni, mais que due justice de toi soit administrée et à cette fin que tous ceux qui auront volonté de tels ou tels maléfices prennent exemple à toi, à cette cause, Nous, André Vulliez, etc.... procédant comme en tel cas avons eu coutume et icelle suivant, ayant Dieu et les Saintes-Ecritures devant nos yeux, nous munissant du signe de la sainte croix †, ayant aussi pris le conseil des prud'hommes et coutumiers de la dite Vaux, ordonnons, connaissons et par notre définitive sentence prononçons toi Antoine *enqueri* ou *enquis (inquisitum)* devoir être par les officiers de R^d S^{gr} Monsieur d'Abondance, remis aux mains du maître exécuteur de la justice et être par icelui dépouillé tout nud depuis le nombril en sus et être battu de verges publiquement ès lieux où seront gens congrégés pour voir la justice et mené d'ici jusqu'au lieu accoutumé de *Sous-les-Saix* (1), auquel lieu tu demanderas à Dieu pardon de ton offense et remercieras la justice de son bon châtiment et en après cela fait, connaissons toi devoir être banni de la dite vaux et des limites d'icelle pour le terme d'un an et un jour, rière laquelle vaux durant ledit terme tu ne te trouveras. »

Cette sentence a été prononcée le 23 juillet 1562 en pré-

---

(1) A deux pas de là, mais sur la *Chapelle*, se trouve le hameau dénommé *Passengai*. Ce nom s'explique de deux manières. 1° Celui qui venait d'être puni ou banni, comme Marrollaz et Brelaz, en arrivant à ce hameau, était tout *gai* d'avoir échappé ou satisfait à la justice. 2° Comme il y avait une sentinelle permanente près de *Sous-les-Saix*, à *L'En-Garde* et que le hameau voisin de *Passengai* était en dehors du rayon du territoire gardé, on y pouvait passer librement, sans contrôle et *gaîment*.

Cette désinence en *gai* témoigne d'un certain plaisir, comme on le voit dans papegai (tir à l'oiseau), Terregai (charmant pays entre Vevey et Villeneuve), etc.

sence de Jean du Flon, procureur fiscal du gouverneur d'Evian, Pierre Favre, secrétaire dudit magnifique S^gr gouverneur et juge d'Abondance, etc... moi Adrien Hudri, curial, etc.

C'est ici le lieu de publier une sentence prononcée sur une autre cause d'un intérêt tout dramatique. Il existait à Genève, alors chef-lieu du diocèse, un tribunal d'Inquisition pour la protection de la foi et l'extirpation de l'hérésie. Or, le cas suivant était du ressort de l'Inquisition quant à la constatation du crime d'hérésie, et une fois l'accusé étant convaincu, il était livré au bras séculier pour justice en être faite suivant les mœurs et les institutions de l'époque. Voici la traduction de cette importante cause :

« Au nom... ainsi soit-il. Comme ainsi soit qu'il conste et qu'il est acquis par le droit écrit et par l'usage coutumier communément approuvé que les faits publics s'écrivent pour perpétuel souvenir de la chose et soient rédigés en forme authentique, attendu que la mémoire de l'homme est sujette à l'oubli et ne peut se souvenir de tout, c'est pourquoi il faut que, par le témoignage de cet acte public, il apparaisse à tous et à chacun, tant présents que futurs, que l'an du Seigneur mil cinq cent deux... et le dix du mois de septembre, en présence d'une multitude de gens assemblés sous *l'aile du Pas* d'Abondance où il est de coutume que la justice se rende, au sujet surtout de Claudine femme d'Antoine Jorand de la Chapelle des Frasses de la vallée d'Abondance, laquelle, pour le très détestable crime d'hérésie, a été mise en état de détention par les officiers du R^d Abbé, soit commendataire de l'insigne monastère de la B. Vierge Marie d'Abondance, sur l'ordre, comme on l'affirme, du conseil de l'Ill^me et R^me Seigneur Evêque de Genève. Ayant ensuite avoué cet horrible crime en présence du Vén. S^gr Etienne de Gento, vice-inquisiteur de la Sacrée Inquisition de la Foi, de quelques syndics et consuétudinaires de la vallée d'Abondance, comme il en conste par le procès instruit contre elle et formé par égrège Jean Butin, secrétaire de la Sacrée Inquisition de la Foi, elle vient d'être remise aujourd'hui au bras séculier par ledit Etienne de Gento et amenée au lieu du Pas d'Abondance par noble Guillaume Perrodet, métral de la terre et juridiction d'Abondance, et par ses officiers inférieurs pour s'y entendre juger par l'autorité séculière.

C'est pourquoi, en présence de moi, notaire public et des témoins soussignés, sous *l'aile* dudit *Pas* d'Abondance, s'est présenté égrège Pierre Grud d'Evian notaire, se portant comme procureur fiscal du dit S^{gr} Abbé d'Abondance et de son couvent, lequel a requis très instamment les honnêtes hommes Jacquet de la Mouille, Jacquet Curdi, Antoine Bues soit Vullye, Girard Rey syndics ordinaires de la vallée d'Abondance, ainsi que Jean Crud, etc., d'avoir à juger selon la coutume, usage et pratique des dits syndics et consuétudinaires de la vallée d'Abondance et à prononcer la sentence dans la cause de remise au bras séculier de ladite Claudine, laquelle, comme est narré ci-dessus, a avoué le crime d'hérésie. Or les dits syndics et consuétudinaires précités ayant entendu la réquisition présentée par l'organe dudit Jacquet de la Mouille, procédant à sentence définitive, après avoir au préalable pris l'avis des autres consuétudinaires de la vallée d'Abondance, attendu qu'il conste auxdits syndics et consuétudinaires, par l'aveu spontané de ladite Claudine, qu'elle a commis le crime d'hérésie et d'autres nombreux délits et qu'ensuite ayant été renvoyée pour jugement au bras séculier, sur poursuite dudit S^{gr} de Gento, *pour ces causes* et d'autres justes motifs déterminant la conviction desdits syndics, des consuétudinaires et autres juges quels qu'ils soient, et afin que le châtiment d'un seul devienne un terrible exemple pour tous, par cette sentence définitive et connaissance de la cause, par la bouche et l'organe dudit Jacquet de la Mouille, ils ont *sentencié, prononcé, connu et déclaré* que ladite Claudine constituée et amenée audit lieu du *Pas d'Abondance* par ledit noble métral *doit être et sera brûlée par l'incendie du feu* (1) *jusqu'à ce que son âme soit sépa-*

---

(1) A la distance où nous sommes de ce tragique évènement, il n'est

rée du corps, dans le lieu ordinaire de ces sortes d'exécutions, jugeant et déclarant que ses biens, suivant leurs coutumes et droit écrit, appartiendront à ses plus proches parents dans l'ordre de succession. De tout quoi les syndics et consuétudinaires susnommés, au nom de tous les autres syndics et consuétudinaires de la vallée, ont demandé et requis qu'il fût délivré des lettres testimoniales par moi notaire soussigné, lesquelles j'ai cru devoir accorder et extraire de l'office de mon tabellion. Ce que dessus a été fait, dit, prononcé et sentencié audit lieu du *Pas* en présence des nobles N... de Blonay fils de noble Jean de Blonay de Saint-Paul, Louis Charnin de la villa de la Tour de Vevey, des honnêtes Rolivo et Louis Mazerens, autrement Rigalier, et de plusieurs témoins appelés et

---

pas aisé de préciser la nature de l'hérésie qu'avait professée cette infortunée. Il est peu probable qu'elle ait dogmatisé contre la foi ; le protestantisme n'avait pas encore paru et l'on ne peut admettre que les erreurs de Jean Hus et de Jérôme de Prague eussent pénétré dans la vallée d'Abondance. Peut-être cette femme s'était-elle livrée aux pratiques de la magie et du maléfice, crimes que l'Eglise taxait d'hérésie et qu'elle frappait de ses anathèmes. Mais j'incline plutôt à croire que Claudine Jorand était associée à certaines sectes mystérieuses, connues sous le nom de Synagogue dans nos pays et de *Barilotto* en Italie. On sait que les honteux mystères des Gnostiques avaient été renouvelés au moyen-âge. Le *Courrier de Genève* nous relatait naguère l'interrogatoire d'un nommé Rossier, des environs d'Abondance, qui avouait avoir participé aux abominables pratiques de la Synagogue.

Des documents authentiques, qui vont être publiés, attestent qu'à Saint-Jorioz, près d'Annecy, l'inquisition a poursuivi une femme qui avait avoué, après les terribles épreuves de la question, avoir participé aux mystères de la Synagogue, assez semblables à ce qui se pratiquait au *Barilotto* italien et dont les abominations sont rapportées dans un opuscule imprimé à Leipsick en 1843 et tiré des archives du Vatican.

La plume se refuse à reproduire les horreurs de ces assemblées occultes. N'y eût-il eu là que des rites superstitieux, l'Eglise pouvait sévir contre qui s'en rendait coupable ; mais il s'agissait en outre de crimes abominables, pour la répression desquels le pouvoir séculier ne pouvait se dispenser d'intervenir.

C'est sans doute par ces hautes considérations et pour imprimer une crainte salutaire à ceux qui seraient tentés d'imiter Claudine Jorand, qu'on ne lui offrit point sa grâce, moyennant résipiscence. L'acte, par motif de respect pour la moralité, ne donne pas de détails sur le *nefandissimum crimen hæresis* ni sur les *multa alia delicta* de cette malheureuse égarée.

requis pour ce qui précède. Et moi Jean Favre de Vacheresse... en vertu de l'autorité à moi départie par Mgr le Duc de Savoie (Philibert-le-Beau) ai fait relever et écrire cet acte public, soit cette sentence et connaissance de cause par égrège Jean Danelli notaire de moi connu... l'ai souscrit et signé de ma main pour vigueur et témoignage de toutes et chaque chose qui précèdent (1) (n° **25**).»

La terrible sentence fut exécutée, comme il en conste par acte authentique du 15 janvier 1505. Il résulte de cet acte que les syndics Jacquet Curdi, de la Chapelle, Antoine Vullye de Charmit et Gérard Rey de Richebourg, en leur nom et en celui de tous les hommes de la vallée, en particulier avec le consentement et sur le conseil des nommés Pierre Advocat de Charmit, C. Chernavel, J. Exevuaz, Guill. Maxit, E. Jorand, Ant. Borcard, J. Trosset, C. Curtaz, Ant. Comand, Cl. Des Portes, J. Blanc, Guill. Sallavuard, B. Favre, et beaucoup d'autres présents et intéressés à la délibération qui précéda ledit acte, représentèrent qu'on ne pouvait faire face aux besoins et aux dettes de la Communauté, surtout aux dépenses faites pour le maintien des franchises, que par le produit de la vente des biens délaissés par Claudine Jorand, fille de feu Berthet Combafol, *dou Rier, naguère suppliciée,* vente d'ailleurs autorisée, disent-ils, par les franchises de la vallée (2).

En conséquence de cette délibération, on fit trois lots des biens délaissés par elle et situés à la Chapelle. Le premier échut à Guill. Comand pour le prix de trois cents florins d'or ; le deuxième, moindre, à Cl. Mercier, pour le prix de soixante-treize florins, même monnaie ; le troisième à Jean Comand pour le prix de vingt-trois florins. Acte passé à Richebourg, dans la grange de Cl. Exevuaz, en pré-

---

(1) *Manuscrit* du R^d J.-F. Blanc.

(2) Il y avait près de trois ans que Claudine Jorand avait été suppliciée. Malgré les droits que la sentence avait donnés ou reconnus à ses parents sur ses biens, on ne voit pas qu'ils s'en fussent mis en possession, ni qu'ils eussent protesté contre l'acte du 15 janvier 1505, ni contre la délibération qui l'a motivé.

sence de témoins étrangers à la vallée, R⁴ Guill. de Benevix, religieux d'Aulps, André Rochex de Martigny et plusieurs habitants de la vallée d'Aulps, par les notaires Rolet Perrodet et Jean du Cret, de Lucinge, autrement Garin, le 15 janvier 1505 (1).

Telle était la part prépondérante que les habitants de la vallée possédaient dans l'exercice de la justice ; telles étaient les principales franchises dont ils jouissaient. Non-seulement le métral, qui était le principal agent des intérêts de l'abbaye, devait jurer le maintien, le respect et l'observation de ces franchises, mais même l'abbé, avant de prendre la crosse abbatiale, s'engageait à les observer. Nous avons sous les yeux l'apographe authentique d'un de ces engagements (n° **26**).

CHAPITRE VIII

Sceaux de l'Abbaye. — Succession des Abbés.

Spécimen et destination des Sceaux. — Deux sortes d'Abbés, — Conventuels et Commendataires. — Notes chronologiques sur les 23 Abbés conventuels et sur les 21 Abbés commendataires.

Ainsi qu'on l'a vu : l'année 1108 est la date authentique de l'établissement des chanoines réguliers à Abondance. L'abbé du monastère était non-seulement crossé et mitré, mais il était appelé l'abbé *majeur* (2) par les nombreux établissements des chanoines de Saint-Augustin, et il occupait la place d'honneur au synode diocésain à la tête de tous les autres abbés, prévôts ou prieurs, à quelque ordre qu'ils appartinssent.

(1) Acte relevé en 1784 sur un vieux parchemin par M. Blanc dont nous avons sous les yeux la copie originale.
(2) Dans l'acte de fondation d'Entremont, Besson, *Preuves*, n° 28.

Malgré les honneurs dont leur dignité était entourée, ils aimaient, dans leurs actes les plus solennels, à s'appeler *humble abbé : humilis abbas.*

L'abbé d'Abondance et son couvent ne tardèrent pas à avoir chacun son sceau, destiné à donner l'authenticité et la solennité aux actes importants. A mesure qu'un abbé succédait à un autre, il faisait buriner son nom et ses armoiries sur un sceau de métal, et lui-même, selon l'usage de l'époque, figurait ordinairement au centre avec les insignes de sa dignité. L'empreinte de ce sceau donnait aux actes qui en étaient revêtus la plus haute garantie d'authenticité. Tel est entre autres celui de l'abbé Pierre de Lullier (1).

Comme l'église et le monastère d'Abondance étaient sous le vocable de l'Assomption de Notre-Dame, le sceau du couvent, qu'on voit déjà en usage en l'année 1272, porte l'effigie de la sainte Vierge abritée sous un dais d'architecture gothique. Tantôt elle est représentée debout, portant l'enfant Jésus sur son bras gauche et tenant de la main droite une fleur de lis tigée, comme dans le sceau de 1366, avec l'inscription mutilée qu'on lit dans le pourtour : SCE MARIE D... ABVNDANC... (2) ; tantôt elle est assise avec son divin Fils au bras, tous deux nimbés comme dans le sceau tronqué de 1387, autour duquel on reconnaît l'inscription mutilée : †... SCE MARIE... CIA (3) ; tantôt, comme dans les actes du dix-septième siècle, la Vierge figure à mi-corps, portant à son bras son Fils qui tient une fleur de la main droite (4). Le sceau d'Abondance trouvé naguère

---

(1) M. de Foras en est possesseur.

(2) M. le comte de Foras a eu l'extrême obligeance de m'envoyer des empreintes en plâtre de deux sceaux anciens, un peu frustes, qu'il possède et dont il m'a donné la légende. Celle de 1366 est claire ; celle de l'abbé de Lullier qui sera reproduite en son lieu ne pouvait être lue que par un paléographe de sa force. Ces deux sceaux ont été apposés à une transaction du dernier novembre 1366, confirmée le 24 mai 1368 entre Humbert de Maubec, prieur de Vion et Humbert de Maresto, damoiseau. (Archives du château de Lucey.)

(3) MM. Dufour et Rabut, dans la 1re *série* de la Sigillographie, p. 109, en ont donné le specimen.

(4) M. L. Charvet, *Recherch.*, p. 115-116.

près d'Annecy, et qui est de la fin du quinzième siècle, nous représente de même la Vierge tenant son Fils d'une main et de l'autre un sceptre ou un rameau (1).

Chaque fois qu'il s'agissait d'un acte grave qui intéressait le monastère, les sceaux de l'abbé et du couvent étaient apposés au bas comme dans l'acte de 1369, où se trouve cette formule : *Nos P* (Petrus) *humilis Abbas Habundancie sigillum nostrum duximus apponundum* UNA *cum sigillo Conventus nostri Habundancie in robur et testimonium premissorum* (2).

Un tableau des abbés d'Abondance, avec quelques notes biographiques et chronologiques, trouve naturellement sa place ici. Il présentera le double avantage de montrer en raccourci toute l'histoire de l'abbaye d'Abondance et de rappeler en même temps un grand nombre de faits de l'histoire générale de notre pays, auxquels sont souvent mêlés les noms et l'action des abbés d'Abondance. Leur rôle a été quelquefois très important dans la société politique et civile du moyen-âge (3). Malgré quelques lacunes, peut-être plus apparentes que réelles, dans la succession des abbés d'Abondance, le tableau suivant est plus complet et plus exact que celui qu'ont fourni Besson, Charvet, et les auteurs de l'ouvrage *Gallia Christiana*.

Il faut distinguer deux périodes dans la prélature des abbés d'Abondance, celle des abbés conventuels ou claustraux, nommés par les religieux eux-mêmes, et celle des abbés commendataires, qui étaient nommés par le prince régnant. Ceux-ci n'étaient pas chanoines de Saint-Augustin et n'avaient point à s'immiscer dans le régime intérieur du monastère. La première période s'étend depuis l'origine de l'abbaye jusque vers l'année 1436. C'est pendant ces

---

(1) M. E. Serand, avec sa complaisance bien connue, m'a donné une empreinte très bien réussie de ce sceau qui est déposé au Musée d'Annecy. On reviendra à ce Jean Orioli, vicaire d'Abondance, dont le nom figure dans le pourtour du sceau.
(2) Fourni par M. de Foras.
(3) Il est à regretter que le manuscrit de Dom Leyat, dont parle Grillet (*Diction.*, t. I, p. 208), n'ait pas été retrouvé.

trois siècles que l'institut fleurit d'abord, puis se soutint encore avantageusement. La période des abbés commendataires commença sous le règne d'Amédée VIII et finit avec l'abbaye. Ce fut l'époque de la décadence, puis de la ruine.

I

Abbés conventuels d'Abondance.

1. — *Rodolphe* (de Voserier), premier abbé d'Abondance, appartenait à une noble et très ancienne famille, qui a tiré son nom d'un village et d'un château situés en la plaine de La Roche (1), ou qui peut-être lui a donné le sien. Rodolphe apparaît comme abbé dès l'année 1144, dans un accord avec Guillaume, abbé d'Aulps (2). C'est la même année et pendant sa supériorité, que Ponce de Faucigny devenait premier abbé de Sixt, après avoir été chanoine et législateur spirituel d'Abondance. En 1153, Rodolphe fut élu, comme on l'a vu, par les religieux de Saint-Maurice d'Agaune, pour être un de leurs premiers abbés réguliers (3). Ce fut lui qui ménagea cet admirable traité d'alliance fraternelle conclu en 1156 entre son abbaye d'Agaune et celle d'Abondance. Il fut en Vallais, ce qu'il avait été à Abondance, ferme et exemplaire. Pendant que Louis, évêque de Sion, adhérait à l'antipape Victor, Rodolphe se rendit à Rome auprès d'Alexandre III, accompagna ce pape jusqu'à Genève en 1162. L'année précédente, il était intervenu comme conciliateur et témoin, avec Arducius, saint Pierre de Tarentaise et d'autres illustres personnages, dans l'acte solennel qui termina le différend survenu entre Abondance et Sixt, au sujet de la suprématie de l'abbaye d'Abondance. Il assista encore comme témoin à la cession qu'Arducius, évêque de Genève fit, en 1167, de l'église de Samoëns à la jeune abbaye

---

(1) *Pourpris hist. de la Maison de Sales*, p. 159.
(2) Besson, p. 102.
(3) Ibid.

de Sixt, et l'année suivante il mourut, laissant les plus légitimes regrets et la plus haute réputation de vertu. Le cartulaire de Saint-Maurice lui décerne cet éloge : *Rodolphus, vir nobilis et magnanimus, recepit curam et regimen ecclesiæ Agaunensis, qui eam spiritualibus et terrenis beneficiis ampliavit.. pro ecclesia catholica Romæ fuit incarceratus et usque ad finem vitæ religiosus et catholicus permansit* (1). Le nécrologe d'Abondance place sa mort au 12 novembre : *Obiit Rodulphus, Agaunensis abbas, et abbas noster primus* (2).

2. — *Burchard* ou Burcard, parent *consanguin* (3) du comte de Genevois, Amédée Ier, fut élu en 1154 pour succéder à Rodolphe. C'est lui qui reçut la bulle d'Adrien IV, du 12 février 1155, par laquelle ce pape le félicite, lui et ses religieux, de la discipline et de la ferveur qui régnaient dans l'abbaye d'Abondance. Cette abbaye ayant bâti à grands frais le monastère d'Entremont, les religieux de ce nouvel établissement, conduits par le Vén. Ponce, alors abbé de Sixt, vinrent, en 1154, demander à l'abbé Burchard et à ses chanoines l'érection de leur monastère en abbaye ; ce qui fut accordé avec les réserves qu'on connaît. C'est à sa considération qu'Amédée, comte de Genevois, en 1153, accorda au monastère d'Abondance les droits d'usage et de pâturage dans toutes les parties de son comté à la gauche du Rhône (4). Il intervint comme témoin dans l'accord de Saint-Sigismond du 25 février 1156, qui rappelle et explique le traité de Seyssel ; on le voit encore comme partie dans l'acte d'alliance conclu en 1156 entre Abondance et Agaune. Il n'est pas douteux qu'il n'ait accepté l'interprétation qui fut solennellement donnée, en 1161, de la suprématie que son abbaye aurait dès lors à exercer sur celle de Sixt. En 1162, Burchard est témoin de l'acte par lequel Amédée Ier, comte de Genevois, reconnaît avoir injustement obtenu les régales de l'église de Genève et les

---

(1) De Passier, *Vie.* etc., p. 27.
(2) Nécrologe, IIIe vol., Scriptorum, dans les *Monumenta hist. pat.*
(3) *Reg. Gen.*, n° 332.
(4) Ibid.

restitue à Arducius (1). En 1167, il est témoin de la confirmation de la donation faite à l'abbaye de Sixt de l'église de Samoëns. Sur ses réclamations, Humbert III, comte de Savoie, renonce en 1170 à ses prétentions sur l'abbaye d'Abondance, et lui confirme ses possessions à Larringe et à Charmey, moyennant trois cents sols genevois (2). Burchard alla visiter le monastère de Saint-Ours à Aoste, qui s'était affilié à son abbaye et fit ensuite un rapport très avantageux sur les débuts de ce jeune établissement (3). Le biographe du Vénérable Ponce ne fixe pas la date de la mort de Burchard ; mais on sait qu'elle n'est pas postérieure à l'année 1171. L'obituaire d'Abondance la fixe au 25 février : *Obiit Burchardus, abbas II hujus abbatie.*

3. — *Ponce* (de Faucigny), fils de Rodolphe, sire de Faucigny et frère d'Arducius, évêque de Genève, entra jeune au monastère d'Abondance, dont il rédigea la règle et les statuts. Cette maison religieuse ne pouvant plus contenir tous ses fervents cénobites, Ponce, encore chanoine, fut mis à la tête d'une colonie, qui alla bâtir et habiter le monastère de Sixt, dont il fut nommé le premier abbé en 1144. Il intervint comme solliciteur auprès de l'abbé Burchard pour l'érection en abbaye du monastère d'Entremont (4). En 1156, il est témoin dans l'acte d'alliance de l'abbaye d'Abondance avec celle de Saint-Maurice d'Agaune, et en 1167, il est encore témoin et partie acceptant dans la donation de l'église de Samoëns au monastère de Sixt, dont il était alors abbé. En 1171, le chapitre d'Abondance l'élut pour successeur de l'abbé Burchard ; en 1172 il érigea, comme abbé d'Abondance, Grandval en abbaye (5). Bientôt après, se sentant vieillir, il obtint de se démettre de sa supériorité, pour retourner à Sixt se préparer à la mort. C'est là qu'il décéda en odeur de sainteté vers l'année 1178. Le nécrologe mentionne sa mort le 26

---

(1) *Mém. de Gen.*, XIV° vol., appendice, n° 1.
(2) Guichen., *Preuv.* 42, — item, *Reg. Gen.* n° 385.
(3) Cibrario, *Doc. Sigil.*, p. 75.
(4) Besson, *Preuv.*, n° 28.
(5) Ibid., *Preuv.*, n° 34.

novembre : *Obiit Poncius abbas Six et noster tercius.*
Le 14 novembre 1620, saint François de Sales fit la vérification de ses reliques, qu'entouraient depuis quatre siècles et demi, la vénération et la confiance des peuples voisins. Cet illustre personnage est la plus pure gloire d'Abondance et de Sixt. S'il déposa sa crosse abbatiale d'Abondance, il n'a jamais cessé de professer pour cette abbaye-mère la plus filiale affection, selon le témoignage que lui en rend l'acte de fondation de Sixt : *Qui per omnia Abundantinæ matri ecclesiæ obediens et devotus exstitisse cognoscitur* (1).

Il est étonnant que l'important ouvrage *Gallia Christiana* supprime Ponce de la série des abbés d'Abondance, quand on voit l'acte de la fondation de Grandval en faire honneur au *seigneur Ponce, abbé d'Abondance ;* quand l'auteur de sa vie, R^d De Passier, nous fait connaître, dans deux chapitres de sa biographie, sa promotion à la dignité abbatiale, la manière dont il l'exerça, et enfin les motifs qui le déterminèrent à y renoncer pour retourner dans sa solitude de Sixt (2), et enfin quand l'obituaire d'Abondance nous dit qu'il fut le troisième abbé d'Abondance : *Abbas noster tercius.*

4. — *Pierre I*^{er} avait été élu abbé de Sixt pour remplacer le Vén. Ponce, devenu abbé d'Abondance ; mais celui-ci ayant fait accepter sa démission par le chapitre d'Abondance, *mit en sa place pour tenir rang de quatrième supérieur le susnommé Pierre dont il reprit la charge à Sixt* (3). Pierre Ier figure comme abbé d'Abondance et comme témoin dans l'acte du 12 novembre 1176, par lequel Landric, évêque de Lausanne, donne à l'abbaye

---

(1) Ibid., n° 28. J'ai récemment vénéré à Sixt des reliques de ce saint religieux, en particulier une mitre que la tradition donne comme ayant été portée par lui. Vu les monuments et les traditions qui attestent l'antiquité du culte religieux voué à sa mémoire, il ne semble pas douteux que ce culte n'eût été reconnu et approuvé à Rome, si cette cause eût été jointe à celle du B. Jean d'Espagne, avec laquelle elle offre plusieurs points de ressemblance. (Voir encore Besson, p. 149 et 162.

(2) De la page 27 à 60.

(3) Ibid., p. 59.

de Saint-Maurice, dont il fait les plus grands éloges, l'église de Saint-Aubin, sur le lac de Neufchâtel (1). Cet abbé fut jugé d'un tel mérite, dit R^d De Passier, que de l'abbaye d'Abondance il fut choisi pour être évêque. Le nécrologe d'Abondance ne désigne ni l'année de sa démission de sa dignité abbatiale, ni celle de sa mort ; il en faisait mémoire le 6 décembre : *Petrus episcopus* (2) *et canonicus noster et abbas IIII* (quartus).

C'est ici que quelques auteurs (3) placent le B. Jean d'Abondance, dont ils font un abbé de ce monastère.

Ce dévot religieux est une des gloires d'Abondance dont il a été chanoine ; mais il n'y a point porté la crosse abbatiale. Aucuns titres ni documents anciens ne le mentionnent comme abbé. Outre cet argument négatif, nous en avons une preuve positive en ce que la place qu'on veut lui assigner est occupée successivement par deux abbés dont la prélature est authentique, comme on va le voir. D'ailleurs le nécrologe nous apprend que Pierre Ier fut le quatrième abbé et que Guillaume de Viu fut le sixième. Or le cinquième était Girold dont on va parler, et dont la date et la supériorité sont également certaines. Peut-être notre *Jean d'Abondance* s'est-il soustrait à l'honneur de la prélature. Il conste en effet que ce saint personnage, dans le désir de mener une vie toujours plus pénitente et parfaite, alla s'ensevelir dans la chartreuse d'Arvières, sous la conduite de saint Arthold et y mourut en odeur de sainteté, le 7 avril 1202, sous le nom désormais historique de *Jean d'Abondance*.

5. — *Girold*, Gérold ou Girard, était encore abbé d'Entremont, lorsqu'il nous apparaît pour la première fois, en 1161, comme témoin dans l'accord des abbayes d'Abondance et de Sixt (4). Mais il était abbé d'Abondance lorsque, en 1180, Guillaume de Faucigny, dit l'Allemand, fait, par

---

(1) *Reg. Gen.*, n° 396.

(2) Le nécrologe ne désigne pas son siège.

(3) Charvet, *Recherch.*, p. 78 ; Grobel, *N.-Dame de Sav... d'Abond.*, p. 377. Depery, *Hist. hagiog. du dioc. de Belley*, IIe vol., p. 45.

(4) *Reg. Gen.*, n° 365.

les mains de son frère Arducius, évêque de Genève, donation à l'abbaye d'Abondance, d'une importante terre située à Jussy, près de Pressinge (1). En 1181, il reçoit la confirmation, par Humbert, fils de Guillaume, comte de Genevois, des donations que ces princes avaient faites à l'abbaye d'Abondance (2). Le *Regeste genevois* et Spon le désignent comme témoin et assesseur dans la sentence arbitrale de 1184, entre Guillaume, comte de Genevois et l'évêque Arducius (3). Dès lors, il disparaît et nous ignorons la date de sa mort, qui n'est pas mentionnée au nécrologe d'Abondance. Il était le cinquième abbé de ce monastère.

6. — *Guillaume* (de Viu), Vuillelme ou Wuillerme, était abbé d'Abondance, quand il assista comme témoin à la décision arbitrale prononcée à Genève, en 1188, par Robert, archevêque de Vienne, entre Nantelme, évêque de Genève, et Guillaume, comte de Genevois ; on le voit encore comme conciliateur, dans la transaction passée à Thonon en 1191, entre ledit Nantelme et le couvent du Grand-Saint-Bernard, au sujet de quelques églises du diocèse (4). Il est encore présent et acceptant à la donation que Galcher, seigneur de Salins, fait à la maison d'Abondance, du lieu nommé Villars, ou Beaulieu, où fut plus tard construite l'abbaye de Gollie (5). Le nécrologe d'Abondance fait mémoire de sa mort le 6 août et le donne pour le sixième abbé : Obiit Willermus de Viu, abbas noster vi (sextus).

7. — *Jean Ier* dut prendre la crosse vers l'an 1200. En 1201, il scelle comme abbé un *vidimus* de plusieurs donations faites à son abbaye (6). Aux ides de mars 1203, il avait déjà adressé de nombreuses réclamations à Thomas, comte de Maurienne, au sujet de la violation que le châtelain d'Allinges faisait de la juridiction d'Abondance sur

---

(1) *Reg. Gen.*, n° 419.
(2) *Pourpris hist.*, p. 369.
(3) *Reg. Gen.*, n° 429, — item, Spon, n° 12, p. 67.
(4) *Reg. Gen.*, n° 455.
(5) Guichen., Bibl. Seb., 1 cent. 2.
(6) Invent. des titres de l'abbaye d'Aulps, notes communiquées tantôt par M. de Foras, possesseur de ce document, tantôt par M. Gonthier qui en a fait des extraits.

Saint-Gingolph. Le prince, par une charte donnée à Thonon le 15 mars 1203, reconnaît les droits de l'abbaye et fait inhibition au châtelain d'Allinges de molester l'abbé d'Abondance dans la jouissance de ces droits. Il dut être un des trois délégués du pape Innocent III, l'an 1211, pour faire une enquête sur la conduite de l'archevêque de Besançon (1). Comme il y eut dans la suite plusieurs abbés de ce nom à Abondance et dont le nécrologe mentionne la mort, on ne peut préciser la date de la mort de Jean Ier.

8. — *Albert* succéda à Jean Ier entre les années 1218 et 1229. C'est pendant sa supériorité à Abondance qu'eurent lieu les débats entre Aymon de Grandson, évêque de Genève et l'abbaye d'Abondance, au sujet de la nomination aux églises des Frasses et de Passier (2), et pour la solution desquels on voit intervenir le pape Honorius III et l'archevêque de Vienne. En 1229, il appose son sceau à une donation en faveur de Pierre, abbé d'Aulps, faite par noble Pierre de Féterne ; de même, en 1230, il met aussi son sceau sur un accord entre l'abbé d'Aulps et les seigneurs de Ravorée au sujet des prés d'Ardens. On le voit encore, le 5 février 1235, assister comme témoin-arbitre dans un accord entre l'abbé d'Aulps et deux hommes du Biot. Le 5 février 1232, il est encore présent à un accord entre l'abbé d'Aulps et les nommés Amé et Nicolas, du Biot (3). L'obituaire d'Abondance fixe la mémoire de sa mort au 22 juillet : *Obiit Albertus canonicus noster quondam abbas;* ce qui prouve qu'il avait déposé la crosse abbatiale avant sa mort.

9. — *Pierre II* était abbé d'Abondance en 1232 (4). Il a laissé peu de traces de son gouvernement. En 1233, Girold de la Tour en Vallais fait donation de l'église de Loetschen au monastère d'Abondance et en investit l'abbé Pierre,

---

(1) *Reg. Gen.*, n° 531, — item, *Mém. de la Soc. d'hist.*, t. XVI, p. 172, — item, *Gallia Christ.*, t. XVI, p. 154.

(2) Besson, p. 102, — item, *Reg. Gen.*, n° 576.

(3) Invent. des titr. de l'abb. d'Aulps, fourni par le R[d] curé Gonthier.

(4) Besson, p. 102.

en se réservant l'avouerie de l'église qu'il relâche, en présence de Girold d'Evian et de Pierre des Frasses (la Chapelle), chanoines d'Abondance. Le fardeau de la supériorité pesait à cet excellent religieux. Pour s'y dérober et mener une vie plus cachée, il alla s'enfermer dans la chartreuse du Reposoir. Mais là encore son mérite ne tarda pas à percer et il fut élu malgré lui à la charge de prieur. Le nécrologe d'Abondance en fait mémoire le 6 septembre : *Obiit Petrus prior de Repausatorio quondam abbas noster*.

10. — *Guillaume II*, ou Willelme, lui avait succédé comme abbé d'Abondance. On voit que, en juillet 1239, Amédée IV, comte de Savoie, sur les réclamations de cet abbé, justifiées par la charte de 1203, reconnaît et confirme les droits de juridiction que l'abbaye d'Abondance possédait sur Saint-Gingolph. Dès lors, cet abbé disparaît.

11. — *Jean II* était abbé en novembre 1244 ; il consent à ce que l'abbaye de Grandval soit soumise au célèbre monastère de Saint-Eugend (Oyen, Saint-Claude), en échange d'autres avantages, mentionnés ailleurs, en faveur d'Abondance (1). En 1247, cet abbé Jean appose son sceau à un acte de cession faite à l'abbaye d'Aulps par Aimé de Lugrin et les siens, de tous leurs droits sur la terre de la Forclaz, au lieu dit la Combe (2). L'obituaire d'Abondance fait mémoire de sa mort à la date du 20 avril : *Obiit Joannes abbas noster* (3).

12. — *Pierre III* était abbé d'Abondance en 1255. Par un acte du 8 des calendes de mars de la même année, il accepte des immeubles pour faire chaque année un service anniversaire et commémoratif d'Amaldée du Mont. Il figure dans l'inventaire des titres de l'abbaye d'Aulps en 1257 et en 1260. Le nécrologe d'Abondance fait mémoire de lui le 27 octobre : *Obiit Petrus abbas noster*.

13. — *Viffred* était abbé d'Abondance quand, en 1265, le pape Clément IV lui donna une mission près de Rodolphe de Hapsbourg, en faveur de Marguerite de Savoie,

---

(1) *Recherch.*, p. 79.
(2) *Bibl. Seb.* 1, n° 98, p. 67.
(3) Pour les n°ˢ 7, 10 et 16 des abbés, voir la pièce justif.; n° **4**.

veuve de Harthman de Kibourg. Ce légat fut brutalement accueilli par le prince (1). Peut-être ce Viffred est-il le même qui était abbé de Sixt en 1252 et 1255. Le chapitre d'Abondance avait droit d'élire un abbé en fonctions dans quelqu'une des abbayes de sa création. Le nécrologe d'Abondance, à la date du 28 février, porte que l'abbé Viffred reconnaît avoir reçu du frère Jean, dit Biola, vingt livres de bons genevois pour améliorer le régime alimentaire de la communauté. Il est fait mémoire de cet abbé le 7 avril dans l'obituaire : *Obiit Vifred abbas noster*.

14. — *Reymond* nous est déjà signalé comme abbé d'Abondance en 1272 (2). Il nous reste un fragment de son sceau portant :... *Reimond... bondavi...* (3) recueilli et dessiné par MM. Dufour et Rabut. En mars 1275, il scelle un *vidimus* d'une vente passée en 1260 en faveur de l'abbaye d'Aulps. Sur les instances de Robert de Genève, évêque diocésain et très zélé pour la discipline monastique, Reymond consentit à ce que l'abbaye d'Entremont, où le relâchement s'était introduit, s'unît à Saint Ruph de Valence (4) ; ce qui eut lieu le mercredi après après Toussaint 1276. La même année, il écrivit une lettre sur quelques différends survenus avec les habitants de la vallée (5). Le 30 décembre 1287, il est témoin dans les plaintes de l'évêque Guillaume de Conflans contre le comte de Savoie (6). En 1289, il est encore témoin dans un accord conclu entre l'abbé de Filly et Allard d'Alinge. En 1290, il est nommé surarbitre au sujet des différends entre l'évêque de Genève et le comte de Savoie (7). On le retrouve encore dans d'autres actes. L'inventaire de l'abbaye d'Aulps le montre encore vivant en 1295. Le nécrologe fait mémoire de lui le 23 août : *Obiit Reymondus abbas noster*.

---

(1) *Revue Suisse*, vol. V, p. 268-73. Vurstemberger, t. IV, p. 384, n° 96.
(2) Par les deux sigillographes susnommés, p. 107.
(3) Ibid.
(4) *Mém. et Docum. de la Soc. d'Hist. de Gen.*, p. 335.
(5) Charvet, *Recherch.*, p. 80.
(6) **Vurstemberger**, t. IV, p. 404, n° 876.
(7) *Reg. Gen.*, n° 1306.

15. — *Jean III,* qui n'a tenu que peu de temps la crosse abbatiale d'Abondance, n'était pas encore abbé titulaire en 1290, quand il fut témoin de l'acte par lequel Gérold de la Tour reconnaissait tenir en fief le domaine d'Ollon (Vaud) de l'abbaye de Saint-Maurice (1), ou bien Reymond, alors très âgé, l'avait pris pour son coadjuteur. On le ne voit plus dès lors figurer nulle part.

16. — *Girold,* abbé d'Abondance dès 1300, signe, en 1311, un *vidimus* de la donation faite à l'abbaye d'Aulps par Noble Vullierme de Margencel. En 1319, il se plaignit au comte de Savoie, Amédée V, de ce que son bailli en Chablais, s'était fait remettre par force le voleur Reynaud qu'il appartenait à son abbaye de faire juger et de punir. Sur l'exhibition des lettres émanées des comtes Thomas et Amédée IV, ce prince fit renvoyer à Abondance ce malfaiteur saisi dans la juridiction de Saint-Gingolph. L'acte de reconnaissance de la part du prince est de 1322 (2). On voit encore cet abbé Jean, en 1325, entrer en accommodement, soit en transaction, avec les habitants de la Chapelle des Frasses (d'Abondance), au sujet de certaines plaintes et réclamations (n° **5**). Le nécrologe ne fait pas mémoire de cet abbé.

17. — *Jean IV* paraît à diverses reprises comme abbé d'Abondance. En 1331, il fait un échange avec Aymon de la Tour, cède le prieuré de Géronde et reçoit celui du Val-d'Illiers (3). Il fait un autre échange avec Nicolas Albi (Blanc) d'Evian. Dans les reconnaissances passées en faveur de l'abbaye, on retrouve cet abbé Jean en 1329 et en 1345. C'est sans doute cet abbé que le nécrologe d'Abondance veut désigner, quand il attribue à l'abbé Jean l'érection du cloître de l'église du monastère et qu'il assigne la mémoire de sa mort au 7 novembre : *Obiit Joannes abbas*

---

(1) Furrer, *Hist. du Val.*, p. 72, item, *Mém. de la Soc. de Gen.*, t. XII, Inst. col. 254.

(2) L'abbé J. Gremaud, *Docum. relat. à l'hist. du Val.*, t. III, p. 348 et suiv.

(3) *Mém. de la Soc. de Gen.*, t. XII, col. 537.

noster Habundancie qui composuit claustrum ecclesiæ ejusdem monasterii.

18. — *Geoffroi* ne paraît un moment comme abbé que pour transiger le 7 mars 1352 avec Hugues, archevêque de Besançon, qui prétendait confirmer seul l'abbé de Gollie : ils convinrent de l'alternative. Déjà son prédécesseur avait réclamé contre la même prétention. Nulle mention de lui au nécrologe.

19. — *Pierre IV de Lullier* était issu de la très ancienne famille de ce nom, éteinte au xv⁰ siècle, et paraît comme abbé d'Abondance dès 1354. Nous avons son sceau avec la légende : S. P... ᵈᵉ LVLLYE HALBATIS HABVNDANCIE, ce qui signifie : *Sigillum Petri de Lullye abbatis Habundancie*. Les armoiries portent les seuls signes de... au lion de... (1). Le 13 avril 1356, il reçut une délégation du pape dans une cause d'appel émanée d'Allaman de Saint-Jeoire, évêque de Genève, entre des prêtres de ce diocèse (2). En 1359, il fit une déclaration aux hommes de la vallée d'Abondance (3) ; le contenu en est inconnu par la disparition du titre. Le 10 juin 1363, survint entre le comte Amédée VI de Savoie et le Rᵈ abbé Pierre de Lullier, l'échange déjà mentionné au sujet de Vacheresse. On l'a vu, en 1369, au 10 mai, apposer son sceau à une transaction entre Humbert de Maubec et Humbert de Marèche. En mai 1368, il avait relâché à l'abbaye d'Aulps diverses redevances en contre-échange d'autres avantages. Le 18 mars 1369, Guillaume de Châtillon, seigneur de Larringe, lui vend tous droits, domaines et hommes à la Forclaz. Le 8 mars précédent, il avait acheté sous grâce de rachat, pour la somme de 300 florins d'or, l'omnimode juridiction sur la Forclaz de divers individus, débiteurs et taillables de l'abbaye. Le 7 juin suivant il achète encore de Jean Es-

---

(1) Ce sceau est apposé à une transaction du dernier novembre 1366. M. A. de Foras m'en a expédié une empreinte sur plâtre et certifié la légende ci dessus *absolument certaine*. (Tiré des archiv. du château de Lucey.)

(2) **M. Gonthier,** *Invent.*

(3) **Charvet,** *Invent. des arch. d'Abond., Recherch.*, p. 80.

tevenans d'Evian, certains fiefs et censes pour le prix de 120 livres. L'inventaire d'Aulps le montre encore vivant en 1375. Le nécrologe fait mémoire de cet abbé le 20 février : *Obiit Petrus, abbas noster de Lullye cujus anima requiescat in pace. Amen.*

20. — *Jean V,* de Fillinge, était issu de la noble famille de ce nom. On a retrouvé et reproduit un débris de son sceau, avec ce restant d'inscription : ... *Fillingio... dancie* (1). Il était abbé d'Abondance lorsque, le 6 juin 1380, il accorda pour trois ans la grâce de rachat en faveur de François Estevenans d'Evian, des hommes, tailles et censes que Genod Estevenans, son aïeul, avait vendus sous la même grâce à Pierre de Lullier. Le 13 janvier 1383, il relâche les droits de son abbaye sur la Forclaz, en échange de toutes les censes, hommes, hommages, que celle d'Aulps percevait à Amphion, Marèche et Vacheresse. Le 7 juillet 1383, il stipule un accord avec François des Balmes, abbé d'Aulps, au sujet de la délimitation des montagnes limitrophes. Le 3 décembre 1387, les religieux d'Aulps font une déclaration par devant l'abbé Jean de Fillinge pour justifier la conduite dudit abbé d'Aulps au sujet d'une cession faite par ce dernier. Le 13 février 1393, Jean de Fillinge ménage un accord entre l'abbé d'Aulps et le puissant seigneur Jean de Fernex, seigneur de Lullin. Le 14 février 1387, il avait approuvé une donation faite à l'abbaye de Filly (2). Une note nous le montre encore vivant en 1397. Le nécrologe fixe sa mort au 19 décembre : *Obiit Joannes de Fillingio abbas noster.*

21. — *Girard du Pas,* selon quelque apparence, était originaire de Saint-Paul, où cette famille était connue dès le quatorzième siècle et d'où elle descendit ensuite à Evian. La tradition locale porte que le général Dupas est issu de cette famille (3). Notre Girard Du Pas (De Passu) était abbé d'Abondance, lorsque, le 13 octobre 1404, il transigea avec Pierre de Lugrin, prieur de Peillonnex. Il s'agissait

---

(1) MM. Dufour et Rabut, *Sigillogr.*, 1ʳᵉ série, Turin 1882, p. 108-109.
(2) Note fournie par M. A. de Foras.
(3) Note de M. de Foras.

surtout du droit de *dépouille,* soit de la faculté que le supérieur avait de recueillir en héritage tout ce qu'un moine mourant laissait en mobilier, vêtement, or, argent ou reliquat de prébende et par ledit acte les deux contractants règlent les droits et la juridiction d'Abondance sur ledit prieuré (1). L'inventaire de l'abbaye d'Aulps le montre encore vivant en 1411. Sa mémoire est fixée par l'obituaire au 1er octobre : *Obiit Girardus de Passu.*

22. — *Thomas Guersat* n'a tenu que peu de temps la crosse abbatiale d'Abondance et n'a laissé aucune trace. Il était abbé lorsque, le 8 septembre 1411, Mgr Jean de Bertrand, évêque de Genève, fit la visite du *Monastère* et de l'église paroissiale d'Abondance. L'abbé Thomas (son nom de famille est en blanc au procès-verbal,) est signalé comme ne résidant pas. Le vicaire pour le spirituel, soit le prieur claustral, était Berthet Acteur *(Actoris)*. Quelques chanoines sont signalés comme des hommes relâchés et vicieux (2). L'évêque réprima de son mieux les désordres, tout en constatant authentiquement le relâchement et l'indiscipline qui avaient envahi cette antique abbaye. Le nécrologe d'Abondance fixe la mort de l'abbé Guersat au 2 novembre : *Obiit Thomas Guersat abbas noster.*

23. — *Guillaume de Lugrin,* d'une famille du Chablais, apparaît comme abbé dès l'année 1412 dans le contrat dotal d'un mariage contracté entre deux membres des familles Ballaison et Chignin, où cet abbé intervient comme fidéjusseur (3). Des différends s'étaient élevés entre l'abbaye et les habitants en 1425. Une première transaction intervint sans beaucoup de résultat. C'est sous cette prélature que les luttes pour les franchises de la vallée passèrent à l'état violent. La sentence arbitrale de 1430 dont nous parlerons ailleurs, fut un précieux remède à la situation et une reconnaissance écrite des franchises des habitants de cette vallée. On voit aussi cet abbé assister à l'acte du 6 juin, même année, par lequel Amédée VIII règle les différends

---

(1) Besson, p. 103 et 154.
(2) Note fournie par M. Pettex qui possède cette Visite.
(3) Archives de M. de Foras.

survenus entre ses officiers et les évêques de Belley, d'Aoste, de Maurienne et de Tarentaise. Cet abbé avait joui de la confiance et des bonnes grâces des ducs Amédée VIII et Louis de Savoie. Ce dernier lui donne les titres de conseiller et de très cher ami *(consiliarium et amicum nostrum carissimum)* (n° 7). L'obituaire d'Abondance fixe la mémoire de sa mort au 20 mars : *Obiit Guillelmus de Lugrino abbas noster*. Avec lui finit, sauf deux exceptions, la série des abbés conventuels, élus par le chapitre de l'abbaye.

II

Abbés commendataires.

Ainsi qu'il a déjà été dit, les abbés commendataires étaient nommés par le souverain. Ostensiblement, ces abbés étaient donnés aux monastères comme des protecteurs ; mais, au fond, la commende était une prélature de récompense et de faveur pour les créatures du pouvoir. Il y avait là de grasses sinécures pour lesquelles on n'exigeait ni la résidence ni l'observation des règles de la communauté. La plupart de ces dignitaires ne paraissaient un moment dans leur abbaye que pour en prendre possession et en percevoir les revenus ; ils avaient d'ordinaire pour leurs intérêts temporels des mandataires, des vicaires, ou des acensataires. On sait combien saint François de Sales déplorait les abus de la commende et comment il eût voulu y remédier.

Quant aux abbés commendataires d'Abondance, ils ont pu être des personnages dignes, recommandables comme individus ; mais, à peu d'exceptions près, comme abbés, ils ont été nuls et parfois pernicieux pour l'abbaye. C'est surtout dès l'introduction de la commende, qu'il faut dater la décadence de cette célèbre abbaye ; les exigences de ces abbés deviennent plus impérieuses, les résistances plus vives. La population, comprimée dans la jouissance de ses franchises séculaires, surexcitée encore par les idées d'émancipation que ne tarda pas à fomenter la réforme protestante, devenait de plus en plus impatiente de tout joug et aspirait à élargir davantage le cercle de ses libertés. De là des conflits aussi fâcheux pour la concorde que pour l'édification. Mais n'anticipons pas.

1. — *François du Cret* (de Cresto ou de Cresco), issu probablement d'une ancienne famille noble de Cruseilles, dont une des branches s'établit plus tard à Evian, était déjà abbé de Filly en 1430. La même année, il fut présent avec Guillaume de Lugrin, à l'accommodement fait par Amédée VIII entre ses officiers et les évêques ci-devant nommés. Il assista en 1431 à la conclusion du mariage entre Louis de Savoie et Anne de Chypre ; en 1432, il signe comme témoin au contrat de mariage de Marguerite de Savoie avec Louis, roi de Sicile et de Jérusalem. En 1436, devenu abbé commendataire d'Abondance, il déclare les habitants de Saint-Gingolph exempts ou libérés de la main-morte. Ayant été élu en 1439 pour être un des gardes du conclave au concile de Bâle, il favorisa l'élection d'Amédée VIII qui devint pape sous le nom de Félix V. Il fut un de ceux qui vinrent le chercher à Ripaille pour lui notifier sa promotion et l'engager à ceindre la tiare. Ayant d'autres bénéfices, entre autres l'abbaye de Filly dont le séjour lui était plus agréable, il résidait peu dans celle d'Abondance. Aussi le 25 octobre 1443, Barthélemi de Corneto, suffragant de l'évêque de Genève, François de Mez, lui fit-il rappeler l'obligation de la résidence avec douze chanoines à Abondance. C'est lui qui, sur les instances de ses religieux, fit rédiger le fameux *Code de la Table* dont il sera question plus tard. En 1449, le 29 juillet, on le voit encore siéger au conseil qu'Amédée VIII tint à Evian (1). Depuis 1451, année où il écrivit au prieuré de Peillonnex, il ne reparaît plus. Le nécrologe en fait mémoire le 12 mai, en le recommandant aux prières et à la reconnaissance de toute la communauté, à laquelle il avait laissé toute sa bibliothèque et une rente annuelle de neuf florins. *Obiit R^{dus} Pater D^{nus} de Cresto abbas noster*

---

(1) **Victor de Saint-Genix**, t. III, p. 460.

qui dedit novem florenos annuales cum totis libris suis. Oretis pro eo omnes (1).

2. — *Amblard de Viry* était abbé commendataire d'Abondance en 1460, en même temps qu'abbé de Savigliano, chanoine de Genève et conseiller du duc Louis de Savoie. Il était docteur en droit canonique et protonotaire apostolique. Il était allé au-devant de ce prince pour le dissuader de son voyage en France (2). Selon une note du nécrologe, il donna, en 1463, cinquante florins d'or pour acheter annuellement un sextier d'huile à l'usage de la lampe. Le 19 mars 1468, sur présentation de cet abbé, la chapelle des Saints Blaise et Théodule, en l'église de la paroisse des Frasses (la Chapelle), résignée par Aymon du Moulin, chanoine sacristain d'Abondance, fut donnée à Pierre du Moulin, clerc de Vacherosse. Le 15 mai 1471, lors de la visite à Abondance de Mgr Mamert, évêque d'Hébron, grand-vicaire de Mgr Jean-Louis de Savoie, évêque de Genève, Amblard de Viry y figure comme abbé, sans remarque particulière au procès-verbal (3). La même année il se montre accommodant avec les gens de Saint-Gingolph au sujet des laods. A la même date, il fut présent au traité de paix entre Yolande, veuve d'Amédée IX et les comtes de Bresse et de Romont, ses beaux-frères (4). Il mourut à Genève le 8 septembre 1472 ; il fut enterré à Saint-Pierre, avec une épitaphe relevée par Spon, où il est signalé comme un bon défenseur de la liberté de l'église et du clergé (5). Le nécrologe d'Abondance, à la date du 1er décembre, mentionne la fondation de son anniversaire au capital de 20 sols.

3. — *Jacques-Louis de Savoie* figure comme abbé

---

(1) Le nécrologe fait aussi mention d'un autre François du Cret, prieur de Saint-Paul, et d'une Jeannette du Cret, bienfaitrice, aussi de Saint-Paul. On trouve aussi à Abondance un chanoine du nom de du Cret. Enfin en 1363, la famille du Cret de Saint-Paul comptait un notaire du nom de Pierre du Cret de Saint-Paul. (*Acad. Sal.*, t. II, p. 279).
(2) Cibrario, *Hist. patr. mon.*, 1re col., p. 628.
(3) Note fournie par M. Pettex.
(4) Guichenon, *Preuv.* 414.
(5) Spon, *Hist. de la ville, etc., de Genève*, T. II, p. 363.

commendataire d'Abondance dans la visite que fit, le 16 juillet 1481, à Abondance, Mgr Claude, évêque de Claudiopolis, vicaire-général de Mgr Jean-Louis de Savoie, évêque de Genève. Le chanoine Gui d'Arlod faisait les fonctions de curé d'Abondance (1).

4. — *François de Savoie*, de cette illustre Maison, a été abbé de Staffarde, d'Abondance, de Saint-André, de Verceil et d'Aulps, prévôt commendataire du Grand-Saint-Bernard, archevêque d'Auch et évêque de Genève en 1484 (2). Il soutint faiblement le poids de tant de dignités ecclésiastiques. Nous ne connaissons aucun acte de lui à Abondance, où il n'a jamais paru. En 1489, on trouve une transaction pour la montagne de Lens, où figure tout le couvent d'Abondance, sans la moindre mention de cet abbé commendataire.

Il est vraisemblable que cet important personnage administrait ses bénéfices dans le diocèse de Genève, par l'entremise de ce Jean Oriol, protonotaire apostolique, vicaire général de Genève pour le temporel comme pour le spirituel (3), dont on a retrouvé le sceau dans nos Fins d'Annecy en 1861, avec la légende : *S. r. p. D io. Orioli Sedis apo^{ce} proto^{ris} vicarius Habundancie*, et qu'on doit lire comme suit : *Sigillum Reverendi patris Domini Johannis Orioli, Sedis apostolicæ protonotarius Vicarius Habundanciæ* (4). Le mot *vicarius* (vicaire), prouve qu'il n'était pas lui-même abbé d'Abondance, mais qu'il était plutôt le représentant de l'abbé titulaire. On comprend qu'un commendataire d'Abondance, membre de la maison régnante de Savoie et revêtu de dignités plus amples dans l'Eglise, ait confié le soin de le suppléer à un person-

---

(1) Note fournie par MM. Pettex et Gonthier, curés. Il y avait alors 66 feux seulement à Abondance et les revenus de l'abbaye étaient évalués à 1700 florins.

(2) *Sigillogr.*, p. 33.

(3) On voit figurer tous ces titres dans un vidimus du 17 octobre 1500, fourni par M. le Comte A. de Foras à l'*Acad. Salés.*, IIIe vol., p. 359 et suiv.

(4) Charvet, *Recherch.*, p. 115. M. Serand a la meilleure part dans cette trouvaille.

nage moins apparent, quoique distingué. C'est ainsi qu'entendent le terme de *vicaire* nos deux savants sigillographes. « Le *vicaire* était le religieux chargé de remplacer l'abbé en cas d'absence de ce dernier (1) », disent-ils. Il n'était donc pas abbé lui-même. Peut-être ce Jean Oriol de notre sceau est-il le même que celui que nous voyons évêque de Nice en 1504. Il y a surtout apparence qu'il est l'auteur du *vidimus* de l'acte du 17 octobre 1500, par lequel une chapelle est fondée dans le cimetière de Douvaine (2) ; les dates et les titres coïncident parfaitement. L'abbé François de Savoie mourut à Turin au commencement de 1491. Le nécrologe d'Abondance en fait mémoire le 9 octobre en ces termes : *Obiit R^{dus} in Christo Pater D^{nus} Franciscus de Savodia, archiepiscopus* (3), *commendatarius noster*.

5. — *Gui* ou Guigues d'Arlod était issu de la noble maison d'Arlod, d'Hermance. On le voit d'abord chanoine d'Abondance, dans un acte de 1489, puis acensataire des revenus de l'abbaye ; il fut ensuite élu abbé d'Abondance vers 1508 (4), sans qu'on voie qu'il soit jamais entré en fonction. Lorsque, en 1509, il reçoit le serment du métral de l'abbaye, il n'est signalé que comme *chanoine*, prieur *claustral et élu* (abbé) de l'*insigne monastère d'Abondance*. Il paraît donc n'avoir jamais été titulaire de cette prélature, mais il en a exercé les fonctions (n° **15**). Si les communiers d'Abondance eurent à se plaindre de lui en fait d'exigences de droits, nous voyons d'un autre côté qu'il se montra bienveillant envers ses religieux ; il donna à l'abbaye 200 florins pour améliorer le service de la table ; il fonda une grand'messe à l'honneur de saint Clément (5). Le nécrologe, outre ce Guigues d'Arlod, élu abbé d'Abondance, mentionne

---

(1) *Sigillogr.*, p. 13.
(2) M. A. de Foras, *Soc. Salés.* (acte déjà mentionné).
(3) On lui donne le titre d'archevêque, comme étant le plus distingué de ses titres ; il était en effet archevêque d'Auch.
(4) Enquête officielle de 1517.
(5) *Nécrog.*, 16 novembre ; peut-être cette messe était-elle en mémoire de Robert de Genève, devenu antipape sous le nom de Clément VII.

encore un Pierre et un Aymon d'Arlod. Il est question de notre Guigues d'Arlod dans les preuves de Philibert de Compeys, faites en 1575 pour la Croix des SS. Maurice et Lazare. Le nécrologe mentionne, au 19 décembre, notre Guigues d'Arlod, non pas comme abbé commendataire, mais comme curé d'Abondance et de Féternes : *Obiit Guigo de Arlo curatus Abundancie et Fisterne.*

6. — *Marc Viguier* ou Sénégalien, vers 1510, est cité comme abbé d'Abondance par Besson, Charvet, Dufour, etc., mais ils ne produisent aucun acte de son administration. Besson le place en 1500 ; en ce cas Gui d'Arlod aurait été l'acensataire ou l'économe de l'abbaye pour ce cardinal et c'est sous sa gestion que Claudine Jorand aurait été suppliciée en 1502. En tous cas, il est probable, par la coïncidence des dates, que ce Marc Viguier n'est autre que ce cardinal qui se souscrit *Sénégalien*, évêque et cardinal. C'est à lui que s'étaient adressés les syndics et habitants de la vallée, pour obtenir les réparations qu'exigeait l'église de l'abbaye ; ils en obtinrent une excellente lettre datée de Rome, 15 septembre 1515, où cet éminentissime abbé leur promet pleine satisfaction (n° **16**). C'est sans doute à son insu que le métral et les officiers de l'abbaye violaient les franchises de la vallée. Il fallut l'intervention du duc Charles III pour les faire respecter, ainsi qu'on le verra. Le nécrologe d'Abondance est muet sur la mémoire de cet abbé commendataire.

7. — *Jean-François Valperga*, d'une illustre famille piémontaise, protonotaire apostolique, d'abord acensataire des revenus de l'abbaye, en devint abbé commendataire par la résignation que fit en sa faveur le cardinal Sénégalien. Le nouvel abbé satisfaisait mal à l'obligation d'entretenir l'église d'Abondance et de la pourvoir des objets nécessaires au culte. Il fut contumace (1) à la citation juridique qui lui fut faite à ce sujet en 1517 par devant l'autorité diocésaine. Le nécrologe n'a pas un mot sur cet abbé.

(1) Transcrit par R^d Dufour sur des actes authentiques d'Abondance et dont la copie est sous mes yeux.

7. — *Jérôme Valperga,* de la famille du précédent, était déjà abbé commendataire d'Abondance en 1533, quand il transigea avec les gens de la vallée au sujet des pâturages. En 1534, il régla un différend survenu entre les communiers d'Abondance et les gens de Chéravaux (Montriond). Il consentit à terminer à l'amiable les contestations qui existaient entre les officiers de son abbaye et la population au sujet de la dîme, qu'il réduisit encore à la cote quinzième, soit à une gerbe sur quinze. L'occupation du pays de Gavot par le Vallais et les idées d'émancipation qui se glissaient parmi le peuple ne furent pas étrangères à cette sage mesure. On ne le voit point figurer dans l'acte de dédition au Vallais en 1536. Le 20 mai 1541, le pape Jules III pressait cet abbé au sujet de la réforme de son monastère ; il est même menacé de censures pour non payement de 200 ducats d'or alloués au cardinal Farnèse sur les revenus de son abbaye d'Abondance. Ces circonstances peu favorables le firent renoncer à son titre plusieurs années avant d'être promu à l'archevêché de Tarentaise, en 1560. Il mourut en 1573 (1). Comme depuis longtemps il avait résigné sa crosse abbatiale et qu'il n'avait guère paru dans la vallée qu'au début de sa longue carrière, le nécrologe de l'abbaye ne le mentionne pas.

8. — *Dominique Ciclati,* dont le nom varie en ceux de *Ciclas,* Ciclati, Ciclacti et Ticlach, était déjà chanoine en 1517, ainsi que le marque l'enquête de cette même année au sujet des réparations et fournitures de l'église d'Abondance ; il y figure sous le nom de *dom Ciclas.* Le 6 juillet 1534, on le voit intervenir comme procureur de l'abbaye dans le bornage de la montagne de Chaufleurie (2). Le 4 décembre 1540, il figure comme abbé élu d'Abondance *(abbas electus Habundancie)* dans des manuscrits de l'époque qui le donnent comme ayant fait à Evian les fonctions de parrain avec son neveu Amblard de Syons, chanoine d'Abondance (3). Devenu abbé, après la démission

---

(1) Besson, p. 219.
(2) Copie authentique en mains.
(3) Fourni par M. de Foras (arch. de Thuyset).

de son prédécesseur, on le voit visiter l'abbaye de Sixt, en 1549. Sa mort est mentionnée par le nécrologe à la date du 21 mai : *Obiit R^{dus} in Christo pater D^{nus} Ticlach abbas noster*. Il paraît avoir été abbé conventuel plutôt que commendataire ; on voit que sa vie s'est passée dans l'abbaye d'Abondance.

9. — *Claude de Blonay*, quoique fort jeune, était déjà chanoine d'Abondance en 1508. Dès le 15 janvier 1551, un acte authentique de Guillaume Nepotis, notaire, nous le signale comme abbé *élu* d'Abondance. Mais il n'apparaît comme titulaire qu'en 1555, quand il donna procuration pour toutes ses affaires à R^d Claude de Sales, chanoine d'Abondance (1). En 1556, il visita l'abbaye de Sixt, où, l'année précédente, il avait terminé un différend entre l'abbé et ses religieux. En 1563, il avait donné en albergement le fief de Saint-Gingolph à Jacques du Nant de Grilly, seigneur de Saint-Paul (2), acte qui suscita le procès dont nous avons déjà donné connaissance. Cet abbé de Blonay vécut dans un temps très fâcheux ; tous les liens les plus sacrés se relâchaient et lui-même, par sa conduite qui fut déplorable (3), accéléra encore la décadence de son abbaye. Le nécrologe fait mémoire de lui le 8 février : *Obiit R^{dus} D^{nus} Claudius de Blonay abbas noster*. Il vivait encore en 1574 et avait résigné sa crosse abbatiale contre une pension de 450 écus que son successeur lui paya sur les revenus de l'abbaye. Comme son prédécesseur, de Blonay avait été plutôt abbé conventuel.

10. — *Philibert Provana* était issu d'une illustre famille piémontaise. En rentrant sous la domination des ducs de Savoie, les abbayes du pays de Gavot que le Vallais venait de leur restituer, retombaient sous le détestable ré-

---

(1) **Pourpr. hist.**, p. 449.

(2) Furrer, déjà cité, — item, E. Dufour, par 144. Ce Seigneur habitait à Saint-Paul le vieux manoir du chef-lieu, appartenant plus tard aux familles Baud et Collomb. Il y possédait la belle campagne qui s'appelle encore *vers le Château* et à Evian la grande maison, aujourd'hui Casino, et qu'on appelle encore château de Grilly, immeubles qui ont passé à la maison de Blonay, mais qui ne lui sont pas restés.

(3) M. de Foras, *Armorial*, etc., p. 226.

gime de la commende. Le nouveau commendataire nommé par le prince régnant, était un favori, Philibert Provana, seigneur de Leyni. Il apparaît comme abbé commendataire dès l'année 1574 ; car à cette date, on voit qu'il *amodie* les revenus de l'abbaye aux sieurs Boccard et Piotton, sous la cense annuelle de 1260 écus d'or sur lesquels devait se prélever la pension de l'ex-abbé de Blonay. Les archives d'Abondance citent Provana comme ayant confirmé l'affranchissement du double laod, déjà accordé par Amblard de Viry, aux communiers de Saint-Gingolph. Le nécrologe ne fait nulle mention de cet abbé qui n'a jamais résidé à Abondance. En 1597, au 19 novembre, on trouve un André Provana, chanoine d'Abondance, dont l'obituaire fait mémoire.

11. — *Gaspard Provana*, seigneur de Novalaise, parent du précédent, lui a succédé, si même il n'a pas partagé la supériorité avec lui. Ils s'étaient donné Mre Gagneux pour procureur. Cet abbé Gaspard eut des démêlés avec les habitants en 1576, au sujet des dîmes. Mgr de Granyer l'obligea, le 25 juin 1580, à fournir les ornements nécessaires au service religieux d'Abondance. On le voit, en 1586 et 1587 (1), faire diverses réparations à l'abbaye. Il était encore abbé commendataire au commencement de l'apostolat de saint François de Sales en Chablais. Il trouvait que tout allait pour le mieux à Abondance et par crainte de quelque préjudice en son temporel, il fit au duc et au nonce des relations contraires à celles du saint prévôt de Sales, disant qu'il ne fallait pas toujours croire les Savoisiens quand ils ont affaire avec des étrangers. Charles-Emmanuel, indigné de sa témérité, le condamna à entretenir des prédicateurs en Chablais et à faire une bonne aumône aux Clarisses d'Evian (2). Du reste, pas mention de lui au nécrologe. Il paraît d'ailleurs n'avoir pas conservé son titre jusqu'à la mort. Sous ces divers abbés, qui ne résidaient pas, la discipline religieuse n'avait cessé de baisser et on pouvait être dès lors assuré que de grandes

(1) *Invent. des archiv.*, par R^d E. Dufour.
(2) *Vie du B. Franç.*, par Ch. Aug., t. I, p. 178.

mesures allaient être adoptées pour remédier au mal croissant et toujours plus contagieux.

12. — *Vespasien Aiazza,* fils d'un sénateur de Turin, était archidiacre à Saint-Eusèbe de Verceil, quand il fut nommé abbé commendataire d'Abondance. C'était un homme aussi pieux qu'instruit, sur lequel saint François de Sales, alors dans sa mission du Chablais, et la cour de Turin, comptaient pour la réforme d'Abondance. On le voit à son nouveau poste dès l'année 1598, où l'apôtre du Chablais le consulte sur les statuts à donner aux prêtres de la Sainte-Maison. Le 26 octobre 1604, Aiazza traite avec le Père dom Jean de Saint-Malachie, visiteur, pour l'introduction des Feuillants à Abondance ; ce qui ne tarda pas à s'effectuer (1). En 1612, il fit abattre le clocher très caduc pour en élever un autre et pour exhausser une partie des voûtes ; il s'était chargé de faire construire une église pour la paroisse, tous projets qui n'aboutirent que plus tard et en faible partie. C'est lui qui fit bâtir le logement et la tour de l'abbé à l'angle sud-est du monastère (2).

En 1614, il tenta, mais en vain, de recouvrer la juridiction sur Saint-Gingolph aliénée par l'abbé de Blonay. La même année, par acte du 7 juin, il vend deux parcelles de montagnes à Jacques Piotton.

En 1618, il passe une convention avec le curé d'Abondance pour le traitement de celui-ci.

Ce digne abbé fit fleurir, autant qu'il dépendait de lui, le nouvel établissement d'Abondance et conserva toujours toute l'estime et l'affection de saint François de Sales. Peu après la mort du Saint, notre abbé déposa la crosse abbatiale, à l'âge de 65 ans, et se retira comme simple novice dans une communauté de Feuillants, la plus éloignée de ses parents et amis, ne voulant y occuper que le dernier rang. Dans un voyage qu'il eut à faire à Toulouse, il fut surpris par la maladie qui devait l'emporter ; il se hâta

---

(1) Ch. Aug., *Hist.*, t. II, ch. VII, p. 7.
(2) **Extrait des pièces de la Sainte-Maison de Thonon et communiqué par M. l'abbé Piccard.**

de recevoir les sacrements, et comme il n'avait été jusqu'alors que novice, il fit profession de la règle des Feuillants, et mourut en odeur de sainteté à Toulouse le 30 décembre 1630. Sa dépouille fut rapportée à Feuillans, où il repose avec l'épitaphe suivante : *Exivit e vivis Aiazza, piissimus abbas, consilium juvenum, deliciæ senum, doctrinæ lampas, pacis via, lingua salutis, spes inopum, fidei splendor, honoris honos, in hiis tumulis hospes... num animum tantum condere terra potest ?*

Il n'était pas encore mort lorsque, en juillet 1627, la Mère de Chantal, dans sa déposition pour la béatification de saint François de Sales, se prévalant du témoignage de R^d Aiazza, appelle *M. l'abbé d'Abondance, homme de grande réputation pour sa probité et rare piété, qu'il a témoignée, tant en remettant son abbaye entre les mains des pères Feuillants, qu'en se rendant lui-même de leur Congrégation* (1). Excellent religieux, excellent abbé, excellent réformateur, Aiazza a fourni une carrière pleine de mérites et nous paraît d'autant plus grand qu'il suivit et précéda plusieurs abbés très médiocres. Après lui ce fut, pour le monastère d'Abondance, moins une décadence qu'une ruine imminente.

13. — *Maurice de Savoie*, cinquième fils du duc de Savoie Charles-Emmanuel Ier, cardinal à quatorze ans (2), outre plusieurs autres bénéfices ecclésiastiques dont il fut pourvu, devint encore abbé commendataire d'Abondance, par résignation de l'abbé Aiazza. Il prit possession de cette abbaye le 4 juin 1627 par M. le président de Lescheraine, son représentant. Six jours après, 10 juin, il fait délivrer une patente de juge de la vallée d'Abondance et des terres soumises à l'abbaye à Thomas Treynon d'Evian, avocat au Sénat de Savoie. En mai 1634, il nomma à cet office noble Janus d'Oncieu de Cognat, conseiller d'Etat et président au Sénat de Savoie (3). C'est à cet abbé, le cardinal

---

(1) **Extrait des reg. des déposit. aux archiv. de la Visitation d'Annecy**, et communiqué par M. le G.-Vic. Brasier.
(2) **MM. Dufour et Rabut, *Sigillog*., p. 6.**
(3) ***Archiv. du Sénat de Savoie.***

Maurice, qu'incombait la tâche de construire une église paroissiale à Abondance et de faire relever le clocher. Mais, plus occupé de politique que des intérêts spirituels et temporels de son abbaye, il laissa ce soin à son successeur ; puis, s'étant réconcilié avec la princesse Christine, régente des Etats et sa belle-sœur, il renonça à tous ses bénéfices ecclésiastiques, se maria, à l'âge de cinquante ans, avec la princesse fille de la régente, qui n'en avait que quatorze, fut nommé gouverneur de Nice, et mourut à Turin le 4 octobre 1657 (1). Il y avait vingt-deux ans qu'il avait renoncé à sa dignité d'abbé d'Abondance.

14. — *Melchior du Nant de Grilly,* d'Evian, issu de noble Jacques du Nant de Grilly, dit de Russin, seigneur de Saint-Paul, de Saint-Gingolph, conseigneur de Thollon, dont nous avons parlé à l'occasion de la juridiction d'Abondance sur Saint-Gingolph, était lui-même aumônier du cardinal Maurice dont il vient d'être question, et qui lui résigna sa crosse abbatiale d'Abondance. Ses bulles pour ce bénéfice sont du 6 novembre 1635 (2). Il ne se pressait pas de rebâtir le clocher ; mais il y fut condamné par arrêt du Sénat en 1639. Au 10 juin 1641, Melchior de Grilly nous apparaît encore comme recteur d'une chapellenie d'Evian sous le vocable de la Sainte-Trinité. Il mourut le 5 décembre 1649 (3). En 1605, à la date du 20 avril, le nécrologe mentionne un *Antoine Dunant, chanoine et curé d'Abondance,* mais sans indiquer s'il était un Dunant de Grilly.

15. — *Barthélemi Soldatis,* docteur en théologie et ès-droits, protonotaire apostolique, chevalier des SS. Maurice et Lazare et, après Melchior de Grilly, aumônier du prince Maurice de Savoie, était abbé commendataire d'Abondance dès 1643. Par un apographe daté de Concise, près de Thonon,

---

(1) *Généal.* de la Maison de Sav., par le ch. L. Cibrario.

(2) *Archiv. du Sénat* pour ces détails et plusieurs autres qui suivront. Ces bulles constatent que Melchior de Grilly était aussi *prieur de Saint-Michel proche les murs de Turin.*

(3) Il avait des frères auxquels il avait relâché ses droits. Cette famille s'éteignit peu après et les de Blonay devinrent ses héritiers.

le 2 septembre 1643, il confirme les franchises des communiers d'Abondance (n° **26**). Mais il était rétif à s'exécuter pour les dépenses du culte. Aussi, le 28 novembre 1654, fut-il condamné par le Sénat à fournir tout le nécessaire, tant pour réparations que pour frais du service religieux.

16. — *Jean-Baptiste Amoretti*, chapelain et conseiller du duc de Savoie, qui en fit son envoyé extraordinaire auprès de Louis XIV à Lyon en 1658, fut gratifié de la dignité et des revenus d'abbé commendataire d'Abondance. Il n'y était ni présent ni représenté lors de la première visite qu'y fit Mgr d'Arenthon, le 22 octobre 1662. On le vit peu après se prêter, peut-être sans s'en douter, à une convention simoniaque avec les Feuillants. Il mourut le 28 janvier 1687 (1).

17. — *Jean-François Carron de Sommarive de Saint-Thomas*, premier aumônier du duc de Savoie, succéda à Amoretti. On le voit représenté le 24 mai 1690, pour ses intérêts d'Abondance, par le seigneur de Lucey, gouverneur du château de Chambéry. En 1701, cet abbé nomma un curé d'Abondance sans la participation de l'évêque, qui ne le souffrit pas. M. de Sommarive mourut le 1ᵉʳ août 1710.

18. — *Michel-Ange de Santena*, noble piémontais de la famille des Cavour, était abbé commendataire d'Abondance en 1711. Les *donnes* ou distributions ne se faisant plus selon le droit et les usages de la vallée, les plaintes en furent portées au Sénat, qui fit saisir les revenus de l'abbaye par ordonnance du 7 février 1711. Dès 1720, où cet abbé paraît encore, on ne le revoit plus dans aucun acte connu de nous.

19. — *Pierre Guérin de Tencin* (2), docteur et prieur de Sorbonne, cardinal, évêque d'Embrun, puis archevêque de Lyon en 1740, puis ministre d'État en France, était aussi abbé commendataire d'Abondance et soutint, en 1734,

---

(1) Cette date résulte d'une lettre de son neveu et héritier.
(2) Il était Grenoblois. Mᵐᵉ de Tencin sa sœur, femme de beaucoup d'esprit et de peu de mœurs, devint la mère du fameux d'Alembert.

ses droits prétendus, devant le Sénat de Savoie, contre l'autorité diocésaine de Genève. Ce fut l'arrêt de mort de l'institut des Feuillants, comme on le verra plus loin. Il ne restait plus dans cette antique abbaye que des débris méconnaissables d'institution monastique, et ces débris nous les verrons eux-mêmes bientôt disparaître.

Depuis la suppression de l'abbaye d'Abondance, le titre d'abbé commendataire d'Abondance fut donné au préfet de la Sainte-Maison de Thonon, à laquelle la mense abbatiale d'Abondance fut désormais unie, et comme, dès cette époque, la Sainte-Maison eut deux préfets, ce sont donc deux abbés commendataires d'Abondance qu'on doit ajouter à ceux dont la nomenclature précède.

20. — Messire *François Laurent* de Sainte-Agnès, chanoine de la Sainte-Chapelle de Chambéry en 1749, doyen de Savoie en 1766, était natif de Chambéry et devint préfet de la Sainte-Maison en 1756 et abbé commendataire d'Abondance en 1762.

21. — R^d *Dichat*, fils du sénateur de ce nom (1), succéda à R^d Laurent et conserva ce titre jusqu'à la Révolution.

Mais ce titre d'abbé commendataire fut, dès 1762, plutôt destiné à rappeler d'antiques souvenirs qu'à désigner des réalités actuelles, car, dès cette date, ces abbés d'Abondance n'avaient plus aucune ingérence religieuse sur la population paroissiale, qui relevait uniquement de l'Evêque de Genève, ni sur le monastère, désormais vide de ses religieux. Il leur restait seulement des droits et des devoirs temporels à y exercer, comme on le verra. Survint bientôt après la Révolution, qui emporta la Sainte-Maison, un moment héritière de l'abbaye d'Abondance.

---

(1) **Hist. de Thonon**, etc., par M. l'abbé Piccard, p. 398 et 401.

CHAPITRE IX

Luttes entre les habitants de la Vallée et l'Abbaye, au sujet des Franchises.

Elles sont respectées durant trois siècles. — Premières atteintes. — Transaction de 1325 et Martin V. — L'Ochéage, décision d'Amédée VIII en 1425. — Violences réciproques. — Sentence arbitrale présidée par Amédée VIII en 1430. — Son jugement sur meurtres et complices. – Réclamation des habitants contre censures ecclésiastiques. — Nouveaux différends et transaction de 1445. — Nouvelles plaintes des habitants, leur recours à Charles III. — Décision du Duc. — Autre meurtre, sans suite. — Réduction de redevances. — Les franchises et le droit commun. — Derniers et inutiles efforts pour le maintien des franchises.

Pendant deux siècles environ, on ne trouve pas trace de différends entre les chanoines réguliers d'Abondance et les habitants de cette vallée. Les premiers, pleins de l'esprit de saint Augustin dont ils suivaient exactement la règle, fidèles aux leçons et aux exemples du B. Ponce de Faucigny, leur second législateur, ne s'occupaient que du service de Dieu et de l'édification des habitants. Ceux-ci, vivant en paix sous la houlette de l'abbé du monastère, dociles aux soins religieux du chanoine de l'abbaye qui leur était assigné pour pasteur et auquel l'Evêque de Genève donnait l'institution, s'occupaient de leurs paisibles travaux de défrichement, s'adonnaient à la vie pastorale et agricole, jouissaient avec sécurité de leurs franchises héréditaires, moyennant le payement régulier des redevances féodales envers le monastère. De Morgin jusque sous le *Pas d'Abondance* et jusqu'au territoire alpestre de Charmit, le déboisement et le défrichement se poursuivaient graduellement et la vallée se peuplait par les mariages chrétiens et féconds qui se contractaient dans la tribu. Au milieu du règne de la féodalité et du servage qui pesaient sur la société du moyen-âge, la vallée d'Abondance apparaît comme une oasis où la paix et la liberté semblaient avoir fixé leur séjour pour jamais.

Mais la prospérité a ses écueils : d'un côté, l'instinct d'envahissement et le désir de domination ; de l'autre, l'amour de la liberté ennemi de la dépendance, les intérêts différents, les mauvais conseils, les passions qui finirent par se croiser et se choquer, amenèrent à la longue des froissements, puis des conflits, puis des violences réciproques. La raison, la foi, la conscience et de sages transactions interrompirent ou tempérèrent parfois la lutte ; mais ce ne furent plus que des trêves momentanées. La confiance et l'affection réciproques étant entamées, les rapports demeurent tendus et, avec le temps et les générations qui héritent des rancunes de leurs devancières, l'hostilité passe à l'état chronique et la moindre étincelle rallume le feu de la discorde.

Ce chapitre nous montrera quelques scènes déplorables qu'il faudrait taire, si l'histoire ne devait pas raconter le mal comme le bien. Les documents qui ont fourni les matériaux de ce récit convaincront le lecteur que, pour l'ordinaire, les torts se partageaient entre les partis.

Les premiers différends dont il conste, mais qui n'eurent pas un caractère aigu, remontent à l'année 1279, époque où nous voyons, d'après l'inventaire des titres, qu'il intervint une transaction entre l'abbé Reymond et les habitants au sujet de certains points de juridiction (1). D'autres transactions avaient déjà eu lieu, dont le texte et même l'objet nous sont inconnus ; mais tout s'était terminé en douceur.

En 1325, les habitants de la Chapelle des Frasses (la Chapelle-d'Abondance) se crurent lésés dans leurs franchises et dans leurs intérêts. Ils se nommèrent des procureurs parmi leurs prud'hommes pour porter leurs doléances à l'abbé du monastère qui était alors Gérold II, et pour obtenir

---

(1) **Charvet**, *Recherch.*, p. 80.

amiablement satisfaction. Ils craignaient qu'un plus long silence ne leur attirât des préjudices plus notables à l'avenir. Voici le précis de leurs griefs :

1° Il est contre nos anciennes coutumes que le couvent prenne des métraux étrangers ; ils doivent être choisis parmi nos hommes ; 2° l'abbaye, pour le laod des ventes, perçoit quatre ou cinq sols par livre, ce qui ne doit pas se faire ; 3° Pour introge, ou droit de succession, le couvent exige plus que ne portent nos coutumes ; 4° Le métral ou les familliers du couvent incarcèrent arbitrairement des hommes de la vallée ; 5° Pour taxation de l'impôt ou subside biennal, le couvent doit désigner quatre experts, soit un expert dans chacune des quatre dîmeries, ce qui est mal observé ; 6° Sans attendre la décision du procureur du couvent *(causidici)*, et les observations des prud'hommes de la vallée, le métral exige et extorque des bans obscurs, soit des redevances mal discutées ; 7° Chaque faisant feu devant un chapon ou une poule au couvent, le *pilancier* du couvent exige cette prestation, qu'on ait ou qu'on n'ait pas l'objet réclamé ; 8° Le pilancier excède aussi dans la perception de la dîme des agneaux et se fait toujours une part léonine au grand préjudice des habitants ; 9° En cas de décès, le métral inquiète les héritiers du défunt sous prétexte qu'il a été un usurier ; il s'empare des clefs et séquestre le délaissé ; 10° le couvent s'est approprié et continue d'occuper des pâturages qui appartiennent en commun à l'abbaye et aux habitants. Tels sont les griefs dont les habitants demandent le redressement, en s'adressant directement à l'abbé et non point à aucun tribunal étranger (qui n'aurait d'ailleurs pas eu de juridiction), ni même à aucun arbitrage nommé par les parties intéressées. C'est à l'abbé qu'ils s'adressent pour obtenir le retour à l'ancien ordre de choses.

L'abbé, après en avoir délibéré avec ses religieux, prenant en considération les pétitions prémentionnées, convoque dans le monastère les procureurs de la Chapelle d'Abondance, savoir : Jean Souvey, Jean Blanc *(Albi)*, et Aubert Voisin *(Vicini)*, avec plusieurs autres hommes de la vallée pour le 20 juillet 1325. Là, d'un commun accord, les deux parties établirent pour juges de ces divers griefs François de Valliège (1), clerc, et Guillaume de Châtillon, damoiseau, lesquels acceptent le mandat et rendent les décisions suivantes qui devront servir de règle à perpétuité.

Au premier grief, l'abbaye pourra se choisir tel métral, même étranger, qu'elle voudra, pourvu qu'il respecte les franchises et les bonnes coutumes de la vallée.

Au deuxième, l'acquéreur d'un immeuble payera pour laod trois sols et quatre deniers par livre, soit le sixième du prix de la vente, dans quarante jours dès la date du contrat et l'abbé sera tenu de ratifier la vente.

Au troisième, l'abbé percevra l'introge ordinaire, sans excéder les coutumes.

Au quatrième, aucun habitant de la vallée ne sera plus incarcéré à l'avenir, à moins qu'il ne s'agisse d'un voleur, d'un meurtrier, d'un traître ou d'un coupable de quelque grand crime passible de peine corporelle. Pour tout autre délit, il suffira de donner caution pour satisfaire ensuite à la justice.

Au cinquième, l'abbaye continuera de recevoir le subside biennal ; mais, pour la répartition de cet impôt, on devra choisir quatre prud'hommes de chaque dîmerie, lesquels jureront de faire consciencieusement la taxation de ce subside.

Au sixième, tout ban, amende, impôt obscur et douteux sera renvoyé à l'examen du procureur de l'abbaye, avec droit d'appel à la sentence de l'abbé lui-même.

Au septième, le pitancier percevra un chapon ou une poule partout où il en trouvera. S'il ne trouve qu'une poule, elle sera laissée pour peupler ; l'année suivante, qu'elle ait peuplé ou non, elle sera enlevée. Les maisons qui n'auront pas de poules, ne payeront que si elles ont une vache, un taureau, une cavale, un porc, une brebis ou une chèvre.

Au huitième, le possesseur de quatre agneaux et au-dessus payera un denier genevois de dîme. S'il y en a davantage, la dîme sera calculée d'après les proportions qui précèdent.

(1) Le manoir de Valliège subsiste encore à Lugrin.

Au neuvième, à l'avenir, sous prétexte d'usure, on ne saisira plus ni les clefs ni les biens d'un défunt qui laisse des héritiers légitimes ; mais ces héritiers fourniront caution de satisfaire à la justice.

Au dixième, les pâturages communs que l'abbaye s'est appropriés lui appartiendront ; mais à l'avenir, l'abbé ne pourra plus s'emparer de ce genre de biens ni en donner en albergement.

Il est enfin décidé que les anciennes transactions conserveront leur force et vigueur en toutes les dispositions auxquelles il n'est pas dérogé par la présente transaction.

Acte passé à Abondance, sur la place devant la porte de l'abbaye, par Jean Sirvant de Signiario, notaire impérial, confirmé par l'official de Genève, dont copie a été expédiée par le notaire Merchat, à l'abbé Aiazza (n° 5).

Pendant près d'un siècle, cette transaction, conclue d'une manière conciliante et pacifique, a réglé les rapports des habitants avec l'abbaye en tout ce qui s'y trouve stipulé et formait le droit sur la matière.

Peut-être, à la longue, s'aperçut-on d'une tendance à s'en écarter. C'est ce qui explique pourquoi, en l'année 1417, quatre-vingt-douze ans après cette transaction, les habitants de la vallée en adressèrent une copie au pape Martin V, pour en obtenir la confirmation apostolique. Par rescrit du 2 des calendes de juillet, 10° année de son pontificat (29 juin 1417), (1) ce pape considérant, dit-il, que le zèle *du sincère dévouement que nous portent, à Nous et à l'Eglise romaine, nous (nos) chers enfants de la communauté du lieu de la vallée d'Abondance du diocèse de Genève, mérite que nous accordions leur demande*

---

(1) Le texte latin de ce rescrit apostolique nous manque; nous n'en avons que la traduction faite par le not. Maxit vers l'an 1600, alors possesseur de l'original Il a écrit au bas de sa copie : « *Auxquelles lettres apostoliques pend un sceau de plomb auquel d'un côté se lisent ces mots* MARTINUS PAPA QUINTUS, *et de l'autre sont les effigies de saint Pierre et de saint Paul.* » Nous ne possédons pas non plus l'acte d'approbation que l'official de Genève a donnée au nom du pape à la transaction de 1325. Le tout m'a été communiqué par M. l'abbé Piccard, trop rares épaves de la Sainte-Maison.

autant selon Dieu que nous pouvons et inclinant à leurs supplications, délègue par ce rescrit, l'official de Genève pour reconnaître l'authenticité de la supplique et de la copie de la transaction, ainsi que l'utilité et le bien fondé de la demande, moyennant quoi il le charge d'approuver et de confirmer de l'*autorité apostolique* le dit pacte et convention, nonobstant toutes choses contraires et suppléant à tout défaut.

Outre ces documents précieux, nous trouvons dans l'inventaire des titres de l'abbaye d'Abondance, la mention, sous date de 1419, d'une sentence arbitrale du compromis fait devant Marie de Bourgogne, épouse d'Amédée VIII, duchesse de Savoie, assistée de son Conseil, entre l'abbé d'Abondance et les habitants de la vallée, et en 1420, une note du compromis fait entre les mêmes parties (1), sans indication de l'objet ni des conditions.

En 1425, l'abbaye se plaignit de ce que les habitants eussent cessé de payer l'ochéage (hautciège), c'est-à-dire le produit, pendant trois jours consécutifs, de tout le lait de tous les animaux fruitiers qui paissent sur les montagnes de la vallée, droit reconnu et perçu de temps immémorial. Les habitants ne contestaient pas ce droit ; mais ils disaient que l'abbaye ne remplissait pas les conditions corélatives à ce droit, entre autres, que le couvent ne leur avait pas relâché les dites montagnes, non plus que les chaudrons, alpéages et autres choses accoutumées ; que, en particulier, la montagne de Chaufloria a été soustraite à leur usage, et qu'ainsi, faute d'avoir pu y faire paître leur bétail, ils n'étaient pas tenus aux prestations réclamées.

Cet état de choses étant préjudiciable aux deux parties, et celles-ci désirant voir renaître la concorde entre elles, prirent, d'un commun accord, pour juge et arbitre souverain, le duc de Savoie Amédée VIII, qui résidait fréquemment à Thonon et qui déjà avait su mériter le titre de *Salomon de son siècle*. Ce prince pacifique accepta le rôle

---

(1) Actes aujourd'hui perdus, mais mentionnés dans l'inventaire d'Abondance.

qu'on lui offrait, et après avoir examiné avec son conseil les droits et prétentions des parties, il déclare et décide : 1° que les habitants devront payer l'ochéage pour l'année échue et que pour l'avenir ils devront le payer chaque année en relâchant à l'abbaye pendant trois jours consécutifs le fruit de tout le lait perçu dans tous les chalets de toutes les montagnes de la vallée sans fraude ni retenue. 2° A son tour, l'abbaye devra, pour la prochaine fête de Pâques, leur rendre libre et disponible la montagne de Chaufloria, pour y faire paitre leurs troupeaux comme par le passé, et leur fournir les chaudières nécessaires pour traiter le laitage, ainsi qu'il était antérieurement d'usage. S'il survient quelque contestation nouvelle sur ce sujet pour cause d'obscurité, d'ambiguïté, le prince s'en réserve l'interprétation. Cette sentence arbitrale fut rendue à Thonon le 13 septembre 1425, en présence de l'abbé de Filly, prévôt de Montjoux, de Humbert, bâtard de Savoie, l'un des marquis de Saluces, Henri de Colombier... Guillaume Didier, prévôt d'Aoste, Urbain du Cerisier, François de Compeys, Robert de Montvuagnard, maître d'hôtel. Contresigné Bolomier (n° **11**) (1).

Le duc Amédée VIII n'avait condamné l'abbaye qu'à laisser le libre usage des montagnes et à fournir les chaudières, sans statuer sur les autres réclamations des habitants *(alpagia et alia consueta)*. Des titres postérieurs portent que ces choses innommées étaient une certaine quantité de sel pour chaque animal fruitier et les *pains lardons*. On appelait ainsi les gâteaux de pain d'orge et la viande de porc dont l'abbaye devait nourrir les bergers et fruitiers des montagnes pendant les trois jours de l'ochéage. Un acte authentique du 21 décembre 1637 prouve que le Sénat avait condamné l'abbaye à ces prestations envers les communiers.

Les principales montagnes de la vallée sujettes à l'ochéage sont celles qui s'appellent encore aujourd'hui Chau-

---

(1) Après un long procès, la vallée fut encore condamnée, le 20 février 1778, par le Sénat de Savoie, à payer, à la Sainte-Maison de Thonon qui avait succédé aux religieux d'Abondance, les laods à la sixième partie du prix de vente d'un immeuble, une poule par chaque faisant feu et le hauciège ou ochéage, à teneur des sentences arbitrales de 1425 et de 1430.

floria, Pertuis, Tavaneusa, Tré-Deux-Pertuis, Ardens, Lens, Follii, Plaine-Dranse, le Blatty et les Combes, qui venaient de la cession de 1108 (1).

Jusqu'à 1425, les différends qui avaient surgi s'étaient pacifiquement tranchés par des transactions, ou par des sentences arbitrales. Mais bientôt l'amour-propre, l'esprit d'indépendance, l'ambition et les intérêts ne tardèrent pas à s'éveiller et à préparer des conflits. L'abbaye était alors à l'apogée de l'opulence et du crédit et, au lieu de réduire ses droits ou ses exigences féodales, elle s'en prévalait et tendait encore à les amplifier. Les habitants étaient chargés de redevances ; ils cherchaient plutôt à les restreindre qu'à les voir encore s'accroître ; ils veillaient avec un soin jaloux à la conservation de leurs coutumes et de leurs franchises héréditaires ; or l'abbaye, du moins le métral et les officiers de l'abbaye, y opposaient parfois des mesures arbitraires et vexatoires. Cet antagonisme, d'abord latent, ne tarda pas à éclater en conflits.

Ainsi, dès 1425, date du jugement arbitral rendu par le duc Amédée VIII, il s'accumula de part et d'autre une foule de nouveaux griefs ; l'animosité se déchaîna au point de produire des meurtres et l'on vit, en 1429, le métral de l'abbaye, Perrissod de Bellegarde, surnommé Berbillaux, payer de sa tête son zèle trop ardent et son système d'extorsions. Il fut tué ; on ne connaît pas les détails de ce meurtre ; peut-être ne fut-ce que le fait d'une vengeance particulière, mais l'abbaye crut y voir le résultat d'un grand complot et elle se hâta de déployer de la rigueur. Comme l'auteur présumé du meurtre était un nommé Mermet Burnier, nom qui n'appartenait alors à aucune famille de la vallée, il fut saisi par les officiers de l'abbaye et, comme on craignait qu'il ne fût délivré par un coup de main des habitants, ou que la justice qu'exerceraient à son égard les prud'hommes, ne fût de la connivence, on se hâta de le faire conduire clandestinement hors de la juridiction

---

(1) Les droits que l'abbaye possédait à Bize, à Oche, à Ubine, à Darbon et ailleurs en dehors des limites de la vallée proprement dite, se réglaient par des conventions particulières entre l'abbaye et les preneurs.

d'Abondance, peut-être dans les prisons de Saint-Gingolph. Là, paraît-il, on le pendit en secret, sans forme de procès, et on sema le bruit que le prévenu s'était étranglé lui-même pour échapper au supplice qui l'attendait. Plusieurs autres, spécialement Jean Blanc, furent incarcérés dans les prisons d'Abondance, comme complices du meurtre de Berbillaux. Un des plus compromis, nommé Quinclet, put passer la frontière. On comprend combien de tels évènements pouvaient exaspérer les cœurs et susciter d'autres craintes pour l'avenir.

Heureusement, la conscience, la raison et le temps ramenèrent le calme dans les âmes; on se prit à déplorer ces sanglants excès; un besoin de réconciliation se fit vivement sentir. D'un autre côté, Amédée VIII, qui se trouvait alors à Ripaille, s'émut à ces tragiques nouvelles et n'attendait que le moment d'apporter le remède à une pareille situation. On l'avait vu, cinq ans auparavant, dirimer d'une manière aussi sage qu'impartiale le différend survenu pour l'ochéage. Les deux parties, désormais avides de concorde, convinrent par un compromis solennel de le choisir pour principal arbitre de tous les différends et griefs réciproques et d'accepter pleinement la sentence arbitrale qui interviendrait. On lui donna comme assesseurs ou coarbitres Jean Moine, docteur en droit, chanoine de Genève, Louis Paris (*Parisii*), licencié en droit canonique, doyen de la collégiale de Notre-Dame d'Annecy et chanoine de Genève, choisis par les deux parties comme personnes ecclésiastiques, et les égrèges François de Veyrier, chevalier et docteur en droit, pour l'abbaye, et Louis de Monthey, docteur en droit, pour les habitants.

La séance solennelle et décisive eut lieu au château de Thonon, dans la salle du parement, le 5 avril de l'année 1430. Etaient présents le duc Amédée VIII avec ses quatre coarbitres, le R^d Guillaume de Lugrin, abbé d'Abondance, pour lui et son monastère; Ant. Perrod et Berthet Pinel (1)

---

(1) Les noms de famille qui se présentent le plus souvent dans la grande transaction de 1430 et dont un bon nombre se retrouvent encore dans la vallée sont ceux des familles Perrodet, Pinel, Porchier,

comme procureurs de la vallée qui avaient avec eux les nommés Chernavel, Clerc, Touly, Moret, Doliard, Maxit et Trosset ; étaient présents comme témoins Jean de Beaufort, docteur en droit, chancelier de Savoie ; Humbert, bâtard de Savoie, seigneur de Montagny ; Rodolphe d'Allinge, S^{gr} de Coudrée ; Jean de Gingens, S^{gr} de Divonne ; Ant. de Draconibus, docteur en droit ; François de Compeys et Jean de Divonne, secrétaire, avec tous les membres du conseil ducal. Toutes les pièces et griefs avaient été préalablement déposés et examinés. Que va-t-il sortir de ces solennelles assises ?

La question qui devait se débattre la première se référait au double meurtre de Berbillaux et de Burnier. L'abbaye, qui s'était fait justice, ne souleva pas de réclamation au sujet du meurtre de son métral. Elle se réservait d'ailleurs de statuer sur les prisonniers qu'elle tenait pour complices, mais les procureurs de la vallée accusèrent l'abbaye d'avoir fait saisir Burnier, de l'avoir conduit hors de la vallée, de l'avoir secrètement fait pendre, contre les droits qu'avait la vallée de connaître de cette cause par ses prud'hommes. Ils demandaient au nom des parents et amis, qu'on leur rendît le corps de Burnier et qu'on recherchât les auteurs de sa mort, pour justice être faite. L'abbé répond que, sur le rapport de ses officiers, Burnier s'était lui-même étranglé dans son cachot et demande alors que justice soit faite de ses complices. Les procureurs, au contraire, en demandent l'élargissement, alléguant qu'ils sont incarcérés arbitrai-

---

Gerdyl, Billiet, Piotaz, Picard, Maulaz, Grilliet, Clerc, Sallavuard, Moret, Vullier, Maxit, Souvey, Excossey dit Danel, Clément dit Rossier de la Mouille, Chernavel, Mercier, du Cret (Cresco), Cayin, Choupaz, Perroud, Torchy dit Borcard, David, Curdy, Vulliod, Tochet dit Brelaz, Julliant, Avril, Aubert, Favre, Tros, Billiot, du Nant, Machon, Guerra, Vuarand, Peillex, Métral, Curtaz, Cornut, Blanc (Albi), Milliet, Exevuaz, Avocat, Voisin, Gallaz, Clément dit Marchiant, Trosset, etc.

Les témoins du compromis étaient étrangers à la vallée ; c'étaient Jean Gallesii (Gallois), Jacquemet de Yssingel (*), Collet du Nant, bourgeois d'Evian, Pierre Favre des Ormont, diocèse de Sion, le notaire fut François Moine de Crache (de Crachio), sur Thairy.

(*) L'auteur de ce livre retrouve là le nom du hameau où il est né, et qui s'appelle aujourd'hui Les Ingels, à Saint-Paul.

rement sans confrontation avec un accusateur, et sans que les prud'hommes aient été saisis de leur cause.

Voici le jugement qu'a prononcé le *Salomon de son siècle*, avec ses coarbitres :

« Attendu (1) qu'il n'appartient pas aux hommes de la vallée d'enquêter sur la mort dudit Burnier et qu'il n'est pas vraisemblabe que les officiers de l'abbaye aient été les auteurs coupables de sa mort, car la justice étant saisie de l'affaire, ils auraient préféré lui voir suivre son cours et infliger au prévenu le châtiment mérité, plutôt que de le faire ou de le voir périr dans un cachot par une mort soudaine *(repentina)*; en conséquence, il est prononcé que les hommes de la vallée, fussent-ils parents ou amis dudit Burnier, n'ont nullement à insister et à poursuivre contre l'abbaye et ses gens. Au contraire, par la présente sentence, les arbitres leur imposent sur ce fait un éternel silence. D'autre part, comme un grand nombre d'hommes sont enveloppés dans les procès criminels que la curie de l'abbaye poursuit contre eux comme complices de la mort de Berbillaux, qu'en particulier, un de ces hommes nommé Jean Blanc, est détenu en prison sous inculpation d'être un des auteurs de meurtre et qu'un autre, appelé Quinclet, a quitté le pays à cause de la part qu'on lui attribuait dans ce crime; considérant que la justice a déjà reçu une certaine satisfaction par la mort de Burnier qu'on dit avoir péri sur les fourches; voulant retrancher toute matière de procès ultérieurs entre les parties, les arbitres, par les présentes, prononcent que ledit Jean Blanc sera élargi, quitte et absous et que tous les autres hommes enveloppés dans les poursuites judiciaires comme complices de cette mort seront aussi quittes et à l'abri de nouvelles poursuites et que l'abbé leur remet toutes peines et bans encourus de ce chef, sans qu'ils puissent être ultérieurement inquiétés et molestés. Est excepté de cette mesure de grâce ledit Quinclet, maintenant éloigné du pays, lequel lesdits arbitres déclarent condamner

(1) La copie latine que nous avons sous les yeux a été extraite de l'original par quatre notaires qui l'ont collationnée et tous certifiée conforme. Elle est de la fin du xv° siècle.

pour cinq ans à l'exil des états, de la vallée d'Abondance et de tout le district dès la date de la présente sentence, sauf le droit que se réserve le Duc surarbitre avec l'agrément de ses coarbitres d'abréger le temps de cet exil et même de lui faire grâce, quand et comme il lui plaira. (n° **13**.) »

Cette décision est pleine de sagesse, d'équité et d'esprit de conciliation.

Après cet heureux prélude, on arriva à la discussion et au règlement des nombreux griefs que les parties exposèrent à ce solennel aréopage. L'abbaye commence par articuler les siens. En voici le précis et la décision des arbitres :

1. — L'abbaye est en possession ou quasi possession de percevoir la 6ᵉ gerbe d'orge et d'avoine tant pour dîmes que pour terrage et cela dans toute la vallée, excepté les Esserts qui ne payent qu'à la cote 11ᵉ ; or, depuis l'année 1425, les habitants ont cessé de payer la dîme, ce qui cause à l'abbaye un préjudice de deux cents livres par an, soit de mille livres pour les cinq ans qui viennent d'échoir ; préjudice dont l'abbaye demande la réparation.

Décision : Comme il ne conste pas que l'abbaye possède quelque droit de servitude de terrage sur les terres des habitants de la vallée, rien désormais ne sera ni dû ni exigé de ce chef. Quant à la sixième gerbe perçue de temps immémorial, elle continuera à être perçue et sur les mêmes terres. Rien ne sera changé à la cote des Esserts et autres pièces où la dîme était de la onzième gerbe. Quant aux arrérages réclamés les parties s'en tiendront au règlement qu'en feront les arbitres. (Il n'est pas ténorisé dans la sentence et nous l'ignorons.) (1)

2. — L'abbaye a droit pour laods à la sixième partie du prix de toutes les ventes d'immeubles dont le prix figure au contrat et à la douzième, si le prix n'y figure pas. Or, depuis neuf ans, un grand nombre d'habitants refusent de payer ce droit.

Décision : Dans tous les contrats de vente d'immeubles,

---

(1) Quant aux biens communaux, où les particuliers ensemençaient une centaine de journaux, aucune dîme ne les affecta jamais.

le laod sera de la sixième partie du prix fixé par le contrat, conformément à la sentence arbitrale du présent Sérén^me Duc Amédée, en date de Bourg-en-Bresse, 14 décembre 1423. Pour les échanges de choses mobilières contre immeubles, il ne sera pas dû d'introge, soit de laod, à moins qu'il n'y ait eu une *tourne,* soit une soulte en argent nombré, auquel cas le laod sera du sixième de la soulte. Il ne sera rien perçu pour donations de choses immobilières faites par des parents jusqu'au quatrième degré, ou par des parrains à des filleuls. Mais la donation étant faite à toute autre personne, le laod est du douzième de la valeur de l'objet donné. Quant aux associations de fraternité, appelées *affrarèchements,* entre quelques personnes qu'elles se fassent, il ne sera rien payé pour introge ou pour laod (1).

3. — Quelques habitants, pour frustrer l'abbaye des laods et des redevances qui lui reviennent suivant l'occurence des cas, font des contrats simulés et les font stipuler autrement qu'il n'a été convenu.

Décision : Toute feinte ou fraude est interdite ; le donateur et le donataire, majeurs de quatorze ans, pourront être obligés au serment pour déclarer si la donation est véritable et non simulée et qu'aucun argent n'a été ni nombré ni promis. Si l'on vient à découvrir que la donation ou l'échange ont été faits en fraude de l'introge ou du laod, l'objet de ces contrats frauduleux sera de plein droit acquis à l'abbaye.

4. — L'abbaye possède de temps immémorial le droit de percevoir l'introge pour la succession des parents décédés, droit dont s'affranchissent depuis cinq ans plusieurs habitants de la vallée au préjudice de l'abbaye.

Décision : L'introge ou droit de succession sera dû et payé par l'héritier au même taux que le défunt avait payé le subside biennal et non davantage.

5. — L'abbaye possède de temps immémorial le droit d'hériter des biens meubles de ceux qui décèdent sans enfants naturels et légitimes. Or quelques habitants sans

---

(1) **Cette décision pourrait servir de modèle à l'enregistrement moderne.**

enfants font des *affrarèchements* ou adoptent des étrangers auxquels ils laissent leurs biens meubles au préjudice de l'abbaye, abus dont elle demande la répression.

Décision : Il est facultatif à qui n'a pas d'enfants de faire des *affrarèchements* et des adoptions avec droit de transmettre les biens meubles à ceux en faveur de qui il aura fait ces contrats, ainsi qu'au conjoint survivant. Mais s'il ne laisse ni enfants, ni conjoint, ni personne qui ait été adopté pour frère ou pour enfant, ses meubles reviennent à l'abbaye, avec charge par elle de payer toutes ses dettes.

6. — L'abbaye étant propriétaire des cours d'eaux dans la vallée, nul autre n'y peut élever des moulins ou d'autres artifices. Or plusieurs hommes de la vallée y ont construit des moulins, battoirs et fouloirs au préjudice de l'abbaye ; elle en demande la démolition ou une juste indemnité.

Décision : Les moulins et autres artifices des habitants pour lesquels rien jusqu'à présent n'a été payé à l'abbaye, demeureront francs et pourront se rebâtir sans opposition. Si on payait précédemment, on continuera de payer au même taux. Quant à ceux qui se construiront à l'avenir sur le cours de la Dranse, on payera annuellement à l'abbaye deux deniers de monnaie courante à la fête de Noël. Il est permis aux propriétaires d'un fonds que traverse un cours d'eau différent de la Dranse d'y construire tels artifices qu'il lui conviendra, en conformité du droit commun, sans qu'il ait rien à payer de ce chef à l'abbaye.

7. — L'abbaye demande que tout contrat d'aliénation d'immeuble soit stipulé par son notaire et scellé de son sceau, sous peine de nullité.

Décision : Toute personne de la vallée peut s'adresser pour ses contrats à tel notaire public qu'elle choisira, sans être tenue à les faire sceller du sceau de l'abbaye.

8. — L'abbaye demande que les gens de la vallée ne puissent pas se réunir en assemblée pour délibérer de leurs intérêts communs sans la présence de quelqu'un de ses officiers et elle fonde ce droit sur une transaction (qu'elle n'exhibe pas).

Les arbitres n'ont rien décidé sur ce point important ;

ainsi les assemblées des habitants pour la discussion de leurs intérêts communs demeurent facultatives et exemptes de la présence des représentants de l'abbaye (1).

Voici maintenant les griefs de la vallée contre l'abbaye et les décisions des arbitres.

1. — La vallée d'Abondance étant régie de temps immémorial par le droit coutumier et non écrit, chaque fois qu'il se présente un jugement à porter en matière criminelle qui emporte peine corporelle, c'est à ses consuétudinaires et prud'hommes qu'il appartient d'en connaître, d'en juger et leur sentence est exécutoire, ainsi que cela se pratique dans les autres parties de la Savoie qui se gouvernent d'après le droit coutumier. Or l'abbaye a violé cette franchise, notamment dans le cas de Burnier, dont la cause leur a été injustement soustraite.

Décision : Toutes les causes criminelles appartiendront désormais à la connaissance et au jugement des consuétudinaires et prud'hommes de la vallée ; mais l'exécution de la sentence appartient aux officiers de l'abbaye, et en cas d'appel, ces causes seront déférées au juge des appellations de l'abbaye.

2. — Les officiers de l'abbaye saisissent fréquemment des prud'hommes de la vallée, les incarcèrent, les maltraitent dans leur personne et, par ce moyen violent, leur extorquent de fortes sommes d'argent.

Décision : Défense est faite aux officiers de l'abbaye de saisir et d'incarcérer les gens de la vallée, sinon dans le cas prévu par le droit et les coutumes, d'user de procédés vexatoires pour leur arracher de l'argent. Au contraire, il leur est enjoint de prendre les voies de la douceur et des bons précédés envers eux, pour cimenter la réconciliation, sans lésion, cependant, de la justice.

3. — Par les moyens injustes de la violence et de la crainte imprimées aux habitants, les officiers de l'abbaye ont extorqué sans forme de procès des sommes indues ; on en demande la restitution.

(1) A Annecy, le Châtelain avait droit d'assister à ces sortes d'assemblées (art. 33 des franch.)

Décision : Toutes les réclamations de ce genre seront déférées à François de Veyrier et à Louis de Monthey, que les arbitres désignent pour en décider souverainement et faire droit sans appel.

4. — Les habitants possèdent de temps immémorial des coutumes et franchises que l'abbaye viole en plusieurs points, surtout en procédant par inquisition contre des habitants de la vallée, sans accusateur ni dénonciateur, en quoi elle enfreint, non-seulement les franchises de la vallée, mais encore le droit divin, canonique et civil.

Décision : Tous les bons us et anciennes coutumes seront maintenues aux habitants, à moins de preuves qu'il y a été dérogé par des jugements ou des transactions intervenues entre les parties.

5. — L'abbaye poursuit les habitants par des procès où ne paraît aucun accusateur ou dénonciateur. C'est une violation du droit, dont on demande la cessation.

Décision : Défense de procéder contre les habitants de la vallée par pure inquisition et sans dénonciateur. Il n'y a d'exception que pour les rares cas prévus par le droit commun et dans lesquels la curie informe en dehors des formes ordinaires.

6. — La justice, en matière civile et pécuniaire, ne doit se rendre qu'au *Pas* d'Abondance, selon les anciennes coutumes. Or l'abbaye entend qu'elle se rende dans l'enclos du monastère, surtout en matière de dîme.

Décision : Désormais les habitants de la vallée ne pourront plus être cités dans l'enclos de l'abbaye pour causes civiles et pécuniaires, non plus que dans les causes criminelles qui peuvent entraîner la peine du sang ; mais uniquement au *Pas* d'Abondance. Pour ces dernières, cependant, les accusés pourront être cités et détenus dans l'enclos de l'abbaye, quand il y aurait danger d'évasion. Mais, même alors, la connaissance de la cause et le prononcé du jugement ne peuvent avoir lieu qu'au *Pas* d'Abondance.

7. — L'abbaye s'est emparé de plusieurs biens appartenant à de nombreux habitants de la vallée et les retient indûment.

Décision : Toutes ces réclamations (de détail) seront portées devant François de Veyrier et Louis de Monthey pour être examinées, décidées et jugées sans appel.

Les habitants font une dernière demande au sujet d'une grave mesure que l'abbaye avait provoquée contre eux. Comme l'impôt biennal n'avait pas été payé exactement par tous les habitants, l'abbaye avait obtenu de Rome, le 7 avril 1427, une sentence comminatoire d'excommunication dont l'exécution était confiée à l'évêque (1). Cette bulle, dont le texte nous manque, rendait les habitants solidairement responsables et les enveloppait tous sous la menace et le coup d'une censure commune. La population demande que cette bulle ne puisse être appliquée, ni l'excommunication encourue, sauf dans le cas de l'obstination de la généralité ou de la majorité des habitants à refuser de payer cette taxe biennale, ou dans le cas où il n'y aurait pas sécurité pour les gens de l'abbaye à se présenter dans la vallée pour la perception de cette *prise* biennale, et, même dans ce cas, la répartition de cet impôt étant préalablement faite par l'abbaye sur chaque faisant feu, tous ceux qui satisferaient à la dette pour la part à laquelle ils sont taxés, doivent être à l'abri de la censure, et l'excommunication ne doit atteindre que les rebelles et contumaces, bien que la teneur du monitoire lie tous les hommes jusqu'à payement plénier de cet impôt, *taxé à cent livres genevoises*. On demande donc une déclaration qui dégage ceux qui payeront, et un recours à Rome pour modifier dans ce sens la bulle pontificale. De plus on demande que, lorsque la perception de cet impôt biennal pourra se faire sans difficulté par l'abbaye ou ses agents, celle-ci renonce à tout recours aux monitoires et censures ecclésiastiques, et qu'elle n'emploie plus, pour cette exaction, que les remèdes prétoriens, c'est-à-dire le recours à la justice et aux tribunaux ordinaires.

---

(1) *Episcop.* ELECTEN, porte l'acte authentique. Je n'ai pu encore savoir ce que ce mot *Electen* signifie, ni de quel évêque il s'agit. A Genève siégeait François de Metz en 1427.

Toutes ces demandes ont été trouvées justes et les arbitres les ont acceptées et décidées.

Avant de clore cet acte important, les arbitres « *prononcent et ordonnnent par les présentes que, moyennant toutes les décisions et stipulations qui précèdent, tous procès, plaintes, questions et injures existant jusqu'ici entre les parties, tant dans les Etats qu'en cour de Rome, soient éteints et anéantis dès ce moment; que tous frais et torts réciproques soient remis et annulés et que désormais il devra régner entre les parties et leurs successeurs une paix sincère et perpétuelle et un véritable amour.* »

On conviendra que c'était un beau spectacle que celui de ce souverain, si estimé dans toute l'Europe, s'occupant avec autant de patience et de sagesse, au milieu de tant d'autres soucis, de rétablir la bonne harmonie parmi ses sujets, et tenant la balance de la justice d'une main aussi impartiale que sûre. Que n'est-il mort sur son trône ducal, constamment fidèle à d'aussi beaux débuts (1) !

A la suite de ces solennelles discussions, sont longuement énumérées et ténorisées dans l'acte les clauses, garanties, hypothèques, serments et autres formalités complémentaires. Cet acte, rédigé par Pierre Cartier *(Carterii)* de Maurienne, notaire public et secrétaire du duc de Savoie Amédée VIII et écrit par Henri Mercier *(Mercerii)* notaire public d'Evian, occupait sur l'original cinq peaux de parchemins cousues ensemble. La copie gothique qui est sous nos yeux remplit cent huit pages et porte les signatures autographes des quatre notaires réunis qui l'ont extraite et dûment collationnée avec l'acte original. Ces notaires et signataires de cette copie sont :

Nycolas Picard — Jean Favre (Fabri) — Guillaume Louilloz (Oley) — Berthet Georges — Jean Nycolerati.

Telle est en abrégé la célèbre transaction de 1430. Elle est, pour les habitants de la vallée d'Abondance, le princi-

---

(1) Du reste sa bonne foi, en devenant pape à Bâle, paraît hors de contestation.

pal titre écrit de leurs franchises. Si elles ne sont pas toutes formulées expressément dans cet acte, elles sont équivalemment contenues dans la quatrième décision qui déclare que tous les bons us et coutumes doivent être inviolablement conservés aux habitants. Cette transaction leur était très favorable ; aussi la regardèrent-ils toujours comme le *palladium* de leurs libertés et la firent-ils successivement reconnaître et confirmer par les divers souverains qui ont régi les Etats de Savoie, spécialement par Louis de Savoie, par le B. Amédée IX, ainsi que par l'autorité vallaisanne, pendant l'occupation du Chablais-Gavot (n⁰ˢ **7, 8** et **9**).

On aurait pu espérer que des décisions aussi autorisées et aussi équitables seraient inviolablement respectées. Il n'en fut pas longtemps ainsi. D'un côté, les habitants, heureux et fiers des décisions souveraines, étaient portés à exagérer l'étendue de leurs libertés, et quelques-uns, dès lors, se crurent tout permis. De l'autre côté, l'abbaye, qui ne tarda pas d'avoir, pour premier abbé commendataire, R^d François du Cret, un favori d'Amédée VIII, désormais Félix V, se flattaient que, sous d'aussi hautes protections, elle pouvait en user à son aise avec les montagnards de la vallée et éluder les décisions de 1430. Ajoutons que cette nuée d'employés de l'abbaye, métraux, curiaux, officiers subalternes et gens de service, habitués à s'engraisser de la substance de l'abbaye et du fruit de leurs extorsions dans la vallée, se résignaient mal à voir se tarir, par l'effet de cette transaction, la source de leur fortune. Pour vaincre les résistances qu'ils rencontraient dans les habitants, ils recouraient à la menace, à la violence, à la terreur. C'est ainsi que tous ces mercenaires rallumaient entre l'abbaye et les habitants une hostilité qui venait à peine de s'éteindre.

Il n'y avait pas encore quinze ans que la paix avait été solennellement jurée, quand de nouveaux conflits surgirent entre le monastère et la vallée.

Voici les griefs que la vallée cotait contre l'abbaye :

1. — Le juge de la juridiction de l'abbaye avait condamné à la potence le nommé Berthet Bullandaz, de Vacheresse, pour cause de vol. La sentence avait bien été portée au *Pas-*

d'Abondance, mais sans la participation des consuétudinaires, ce qui est contraire à la plus ancienne franchise et à la transaction de 1430.

2. — La justice de l'abbaye procédait journellement, à l'instance de son procureur fiscal, de son métral ou d'autres agents, contre des hommes de la vallée, bien que les franchises et la transaction de 1430 ne le permissent jamais en matière criminelle sans qu'il y eût un dénonciateur ou accusateur intéressé, sauf les cas prévus par le droit commun.

3. — Les particuliers étaient journellement cités et traînés dans l'enclos de l'abbaye, bien que, pour les causes tant civiles que criminelles, ils ne dussent être assignés qu'au *Pas,* en conformité des franchises et de la transaction de 1430.

4. — Les particuliers étaient assignés et incarcérés à l'abbaye sous prétexte de quelque excès ou délit, quoique les détenus offrissent caution de satisfaire à la justice, abus contraire aux us et coutumes, ainsi qu'aux sentences de 1425 et de 1430.

5. — Contre les droits de la vallée, les officiers de l'abbaye arrêtaient personnellement les habitants au *Pas* d'Abondance pour des causes pécuniaires, sans aucun ordre judiciel.

L'abbaye répondait à ces griefs :

1° Que Bullandaz avait été condamné pour des crimes commis à Vacheresse, hors des limites de la vallée, qu'ainsi les consuétudinaires d'Abondance n'avaient pas à en connaître ni à juger. Les habitants répliquaient que la sentence ayant été rendue au *Pas*, elle était de leur compétence, ce qu'ils prouvaient par témoins et par titres.

2. — Que ses officiers devaient suffire comme accusateurs à l'égard de tous délits ; ce que niaient les habitants.

3. — Que les habitants n'étaient assignés dans l'enclos de l'abbaye que sur leur instance même ; que pour cause criminelle, on pouvait assigner dans l'enclos, ce que niaient encore les habitants.

4. — Que, pour ceux qui étaient détenus dans l'enclos,

l'abbaye était prête à leur faire rendre justice et qu'elle ne détiendrait pas ceux qui donneraient caution.

On ne voit pas qu'Amédée VIII, devenu Félix V, ait été saisi de ces différends ; quoi qu'il en soit l'accommodement eut lieu le 11 octobre 1445. Après un assez long débat sur la transaction de 1430 et des informations prises sur les anciennes coutumes de la vallée, les parties contendantes convinrent des points suivants :

1. — La condamnation Bullandaz par le juge de l'abbaye ne créera pas un précédent pour l'avenir au préjudice du droit de la vallée. Dorénavant, toutes les causes criminelles qui se jugeraient au *Pas* seront du ressort des consuétudinaires de la vallée.

2. — Il ne sera jamais procédé par inquisition contre un homme de la vallée. L'inculpé ne sera pas poursuivi sans qu'il y ait un dénonciateur ou accusateur intéressé à la poursuite, sauf les cas de droit commun. Un officier de l'abbaye ne pourra être dénonciateur ou accusateur que lorsqu'il sera personnellement intéressé dans la cause à poursuivre.

3. — Pour les causes civiles, l'habitant ne pourra être cité ni la justice rendue qu'au *Pas* ; en matière criminelle, les inculpés pourront être détenus dans l'enclos de l'abbaye, mais la cause sera instruite et la sentence rendue au *Pas* seulement, par les consuétudinaires. En matière de dettes, le débiteur pourra être cité et détenu dans l'enclos de l'abbaye, lorsqu'il ne fournira pas caution de satisfaire à la justice, mais non s'il fournit cette caution.

4. — On ne pourra emprisonner personne de la vallée pour excès ou délit quelconque, si une caution est fournie, sauf pour les cas énormes prévus par le droit et même en ce cas, le crime devra être préalablement établi.

5. — Les officiers de l'abbaye n'incarcèreront personne, même au *Pas*, pour cause pécuniaire, à moins d'une sentence constatant préalablement la dette.

Fait le 11 octobre 1445. Signé : François du Cret (de Cresco), abbé d'Abondance.

Pendant les soixante ans qui suivirent cette nouvelle

transaction, les habitants paraissent avoir joui tranquillement de leurs franchises. Mais cette paix allait encore être troublée. Si la vallée avait ses libertés, l'abbaye avait ses droits et cet antagonisme ne cessait de susciter de nouveaux différends. Comme les princes paraissaient favorables à la vallée, l'abbaye chercha un contre-poids et une compensation auprès de l'autorité ecclésiastique et invoqua le secours des censures de l'Eglise contre les violateurs de ses droits. Or, malgré toutes les transactions et les sentences survenues, il n'était pas toujours facile de préciser jusqu'où allait le droit de l'abbaye, ni où s'arrêtaient les franchises des habitants. Si d'un côté l'habitant veillait avec un soin jaloux à la conservation de ses libertés, de l'autre, il était profondément religieux, attaché à l'Eglise catholique dont il redoutait les peines canoniques. On a vu qu'en 1430, les procureurs de la vallée avaient demandé aux arbitres de faire cesser ou retirer les monitoires que l'abbaye avait obtenus de Rome en 1427 contre les habitants. On ne sait si cette promesse fut accomplie, mais ce dont il conste c'est que, moins de quatre-vingts ans après cette promesse, l'abbaye recourait de nouveau aux censures ecclésiastiques contre les habitants qui, en usant de leurs franchises, pensaient n'user que de leurs droits.

Avouons cependant leur tendance à les exagérer. On était au commencement du seizième siècle ; un souffle d'émancipation se faisait sentir ; on cherchait à échapper à la juridiction de l'Eglise et des institutions monastiques en matière d'intérêts temporels. Le moyen-âge touchait à sa fin ; on en était arrivé à la *Renaissance ;* la vieille société se transformait. On retrouve des traces de cette disposition générale jusque dans la vallée reculée d'Abondance, dont les habitants se jetaient dans les bras de l'autorité laïque, jusqu'au point de l'exciter à la confiscation des biens monastiques, ce qui était une déviation entachée d'injustice et de tendance socialiste.

En effet, à la fin de l'année 1508, les syndics et procureurs de la vallée adressent une longue requête au duc de Savoie **Charles III.** Ils y rappellent d'abord le dévouement patriotique dont ils ont fait preuve à l'occasion de la guerre avec le Vallais, en entretenant à leurs frais une multitude de gens de guerre (1). Arrivant à leurs doléances, ils exposent au prince que leur situation est devenue intolérable par suite des molesties et des injustices dont l'abbaye les accable et que s'il n'y est apporté un remède efficace, *ils seront contraints d'abandonner leur patrie et d'aller mendier sur la terre étrangère* (2).

Ils exposent que, en matière de dettes, ils ne doivent pas, sur l'instance d'un laïc, être cités devant un autre juge que le juge séculier de la vallée ; que celui-ci doit tenir ses audiences au Pas d'Abondance, de quatorze jours en quatorze jours ; que, pour causes civiles, on ne doit pas les traîner devant un juge ecclésiastique ; que celui-ci ne doit pas les excommunier sur les instances d'un clerc ou d'un religieux quelconque ; que le métral de l'abbaye doit jurer d'observer les franchises ; que l'abbaye doit avoir un curial apte pour l'exercice de la justice, lequel doit résider dans la vallée ; qu'il ne doit pas distraire et emporter hors de la vallée les actes ou minutes qu'il a rédigés : tout autant de points auxquels on manque au grand préjudice des habitants. En conséquence, ils supplient le duc de faire observer leurs franchises par tous ses sujets, tant médiats qu'immédiats, selon la lettre et l'esprit desdites franchises et nonobstant les lettres obtenues par surprise du conseil ducal, et d'attacher à cette jussion une sanction pénale ; de faire en sorte qu'ils ne puissent être distraits du juge ordinaire, ni être excommuniés par la curie ecclésiastique, en déclarant qu'une conduite contraire peut amener la saisie par le fisc du duc des biens temporels des contrevenants ;

---

(1) Ad causam guerre Vallesanorum quum in eadem eorum valle per plures menses et septimanas infinitos eorum propriis expensis sustinuerint armigeros.

(2) In tantum quod si eisdem de remedio non provideatur, cogentur locum et patriam vestram absentare et per regiones extraneas mendicare, quod a racione videretur alienum. Quare ut tantum malum et tam gravia facinora evitentur, ad Illustrissimam Dominationem vestram recurrunt ipsi humiles... supplicantes Dei amore et pietatis intuitu... de remedio opportuno provideri, etc.

d'obliger le juge à ne tenir ses audiences que tous les quatorze jours, et non tous les sept jours, suivant l'usage ; le métral, à jurer d'observer les franchises ; le curial à résider dans la vallée sans emporter aucuns titres ; enfin de pourvoir sur le tout, comme le seigneur Duc verra être conforme au droit et à la raison.

Le bon Charles III, duc de Savoie, ne fit pas attendre des décisions favorables. Le 2 janvier 1509, à Genève, en présence des nobles de Gingens, seigneur de Divonne, président ; Janus de Duingt, seigneur de la Valdisère, grand écuyer ; Provana, président patrimonial ; Jaffred Passier, avocat fiscal ; François de Bosto, seigneur de Pressy, maître d'hôtel, il rend des lettres-patentes qui accordent tout ce qui fait l'objet de la supplique, détermine une amende contre les contrevenants, et désigne pour notifier et exécuter ses volontés les sieurs Jean Garin, Jean du Truel (de Torculari), Jean du Cret, Nicolas Picard, Etienne Jacquet et François Picard, notaires, ses commissaires pour cet objet.

Ceux-ci s'empressent de remplir leur mandat. Nous avons sous les yeux les exploits des notifications faites aux divers officiers de l'abbaye et du prince, ainsi que les réponses recueillies officiellement par les Commissaires. Le plus grand nombre obtempéra sans opposition. Quelques membres du clergé refusèrent ; le métral Louis de Flon (1) refuse de jurer la franchise, se retranchant sur sa démission prétendue de métral de l'abbaye.

Nouvelles plaintes adressées au duc par les habitants de la vallée. Ils lui dénoncent les réfractaires, notamment le métral, qui a refusé de jurer les franchises et on revient à suggérer au prince le parti d'attribuer au fisc ducal les biens des ecclésiastiques qui refusent de consentir à l'absolution des excommuniés.

Le prince fut assez sage pour ne pas recourir à ces déplorables moyens ; cependant il donna satisfaction aux

---

(1) En latin *de Flumine* ; c'est par une erreur presque certaine qu'on traduisait *de Flumet*.

habitants d'Abondance dans la mesure du possible et du juste. Par de nouvelles lettres-patentes datées de Turin le 19 février 1509, rédigées par le notaire François Picard de Neuvecelle, en présence et de l'avis de Mgr Romagnan, évêque de Montréal, chancelier de Savoie, du baron Louis de Myolans, maréchal de Savoie, N. de Gingins, seigneur de Divonne, de Janus de Duing, seigneur de la Valdisère, grand écuyer, N. de Provana, président patrimonial, N. de Romagny, protonotaire apostolique, de Louis Vigniate,... de François Provana, de Joffred Passier, avocat fiscal, d'Etienne de *Capris*, trésorier général, des Graces, nouvelle injonction est faite à tous officiers et commissaires, sous peine de cent livres fortes, de faire observer les franchises de la vallée et de faire exécuter les lettres ducales, d'y déployer tous les moyens les plus efficaces dont on peut légitimement user (1) ; d'obliger le métral Louis de Flon à jurer l'observation des franchises ; de faire publier par le crieur public les peines et amendes édictées dans les patentes ; il délègue à ses commissaires tout pouvoir pour passer outre à toutes oppositions, lettres, mandats et autres choses contraires (n° **14**).

Tout fut accompli ponctuellement. Le métral Louis de Flon (de Flumine) fut cité le 19 mars suivant à venir, le 21, au Pas d'Abondance, pour y jurer l'observation des franchises. Il comparut, le jour désigné, sans alléguer sa prétendue démission de métral. Les syndics et procureurs de la vallée étaient présents, ainsi que les chanoines Jacques Perrodet, Claude de Blonay, Jacques de Bellegarde, Aymon Favre, Louis d'Intigninge et plusieurs autres témoins. C'est devant cette nombreuse assemblée que le dit métral jura les franchises de la vallée entre les mains de R^d seigneur Guigues d'Arlod, prieur claustral de l'abbaye et *élu* (abbé) de l'insigne monastère d'Abondance. De tout quoi le dit notaire commissaire, F. Picard dressa procès-verbal, dont les syndics de la vallée demandèrent une expédition

---

(1) Le texte porte : Compellentes penarum impositione ac viis et modis aliis omnibus opportunis quibus *debite fieri poterit* fortioribus.

authentique, et dont nous avons une copie notariée (n° **15**).

Ces avantages obtenus par les habitants n'eurent guère d'autre résultat que d'aigrir les deux parties. D'ailleurs l'abbaye, avons-nous dit, avait obtenu de son côté, du même prince, des lettres-patentes contraires à celles de la vallée et elle continuait de s'en prévaloir. Cependant les habitants prenaient au sérieux leurs franchises et entendaient en jouir. A peine le Chablais d'au-delà de la Dranse se fut-il annexé au Vallais, que les habitants d'Abondance, par l'organe de leurs syndics, les nommés Claude des Portes, Maurice Curtat, François Pyotat et F. Trot se rendirent à Sion pour obtenir de la République du Vallais la reconnaissance et la confirmation de leurs franchises. Ce que les députés des sept dixains, ainsi qu'on l'a vu, s'empressèrent de faire en 1539, en rappelant toutes les anciennes confirmations des dites franchises faites par les Ducs de Savoie, spécialement par Félix V, d'heureuse mémoire, disent-ils (n° **9**).

Elles ne furent pas mieux respectées pour cela. Les animosités s'accrurent. Aymon d'Arlod, chanoine et curé d'Abondance, de Féterne et de Lullin, prit une part très vive aux luttes que l'abbaye soutenait contre la vallée à l'occasion des franchises. Il n'était pas moins exigeant dans ses autres bénéfices. Il paya de sa tête son zèle imprudent ; il fut tué, et son cadavre fut retrouvé dans la Dranse au-dessous de Féterne (1). Le meurtrier ne fut pas découvert : on incarcéra comme auteur du crime un nommé Claude Andrerii (Andrier), étranger à la vallée. Il y fut amené et jugé au *Pas* d'Abondance : les consuétudinaires rendirent une sentence d'acquittement, *parce*, disent-ils, *qu'il ne résulte pour nous des débats aucune cause légitime pour laquelle tu ne puisses être absous et renvoyé libre, sans frais, te réservant toute action contre qui tu verras* (n° **23**).

Dès le milieu du seizième siècle, les habitants prétextant

---

(1) Il n'est pas probable que ce meurtre ait été commis à Abondance.

la stérilité de leurs terres refusèrent de payer la dîme à l'ancienne cote. Déjà pourtant en 1532 elle avait été réduite de moitié, c'est à-dire à la cote de la douzième gerbe. Bientôt cette réduction fut jugée insuffisante, et un long procès survint à ce sujet entre l'abbé commendataire et les habitants. Comme il ne prenait pas fin, l'abbé Jérôme Valperga consentit par un accord à réduire la cote à la quinzième gerbe, soit à une gerbe sur quinze. Son successeur, Gaspard Provana, faisant quelque difficulté à reconnaître cette concession, ne put prendre possession de son abbaye qu'après avoir juré de maintenir l'accord précité, dont l'acte fut authentiquement renouvelé. L'abbé Aiazza, successeur de Provana, fit ratifier à Rome la dite convention par une bulle de confirmation émanée de Paul V, le 10 juin 1605.

Ce procès concernant les dîmes semblerait avoir entraîné des voies de fait bien graves de part et d'autres, dit M. Dufour, puisque le pape dit qu'il absout, tant l'abbé que les habitants de la vallée, de toute excommunication, suspenses, interdit, sentences et censures ecclésiastiques et peines imposées tant de droit que de toute autre provenance qui auraient été encourues pendant la litispendance (1).

Il est à remarquer que jamais l'abbaye n'a imputé ni violence ni meurtre à un complot général de la vallée. Elle n'y a vu que l'œuvre de quelques exaltés qui, dans la chaleur des conflits d'intérêt, d'amour-propre ou de zèle pour les libertés de la vallée, ne reculaient pas devant un crime. Mais, sans faire de récriminations posthumes, il reste à déplorer que le soin et le culte des franchises, même les plus précieuses, aient quelquefois été souillés par de sanglants excès.

Les habitants de la vallée rencontrèrent des ennemis de leurs franchises plus dangereux et plus puissants que

---

(1) L'absolution que cette bulle donne, même à l'abbé, n'est qu'un formulaire d'usage à Rome pour toute concession favorable. D'ailleurs le texte ne parle pas de censures qui *ont été* encourues, mais de censures qui *auraient été* encourues. Il ne subsiste qu'une traduction de cette bulle dont le texte latin nous manque. M. E. Dufour a relevé la note qui précède dans les archives d'Abondance.

l'abbaye : ce furent les ducs de Savoie Emmanuel-Philibert et Charles-Emmanuel Ier. Leurs édits sur l'administration de la justice, rendus sur la fin du seizième siècle, abolirent les privilèges que les divers possesseurs de franchises en matière de justice avaient jusqu'alors exercés dans les Etats de Savoie. Les habitants d'Abondance ne purent d'abord croire à une aussi flagrante violation de leurs droits. Ils venaient d'obtenir tout récemment encore de Son Altesse la confirmation de leurs franchises ; le souverain Sénat de Savoie les avait entérinées, et voilà que, malgré ces hautes garanties, un des prud'hommes de la vallée fut incarcéré et jugé par le juge ordinaire, sans dénonciateur, sans forme judicielle, disent les habitants. Le 14 août 1570, les syndics vinrent se plaindre amèrement de ces procédés ; ils se présentaient, comme de coutume, pour prendre connaissance de la cause et procéder au jugement. Spectable Michel Loys, docteur en droit, juge ordinaire d'Abondance, par l'organe du vice-métral, le Sr Nicod Piotton, leur dénia formellement le droit qu'ils revendiquaient. Une émeute allait éclater, lorsque le dit juge, condescendant aux craintes et aux désirs de Piotton, leur fit représenter qu'ils avaient droit d'appel ; mais, en attendant, le juge leur « *signifia que le prisonnier avait été jugé et que, sans contradiction aux édits et règlements de Son Altesse et du souverain Sénat de Savoie, ils ne pouvaient ni ne devaient entreprendre aucune connaissance en quelle cause criminelle que ce soit et que, s'il leur semble autrement, ils en peuvent appeler pour leur prétendu droit.* (1) »

Dès lors les habitants furent réduits à d'impuissantes protestations. Pendant trente-cinq ans, on les voit encore s'agiter, réclamer, protester. L'autorité leur fait quelques concessions de détail ou se ménage des raisons apparentes pour éluder leurs revendications ; mais au fond tout fut

---

(1) « Je soussigné certifie avoir, ce 12 février 1784, levé le susdit acte sur un titre existant dans les archives de la vallée à La Chapelle. — Ainsi est : Jean-François Blanc, vicaire d'Abondance. » C'est cette copie que j'ai analysée.

inutile, et en 1605, on voit l'abbé Aiazza prendre, au nom du Duc, un ton fort tranchant contre ce qu'il appelle l'*usurpation* de la vallée. Nouvelles protestations, aussi inutiles que les premières (n° **27**).

Peut-être les habitants de la vallée se repentirent-ils alors d'avoir trop fait intervenir Amédée VIII et Charles III dans leurs propres affaires. Du reste, c'était l'application du droit commun à tous les sujets ; mais c'étaient en même temps l'envahissement de la centralisation et l'abolition de toutes les franchises dans leurs rapports avec le pouvoir central. C'était l'avènement de l'absolutisme.

Une des franchises de la vallée échappa cependant à toutes les agressions et fut même protégée par le pouvoir civil. C'est celle qui va faire la matière du chapitre suivant.

CHAPITRE X

Démêlés au sujet des frais du Culte.

Immunité de l'habitant à cet égard. — Première atteinte en 1443, renouvelée en 1517. — Droit reconnu par l'Evêque. — Plainte des habitants au cardinal Sénégalien, sa réponse. — Plainte au Sénat et décision. — Cette immunité reconnue et respectée jusqu'à la Révolution.

Une autre immunité que les habitants de la vallée d'Abondance comptaient comme une de leurs plus précieuses franchises, parce qu'elle tenait à leurs intérêts tant spirituels que temporels, c'était l'exemption de tous frais de culte et le droit qu'ils avaient de se voir fournir gratuitement par l'abbaye le service religieux avec tous ses accessoires. Nous ne pouvons préciser l'origine de ce droit. Il remonte évidemment à l'introduction des chanoines de Saint-Augustin en 1108, bien que l'acte de cession de la vallée n'en fasse aucune mention. La raison de cette immunité ressort des énormes redevances auxquelles nous voyons les habitants assujettis dès l'origine, tant en dîmes et prémices qu'en divers genres d'autres prestations, comme on l'a vu. La bonté et la richesse de ces anciens chanoines de Saint-Augustin d'un côté, la jouissance pacifique et séculaire de cette exemption de l'autre, ont pu créer à la longue, par la tolérance de l'abbaye, un droit de prescription en faveur des habitants, par lequel ils se sont maintenus exempts de tous frais pour le culte et pour le service religieux, et c'est ce droit, ou cette immunité, qu'ils eurent dans la suite à défendre.

Remarquons par anticipation que jamais les religieux d'Abondance n'ont contesté cette immunité, bien que quelques abbés commendataires aient cherché à la méconnaître, parce qu'elle devenait pour eux une charge financière; ensuite, que, si les habitants ont eu à lutter pour conserver cette immunité, nous ne rencontrons du moins de leur part aucune trace de collision ni de violence dans leur revendication.

La première atteinte à cette immunité ou à ce droit des habitants remonte à l'année 1443. Mgr Barthélemi, évêque de Corneto et de Montefiascone, faisant la visite pastorale de ce diocèse au nom de Mgr François de Mez, évêque de Genève, dont il était le grand-vicaire, en vertu d'une délégation de Félix V, naguère Amédée VIII, arriva dans la paroisse d'Abondance le 25 octobre 1443. L'abbé François du Cret, le premier commendataire, était absent. Le chanoine Henri Vulliod était curé de la paroisse et tenait son institution de Félix V. Mgr l'évêque suffragant visiteur, constatant que le couvert de la nef de l'église, ainsi que la tour du clocher, étaient dans un état de ruine avancée, enjoint à l'abbé de faire ces réparations et reconstructions dans le terme de six ans. Mais quand le R^{me} Visiteur, s'adressant ensuite aux paroissiens, leur enjoint d'avoir à fournir tout ce qui est nécessaire pour le service divin, ceux-ci protestent authentiquement et disent que ces dépenses incombent à l'abbé qui, de temps immémorial, a été tenu de tous les frais du culte. L'abbé étant absent, sans s'être fait représenter par un procureur, cette question des frais du culte sommeilla jusqu'à l'année 1517 (1).

Le 14 octobre de ladite année, R^{me} Pierre de Farceni, évêque de Barut, visiteur diocésain pour Mgr Jean-François de Savoie, évêque de Genève, arrive à Abondance pour la visite pastorale. Après diverses ordonnances relatives au mobilier sacré, aux processions, au cimetière, il enjoint aux paroissiens de payer les impositions et taxes *(ægautias)* qui seront établies pour les besoins de l'église et du culte. Défense est faite au curé ou au vicaire d'admettre aux offices divins les contrevenants et les rebelles, tout comme s'ils étaient excommuniés, jusqu'à ce qu'ils aient payé leur taxe; les syndics et procureurs de l'église sont chargés d'y tenir la main.

Mais les syndics et procureurs de la paroisse ne l'entendaient pas ainsi. Le même jour, tant en leur nom qu'en celui des paroissiens, ils protestèrent contre cette injonction et firent rédiger un acte de protestation et d'opposition. Ce que voyant, le R^{mo} Evêque les assigna à Genève devant le conseil du R^{me} Evêque et Prince de Genève, et fixa pour leur comparution personnelle le 31 octobre même année 1517. Egrège Cl. de Retro fut nommé commissaire pour l'exécution des lettres commissoriales et les dépositions des témoins. Saisi de cette question, l'official de Genève rendit, le 14 décembre suivant, un décret par lequel il cite, sous peine d'excommunication encourue par le fait même, six chanoines d'Abondance à comparaître devant lui pour rendre témoignage sur le contenu de la supplique et des lettres commissoriales. Ces chanoines étaient R^{ds} Jean Raxeri (?), Jacq. Perrodet, Cl. de Blonay, Aymon d'Arlod, Louis d'Intigninge et don Ciclas.

Le 17 décembre 1517, le commissaire Claude de Retro de Villeneuve en *Terregay* (Vaud), nommé sous-commissaire, s'installe devant les portes de l'église d'Abondance pour recevoir le serment et les dépositions des témoins

(1) Cet évêque régla plusieurs points de discipline intérieure (n° **17**).

assignés en l'absence contumace de l'abbé J.-F. Valperga. Après l'audition des six chanoines cités qui tous confirmèrent le droit et l'exemption des habitants au sujet des frais du culte, le commissaire entendit six autres témoins laïcs et âgés.

Le résultat sommaire de toutes ces dépositions fut que jamais la vallée n'avait rien eu à fournir pour le service religieux ; que les dépenses pour l'édifice du culte, ornements et mobilier d'église, incombaient uniquement à l'abbé ; que c'est à ses frais et en son nom qu'ont été donnés des prix faits pour réparation et couvert de la toiture de l'église ; que c'est lui qui perçoit les trente deniers qui sont dus et déposés sur la bière des défunts qu'on apporte à l'église, ainsi que le pain et le vin qui s'offrent à l'offertoire ; que ladite église est servie des ornements de l'abbaye ; que c'est l'abbé qui paie les dépenses de bouche à ceux qui portent la bannière, la croix et les clochettes aux processions des Rogations, etc.

Ces douze dépositions, dûment recueillies, furent signées, closes, scellées et apportées au grand-vicaire Gruet.

Le 13 janvier suivant, Guillaume Pensabin, notaire procureur des syndics d'Abondance, se présente à Genève devant le grand-vicaire Gruet, accuse la contumace de l'abbé Valperga, qui ne paraît ni en personne ni par procureur, bien que juridiquement assigné et requiert sa condamnation. Nonobstant son absence, Pensabin produit ses suppliques et lettres dûment scellées et exécutoires, ainsi que les procès-verbaux des informations prises en vertu des dites lettres, dûment closes, lesquelles il supplie le vicaire-général Gruet d'ouvrir et de publier et de déclarer qu'elles sont regardées et tenues pour ouvertes et publiées.

Après le dépouillement de ces pièces, toutes favorables à la vallée, Pensabin pria le R^d Gruet de révoquer, casser et faire annuler l'injonction faite par l'évêque de Barut dans sa visite du 14 octobre 1517.

C'est ce qui fut fait par la pièce suivante dont voici la traduction :

« Nous, Pierre Farceni, docteur en théologie, évêque de

Barut, vicaire-général de l'évêché de Genève, spécialement député par l'autorité ordinaire, faisons savoir que... l'an du Seigneur 1518 et le 13 janvier, ayant vu les lettres ci-devant écrites signées par R^d Pierre Gruet, docteur en droit canonique et civil, chanoine de Genève, vicaire-général député d'autorité ordinaire pour le spirituel et temporel de l'église et de l'évêché de Genève et par Egr. Viennois, données à Genève le 14 décembre 1517, comme aussi les informations des dites lettres prises par Egr. Sr de Retro, juré de la cour de Genève, et la visite de l'église paroissiale d'Abondance par nous faite l'an 1517 et le 14 octobre... et aussi les injonctions par nous faites aux dits paroissiens et une lettre missive par un certain abbé d'Abondance commençant par ces mots : *hommes spectables,* etc... Comme il ne conste pas que les habitants d'Abondance aient été en usage de munir et garnir l'église paroissiale de N.-D. d'Abondance en quoi que ce soit, nous ne voulons rien imposer de nouveau dans la dite paroisse. C'est pourquoi, mû par de bonnes et évidentes raisons, nous *révoquons et annulons les injonctions* par nous faites aux dits paroissiens, en tant qu'elles concernent la manutention et fourniture des ornements de la dite église, tant pour l'office divin que pour l'administration des sacrements, et voulons qu'on les tienne pour révoquées et annulées ; nous exemptons entièrement les paroissiens desdites injonctions concernant la manutention et la fourniture *(garnitionem)* des ornements tant pour l'office divin que pour l'administration des Sacrements. En témoignage de ce que dessus nous avons de notre main signé nos présentes Lettres et les avons fait signer par notre notaire soussigné, et à la réquisition des paroissiens, nous leur avons accordé nos Lettres testimoniales. Donné à Genève, les an et jour que dessus. Le même R^d S^{gr} Evêque ainsi révoquant. Signé de Retro pour Viennois (et ensuite) Pierre Farceni, évêque vicaire. »

Cet abbé J.-F. Valperga n'était pas plus soucieux de l'entretien des bâtiments du monastère que de l'église. Les religieux souffraient et gémissaient de cette insouciance intéressée, et comme la population avait aussi intérêt à la conservation d'un édifice qui était le logement du clergé paroissial, les syndics intervinrent au nom des habitants et s'adressèrent au cardinal Sénégalien, qui avait résigné sa crosse abbatiale d'Abondance, avec toutes les charges de cette prélature, au dit Valperga, afin qu'une partie du payement annuel que lui devait le résignataire fût affecté aux réparations du monastère. Or, voici la réponse que fit de Rome ce vénérable abbé, évêque et cardinal :

« Aux spectables Messieurs les Syndics de la vallée d'Abondance. Hommes spectables, nos très chers Fils, salut.

« Nous avons reçu vos lettres en date du 2 juin concernant la réparation du monastère (1) de N.-D. d'Abondance, pour laquelle vous nous demandez cent ducats par année, et quoique le R^d P. S^{gr} Jean-François, protonotaire de Maxime (?) à qui nous avons résigné le dit monastère se soit obligé à toutes les charges du monastère et qu'il n'ait pas observé les conventions pour la réparation nécessaire et convenable, nous voulons cependant très volontiers satisfaire à votre demande, ce que nous aurions fait avant et sans vos supplications, si nous avions eu connaissance que le protonotaire se fût refusé à faire la dite réparation. Mais pour mettre la main à l'œuvre et faire connaître notre intention, nous envoyons le R^d Général de l'Ordre des Mineurs qui disposera et ordonnera le commencement de la réparation. Nous ordonnerons irrévocablement qu'au premier payement qui nous sera fait, on livre deux cents ducats pour la dite réparation. Nous continuerons chaque année à payer pareille somme jusqu'à pleine réparation. Portez-vous bien.

« A Rome, le 15 septembre 1515. Signé Sénégalien, évêque et cardinal (n° **16**). »

Tant que l'abbé fut conventuel, soit, nommé par le chapitre du monastère, les intérêts étaient communs. Mais sous le régime des abbés commendataires, les religieux percevaient une quotité fixée et les gros revenus de l'abbaye

---

(1) Il ne semble pas douteux que ce terme de *monastère* n'embrassât l'église aussi bien que les bâtiments des religieux.

appartenaient au commendataire, qui demeurait seul chargé des frais d'entretien, de réparations et de fourniture pour le culte. De cet état de choses il résultait que les chanoines, qui résidaient toujours, souffraient, comme les paroissiens, de l'abandon ou des négligences des abbés commendataires au sujet des réparations et fournitures pour le culte. Aussi voyons-nous qu'ils prenaient volontiers fait et cause pour les habitants contre le commendataire. Ainsi, dans la fameuse enquête de 1517, le chanoine Perrodet répète au commissaire de Retro le propos qu'il avait tenu quatre mois auparavant : « *C'est une honte de tenir ainsi la dite église dépourvue et dégarnie d'ornements... Le R^d abbé est bien prompt et bien diligent à exiger les écus, les revenus, les censes et les fruits de l'abbaye ; mais il ne se soucie point des réparations et ornements qu'exige la gloire de Dieu.* »

Un des témoins dans la dite enquête, le nommé Cordier, de la Chapelle-des-Frasses, dépose entre autre choses que, lorsque l'église d'Abondance fut brûlée, R^d Guigue d'Arlod, élu abbé, envoya un domestique à La Chapelle pour quêter de l'étain, au nom de Dieu et par aumône, de maison en maison, pour couler de nouveau les cloches que l'incendie avait mise en fusion, alléguant qu'Abondance ne devait rien et ne donnerait rien pour cette réparation, qui incombait à l'abbé seul (1).

Le 29 juin 1580, Mgr de Granyer faisant sa visite pastorale à Abondance, en l'absence de l'abbé Gaspard Provana, reçut les plaintes que formèrent contre lui le vicaire du chapitre, soit le curé et les syndics d'Abondance et il condamna l'abbé à fournir tous les ornements nécessaires au couvent et à la paroisse.

Quand, en 1604, l'abbé Aiazza contracta avec les Feuillants pour leur relâcher le monastère, il fut convenu qu'il leur donnerait « *cent soixante écus d'or pistoles d'Italie tous les*

---

(1) La Chapelle formait paroisse depuis plus de trois siècles, mais les paroissiens étaient tenus d'une partie des frais du culte. Quant à ceux d'Abondance, s'ils fournissaient quelque chose, c'était par charité et religion, mais non comme dette.

*ans tant pour la manutention de la fabrique de l'église
et du monastère, que pour tenir la sacristie propre et
pourvue d'ornements et autres choses nécessaires et
pour l'entretien de la lampe et le luminaire des autels.* »
C'était bien reconnaître que ces dépenses ne pesaient
point sur les paroissiens.

Le 29 avril 1635, le feu ayant consumé les couverts
de l'église, les cloches furent fondues et il y eut d'autres
dégâts. Comme l'abbé n'y apportait pas de remède, les
habitants firent rédiger la supplique suivante à l'adresse
du Sénat :

« A nos seigneurs. Supplient humblement les communiers de N.-D. d'Abondance disant que de temps immémoré le S^{gr} abbé doit fournir pour l'entretien de l'église tout ce qui est nécessaire, sans que lesd. suppliants soient obligés d'y rien contribuer ;

« Que du passé jusque environ l'an 1616 il y a heu ung clocher et des cloches, la grosse du poids de 25 quintaux, lequel clocher a esté abattu, estant la dite grosse cloche demeurée suspendue sur le plus haut de l'église en espérance que le clocher fust basti servant néanmoins pour la commodité des parroeciens ; qu'en l'année 1635 et le 29 avril le feu ayant bruslé les couverts de l'esglise et de tout le monastère, dès l'hors l'esglise est sans cloche, et bien davantage, la pierre des Fonts baptismaux rompue, estant le curé contrainct de tenir l'eau dans un petit vase en cuivre, incommodités insupportables pour une si grande paroesse heu esgard au notable revenu de l'abbaye et principalement de n'avoir point de cloches pour les messes, prédications, vespres, enterrements et pour les tempestes lesquels manquements contre le culte divin et à ce qui est dheub aux paroessiens durant dès si longtemps sans avoir jamais peu y mettre quelque ordre, nonobstant les réquisitions qu'ils en ont faict et faict faire au S^r chan. de Grilly, nepveu du susdit S^{gr} abbé son négociateur général qui a délayé jusqu'à présent nonobstant les injonctions faites par le S^r vicaire général de l'evesché de Genève ; qu'est la cause que les suppliants... recourent à l'équité du Sénat aux fins qu'il luy plaise mander, appeler le S^gr abbé en la personne dud. chanoine de Grilly a se voir condampner puis contraindre par réduction du temporel de la d. abbaye et mesme des diesmes dépendants d'icelle a rebastir le clocher, pourvoir des cloches nécessaires, d'une pierre pour les fonts baptimaux dheubment et selon que requiert (1). »

Le Sénat fit droit à cette requête. Après avoir cité les parties à comparaître devant lui, le 15 mars 1638, il condamna l'abbé Melchior de Grilly à satisfaire à son obligation. Celui-ci s'exécuta, et le 20 juin 1639 il donna le prix fait du clocher pour la somme de 550 ducats (2).

L'abbé Soldati chercha-t-il à se soustraire aux charges des frais du culte et de l'entretien de l'église, ou y mettait-il de la négligence? nous ne savons ; mais nous avons sous les yeux une note de laquelle il résulte que, par arrêt du 29 novembre 1654, le Sénat le condamna à fournir tout le nécessaire pour réparations à faire à l'église et à la sacristie, ainsi que pour l'achat de linge et d'ornements, etc. (3).

Le 19 juillet 1728, un nouvel incendie consuma entièrement le couvert de l'église et du monastère, et ces bâtiments furent notablement endommagés. Les ressources du couvent étaient déjà fort réduites et il y avait urgence à s'occuper de ces réparations. Le 1er août 1728, l'abbé J.-C. Buttet, vicaire d'Abondance, fit aux paroissiens un appel chaleureux au nom de la religion et de la charité. Cet appel fut entendu ; mais avant d'y donner suite, on exigea des religieux, un acte authentique constatant que « *cette aide n'impliquerait en rien contre eux à l'avenir, et qu'ils seraient toujours exempts de ne coopérer en rien à l'entretien et réparation de la dite église.* » Le prieur du couvent dut même l'affirmer par serment (4). Cet acte paraît un excès de précaution, mais après tant de tentatives

---

(1) Copié sur la supplique originale, rédigée par l'avocat Favre d'Abondance.
(2) Charvet, *Recherch.*, p. 46.
(3) E. Dufour, *Notes*, p. 116.
(4) Le tout est relaté dans l'acte dressé à cet effet par Jacques Folliet, notaire, en date du 1er août 1728.

contre cette immunité des habitants, il est permis de n'y voir qu'une raisonnable mesure de prudence.

Enfin la Sainte-Maison de Thonon, ayant succédé aux religieux d'Abondance, eut aussi à se charger de tous les frais du culte, ainsi qu'on le verra plus tard.

CHAPITRE XI

Démêlés de l'Abbaye et de la Vallée avec divers voisins,

Dus à l'imperfection du bornage. — Longues contestations avec les habitants de la Vallée d'Aulph, torts réciproques. — Intervention des princes et de la Justice. — Différends terminés avec Vacheresse pour Bize, — Avec Monthey pour montagnes.

La vallée d'Abondance est séparée de la vallée d'Aulps par des montagnes d'une immense étendue, aussi riches en gras pâturages qu'en vastes forêts. L'acte de cession de l'an 1108 n'indiquait qu'imparfaitement les limites et la contenance des territoires concédés. Il en était de même des fondations faites aux moines d'Aulps. Pendant quelques siècles, les habitants de ces deux vallées n'étant pas encore bien nombreux, nous ne trouvons aucune trace de différends survenus entr'eux pour la jouissance de ces montagnes. Elles suffisaient surabondamment aux besoins de leurs troupeaux respectifs. Mais avec le temps et l'augmentation de la population, il s'éleva des contestations, puis des conflits.

Les contestations apparaissent dès le commencement du treizième siècle, et nous voyons que, pour y mettre un terme, Thomas, comte de Savoie, par sentence du 13 avril 1225, décida que les deux monastères d'Aulps et d'Abondance, ainsi que les habitants de ces vallées, s'en tiendraient aux donations à eux faites tant par les seigneurs de Ravorée, que par les seigneurs de Féterne et par le couvent de saint Maurice d'Agaune.

Cette décision ne décidait rien, parce que dans les actes primitifs de donation on n'avait pas indiqué de limites fixes, et que jusqu'alors il n'était intervenu aucun bornage. Aussi les contestations ne cessèrent pas ; elles furent portées devant la justice. Nous trouvons, dans l'inventaire des titres de l'abbaye d'Aulps, le précis suivant, tiré de l'histoire de cette abbaye par L. Ménabréa.

« Informations prises au procès mû entre ceux d'Abondance et ceux d'Aulph concernant l'audition de quarante-quatre témoins au sujet des montagnes d'Ubinaz, La Lanche, Ardens et le Haut-Cottier (ou Aulp-Cottier), ensuite desquelles dépositions et des sentences déjà rendues par Arnaud juge, il fut décidé que ceux d'Abondance seraient maintenus en la possession desdites montagnes d'Ardens. Guichard, prieur de Saint-Victor, et Girard, doyen de Sallanches, délégués pour ce sujet par le pape Célestin III, déboutèrent les hommes d'Aulps de toutes leurs prétentions, de même que du droit paroissial de Bonnevaux et les condamnèrent encore en faveur de ceux d'Abondance, à vingt-cinq livres de dépens, le tout par contumace, le 6 des calendes d'avril 1232, avec mention de la donation faite à l'abbaye d'Abondance en 1127 par les nobles Anselme, Rose et Vuidon de Féterne du lieu dit *sur la Régale.* »

L'abbaye d'Abondance et ses hommes s'exagérèrent leurs droits sur les montagnes de l'Aulp-Cottier et de Chaufloria ; ils prétendirent s'en attribuer les deux versants. Une commission d'arbitres fut nommée pour dirimer ce différend. Elle se composait de noble Rodolphe de Langin, d'Hugonin, seigneur de Grandmont, châtelain de Chillon, d'Etienne de Fougère, bailli du sérénissime comte Pierre de Savoie, d'Hudry de Villeneuve et de Vuillerme Puthod, officier de Saint-Paul. La sentence arbitrale fut rendue le samedi après l'octave de Pâques 1257. Elle portait que l'abbaye d'Aulps aurait les dépendances du Haut-Cottier (Aulp-Cottier) de son côté, de même que le territoire qui s'étend depuis le *Saix* (1) *du pas Chaufloria* en bas, sans que l'abbaye d'Abondance y puisse prétendre aucun droit. (Ib.)

Plus tard, pour confirmer et éclaircir encore cette sentence, le comte Pierre de Savoie rendit, le 25 juin 1260, une ordonnance par laquelle il fut décidé et notifié à R^d Pierre, abbé d'Abondance, qu'il eût à se dessaisir des montagnes de l'Aulp-Cottier et de Chaufloriaz en faveur de l'abbaye d'Aulps par eau pendante du côté de cette abbaye et à s'en tenir au versant qui regarde la vallée d'Abondance (2).

Le treizième siècle ne devait pas finir sans éclairer dans ces hauts lieux une violente voie de fait. Au printemps de 1300, les hommes d'Abondance, du consentement de l'abbaye, renversèrent quelques chalets que les habitants d'Aulps avaient construits aux montagnes d'Ardens et de l'Aulp-Cottier, et firent une razzia de deux cents vaches qu'ils tuèrent ou emmenèrent, après avoir brutalisé leurs bergers. Le 28 juin, à la requête de dom Thomas, religieux d'Aulps, la cour du Chablais informa contre le monastère d'Abondance et les habitants de cette vallée. Après de longues et sérieuses enquêtes, le juge du Chablais les assigne, le mardi avant carnaval, à comparaître devant lui, à Thonon, le jeudi avant le dimanche *Lætare* (quatrième du Carême 1301), pour ouïr leur sentence définitive. Aussitôt le R^d chanoine Anselme de Châlon, au nom du couvent d'Abondance, fait une procuration à Jean Duchâtel et à Girod Bally d'Abondance, pour répondre au sujet de ces voies de fait. Ils ne réussirent pas à détourner une sentence de condamnation. Le mercredi avant le dimanche des Rameaux 1301, le juge de la cour du comte Amédée V de Savoie porta un jugement qui condamnait l'abbaye d'Abondance et ses hommes à trois cents livres d'amende en faveur de l'abbaye d'Aulps et à qua-

---

(1) Le terme *saix*, dérive, avons-nous dit, du latin *saxum*, et signifie *pierre, rocher;* il est appliqué à beaucoup de nos localités alpestres.

(2) **Extrait de cette sentence fut fait en 1300 par noble Humbert de Sales, juge du Chablais.**

rante en faveur du prince. Tant elle que ses hommes, furent déclarés vrais et légitimes possesseurs des montagnes que leur contestait Abondance.

La même année intervint accord entre les abbés d'Abondance et d'Aulps. Il fut réglé que celle-ci possèderait tout l'espace de montagne qui s'étend depuis l'eau du Brocheau et du *Saix de la Balme*, jusqu'au roc qui se trouve sous la *Loge à l'Evêque* et jusqu'à celui qui est sous Chaufloria et encore jusqu'à *Perra Myaux* ; et que celle d'Abondance aura la moitié qui est de Chaufloria, et celle d'Aulps la moitié qui fait face à Ardens. Cet accord fut signé par l'official de Genève en présence de plusieurs témoins entre autres Jean Vugnier, official de Lausanne, et Girard de Bons, curé de Féterne.

Nous avons un *vidimus* du 7 septembre 1301, par lequel l'official de Genève reconnaît, non-seulement l'accord prémentionné, mais encore la procuration ou commission donnée au R^d curé du Biot, et à quatre autres experts nommés par les procureurs des deux abbayes et par les habitants des deux vallées pour délimiter les dites montagnes.

Sur ces divers points l'entente et la paix se rétablirent entre les populations des deux vallées. Mais les contestations et les conflits ne tardèrent pas à se porter sur un autre point. Le 8 août 1319, des hommes du Biot et de Saint-Jean d'Aulps s'étaient livrés, dans la montagne de Tavaneuse, à des traitements violents sur des habitants d'Abondance, ce qui entraîna un procès qui dura trois ans. Ici les torts venaient de la vallée d'Aulps. Les procureurs nommés par les deux parties réussirent enfin à les accorder par acte du 30 avril 1322, Girard, notaire de Nicoday, acte scellé du sceau d'Amédée-le-Grand. Les habitants d'Aulps s'engagèrent à un dédommagement de vingt livres.

En 1342, des hommes d'Abondance avaient causé des préjudices à ceux d'Aulps sur la montagne de Beau-Cret. Le conseil d'Aymon, comte de Savoie, porta sur cette cause une sentence dont l'inventaire ne nous a pas donné la substance.

Il serait fastidieux d'assister à tous ces démêlés, si nous ne voyions intervenir, pour les terminer, le prince lui-même et son conseil. Puis ces récits peignent les mœurs de l'époque. On n'était qu'au quatorzième siècle. Il s'agissait d'ailleurs ici de populations alpestres, dont la principale fortune consistait dans les produits des montagnes.

Ainsi l'intérêt, l'imperfection du bornage, la difficulté de contenir toujours de nombreux troupeaux qui paissent dans des pâturages sans clôture, une parole imprudente d'un berger accueillie comme une provocation par un berger de l'autre vallée, l'absence de toute police en ces hauts lieux, un cas purement fortuit suffisent pour rallumer les anciennes discordes et provoquer de nouveaux chocs sur ces montagnes, où la population des deux vallées habite en grand nombre dans la saison des pâturages. Ces mêmes hommes savaient d'ailleurs reconnaître et réparer leurs torts, et après s'être écharpés sur leurs montagnes en été, on les voyait dans les autres saisons fraterniser et vivre dans les meilleures relations de voisinage. Mais on vivait encore dans les siècles de la force brutale et c'est souvent à elle qu'on en appelait pour vider les différends, alors qu'on devait en attendre la solution de la justice. Poursuivons notre récit.

En 1339, les habitants d'Abondance s'étaient de nouveau livrés à des actes de violence contre ceux d'Aulps, dans les montagnes d'Ardens. Une action leur fut intentée et, après des informations et lenteurs qui durèrent jusqu'au 28 février 1340, intervint sentence rendue par le comte Aymon de Savoie, condamnant les gens d'Abondance à trois cents livres de dédommagement envers la partie lésée et à quatre cents livres en faveur du comte. On voit que le fisc savait tirer le bien du mal.

Ce ne fut pas le dernier tort que se donnèrent les habitants d'Abondance. En 1344, ils avaient encore enlevé des vaches qui paissaient sur des parties de montagnes mal délimitées. A la requête de l'abbé d'Aulps, une ordonnance fut rendue le 28 juillet 1344 par nob. Conrad, fils de

N. Humbert Provaignes *(Provana)*, châtelain d'Alinge et de Thonon pour intimer aux habitants d'Abondance d'avoir à restituer ce bétail, avec menace d'*amender* les récalcitrants.

Quatre ans auparavant les habitants de Chéravaux (Montriond), de Saint-Jean d'Aulps et d'autres lieux de la vallée avaient, de leur côté, commis des *meurtres, vols, mauvais traitements et rapines* au préjudice des gens d'Abondance. Ils avaient été condamnés par le conseil du prince et en faveur du fisc à l'énorme somme de deux mille deux cents livres. L'abbé d'Aulps sollicita une diminution de peine. Le 6 mars 1342, le comte Aymon réduisit cette somme à six cents livres.

Pour prévenir le retour de ces conflits, l'abbé d'Aulps fit publier, le 10 octobre 1344 par Udriset, familier de l'abbaye, des inhibitions comminatoires pour empêcher que les *sujets* de cette abbaye ne fissent la guerre et ne causassent des dommages aux religieux et aux habitants d'Abondance, sous peine de perdre tout ce qu'ils possédaient de la part de l'abbaye d'Aulps.

Ils ne respectèrent pas toujours cette défense. Nous trouvons dans l'*inventaire* que les gens d'Aulps avaient encore causé des préjudices aux habitants d'Abondance dans la montagne de Chaufloria. Les deux abbayes nommèrent des experts pour évaluer ces dommages. La taxe fut fixée à trente florins d'or et acte en fut rédigé le 16 juin 1388 par Mᵉ du Moulin, notaire de Taverole. Il n'y avait cependant encore que cinq ans qu'était intervenu l'accord du 17 juillet 1383, entre Jean de Fillinge, abbé d'Abondance et François de Balmes, abbé d'Aulps, touchant la délimitation des montagnes de Chaufloria et l'Aulp-Cottier. Toutes les limites y sont indiquées avec précision ; elles sont nombreuses, saillantes : rochers, croix gravées sur pierres, croix de bois (1), etc.

En 1348, le châtelain d'Alinge intima à l'abbé d'Abon-

---

(1) En 1449, le 2 octobre, ces limites furent visitées, reconnues, ou, celles qui avaient disparu furent remplacées par de nouvelles croix de bois.

dance et à ses hommes la défense de s'opposer à ce que les habitants d'Aulps fissent paître leurs troupeaux dans les monts de Longemale et de Lens.

Les différends n'avaient pas surgi seulement avec les voisins d'Aulps.

L'abbaye d'Abondance avait des droits très importants sur la montagne de Bize, bien qu'elle soit sur le territoire de Vacheresse et en dehors des limites de la vallée d'Abondance, telle qu'elle fut cédée en 1108. Il survint des démêlés avec quelques habitants de Vacheresse au sujet de la jouissance de ces droits de pâturage sur cette belle montagne. Mais en 1296, l'abbé d'Abondance fit un compromis et intervint ensuite une sentence arbitrale qui régla ce différend, sans que l'inventaire fasse connaître les clauses de cet accord.

En 1466, il y eut des contestations au sujet des confins controversés entre l'abbaye d'Abondance et la communauté de Monthey du côté de Morgin. La délimitation ne manqua pas de se faire par les eaux pendantes, telle qu'elle existe encore aujourd'hui (1). En 1467, intervint à cet égard une sentence, dont le texte nous manque.

En 1531, l'inventaire mentionne les informations secrètes prises sur les bois volés dans les forêts de Saint-Gingolph par les hommes de la Tour de Pelz, près de Vevey.

Du reste on a pu voir par les détails qui précèdent que, si les habitants de cette vallée avaient eu souvent des différends avec l'abbaye, ils avaient cependant toujours fait cause commune avec elle, lorsqu'il s'agissait de leurs rapports avec l'étranger à la vallée. Leurs intérêts étaient communs et leur union avec le monastère faisait leur force au dehors, en même temps que la paix au dedans.

(1) Saint-Maurice d'Agaune avait aussi autrefois fait délimiter son territoire du côté de Vallorsine ; mais les limites ayant disparu, une nouvelle délimitation fut faite en 1307 entre *Salvan* et les *Fins-Hauts* du côté du Vallais, et Vallorsine sur le territoire de la Savoie de l'autre. (Voir le *Prieuré de Chamonix*, par Bonnefoy-Perrin, 1er vol., p. 169. Ce qui confirme notre assertion, que les hautes vallées du Chablais et du Faucigny confinant avec le Vallais avaient été données au monastère d'Agaune par Saint Sigismond.

CHAPITRE XII

Occupation du Chablais-Gavot par les Vallaisans en 1536

Prélude de cet évènement. — Situation désespérée. — Acte de dédition au Vallais, concerté. — Texte de cet acte. — Appréciation.

Le seizième siècle se signala dès ses débuts par des évènements d'une extrême importance pour notre pays et même pour l'Europe entière. Ces évènements appartiennent à l'histoire générale et ce n'est pas le lieu d'en renouveler ici le récit.

En ce qui concerne la partie du Chablais située sur la rive droite de la Dranse et qu'on appelle encore pays de Gavot, on sait qu'elle avait beaucoup souffert de la guerre que s'étaient faite les comtes de Savoie et les Hauts-Vallaisans. On n'était plus aux temps de Pierre de Savoie, dit le Petit-Charlemagne, ni d'Amédée-le-Grand, ni du comte Verd. Après la mort du B. Amédée IX, on vit successivement passer sur le trône ducal de Savoie plusieurs princes qui ne furent ni sans valeur ni sans mérite, mais qui passèrent trop rapidement, pour soutenir le poids des affaires et la gloire de l'ancienne Maison de Savoie.

Déjà, après les importants avantages que les Hauts-Vallaisans, aidés des Bernois, avaient remportés sur les armes du Duc en l'année 1475, ils s'emparèrent l'année suivante d'une partie du Bas-Vallais qui appartenait depuis des siècles aux princes de Savoie et se disposaient à poursuivre le cours de leurs victoires jusque sur le territoire du Chablais. La régente Yolande de France n'était pas en état de protéger la partie du Bas-Vallais qui lui appartenait encore et qui était le plus exposée à l'invasion. On vit alors les députés des villes et des communes de la rive méridionale du Léman prévenir le danger qui les menaçait. Leur soumission ne fut point accueillie gratuitement. Monthey paya 1200 florins, Evian 300, Thonon 800, la vallée d'Abondance 840. Berne garda pour soi les quatre mandements de Bex, d'Aigle, d'Ollon et des Ormonds conquis au dépens du prince de Savoie et qui avaient fait jusqu'alors partie du pays de Vaud. Le Haut-Vallais, par des traités de 1477, resta maître de Martigny et de Saint-Maurice et rendit à la Maison de Savoie les mandements de Monthey, du Val-d'Iliers et de Vouvry, ainsi que tout ce qui s'était soumis dans le Chablais actuel (1).

Il s'écoula près de trente ans sans nouvelle alerte pour le Chablais. Mais, en 1506, le gouvernement du Haut-Vallais suscita une guerre à Charles III, duc de Savoie, pour certaines limites des deux Etats. Bientôt le Duc eut à Evian et dans ses environs une armée de 10,000 hommes, tant de ses propres sujets, que de ses alliés, prêts à entrer en campagne. Au lieu de prendre vigoureusement l'offensive, le général François de Luxembourg cantonna ses gens sur différents points du Chablais. C'est alors qu'Abondance fut occupé plusieurs mois par une multitude de gens de guerre destinés à couvrir la frontière du côté de Morgin et que les habitants de cette vallée durent entretenir à leurs frais, circonstance qu'ils rappellent à Charles III (2) dans leur supplique déjà citée de la fin de 1508. On sait qu'une trêve intervint et que, en 1507, la paix fut signée à Ivrée.

Mais l'année 1536 arriva, date de sinistre mémoire pour le Chablais. Déjà Genève, siège du prince-évêque, secrètement secondée par François Ier et ouvertement soutenue par Berne, devenue protestante, avait secoué le joug du duc de Savoie, chassé l'évêque et aboli le culte catholique. Charles III avait repassé les Alpes, se fiant à des diètes et à des promesses déjà souvent violées et ne soupçonnant

---

(1) M. Piccard, *Hist. de Thonon*, p. 189 et suiv.

(2) Gravia sustinuerunt dampna ad causam guerre et belli Vallesianorum, cum in eadem eorum Valle per plures menses infinitos eorum propriis expensis substinuerunt armigeros (grand cab., p. 130).

aucun danger prochain. Pourtant, il était imminent.

Le 16 janvier 1536, Berne lui déclare la guerre et le 22, son armée s'avance à travers le pays de Vaud qui appartenait au duc de Savoie. Les Bernois ne rencontrent aucune force armée pour leur résister. Que pouvaient les populations vaudoises, sans chef, sans secours, sans trace d'intervention de la part de leur souverain? Charles III avait, à la vérité, 3 ou 4,000 hommes à Morges ; mais, soit surprise, soit excès de prudence, au lieu de s'opposer aux envahisseurs, ils s'enfermèrent dans les murs de la ville et se replièrent ensuite sur le Faucigny et Chambéry. Laissé à lui-même, l'habitant ne pouvait que céder à la force, en réservant le respect de sa religion et de ses franchises. Tout fut promis, rien ne fut tenu. En somme, la conquête du pays de Vaud fut une promenade militaire qu'éclaira l'incendie de plusieurs châteaux ou villages suspects de fidélité au prince de Savoie. Ce facile vainqueur, après avoir donné la main à Genève déjà gagnée à l'hérésie et à la révolte, contourna le Léman et, se repliant à gauche, envahit le bailliage du Chablais.

Thonon et la forteresse des Alinges qui, seuls, auraient pu présenter quelque résistance, ne se sentant pas soutenus, furent obligés de se soumettre et tout le bas Chablais, abandonné à lui-même, plia sous la force majeure, le 2 février 1536, mais en stipulant à son tour le maintien de la religion catholique, de ses franchises, et l'entrée sans aucuns dégâts de l'armée d'invasion.

Berne avait permis à Fribourg de s'emparer de quelques pays à sa convenance. C'est alors que Romont, Estavayer et La Rue, appartenant aux États de Savoie, furent annexées au canton de Fribourg. La même facilité de s'agrandir fut accordée aux seigneurs du Haut-Vallais. Berne leur permit d'occuper tout le Bas-Valais, de Saint-Maurice en aval et tout le Chablais oriental jusqu'à la Dranse, où Berne consentait à borner ses conquêtes.

Quel plus sage parti pouvait-il rester à ces pays du Chablais et du Bas-Vallais, si absolument délaissés, que de se donner ou d'accepter un maître qui pût lui garantir sa religion et ses franchises et qui consentît à restituer au duc de Savoie les territoires qu'on lui livrait, si les chances de la guerre ou de la diplomatie devaient un jour lui rendre ses Etats de Savoie ? On venait de voir, de la rive méridionale du Léman, les lueurs et la fumée des incendies qu'avait allumés l'armée envahissante dans le pays de Vaud, et de l'autre côté de la Dranse, à Thonon, aux Alinges, on pouvait voir flotter les étendards bernois.

C'est alors qu'une sorte d'entente, inspirée par le triste sentiment de la situation et par la communauté du malheur, s'établit entre les diverses paroisses et communautés du Chablais-Gavot et du bas Vallais pour se jeter entre les bras du Haut-Vallais. Nous avons sous les yeux une copie authentique de l'acte de dédition, extraite par le notaire de Portis (Desportes), un de ceux qui avaient assisté à la la rédaction de cet important traité, il y a trois cent quarante-neuf ans. Voici la traduction fidèle de ce document :

Copie d'Acte de fidélité promise

« Nous, Adrien, par la grâce de Dieu, évêque de Sion, préfet et comte du Vallais, ainsi que le bailli, les conseillers et communautés de la dite patrie du Vallais, voulons qu'il soit notoire à tous ceux auxquels il importe, importera et pourra importer à l'avenir, que, comme depuis quelque temps, par cas fortuit, la guerre sévissait contre l'Ill^{me} prince le duc de Savoie et les magnifiques seigneurs de Berne, guerre dans laquelle les dits S^{grs} Bernois ont occupé et ont soumis à leur domination les domaines, terres, cités, forteresses et juridictions diverses qui sont situées tant en deçà qu'au-delà du lac Léman, appartenant autrefois à l'Ill^{me} Duc de Savoie, et que dans un pareil bouleversement de toutes choses, les hommes des communautés de Monthey et de Saint-Gingolph, d'Evian et de certaines autres communautés situées en deçà du Léman depuis Saint-Maurice d'Agaune en aval, frappés et saisis par la terreur d'une pareille guerre, au point de croire qu'il n'y avait plus aucune sûreté pour eux, se voyant abandonnés de leur prince, sans savoir aucunement que faire ni à quel parti se résoudre, ces dits hommes, de leur mouvement spontané, sans aucune réquisition de notre part, à plusieurs reprises, par lettres, par messages à nous envoyés, se sont offerts à se rendre à nous, implorant en toute humilité tant la protection de leur foi, que la défense de leurs immunités, de leurs franchises, de leurs biens et de leurs personnes, moyennant cependant certaines conditions et réserves ci-après ténorisées, savoir, que la conformité de notre foi soit de part et d'autre observée et mutuellement maintenue ; *item,* qu'ils soient admis à notre sujétion et obéissance sans lésion ni préjudice pour leurs personnes et leurs biens ; *item,* qu'ils puissent librement jouir de leurs libertés, immunités, usages et louables coutumes jusqu'à présent observées sous leur Ill^{me} Duc, leur prince ; *item,* que, au cas ou par la permission de Dieu (nutu divino) il arriverait que l'Ill^{me} duc de Savoie recouvrerait ses Etats maintenant occupés par les magnifiques seigneurs de Berne et d'autres, en ce cas nous daignerions rendre au dit S^{gr} Duc le pays qu'ils nous livrent, moyennant toutefois le remboursement des peines et dépenses supportées pour ce pays.

« Après mûres réflexions sur toutes ces choses, mus par de louables considérations, cédant à une requête qui nous est adressée pour service de bon voisinage et pour notre mutuelle confédération, nous n'avons pu les abandonner dans une pareille détresse, car il ne faut pas répondre par un refus à qui ne demande que des choses justes et licites, ni nous dispenser de les recevoir pour nos sujets et en telle sujétion et protection qui est réglée par les réserves, pactes et conditions solennellement conclues entre nous et susmentionnées, sans cependant entendre déroger à la mutuelle alliance antérieurement stipulée et confirmée entre leur Ill^{me} prince et nous, à laquelle nous demeurons fidèles par respect pour notre foi donnée.

« Notre acquiescement à la pétition de ces hommes est accordé sous la réserve que nous ne serons obligés à quelque restitution du territoire qui nous est spontanément livré, que dans le cas où le dit Ill^{me} Duc de Savoie recouvrerait et possèderait pacifiquement le pays, terres, domaines, cités et juridictions conquis et réduits en sujétion et obéissance pendant cette guerre par les magnifiques seigneurs bernois et autres, laquelle restitution ne se fera qu'avec la condition formellement exprimée ici, qu'il nous sera fait une entière satisfaction pour toutes les peines et dépenses qu'auront exigées de nous les pays qui se donnent à nous.

« Moyennant les réserves ainsi stipulées par nous et entre nous réciproquement et les autres communautés situées depuis Saint-Maurice d'Agaune en deçà du lac Léman jusqu'à la rivière de la Dranse, tant en plaine qu'en montagne, les probes et honnêtes hommes Claude Desportes, Pierre Tros, Nycod Tochet, Pierre Garin, Jean Ravissod, Guillaume Crepi, Jordan Grilliet, Mermet Masson, Rolet Crepy, Guillaume Brelaz, Pierre Borcard, Pierre Jorand, Pierre Comand, Maurice fils d'Antoine Touly, André Touls, Colet Curtaz et Maurice fils de Jean Tochet autrement Brelaz, agissant au présent au nom des hommes de la paroisse et de la Chapelle des Frasses, communauté de la vallée d'Abondance, faisant conster de leur pouvoir pour traiter les choses sous écrites par un acte de procuration rédigé par égr. Desportes, notaire, de la présente année et du dix-huit de février. — De même Jean Chernavel, Mermet Maulaz, Nycolas Perrod, Pierre Albi (Blanc), Pierre Favre, autrement Martin, Aymon Curdi, André Plat, Claude Rey, Fils-de-Dieu Bertrand, Jean Exevuat, Maurice Rey, Michel Grilliet, François Exebuaz, au nom des hommes de la paroisse d'en-bas de la paroisse d'Abondance, spécialement et expressément députés pour traiter ce dont s'agit, comme en conste par un acte passé pour cet objet par Hudric, de l'année courante et le seize de ce mois de février. — De même, Guillaume Olei (Louilloz), François Vullie, Pierre Bovier, Jacques Moret, Claude fils de Jacques du Nant, Collet Brun (Bron), Pierre Loullioz, François Tagant, Pierre Grilliet, Jean Favre, autrement Collier, Jean Tagant, Rolet Vullie, Pierre Faulcon, Pierre Guernat (Grenaz) et Hugonin du Nant, Pierre Joudon, Maurice Perroche (Paroisse) en leur nom Louis Cétour (Cituri), Jean Perroche (Paroisse), en leur nom et en ceux des autres hommes de la paroisse de Vacheresse et de Bonnevaux, autorisés spécialement à agir au présent en vertu d'un acte reçu par le dit Hudric, l'année courante et le dix-sept du mois de février.

« Lesquels en leur propre nom et au nom des dites communautés de la vallée d'Abondance, sous les pactes, réserves et articles prémentionnés ont acquiescé et se sont donnés à nous comme perpétuels et fidèles sujets, en prêtant le serment d'obéissance et de fidélité entre les mains du magnifique Jodoc Kalbermatter, notre général capitaine à ce député par nous et de nos notaires soussignés à Evian, dans la maison de l'hôpital du dit lieu, le vingt... du mois de février de la présente année en présence des spectables seigneurs *(procerum)* et des honorables personnages... *députés des sept dizains du Vallais, tous nommés).*

« Nous, Adrien, évêque prénommé, promettons en outre pour nous et nos successeurs par serment prêté la main sur la poitrine, selon notre coutume ; ainsi que nous, bailli, conseillers, orateurs et communauté de la dite patrie du Vallais et nous, hommes et procureurs desd. communautés spécialement de la vallée d'Abondance par nos serments prêtés corporellement sur les SS. Evangiles de Dieu et sous l'expresse obligation de tous nos biens et des leurs, (promettons) de regarder, tenir, accomplir et observer inviolablement cette solennelle stipulation, ainsi que toutes et chacune de ses clauses pour ratifiées et agréables, comme elles sont ci-dessus écrites et de ne jamais agir en sens contraire, ni d'y consentir. Loin de là, lesdits hommes reçus (en sujétion) devront être bons fidèles et loyaux envers nous, susdit Evêque et envers les communautés des dits sept dizains de la patrie du Vallais, lui procurer honneur et avantage en toute manière, éviter notre préjudice et désavantage et faire tout ce que des hommes probes et loyaux sont tenus de faire envers leurs maîtres et tout ce qui est contenu dans la nouvelle et dans l'ancienne forme de fidélité, avec et sous toute renonciation de droit et de fait également nécessaire et opportune aux fins du présent. De tout quoi il a été prescrit et demandé autant d'instruments publics que de besoin pour l'usage des parties intéressées, de la même teneur, sans aucun changement dans la substance de la chose, sous notre sceau apposé pour faire foi et confirmer la vérité et toutes les promesses qui précèdent. Fait à Saint-Maurice d'Agaune dans notre conseil général tenu dans le pré de l'abbaye de Saint-Maurice, situé derrière la dite abbaye, le 25 février indiction 9° l'an de la naissance de N.-S. (1536). Etaient présents les honnêtes hommes... Antoine de Bertherens et Antoine Major, familiers du dit S^{gr} bailli témoins requis et moi Antoine Megrenschen de Prutc... (ou Pouj...) notaire public revêtu de l'autorité apostolique et impériale, citoyen et chancelier de Sion qui, avec les témoins prénommés ai assisté à toutes et à chacune des choses mentionnées ci-dessus, les ai vu et entendu régler ainsi. C'est pourquoi j'ai reçu le présent acte public avec le notaire soussigné, je l'ai souscrit pour foi et témoignage de la vérité de tout ce qui précède.

« Signé : Anthonius MEGRENSCHEN, notarius.

« Donné pour copie faite sur l'original, non scellé, mais souscrit et signé par un des notaires, laquelle copie a été transcrite et collationnée par moi notaire soussigné.

« P. DES PORTES, notaire. » (n° **20**).

La pièce que nous venons de produire ne mentionne point l'adhésion et le serment de l'abbaye d'Abondance à l'acte de dédition au Vallais. Les communiers d'Abondance n'avaient agi que pour leur compte et on y voit une nouvelle preuve de l'indépendance où ils avaient su se tenir à l'égard du monastère. Jérôme Valperga en était alors abbé commendataire et il tenait assez à la dynastie de Savoie pour ne pas intervenir de sa personne dans un acte d'aliénation de territoire et de reconnaissance d'une juridiction politique étrangère. Devant cette abstention, le chapitre de l'abbaye se crut le droit de prendre le parti qu'imposait l'imminence du danger. « Le même jour,

20 février, dit M. Furrer (1) ont adhéré les nob. S^{grs} de Blonay et Jacques Perrodet, chanoines de l'insigne monas-

(1) Furrer, ainsi que Boccard, dans son *Histoire du Vallais*, nous donnent les noms des procureurs des diverses paroisses ou communautés du Chablais qui avaient fait acte de soumission au Vallais, noms souvent altérés et méconnaissables aujourd'hui. En voici quelques-uns avec les dates : Le 8 (février), ont acquiescé J. fils de Jacquemet Fornier, syndic de Saint-Gingolph, du consentement de Guichard Ros, François Albi, Pierre Mermod et de plusieurs autres du dit lieu, ainsi que J. Pouson (?) et J. Curdi au nom et comme syndics de la paroisse de Novel — et Bernard Jacquez, autrement Julliard, et Claude fils de feu Henri Vutter (Vittoz), syndics et au nom des hommes de Tholon et Meillerie du consentement de Michel Vitiz (Vittoz), d'André Donet, de Berthod Vusun (Vesin) conseillers. — *Item* ont acquiescé, le 9, noble André de Varaz et Jacques Pupon syndics et par eux la ville et communauté d'Evian, faisant conster de leur pouvoir pour traiter par un acte de procuration reçu par prévoyant Guillaume David, de l'année courante et du susdit jour neuvième de février, du consentement des nobles et des hommes pour la *majeure partie* de la ville. — *Item*, le 12, ont adhéré les hommes Claude Massot et Bernard Rolet syndics au nom de tous les hommes de toute la paroisse de Saint-Paul, par le conseil et consentement de Jean François du Truel (de Torculari) d'André Bochet et de Blaise Bandat. — Ainsi que d'A. Rysseri (?) et d'André Cardi (Curdy), syndics au nom de la communauté et paroisse de Vernay (Bernex), avec le consentement de Bernard Chevaleri (Chevalay) et Paul Pinget. — *Item*, Pierre Baly et Jacques Parrien (?) syndics de Féterne. — *Item*, Fr. Floret et J. Floret, syndics de Marin, au nom des hommes de la chapelle de Vucion, du consentement de Girard, de Fr. Morat, Macheret, Michaud, de Lanyat, de La Lex. — *Item*, le 22, plusieurs autres hommes, entre autres, Baly, du Four, Grandis, Bosson, Magnin, Cholex de la paroisse de Larringe ; de même Pierre de La Grange, Beney, etc., de la paroisse de Publier. — *Item*, les hommes de la paroisse de Chevenoz. — *Item*, de la paroisse de Saint-Jean-d'Aulps, Vernier, Jacquier, Devantier... paroisse du Biot. — *Item*, le 14, noble Fr. de Blonay pour lui et les siens. — *Item*, noble Hugon de Neuvecelle. — *Item*, noble Louis d'Arsine, seigneur d'Allamant. — *Item*, noble Michel de Blonay, noble Maurice d'Arbignon et de Colombey. — *Item*, noble André de Neuvecelle, seigneur de Valregis et Franç. de Châtillon pour lui, etc. — M. Boccard, outre les noms précités, produit aussi les noms de Lugrin, Vinzier, le Fion, Champange, Morzine, La Forclaz, La Vernaz, La Plagne, Neyda, près Chevenoz, Miennettaz et Habères (pag. 176-178). Il s'est formé dès lors quelques paroisses par démembrement, telles que Châtel, Ceytroux, Essert-Romans, etc. Elles doivent être comprises dans les anciennes paroisses dont elles furent détachées. Du reste, des hameaux, tels que le Fion, la Plagne, etc., sans être paroisses, ont tenu à faire acte d'adhésion pour le maintien de leur foi. Par contre, quelques localités ou paroisses se sont abstenues et ont voulu attendre les évènements, telles que la **Thouvière à Evian, Maxilly et Montigny, sans avoir pourtant passé en masse au protestantisme.**

tère de la B. M. V. d'Abondance au nom de tout le chapitre : *Item eadem die vigesima nobiles de Blonay et Jacobus Perrodeti canonici insignis monasterii B. M. V. Abundantiæ nomine totius capituli. Instrumentum scripsit Petrus de Portis.* L'acte de procuration était rédigé par le notaire Pierre Desportes, ci-dessus déjà cité et qui se trouvait ainsi contemporain et témoin de ces graves évènements.

Cet acte de soumission au Vallais sauva le catholicisme dans le Chablais-Gavot. Les Vallaisans qui l'occupèrent demeurèrent attachés à l'ancienne foi et la protégèrent dans les pays qui s'étaient donnés à eux. Il est vrai que, avec les idées libérales qui prévalent de nos jours, on est étonné que les Vallaisans, au lieu d'une annexion fraternelle de nouveaux concitoyens qui seraient traités sur le pied de l'égalité, s'appellent leurs *seigneurs et maîtres* et ne les reçoivent que comme des *sujets* condamnés à l'obéissance, comme un peuple conquis et esclave. Profitant sans aucun risque de la triste situation de ce peuple en détresse, ils mettent à prix leur protection, stipulant d'avance des indemnités. Tout cela était juste, mais non généreux, envers des *confédérés*. Après la victoire de Saint-Quentin et le rétablissement des affaires du duc Philibert-Emmanuel, le Vallais lui fit savoir qu'il lui restituerait le Chablais moyennant dix mille écus d'or pour les frais d'occupation. Encore ne restitua-t-il que la partie du Chablais située entre la Morge et la Dranse ; il retint toute la partie du bas Vallais qui s'étend de Saint-Maurice à Saint-Gingolph et n'a cessé de le traiter en pays conquis, jusqu'à ce que ce petit peuple ait recouvré sa liberté, les armes à la main.

Au seizième siècle, on n'était pas encore fait à ces idées généreuses et désintéressées et moyennant des sacrifices coûteux et humiliants, les populations de ces pays conservèrent leur foi religieuse et attestèrent en même temps, dans la mesure du possible, leur fidélité à leurs anciens souverains, en réservant les éventualités favorables de l'avenir.

En somme, l'acte solennel de février 1536 demeure, pour ce petit pays, une page honorable dans l'histoire.

CHAPITRE XIII

Décadence de l'Abbaye d'Abondance.

L'Abbaye, édifiante pendant trois siècles, déchoit par l'effet du grand schisme, — de la commende, — de la pluralité des bénéfices — et de la richesse. — Code de la Table. — Vie sensuelle prouvée par le nécrologe. — Déconsidération. — Saint François de Sales s'élève en vain contre ces abus.

Ainsi qu'on l'a vu, les chanoines de Saint-Augustin, résidant à Abondance ont, pendant trois siècles, bien mérité de la vallée et de la religion. Pendant cette longue période, ils ont joui de la considération, tant auprès des grands du monde que dans l'estime des souverains-pontifes et des évêques. Tant que la nomination de l'abbé appartint au chapitre du monastère, jamais la crosse abbatiale ne fut remise à des mains indignes de la porter.

A l'égard des habitants, le régime de l'abbaye était aussi doux que le permettaient les mœurs de l'époque et, peut-être, les exigences croissantes de la population. S'il survenait quelques points contestables, quelque droit mal défini, nous avons vu les abbés Girold, Reymond, Lugrin, se prêter à des accommodements, à des transactions, où l'autorité temporelle de l'abbé s'harmonisait avec les franchises ou les aspirations des habitants. L'ordre et la discipline régnaient au dedans, l'édification et la confiance réciproque régnaient au dehors. Les contacts journaliers des religieux, surtout de ceux qui avaient charge d'âme, adoucissaient insensiblement les esprits et les mœurs. L'esprit de saint Augustin et du Vén. Ponce planait sur cet établissement religieux d'Abondance, qui demeura pendant trois siècles l'asile et l'école des plus pures vertus.

Sur la fin du quatorzième siècle, s'éleva le grand schisme d'Occident, qui fut une époque de douloureuse épreuve pour l'Eglise. La chrétienté se divisa. Un antipape, sorti de notre Savoie, Robert de Genève, sous le nom de Clément VII, s'éleva contre le vrai pape et lança notre pays dans un schisme qui dura quarante ans. Le peuple qui vit, pendant cette longue période, le trafic qui se faisait des choses les plus saintes, sentit s'affaiblir en lui la foi et le respect religieux. Tous les liens se relâchèrent dans le clergé, dans le cloître comme dans le siècle. Il était impossible que les monastères et autres établissements religieux, situés sur le territoire du grand schisme, ne gravitassent pas plus ou moins dans cette orbite.

A ce premier malheur il s'en était ajouté deux autres : la commende et la pluralité des bénéfices. Amédée VIII, d'abord si bienveillant pour l'abbaye et la vallée d'Abondance, inaugura, pour ce monastère, le système de la commende, que l'Eglise a toujours déploré.

Ainsi qu'on l'a vu, les abbés commendataires n'étaient pas assujétis à la règle cénobitique. La plupart d'entre eux étaient comblés d'autres bénéfices. Au lieu de résider dans la vallée alpestre d'Abondance, ils se contentaient d'y avoir ou d'y envoyer un mandataire chargé de percevoir leurs revenus. Quelquefois, ils les donnaient à bail et leur abbaye n'était pour eux que comme une vache à lait livrée à cheptel. Ils n'y exerçaient ainsi que le côté matériel et odieux de leur rôle. Ces deux maux, la commende et la pluralité des bénéfices, n'étaient point l'œuvre de l'Eglise ; si elle les a longtemps tolérés, c'est en gémissant et par ménagement pour les princes et pour les grands qui, dans leurs fondations, s'étaient réservé le droit de nomination ou de patronage et qui profitaient eux-mêmes ou faisaient profiter leurs créatures des riches revenus des monastères et abbayes. Malgré les sages réformes que l'Eglise décréta au concile de Trente, ces deux lèpres n'ont entièrement disparu qu'avec les corps qu'elles avaient rongés.

On a vu que l'abbaye d'Abondance possédait d'immenses richesses. Quoique le commendataire y eût une part léonine, il restait cependant encore assez de ressources, pour que chaque chanoine eût une riche prébende.

Par l'effet de ces déplorables influences et par la séduction de l'opulence, la discipline et les saintes règles furent insensiblement affaiblies, puis éludées ; tout se prit à languir dans le monastère d'Abondance ; la décadence s'accélérait. Quoique les constitutions de saint Augustin et du Vén. Ponce n'eussent pas prévu des observances très sévères, elles avaient du moins insisté, suivant l'esprit du christianisme, sur la pratique de la mortification et de la sobriété, sur l'application à l'oraison, sur les exercices publics et édifiants du culte divin, sur l'amour de la retraite et la fuite du monde.

Or, à la place de ces saintes choses, la vie sensuelle venait s'installer dans cette vénérable abbaye qui jadis avait abrité tant de vertus. On comprend, il est vrai, que des hommes, même des religieux, sortis pour la plupart de familles opulentes, habitués dans le siècle à une vie commode, jetés, souvent sans vocation, dans un monastère, sous un âpre climat, loin des jouissances qu'ils avaient laissées derrière eux, pussent tenir à une table convenablement servie. Rien dans la règle ne s'y opposait, et l'état prospère du temporel de l'abbaye le permettait. Pendant trois siècles nous ne pouvons relever ni abus ni excès sur ce point. Il y avait un règlement auquel on se conformait pour le régime alimentaire. Sans rechercher ni le luxe ni la délicatesse, on pourvoyait décemment à la satisfaction des besoins légitimes.

Ce règlement, qu'on appelait le *Code la Table,* vint à périr dans l'incendie du monastère à la fin du quatorzième siècle. Si, pendant qu'on réparait ce désastre, on consentit momentanément à se restreindre, ce ne fut pas pour longtemps. Sur ces entrefaites, l'abbaye étant tombée en commende, les religieux d'Abondance crurent prudent de prendre des précautions contre les exigences financières qu'on attribuait généralement aux commendataires et de s'assurer un régime de vie confortable. Dans cette vue, ils insistèrent auprès de R^d du Cret, premier abbé commendataire d'Abondance, afin qu'il fît rédiger de nouveau le *Code de la Table*, pendant qu'il existait encore des chanoines qui avaient quelque connaissance de l'ancien code. L'abbé finit par céder, moyennant la part de Saül qui lui fut faite dans les victuailles (1). D'accord avec les membres du chapitre, au nombre de neuf, ils donnèrent, en 1458, à R^d Jean de Bonne, prieur de Ripaille et à R^d François de Liando, prieur de Nyon, la commission de prendre les informations de tous les anciens à ce sujet et de rédiger le tout en un acte authentique qui eût force de loi (2). Les deux commissaires prémentionnés s'acquittèrent de leur tâche et le 26 juillet le nouveau code de la table entra en vigueur ; et en juillet 1689, cet acte fut enregistré aux archives du Sénat, sur les instances des syndics d'Abondance, parce qu'il portait des clauses favorables à la vallée. Comme il avait environ soixante ans que l'ancien *Code de la Table* avait péri, il est à présumer que le nouveau *Code* avait adopté des usages et des pratiques qui s'étaient glissés pendant cette longue période et qui étaient beaucoup plus larges que ne les eût tolérés l'ancien règlement.

D'après la règle de saint Augustin, la table, ainsi qu'on l'a vu, devait être commune. Or, le code de 1458 permettait aux chanoines de satisfaire à part des caprices gastronomiques. S'ils recevaient, ou se procuraient du dehors de la viande, du poisson, des œufs, il leur était facultatif de s'en faire en particulier un petit régal, et le pitancier (le chanoine économe), était obligé de fournir, aux frais du monastère, le beurre, l'huile et autres assaisonnements pour la préparation de ces aliments.

Bien que les menus culinaires des viveurs modernes laissent bien loin derrière eux le service alimentaire de l'abbaye d'Abondance, on ne peut cependant lire, sans gémir ou s'indigner, ce *Code de la Table* plus digne de Lucullus ou de Brillat-Savarin que de religieux consacrés à Dieu. Il suffit, pour l'exigence de l'histoire, d'en donner ici un aperçu sommaire (n° **18**).

(1) Cinq fois plus grande que celle des autres.
(2) M. Charvet, *Recherch*, p.

Viandes de toute espèce, volailles, poissons, gibier, sauces, dessert, tout devait être copieux et exquis. Les précautions les plus minutieuses et les plus inconvenantes étaient prises pour s'assurer de la qualité des provisions de bouche. S'agissait-il des porcs que le chanoine pitancier devait acheter pour la consommation, le chapitre devait députer deux ou trois religieux assermentés, pour les visiter et les recevoir, et, ces animaux une fois abattus et charcutés, les diverses pièces ou portions étaient encore soumises à une nouvelle révision de la part des R^{ds} commissaires ; tout ce qui n'était pas reconnu parfaitement exquis n'était bon que pour les familiers de l'abbaye. Les bœufs qu'on devait hiverner et réserver pour la provision de l'année suivante devaient paître dans les gras herbages de Chaufloria et de Beau-Cret pendant l'été jusqu'au 7 septembre ; ensuite ils devaient paître au pré Frarou, le reste de l'automne, sans mélange d'autre bétail. Une fois en hiver, on ne devait les nourrir que de bon regain *(de bono recordo)* lequel, s'il venait à manquer, serait remplacé par le meilleur foin, qui devait être salé tous les quinze jours. Ces bœufs, mis en réserve pour l'abattage, devaient avoir entre trois et six ans d'âge. A chaque Saint-Michel, deux religieux étaient députés par le chapitre pour visiter et ordonner la pâture destinée à ces animaux. Il n'eût pas fallu que le pitancier se fût avisé de servir de la viande d'une vache, si elle avait allaité ou porté l'été précédent.

Mêmes précautions pour la qualité et la quantité de pain, de vin, de poisson, de fromage gras et de vacherins. On répugne à les énumérer. Il suffit de parcourir d'un coup d'œil l'inventaire que le pitancier était tenu de faire chaque année, à la Saint-Jean-Baptiste et à la Saint-Luc, de tous les animaux qui devaient former le bétail ordinaire appartenant à l'abbaye, inventaire qui devait être contrôlé, après serment. Ce recensement devait comprendre le bétail suivant : 40 vaches, 100 brebis, 20 génisses *(mogias)*, 28 mojons *(mojones)* soit veaux d'un an à deux, deux taureaux, 8 veaux mâles, 12 veaux femelles, 20 bœufs hongrés de trois à six ans, 10... *anilias* ou *assilias* (?) d'un an, 7 mâles du même âge, 36 moutons de deux ans hongrés *(castrones)*, 62 agneaux mâles d'un an et 12 brebis du même âge, etc. Cet inventaire rappelle le dénombrement des étables de Salomon.

Aux jours de jeûne chaque religieux recevait deux mesures de vin *(duo miralia)*; le mirale valait environ les trois cinquièmes du litre ; en temps ordinaire c'était un *mirale* et demi pour le dîner et un *mirale* pour le souper. Dans l'Avent et en Carême, le vin blanc devait être celui de la vigne de *champ pierreux*; à son défaut, du vin équivalent, bon et bien clarifié. Il était réglé que, lorsqu'il ne restait plus qu'une couche d'un pied et demi de vin dans un tonneau, ce restant n'était plus bon que pour les familiers de l'abbaye. Depuis Pâques, la sauce d'assaisonnement devait être une mixture de bon gingembre blanc, de poivre, de cinamome et de safran. Enfin les moindres détails gastronomiques sont prévus.

Ce qui ne prouve pas moins ces préoccupations pour le bien-être matériel, ce sont les mentions qu'on en rencontre dans le nécrologe même d'Abondance. Selon les termes de la règle donnée par le Vén. Ponce de Faucigny, le nécrologe devait faire mémoire des défunts, membres ou bienfaiteurs du couvent, ou affiliés en quelque manière. C'était une commémoraison annuelle qui se lisait au chœur, à l'office de prime, et par laquelle on recommandait à Dieu l'âme de ces défunts. Ces souvenirs des trépassés étaient bien de nature à rappeler aux vivants la pensée de la mort. Mais à cette pensée de la mort, l'obituaire d'Abondance substitua plus tard la pensée de la vie et d'une vie commode.

En effet, à côté du nom d'un grand nombre de bienfaiteurs se trouve ténorisée dans le nécrologe la mention de ce qu'ils ont fait ou légué pour améliorer le régime de la table, et le jour où il était fait mémoire de ces bienfaiteurs, il y avait au réfectoire des agapes plus abondantes. Ainsi, au 1ᵉʳ janvier, mention d'un chanoine Pierre qui a fait un legs avec charge pour le pitancier de fournir tous les ans à pareil jour deux jeunes moutons *(castrones);* au 20 février, à l'anniversaire de Jean Biola, **pleine réfection de pain** *blanc, de vin pur, de deux plats bien préparés de chair ou de poisson;* au 8 avril, mémoire de Dominique Ciclati, ancien abbé, qui *a donné des chairs de mouton depuis Pâques jusqu'à Pentecôte;* au 27 juillet, *pleine réfection* en mémoire de Jean Pelliparius (Pellissier ou Peillex), qui avait donné à Trossy (Bernex) un revenu de vingt-deux florins ; le 14 août, *pleine réfection* en mémoire du S^{gr} Guillaume de Féterne, etc. Omettons une multitude de pareilles mentions, qui auraient pu figurer dans un registre à part, mais qui sont tout à fait déplacées dans un obituaire.

Il convient de rappeler, à la décharge des religieux d'Abondance : 1° que l'abbaye, située à 930 mètres d'altitude, renfermée dans de hautes montagnes, sous un climat très âpre, exigeait un régime confortable, surtout pour des chanoines issus de familles riches ou nobles, comme ils l'étaient généralement ; 2° que par ces précautions du *code de la table,* ils se prémunissaient contre les économies que les commendataires pourraient établir dans la suite au préjudice de la communauté et à leur profit exclusif ; c'est ce qui se voyait dans d'autres monastères soumis à la commende ; 3° que, si l'abbé et le pitancier étaient tenus de fournir telle quantité et qualité de vin et d'aliments, les religieux n'étaient pas tenus d'épuiser et de consommer toutes ces victuailles. Il est certain que pendant les trois premiers siècles de leur existence, alors que la discipline et la ferveur florissaient à Abondance, les religieux se bornaient au nécessaire, sans empiéter sur le luxe ou le superflu.

Mais, à la longue, la vie s'amollit ; avec le culte de la bonne chère survint l'abaissement des mœurs. Deux abbés avaient mésédifié. Il ne se pouvait que ces exemples, descendant de haut, n'exerçassent une funeste contagion ; la chronique releva quelques faits déplorables. On comprend dès lors combien les idées de *réforme* qui ne tardèrent pas à agiter l'Eglise et le siècle, et combien les déclamations du protestantisme qui venait d'éclater, jetèrent de déconsidération sur les moines d'Abondance et d'Aulps, placés sur les frontières de l'hérésie envahissante. Les avertissements des Evêques dans leurs visites à ces monastères, l'invitation qu'avait faite à R^d Jérôme Valperga le pape Jules III de réformer son abbaye d'Abondance, étaient demeurés sans résultat sérieux ; le mal continuait de s'invétérer et la malveillance s'acharnait encore à exagérer les déportements de ces moines ; les moins hostiles de leurs détracteurs ne voyaient plus en eux que des ignorants, des fainéants et des sybarites. Quoiqu'ils n'aient jamais balancé en matière de foi, et que notre siècle ne pût leur refuser la qualité d'*honnêtes hommes,* ils étaient aux yeux de la Foi et de l'Eglise, des religieux indignes et dégénérés.

Il serait injuste d'imputer à l'Eglise les désordres qui se produisirent dans certains couvents pendant les quinzième et seizième siècles. Elle n'épargna ni les avis salutaires, ni même les menaces. Dans sa dernière session, le concile de Trente, en 1563, rédigea en vingt-deux chapitres les règles de la réforme pour les couvents des deux sexes. Les princes, même catholiques, qui n'avaient pas voulu être réformés par le concile, ne secondaient que faiblement et comme à regret l'Eglise dans sa tâche de réforme et les abbés ou supérieurs d'ordres, se sentant soutenus par le bras séculier, ne se rangèrent pas partout ni d'abord aux sages règlements tracés par le Concile. Quoiqu'il eût été publié à Annecy en 1571, il ne ramena pas de sitôt la discipline régulière. Quelques communautés ne s'amendèrent pas et l'abbaye d'Abondance fut de ce nombre, moins par une révolte ouverte, que par la force de l'inertie et de l'habitude. C'est alors que l'Eglise, lasse d'avertir et de gémir, recourut enfin aux derniers remèdes. D'ailleurs la déconsidération publique avait déjà tellement atteint les religieux d'Abondance qu'ils avaient de la peine à se recruter. A la fin du seizième siècle, leur nombre était diminué de moitié. Tranquilles et insouciants, les survivants continuaient leur train de vie toute matérielle, jusqu'au moment où la Providence suscita saint François de Sales pour la restauration de la foi et des mœurs dans le diocèse de Genève.

Déjà depuis plus de deux ans cet homme apostolique s'employait à la conversion du Chablais, que Berne et Genève avaient entraîné de force au protestantisme. Après des débuts pénibles et ingrats, l'apôtre de cette province vit que l'ébranlement était donné et qu'un mouvement de retour au catholicisme se déclarait et s'accentuait. « *Au milieu de ces belles espérances,* dit son historien Ch.-Auguste de Sales, *et en cette grande prospérité,* il n'y avait qu'une chose qui tourmentait l'esprit de François : c'est que les moines d'Aulps et d'Abondance, misérablement déchus de l'observance régulière, remplissaient toutes ces provinces de scandales et baillaient occasion aux hérétiques de faire des reproches contre la religion catholique. Cet homme apostolique, après les avoir souvent admonestés de se tenir en modestie, sinon en religieux, pour le moins en simples clercs et voyant qu'il battait le vent, cria fort et ferme au Saint-Siège apostolique, à Son Altesse Sérénissime et au souverain Sénat de Savoie : *De quoi servent plus ces déformés et irréguliers sur la terre ?* disait-il. *Ou qu'ils se convertissent ou qu'on les lève de là ; ils détruisent plus en une heure, que l'on a édifié tout un an.* Il en écrivit amplement au nonce apostolique, l'archevêque de Bari, qui ne manqua point de travailler soigneusement selon les intentions du serviteur de Dieu (1). »

On voit par cette citation que nous n'avons pas exagéré l'état de décadence où était arrivée l'abbaye d'Abondance. Mais on touchait au moment où l'on allait recourir aux grandes mesures pour l'extirpation d'un mal aussi pernicieux.

---

(1) Vie du B. Franç. de Sales, par Ch. Aug., 1ᵉʳ vol., p. 177 et 178. Dans l'état de son diocèse envoyé au pape en 1606, saint François de Sales lui disait : *Mirum est quam dissipata sit omnium regularium disciplina in abbatiis et prioratibus hujus diœcesis (cartusianos et mendicates excipio). Reliquorum omnium argentum versum est in scoriam et vinum mixtum est aqua, imo versum est in venenum : unde blasphemare faciunt inimicos Domini... nulla inter eos disciplinœ regularis observantia, nullœ scriptœ constitutiones, nullius voti expressa emissio... Canonicorum regularium in his partibus monasteria nullius sunt congregationis, neque ulla celebrant capitula, nullis visitationibus, nulla regula utuntur.*
(Œuvr. compl. de saint Franç. de Sales, édit. Blaise, 1821, à Paris, t. XVI, p. 413 et 414.

CHAPITRE XIV

Substitution des Moines Feuillants aux Chanoines de Saint-Augustin.

Ce que saint François de Sales eût désiré. — Il seconde l'abbé Aïazza dans son projet de réforme. Acte préliminaire de 1604. — Bref de Paul V en 1606 pour l'introduction des Feuillants et fixant le sort des anciens Chanoines. — Mesure justifiée et exécutée. — Curé confirmé. — Dernier mot sur les Chanoines d'Abondance. — Transaction de 1608 et de 1618. — Saint François de Sales renonce au droit de visite.

Quand saint François de Sales demandait avec tant d'insistance ou la conversion des moines d'Abondance ou leur disparition, il ne désirait point les voir remplacer par d'autres moines. Il avait suggéré au duc de Savoie l'idée de faire contribuer les grasses abbayes de la Savoie dans lesquelles les moines, disait-il, *détruisent plus qu'ils n'édifient* (1), à entretenir des missionnaires en Chablais, à ériger un séminaire et une maison de miséricorde à Thonon, en un mot, à réaliser le projet de la Sainte-Maison. Il ne tarda pas à voir une partie de ses vœux se réaliser.

Mais, en attendant, le mal s'aggravait dans l'abbaye d'Abondance. Les plaintes de l'apôtre donnèrent l'éveil en haut lieu. Le nonce du Saint-Siège à Turin, Mgr de Bari, l'avait chargé de prendre des informations précises et de rédiger un rapport sur l'état des choses. La commission fut remplie en décembre 1596. Ce mémoire affermit le Duc et le Saint-Siège dans le projet de remplacer le commendataire ; déjà même on avait informé le saint Prévôt qu'il s'agissait

---

(1) *Vie*, Ch. Aug., t. I, p. 146.

de lui donner un successeur, dont on lui désigne, sinon le nom, du moins le mérite. En apprenant cette bonne nouvelle, l'apôtre en exprime hautement sa joie et ses espérances ; mais on lui laisse encore ignorer qu'il s'agit de remplacer aussi les moines eux-mêmes ; aussi demande-t-il que le Pape envoie un visiteur apostolique. Le 4 janvier 1597, le nonce lui écrit de Turin que *des raisons de convenance* retardent encore le changement de l'abbé, mais il ajoute : « *Sa Sainteté a quelque intention d'en ôter ces moines et de mettre à leur place les religieux réformés de Saint-Bernard. Ce sera le nouvel abbé, je crois, qui sera chargé de cette commission.* » « *Dieu soit béni !* s'écrie saint François de Sales dans sa lettre du 2 mars suivant, *Dieu soit béni ! si S. S. a quelque intention de placer dans l'abbaye d'Abondance les réformés de S.-Bernard, et je prie le Seigneur qu'il en donne à S. S. la volonté la plus absolue pour le bien des âmes. Quant au nouvel abbé* (qui sera nommé), *je voudrais bien prier V. S. I. de lui ordonner de payer à l'avenir exactement et complètement la pension que l'abbé d'Abondance a coutume de payer au père prédicateur ordinaire d'Evian* (1). »

En 1589, Provana était remplacé par l'abbé Aiazza qu'on a déjà appris à connaître et avec lequel l'apôtre du Chablais allait parfaitement s'entendre pour la réforme de l'abbaye d'Abondance.

---

(1) Le nonce insista auprès de Provana, qui était encore abbé titulaire au 11 mai 1597, afin qu'il payât complètement ce qui était dû à ce prédicateur sur la prébende qui lui était affectée. Cette mesure avait été adoptée depuis au moins 50 ans et on voit que le P. François Papard, qui était prieur des dominicains d'Annecy en 1556 (*) faisait les fonctions de prédicateur à Evian, afin que cette petite ville voisine de Thonon, devenu par force protestant, demeurât ferme dans sa foi. Provana fit entendre au duc et au nonce que l'insistance que mettait le saint Prévôt à faire payer cette prédication était intéressée de sa part et *qu'il ne fallait pas se fier aux Savoyards.* Informé de ce propos par le nonce, François de Sales répond en gentilhomme savoyard et en apôtre : *Quant au conseil que l'abbé vous donne, en vous avertissant qu'en général*

(*) Ch. Aug., *Vie*, t. 1er, item, *Souven. Hist. d'Annecy*, p. 344 et 345.

C'était un bon acheminement ; mais les raisons de convenance et les guerres incessantes du duc ajournèrent encore de quelques années l'exécution des mesures concertées.

Le nouvel abbé, Vespasien Aiazza, qui n'avait trouvé dans ce monastère que quelques moines ignorants, relâchés et impotents, travailla à leur remplacement par des religieux de la réforme de Saint-Bernard ; il pria saint François de seconder ses vues. Celui-ci, qui avait déjà reconnu les lumières et les vertus d'Aiazza et qui lui avait donné des preuves de sa haute estime, en l'appelant à discuter les règles à tracer à la Sainte-Maison de Thonon, applaudit à ce dessein qu'il savait être celui du pape ; il en écrivit donc à Clément VIII, non-seulement pour donner son adhésion à ce projet, mais encore pour le recommander. En même temps il était en relation à Turin avec le nonce, dont les intentions favorables à ce projet lui étaient connues.

Pour acheminer cette affaire et tracer les conditions et charges que prendraient réciproquement l'abbé d'Abondance et les Feuillants, il se fit à Thorens en 1604 un acte préliminaire très important, dont saint François de Sales, alors devenu évêque, fut témoin et le principal négociateur. En voici le texte complet :

« Au nom de Dieu, ainsy soit-il.

« Comme ainsy soit que R^d S^{gr} Messire Vespasien Ayassa, abbé de l'abbaye de N. D. d'Abondance ayant trouvé seulement le nombre de huit chanoines réguliers

---

on ne doit pas se fier aux Savogards, je le prends pour une impertinence telle qu'elle ne mérite pas de réponse. Que s'il s'efforce de vous faire goûter ce conseil, je suis en état de vous inspirer des sentiments tout contraires et de le convaincre que ni dans une chose ni dans une autre je n'use point auprès de vous de mensonge ou d'artifice et que je ne demande pas pour moi une seule obole de son abbaye. » (31 mai 1397). C'est sur la réponse motivée du Saint que Provana fut condamné par le duc à l'entretien d'un nombre de prédicateurs en Chablais et à une aumône aux Clarisses d'Evian. (Ibid., t. I, p. 178). Tous ces extraits de correspondances ont été fournis par M. le G.-Vic. Brasier et tirés du 6e vol. de Migne, p. 903, 534, 542, 905, 909 et 551.

en son abbaye, laquelle est obligée au nombre de douze et desdits huit, un était novice, lequel n'ayant été admis à la profession à cause des décrets de Notre St Père le pape Clément huitième fait sur le règlement des réguliers et qu'un autre a été profès depuis le susdit décret, tellement que, selon la teneur d'iceluy, sa profession est nulle, et partant il ne reste que le nombre de six, lesquels ne peuvent, à cause des infirmités et le vieux âge décrépit faire le service de l'église comme il appartient, ne pouvant le dit S[r] abbé pour cause desdits décrets recevoir d'autres chanoines, par ce veuillant satisfaire à ce qu'il est obligé et establir convenablement le service divin en son église, a délibéré s'il plait ainsy à N. S. P. le pape Clément VIII, introduire en sa dite abbaye les Pères de la Congrégation de N. D. des Feuillans, ordre de St Bernard, s'assurant qu'avec l'exemple de leur vie religieuse telle qu'elle est reconnue et attestée partout où ils sont établis et avec la prédication de la parolle de Dieu, les confessions et autres exercices spirituels auxquels ils vacqueront que Dieu N. Seigneur en restera grandement honoré et glorifié et les peuples dépendant de ladite abbaye et autres circonvoisins en seront beaucoup édifiés et ceux qui se trouveront infectés d'hérésie en pourront recevoir de l'aide pour être ramenés au giron de Notre Ste Mère l'église catholique, apostolique romaine; pour l'exécution de cette sienne délibération auroit traité avec le R[d] Père en Dieu dom Pierre de S[t] Bernard général de la dite Congrégation, lequel auroit député le R[d] Père dom Jean de S[t] Malachie visiteur de la dite même Congrégation pour se transporter audit lieu et iceluy voir et traiter particulièrement les affaires.

« Pour ce est-il que l'an mil six cent et quatre et le vingt-six du mois d'octobre, pardevant moy Claude Paulmes notaire ducal en Genevois soussigné et des témoins bas nommés se sont établis et constitués les susnommés R[d] S[r] Messire Vespasien Ayassa, abbé de l'abbaye d'Abondance, faisant tant en son nom que de ses successeurs en la d[e] abbaye et le dit R[d] Père dom Jean de S[t] Malachie visiteur susdit et prieur de N. D. de Mondevi, promettant se faire avouer par le susd. R^d Père Général ont traité comme cy après.

« Premièrement ledit Sr Abbé de N. D. d'Abondance donnera aux Pères de St Bernard de la congrégation de N. D. des Feuillans le monastère en l'état auquel il est trouvé maintenant et davantage le site à l'entour d'iceluy conforme au plan qui est sous écrit par les parties, donnera aussi l'église en l'état auquel présentement elle est, excluant toutefois cette partie de la nef qui est marquée dans le susdit plan, laquelle se réserve et se destine pour l'usage et service de la cure (paroisse) et pour cette division et séparation sera faite un mur du bas jusqu'a hauteur de la dite nef, gros de trois paumes romaines à frais communs. Le dit S^r abbé donne aussi aux susdits Pères six cent quarante écus d'or d'Italie tous les ans lesquels il payera toujours par avance, savoir est : deux cent quarante écus à Saint-Michel, deux cents écus au dernier janvier et autres deux cents écus au dernier de may et le premier payement commencera à la fête de St Michel de l'an mil six cent cinq pour raison de laquelle somme lesd. Pères seront tenus d'entretenir perpétuellement dans le monastère douze religieux servant au chœur conformément à la charge portée par la fondation de l'abbaye, entre lesquels du moins il y ait six prêtres, le S^r abbé se remettant pour le regard du nombre des convers et donnés et serviteurs à ce que les Pères en jugeront être pour le mieux. Davantage, ledit S^r abbé donnera cent soixante écus d'or pistoles d'Italie tous les ans payables aux mêmes termes que dessus, tant pour la manutention de la fabrique de l'église et du monastère, que pour tenir la sacristie propre et pourvue d'ornements et autres choses nécessaires et pour entretenir la lampe du St Sacrement d'huile, les autels de cire laquelle, au moins aux jours solennels, sera toujours employée blanche et non autre et pour assuration de faire le susdit payement, le S^r abbé oblige et hypothèque tous les revenus de l'abbaye sans exception quelconque. Si d'aventure, sans coulpe des Pères, il arrive au monastère ou à l'église quelque ruine ou démolition, telle que la réparation d'icelle dût couter plus de cinq cents écus d'or, en tel cas, ledit sieur abbé en sera pour la moitié de la dépense et les pères pour l'autre moitié et c'est en la forme et manière qu'arbitrera Mgr Illust^{me} nonce de Sa Sainteté auprès du Sér^{me} Prince et Duc de Savoie et Mgr le Rev^{me} évêque et prince de Genève qui seront pour lors, lesquels dès à présent les parties élisent pour juger de tout ce qui pourrait être en différend concernant tels accidents et réparations qui seront à faire. Le dit S^r abbé pourvoira pour une fois tant seulement la sacristie des parements nécessaires pour le service de l'église et c'est dans un terme raisonnable et livrera aussi aux dits Pères les meubles et autres choses contenues dans la liste que fera dom R^d Alexandre Donat audit S^r abbé dans un temps convenable ; iceluy sera obligé davoir parachevé l'église et la sacristie de la cure (paroisse) dans le terme de six ans à commencer l'an mil six cent cinq à la fête de Saint-Michel, en sorte qu'alors le curé puisse en icelle église exercer les ministères paroquiaux laissant aux Pères la leur toute libre et néanmoins durant ledit terme, le curé pourra faire tous les offices paroquiaux en ladite église des Pères et se servir des ornements et de toutes autres choses dont il aura besoin de leur sacristie pour les anniversaires et offices des morts et certaines messes privées auxquelles le chapitre des chanoines reste présentement obligé, quoique avec peu de certitude et clarté, s'étant trouvé qu'une bonne partie des obligations susdites ont été fondées des prédécesseurs religieux défunts lesquels, pour n'avoir rien en propre, ne peuvent instituer telles fondations et que généralement tous ces anniversaires ont été fondés avec si petit revenu, que aucun d'iceux ne répond grande affaire à l'obligation, outre que la plupart d'iceux ont été assignés aux jours des fêtes, voire même solennelles. Pour ce Mgr le Rév^{me} évêque de Genève et iceluy S^{gr} abbé ont ensemblement déclaré en vertu du pouvoir que le Concile de Trente, session 25, Ch. 4, donne aux supérieurs des églises, qu'à toutes les susdites obligations sera satisfait par les Pères faisant participants **tous les bénéfacteurs de l'abbaye au mérite d'un** anniversaire qu'ils célèbreront tous les mois en cette église pour les fondateurs et bienfaiteurs de ce monastère et de plus d'une messe basse qu'ils célèbreront et de l'office des morts qu'ils diront tous les jours fériés pour les mêmes.

« Quant à l'obligation d'aller au cimetière ou sur les sépultures chanter les répons *Libera me* pour ceux qui ont fait les susdites fondations, cecy n'étant pas conforme à l'institut des Pères, le dit S^r abbé en donnera la charge au curé de la paroisse auquel resteront aussi tous les émoluments qui résultent de ces fondations.

« Les Pères prendront la charge de faire l'aumône ordinaire tous les jours conforme à l'usage de cette abbaye, le S^r abbé leur donnant onze muids d'orge de celui qu'il recueillera des paroisses d'Abondance et de la Chapelle, et, davantage, ils feront la *donne* le Jeudi-Saint aux enfants et au peuple, selon que la coutume a été gardée jusqu'icy, le S^r abbé leur donnant un muid de fèves et deux coupes de froment à cet effet. En outre, les Pères prendront la charge de faire les cinq *donnes* que l'on a coutume de faire au peuple de pain et serex (sérac) au jour de Saint-Martin, laquelle, à cause que le peuple va à une foire voisine, s'il n'y a point d'incommodité, se pourra transporter au jour de la Saint-Bernard, les autres aux jours de la Septuagésime, l'Ascension, la Trinité et la Nativité de saint Jean-Baptiste, ledit S^r abbé leur donnant pour les dites *donnes* cinq (1) muids d'orge du dixme des paroisses susdites et 350 livres de serex. Ledit S^r abbé donnera pour l'entretènement de quelques chevaux que les Pères pourront avoir cette partie du pré Frarou qui commence vers le levant et finissant par une ligne droite dès le monceau de pierres qui est au bord de la Drance jusqu'à la grande pierre qui est dans le pré et de là jusqu'à la concavité qui est le long de la montagne de ce côté, laissant encore aux Pères les bois qui sont en la montagne enclos par les dits termes, pour laquelle division sera faite à communs frais une clôture de bois d'épines de-

---

(1) Une de nos copies porte six muids et 500 livres de serac. Celle des syndics porte cinq muids et 350, ainsi que ci-dessus.

puis la rivière jusqu'à la montagne, sans qu'il y ait aucune porte ni passage. Le S⁽ʳ⁾ abbé donnera encore pour les mêmes chevaux deux muids d'avoine et les Pères pourront envoyer un cheval paître au pré Frarou et au pré d'Offa, quand les autres bestiaux y paîtront. Ils pourront aussi envoyer dix vaches paître à la montagne de Bize pour le droit que l'abbaye a en icelle au temps que les autres y iront, à condition néanmoins que les Pères ne pourront vendre ni acenser ni passer contrat dudit droit, mais seulement s'en servir pour leur bétail propre. Les pères jouiront aussi du droit que l'abbaye a de moudre au moulin d'icelle, scier, alper et se servir du pillier sans aucun payement.

« Les Pères seront tenus d'avoir et maintenir à l'abbaye un confesseur pour l'utilité spirituelle du peuple circonvoisin pour le bénéfice duquel le saint abbé désire grandement que les Pères maintiennent toujours un prédicateur entre eux ; toutefois il s'en veut rapporter à leur charité et au service de l'honneur divin et du salut des âmes, qu'ils auront, présumant qu'il sera tel, qu'ils n'y voudront manquer nullement. Les Pères seront tenus de servir le dit S⁽ʳ⁾ abbé et ses successeurs, toutes fois et quantes qu'ils célèbreront messe pontificale ou feront aucune fonction ecclésiastique en l'église de l'abbaye, et ce, tant dans le chœur qu'ailleurs ; le dit S⁽ʳ⁾ abbé tiendra toujours le premier lieu et précèdera tous les autres, comme maintenant il précède les chanoines, sans que toutefois pour cecy ou aucune occasion, il puisse prétendre aucune juridiction sur les dits religieux. Les Pères seront tenus d'intervenir avec le curé à la procession qui se fait à la solennité du Saint-Sacrement, laquelle se lèvera à l'église des Pères et le Père prieur ou autre tenant sa place qui aura chanté la grand'messe portera le Saint-Sacrement en icelle procession et en toute autre en laquelle les dits religieux et le curé marcheront ensemble, le curé tiendra la senestre du premier des religieux qui ira en rang de dignité et les deux croix marcheront à côté l'une de l'autre, celle de la paroisse allant à senestre.

« N'étant l'église, qui est restante pour la cure, commode

au jeudy saint pour faire le sépulcre pour reposer le Saint-Sacrement et étant aussi de plus grande édification qu'à cette solennité le peuple s'assemble en l'église des Pères où le service sera plus décemment et parfaitement accompli qu'à la cure (paroisse), a été accordé qu'au dit jour après que le curé aura dit la messe, il viendra assister à la procession que feront les Pères en leur église et de même fera-t-il au jour suivant, laissant le tabernacle de son église ouvert selon les sacrés rites.

« Etant l'église et le monastère en tel état que, en l'église, il faut faire beaucoup de dépenses pour la retenir, et au monastère de toutes parts il y a réforme pour le rendre conforme et commode à l'usage des Pères et faire l'enclos, pour suffire à toutes ces dépenses, lesquelles le S^r abbé ne peut faire, pour avoir à payer, outre les charges ordinaires, quatre cents écus d'or de pension et les deniers (?) et moins, les religieux n'ayant que la pension qui leur est assignée, a été avisé et arrêté que l'an mil six cent cinq à la fête de saint Michel, auquel terme seront finies les prébendes qui se donnent aux chanoines de présent, devront venir deux religieux prêtres l'un desquels soit confesseur pour habiter au monastère et servira à l'église à la meilleure manière que faire se pourra et est néanmoins le S^r abbé tenu et obligé de payer entièrement selon la capitulation susdite les dits six cent quarante écus d'or qui sont assignés pour l'entretien et vivre des Pères, lesquels seront tenus employer ce qui sera de surplus après leur entretenement aux réparations que seront à faire et en l'année mil six cent six commençant à Saint-Michel, les Pères seront tenus d'entretenir six ou sept religieux pour le chœur et continueront pareil nombre jusques à la fête de Saint-Michel en l'année mil six cent huit employant comme sus est dit ce que sera de bon, déduit leur entretenement de la somme qu'ils recevront et le dit S^r abbé dès l'année (1606) commençant à la fête St Michel, restera déchargé de la manutention de l'église des pères, du monastère et sacristie, selon ce qui est porté par la susdite capitulation, étant aussi dès lors obligé de leur payer les huit cents écus d'or par an, comme il a été convenu. Les dits pères seront tenus de prendre sur eux la charge de faire expédier à Rome la provision apostolique sur cette affaire sans aucuns frais ni dépends du Sr Abbé, auquel appartiendra de procurer que les chanoines qui sont de présent à l'abbaye soient commodément pourvus et satisfaits. Combien que le Sr Abbé tienne pour très assuré qu'après sa mort, les Pères, par leur charité et réciproque affection qu'il porte à leur congrégation, lui départiront largement les suffrages de leurs sacrifices et oraisons, néanmoins, il demande pour aumône tant pour soy que pour ses successeurs que soudain qu'ils auront notice de sa mort et de ses dits successeurs, huit jours en suivant, toutes les messes qui se diront en l'église de l'abbaye, hormis, si les Pères le jugent, la conventuelle, soient appliquées pour le suffrage de son âme et quant au premier jour vaquant auquel il sera licite, soit dit l'office des morts et toutes les messes de *Requiem* pour son âme, et de même soit fait pour ses successeurs.

« En tant que les Pères ne voulussent ni pussent, pour quelque occasion que ce fût retenir cette église et monastère de l'abbaye de N. D. d'Abondance depuis qu'ils l'auront acceptée, les parties déclarent que la présente capitulation soit pour cela même nulle et comme non avenue, tellement qu'au Sr Abbé restera libre faculté de pourvoir son église de ministres tels qu'il verra être bons, sans que les Pères y interviennent et ne pourront prétendre aucune chose pour raison des meilleurements faits ni transporter aucun meuble ni ornement d'église.

« Laquelle capitulation les parties entendent qu'autant elle doit avoir de valeur et efficace, que Notre S. P. le Pape Clément VIII l'approuvera, auquel elles le présenteront, soumettant leurs personnes et tout ce qui les touche à ses pieds très saints ; pour l'exécution desquelles conventions ledit S^r abbé oblige tous les biens de ladite abbaye d'Abondance et ledit R^d P. Dom Malachie oblige tous les biens temporels de ladite Congrégation, promettant de faire venir la ratification desdites conventions du R^d Père Général et la faire tenir en bonne et authentique forme dans trois mois, promettant toutes les deux parties d'avoir à gré tout le contenu au présent acte et de ne jamais y contrevenir en jugement ni dehors, renonçant à tous droits, lois, us, coutumes, édits, bénéfices, reliefs, à toutes exceptions et déceptions, et à tous et quelconques moyens à ce que dessus contraires et à toutes autres clausales requises.

« Fait et prononcé au château de Sales en présence de Mgr le R^{me} évêque et prince de Genève, l'établissement des religieux de ladite Congrégation luy étant agréable et s'en est promis tant de bien à son diocèse, qu'il a volontiers cédé l'autorité qu'il avait sur ladite abbaye, afin que les dits Pères jouissent de leurs privilèges, se contentant que l'honneur qui lui a été déféré jusqu'ici en l'église lui soit rendu et à ses successeurs, réservant en tout et partout le bon vouloir de notre S. P. le Pape et en présence aussi de R^d messire Jean-François de Sales, chanoine de l'église cathédrale de Genève, R^d Messire Claude de Blonay, curé de Sy (Sciez), nob. Gallois de Sales, S^{gr} de Thorens, hon. Georges Roland de Versenex et hon^{te} Pierre fils de feu François Jacquet du Plot, tous du diocèse de Genève, témoins à ce requis et appelés, lequel acte a été reçu et stipulé par Me Claude Paulmes, notaire ducal en Genevois, combien que par autre soit écrit... Signé Claude Paulmes, notaire demeurant au Chêne, paroisse de Thorens qui le présent a reçu et André Aubert, not^e d'Abondance a signé une copie collationnée. »

Cet acte est fort important, non-seulement parce qu'on y voit intervenir l'Apôtre du Chablais avec toute sa sagesse et son esprit pratique, mais encore parce qu'il fournit de précieux renseignements sur le passé et le présent de l'abbaye, qui allait se transformer, et de sages mesures pour préparer et garantir l'avenir. Aussi la plupart des actes subséquents s'y réfèrent, tant pour s'y conformer, que pour l'interpréter et le modifier sur certains points.

Quoiqu'acheminées depuis deux ans, les affaires n'avançaient guère, et il fallut encore deux longues années de patience.

Enfin, à date du 28 septembre 1606, le pape Paul V signa

le bref relatif à l'établissement des Feuillants dans l'abbaye d'Abondance en remplacement des anciens chanoines réguliers de Saint-Augustin, bref qui ne reçut son exécution que l'année suivante. Voici la traduction que nous avons faite de cet important document :

« A notre vénérable frère l'Evêque de Genève,
 « PAUL, Pape cinquième,
 « Vénérable Frère, salut et bénédiction apostolique.

« Le Pontife romain pense que c'est remplir exactement le devoir de la charge pastorale, que de pourvoir par des actes de son ministère à l'accroissement du culte divin et à un état heureux et prospère des maisons régulières, surtout des monastères tombant en décadence et de donner aux actes faits dans ce but toute la notoriété, la solidité, la perpétuité et l'inviolabilité que l'autorité apostolique a coutume d'y ajouter.

« Or il est venu à notre connaissance que dans le monastère de la B. M. d'Abondance, de l'ordre des chanoines réguliers de Saint-Augustin, au diocèse de Genève, au lieu de douze chanoines dudit ordre qui devraient s'y trouver, il n'y en a maintenant que sept, et encore de ce nombre est un novice qui, à teneur des décrets de notre prédécesseur, d'heureuse mémoire, Clément VIII, sur l'état (des chanoines réguliers), ne peut être admis à la profession, et quant aux six autres, la plupart pour cause d'infirmité ou d'âge, sont à peu près incapables d'exercer avec décence les fonctions du culte divin dans l'église de ce monastère. C'est pourquoi il est d'un grand intérêt que vous distribuiez ces dits moines dans d'autres monastères du même ordre situés dans les Etats de notre cher Fils l'illustrissime Charles-Emmanuel, duc de Savoie, prince de Piémont, et qu'ensuite vous introduisiez audit couvent de N. D. d'Abondance douze moines de l'ordre de Saint-Bernard de la Congrégation de N. D. des Feuillants. Ce sera un moyen puissant de pourvoir, non-seulement à l'accroissement qu'y recevra le culte divin, mais encore à la propagation (dicte sedis ?), au raffermissement dans la vraie foi des catholiques soumis à ce monastère et au retour des hérétiques voisins au giron de Notre sainte Mère l'Eglise. Tels sont les motifs, ainsi que nous l'avons appris par les lettres de notre cher fils notre nonce apostolique auprès du duc et prince Charles-Emmanuel, qui ont déterminé notre bien-aimé fils, Vespasien Aiazza, à adopter ce changement dans le dit monastère, et à procéder pour cela à un projet de transaction avec notre cher fils, le visiteur de la dite congrégation, spécialement délégué pour cet objet par son supérieur général, comme en effet il a transigé sous réserve de notre agrément et du Saint-Siège et avec diverses conditions et clauses licites et honnêtes, ainsi qu'il en conste plus amplement par un acte public stipulé à ce sujet (le 27 octobre de l'an du Seigneur 1604). C'est pourquoi, Nous, comblant d'éloges dans le Seigneur le zèle du dit Vespasien, voulant pourvoir autant que nous le pouvons avec le secours de Dieu, à l'augmentation du culte divin et de la foi catholique et à la dilatation de la dite Congrégation qui produit des fruits abondants pour la gloire de Dieu et le salut des âmes, tenant même pour plus vrais qu'ils ne sont exprimés tous les considérants du traité susmentionné, voulant par la teneur des présentes absoudre et déclarant absous seulement pour l'effet à obtenir, le prénommé Vespasien et chacune des personnes de la dite Congrégation de toutes sentences, censures d'excommunication, de suspenses et d'interdit et de toutes autres peines portées par le droit ou par l'homme pour quelque occasion ou cause que ce soit, s'il en est quelques-unes dont ils soient liés de quelque manière que ce soit, accueillant favorablement les suppliques qui nous sont humblement présentées pour cet objet, donnons commission et mandat à vous, notre frère, dont la piété, la prudence et le zèle religieux nous inspirent la plus grande confiance selon Dieu, après vous être assuré de ce qui précède, de répartir, en vertu de notre autorité apostolique, tous et chacun des chanoines du dit monastère de N. D. (d'Abondance), ceux seulement qui ont fait profession, dans d'autres monastères du même ordre existant dans lesdits Etats. Vous excepterez celui à qui la charge des paroissiens de la dite église a été confiée par le dit Vespasien, ou par l'abbé soit commendataire existant alors audit monastère et qui est encore actuellement délégué, ainsi qu'il nous en conste, pour l'exercice de cette charge d'âmes. Vous pourvoierez à ce que les autres, sans retard ni opposition quelconque, soient accueillis et bien traités dans le couvent qui leur sera désigné. Vous leur assignerez à chacun pour le vivre, l'habillement et autres droits nécessaires, une pension de quarante écus d'or qui leur sera payée annuellement et intégralement pendant leur vie, des fruits et revenus de la mense conventuelle dudit monastère de N. D. (d'Abondance), ou sur des bénéfices dépendant dudit monastère ou de toute autre provenance compétente, le tout abandonné à votre discrétion et au jugement absolu de votre volonté. Vous supprimerez et éteindrez pour toujours dans ledit monastère de N. D. (d'Abondance), dans son église et bâtiment, l'ordre susdit de Saint-Augustin, tout fruit, essence et dépendance régulières, à l'exception cependant du nom, du titre et de la dignité d'abbé et de la mense abbatiale auxquels nous ne voulons ni n'entendons préjudicier en rien par cela. Après cette suppression et extinction, vous accorderez et assignerez de même à perpétuité ledit monastère avec tous les biens, droits et appartenances de sa mense conventuelle au général, soit au légitime procureur de ladite Congrégation des Feuillants, en sorte que ce général ou son procureur puisse, au nom et par l'autorité propre de cette congrégation, être mis en possession réelle, corporelle et actuelle et jouissance perpétuelle de tous ces avantages, avec charge de placer dans le monastère de N. D. d'Abondance douze moines ou religieux de leur dite congrégation qui devront y vivre conventuellement selon leurs rites, mœurs, coutumes et institutions régulières, s'y appliquer à louer Dieu, lesquels auront à l'avenir le pouvoir et la faculté d'user, de jouir, de posséder librement et licitement tous les privilèges, immunités, exceptions, prérogatives, appartenances, préférences, concessions, indults, indulgences, et autres faveurs et grâces tant spirituelles que de moindre relevance, de la même manière et dans la même forme que les autres monastères de la même congrégation, et leurs supérieurs et les moines en usent et jouissent ou peuvent y prétendre par droit, privilège, usage, concession, communication et coutume ou à quelque autre titre que ce soit. En outre, en vertu de la même autorité (apostolique), vous déclarerez que, aussitôt que l'un desdits chanoines ainsi répartis, viendrait à décéder ou à obtenir quelqu'un des bénéfices prémentionnés, ou tout autre revenu annuel compétent, la pension de quarante écus d'or qui lui était assignée, devra revenir et rentrer pleinement, intégralement, et sans aucune retenue, aux moines soit religieux de la dite congrégation qui demeureront alors dans le dit monastère de N. D., soit à leur mense conventuelle. De plus, nous vous accordons et communiquons à perpétuité la pleine, libre et absolue autorité pour faire et exécuter tout ce qui précède, et par la teneur des présentes, de notre autorité apostolique, nous confirmons à perpétuité et approuvons toutes et chacune des choses faites dès maintenant comme dès lors, et même celles que vous ferez dans la suite, ainsi que la transaction susmentionnée et l'instrument rédigé sur cet objet avec tous décrets, obligations, soumissions, promesses, clauses et garanties, avec tout ce qu'il contient, ce qui s'en est suivi et doit s'en suivre et nous leur appliquons la vigueur d'une perpétuelle et inviolable fermeté apostolique. »

(Suivent d'autres formules pour la pleine exécution de ce bref.)

« Donné à Rome, à Saint-Marc, sous l'anneau du pêcheur, le 28 septembre (1606), de notre Pontificat la seconde.

« Signé : Scipion Cobellatius. » (n° **28**).

On est étonné de ce que le bref ne fait pas la moindre mention des droits antiques des chanoines d'Abondance. L'acte de 1108 portait que l'église et toute la vallée d'Abondance était donnée et appartiendrait à Arluin, à ses frères et à leurs successeurs à perpétuité, sans désignation du **nombre de ces religieux. Il est vrai qu'il était supposé que ces chanoines vivraient canoniquement** *(canonice viventi-*

bus) c'est-à-dire, seraient fidèles à une règle commune et à une vie édifiante. Or le nouveau commendataire et saint François trouvaient que ces chanoines accomplissaient mal ces conditions.

Il faut d'ailleurs savoir que les ordres religieux relèvent directement de l'Eglise et de son Pontife suprême. C'est lui qui les approuve et les supprime selon que sa haute sagesse voit qu'ils sont utiles, inutiles ou devenus dangereux, selon que des raisons majeures dont il est l'unique juge, lui dictent une détermination souveraine. C'est ainsi que le Saint-Siège en a usé à l'égard des Templiers et des Jésuites pour des motifs bien différents. Or, c'est le Saint-Siège qui supprime les chanoines de Saint-Augustin d'Abondance. S'il y avait quelqu'un à blâmer, ce blâme ne peut retomber que sur eux, qui *avaient été souvent, mais toujours en vain, admonestés de se tenir en modestie, sinon en religieux, pour le moins en simples clercs.* Saint François de Sales n'avait d'abord demandé que leur conversion ; faute de l'obtenir, il demande qu'on *les lève de là,* car, ajoute l'apôtre, *ils détruisent plus en une heure que l'on a édifié tout un an.* Or, étant devenu évêque et l'abbaye relevant de lui en cette qualité, c'était à lui, d'accord avec le pape, à chercher un remède efficace à cette déplorable situation, et ce remède fut la suppression.

L'exécution de cette mesure fut accompagnée de tous les ménagements désirables. D'abord, quoique daté du 28 septembre 1606, le bref pontifical qui décrétait la suppression ne fut expédié qu'au printemps de 1607. On n'eût pu sans inconvénient déplacer des moines âgés et infirmes au début de la mauvaise saison qui s'avançait. Ensuite, il fut décidé qu'on pourvoirait convenablement à tous leurs besoins dans d'autres monastères du même ordre. Au fond, il ne s'agissait pour eux que d'un changement de local et, sous ce rapport, ils ne pouvaient rien perdre.

A peine le saint évêque eut-il reçu ce bref, qu'il se mit en mesure de l'exécuter. Mais comme il était alors surchargé d'autres affaires importantes, il se donna un délégué qui agît en son nom dans la question d'Abondance. Voici cet acte de procuration :

Teneur de subdélégation

« François de Sales, par la grâce de Dieu et du S. Siège apostolique, évêque et prince de Genève, à tous ceux qui ces présentes verront sçavoir faisons que Nous ayant receu un brief de Nostre St Père le Pape Paul cinquiesme datté à Rome, vers sainct Marc du vingt-huitiesme septembre en l'année dernière mil six cent et six deument scellé et signé Cobellatius par lequel il nous est mandé de supprimer les religieux de l'Ordre de St Augustin estant en l'abbaye de Nostre-Dame d'Abondance rierre nostre diocèse et au lieu et place d'iceulx y mettre et establir douze moennes de l'Ordre de St Bernard de la Congrégation de N.-D. des Feuillants. Pour l'exécution duquel sommes esté par Sa Sainteté commis et d'autant que a cause de plusieurs et divers négoces a nous survenus n'y pouvons vacquer avons pour l'exécution d'icelluy commis, comme par ces dictes présentes commettons R. Messire Jehan Favre docteur ès droicts, chanoenne de St Pierre de Geneve nostre official et vicaire général par nous establi en nostre diocèse, auquel mandons et commandons de procéder à l'exécution du dict brief selon sa forme tenue. En foy de quoy avons octroié et octroions ces présentes signées de nostre main et contresignées par nostre greffier. A Thonon, ce second may mil six cent et sept.

FRANÇOIS, Evesque de Genève. — Decomba.

Le subdélégué apostolique ne tarda pas à remplir son mandat. Le 7 mai 1607, il s'était transporté dans ce but au monastère d'Abondance. Il constate d'abord que, au lieu de douze chanoines qu'il devrait y avoir au monastère, il n'y en a plus que sept dont l'un, nommé de la Sale, novice et non encore dans les ordres, ne peut être admis à la profession. Les six autres sont Thomas Bidal, sexagénaire, Jean Cornu, septuagénaire, Jacques de Compois et François Thorens aussi septuagénaires, Jean de Thorens, âgé de 28 ans ; tous impotents et podagres. Le seul valide est Jean

Moccand, curé de la paroisse qui conservera ce bénéfice. Les autres sont distribués dans les monastères suivants : Thomas Bidal et Jean Cornu à Sixt ; Jacques de Compois et François Thorens à Peillonex et Jean de Thorens à Saint-Jeoire près de Chambéry. De la Place rentrera dans le siècle. A chacun des cinq chanoines ainsi déplacés est assurée une pension annuelle de quarante écus d'or.

Le même jour, les Feuillants prennent possession du monastère d'Abondance par l'entremise de R^d Joannin Gay, prêtre, qui est installé dans toutes les formes canoniques et civiles de l'époque.

Enfin, le même jour, 7 mai 1607, le sous-délégué, Révérend Favre, installe de nouveau R^d Moccand (1) curé d'Abondance et lui assigne pour logement au monastère l'appartement laissé vacant par le départ de François de Thorens.

C'en fut donc fait de l'établissement cinq fois séculaire des chanoines réguliers d'Abondance, et au printemps de 1607, les quelques religieux qui restaient encore dans cette insigne abbaye, dont nous avons donné les noms, furent transportés dans les monastères du même ordre qui leur avaient été assignés.

Dans cette longue période, ces religieux peuvent revendiquer à leur actif trois siècles de services, de bienfaits, de vertus monastiques et d'édification pour le peuple, qui les entourait de vénération et d'estime. Viennent ensuite de longues années de décadence. Voici les sages réflexions que

---

(1) Ce R^d Moccand était un prêtre de mérite et de zèle. Les prêtres du Chablais-Gavot l'avaient choisi pour leur archiprêtre et saint François de Sales lui en donne officiellement l'autorité en ces termes : *Quod congregatio sacerdotum districtus aquianensis nostra auctoritate firmata te inter alios elegerit ad visitandas... ecclesias personasque ecclesiasticas totius ejusdem districtus quæ episcopali jurisdictioni subsunt, id sane nobis gratissimum fuit, atque ut id muneris efficacius aggrediaris, nos tibi singillatim visitationes hujusmodi faciendi et quæ tibi opportuna tibi videbuntur injungendi potestatem iisce nostris litteris impertimur, præcipientes omnibus ad quos spectaverit ut te quæ correctione indigent corrigentem audiant ac monita tua exsecutioni mandent. Id enim ad Dei honorem futurum tua pietas, tuus zelus, tua prudentia nobis facile persuadent.*
FRANCISCUS *epus. Geben.* — (22 julii 1620).
(*Œuvr. compl. de saint François de Sales*, édit. Migne, t. VI, col 1087).

le sort de cette antique abbaye a inspirées à M. Charvet, architecte et écrivain dont nous avons déjà signalé le mérite :

« Des revenus immenses, en apportant l'abondance, puis l'oisiveté, altérèrent l'esprit des ordres les plus dévoués ; puis, il tombèrent aux mains indignes des abbés commendataires ; dès lors, l'édifice croula de lui-même.

« Ces monastères avaient rempli leur mission et répondu au plus pressant besoin des temps féodaux, où agriculture, sciences et arts étaient oubliés pour des guerres acharnées.

« Que l'ignorance ne jette donc jamais un blâme téméraire sur ces nobles institutions et que leur décadence ne fasse pas oublier des siècles de services rendus à la civilisation et à l'humanité (1).

Les Feuillants, dont il nous restera à parler, entrèrent à l'abbaye.

Ce changement de personnel dans le monastère n'amena d'abord ni réclamation ni trouble dans la vallée. La paroisse vit avec plaisir disparaître, sinon ces chanoines qui avaient été pendant des siècles les bienfaiteurs de leurs ancêtres, du moins, cette nuée d'officiers et de familiers de l'abbaye dont ils avaient eu tant à souffrir. Les nouveaux religieux étaient des hommes instruits, édifiants, et dans toute la ferveur des débuts. On avait conservé à la paroisse le même curé, R^d Moccand, qu'elle connaissait et estimait. Saint François, qui avait eu une part importante à ce nouvel ordre de choses, veilla de son côté pendant les quinze ans qu'il vécut encore, à la bonne marche de l'établissement et le pieux abbé Aiazza qui lui survécut encore, fit régner une bonne discipline dans le couvent, plutôt par l'ascendant de sa vie exemplaire, que par une immixtion directe, à laquelle les Feuillants n'étaient pas soumis. Mais eux-mêmes étaient dans la ferveur de leurs commencements.

Pour revenir au côté temporel du nouveau monastère, l'expérience ne tarda pas à faire reconnaître que le traité intervenu en 1604 entre l'abbé et les Feuillants n'avait pas

---

(1) **Recherch.**, p. 107.

tout prévu et appelait un complément. Il eut lieu par la transaction du 30 avril 1608, Gérard, notaire. Par cet acte, l'abbé Aiazza cède au R^d Prieur des Feuillants, dom Jean de Saint-Malachie, le pré d'Offa, avec ses appartenances et dépendances contenant environ 50 poses, pour dédommager les Feuillants de certaines dépenses qui n'avaient pas été portées dans l'évaluation de la mense conventuelle, telles que salaires du barbier, des lavandières, des muletiers, etc. *Item*, l'abbé cède tous droits, noms et actions sur l'abbaye de Gollie, en Bourgogne, concernant tant le sel (1) qu'autres redevances auxquelles celle d'Abondance peut avoir droit. Cependant, R^d Aiazza se réserve à lui et à ses successeurs, la supériorité qui lui appartient sur Gollie et les avantages qui en relèvent. Mais, comme ces concessions sur Gollie et le pré d'Offa valent beaucoup plus que les dépenses omises dans l'acte de 1604, le prieur dom Malachie relâche au R^d abbé toute la part que celui-ci avait donnée aux Feuillants sur le pré Frarou. *Item*, convenu que les dimanches et fêtes, il se dira trois messes dans l'église de la paroisse et que, outre la messe que le curé d'Abondance est tenu de célébrer ou de faire célébrer à la chapelle d'Abondance, les Feuillants y en célèbreront une autre pour la commodité des paroissiens à 7 heures, d'avril à octobre, et à 8 heures, dans les autres temps. *Item*, convenu que le 3 novembre, les Pères feront chaque année un anniversaire solennel pour tous les abbé défunts de cette abbaye. *Item*, convenu que, au lieu de conduire leur bétail à la montagne de Bize, comme porte l'acte de 1604, les Pères pourront l'inalper à celle de Lens sans payer le haut-siège (ochéage), mais sans percevoir l'ochéage des autres personnes, lequel appartiendra toujours à l'abbé. *Item*, convenu expressément que les Pères seront tenus de faire, le second jour d'octobre, un anniversaire solennel pour les âmes des seigneurs comtes de Bourgogne et en retour percevront le sel stipulé à cet effet par celui des comtes qui avait fondé cet anniversaire, à forme

---

(1) Ce droit sur le sel fourni par les comtes de Bourgogne remonte à la fondation de l'abbaye de Gollie, et s'est soutenu jusqu'à la Révolution.

de contrat de donation. *Item,* attendu la nécessité de conserver le bois qui est au-dessus de l'église pour la protection et réparation d'icelle, l'abbé cède le dit bois aux Pères, les obligeant à n'y toucher que pour réparation des toits et se réservant à lui et à ses successeurs d'en pouvoir couper pour le même usage.

Cette transaction fut ratifiée le 7 août 1608 par le P. dom Paul de Sainte-Catherine, général des Feuillants (1).

Ceux-ci une fois installés à Abondance, il s'agissait de régulariser la situation économique du Curé, de lui allouer un traitement où se trouvassent des compensations raisonnables à la perte de sa prébende d'ancien chanoine. Cet accord eut lieu entre R^d Aiazza et R^d Moccand, curé, le 21 septembre 1618, à Thonon, où saint François de Sales, qui s'y trouvait alors, l'approuva le même jour. Voici les principales dispositions de cet acte :

Il est convenu que le curé percevrait pour lui et son vicaire 150 écus d'or d'Italie ; 2° les prémices demi-gerbes accoutumées, estimées 175 florins ; 3° deux muids de froment sur la dîme de Chevenoz et un muids (2) sur celle de Vacheresse, estimés les trois muids 150 florins ; 4° les censes à percevoir rière les paroisses d'Abondance, la Chapelle et ailleurs appartenant à l'abbaye, estimées 260 florins ; 5° les censes de l'acensement des pailles, des dîmes de la Chapelle et de Richebourg, comme aussi le revenu d'une concession dite la *Contamine,* et d'une autre, à l'Essert, paroisse de la Chapelle, estimées les deux à 100 florins ; 6° les terres dépendantes tant de la cure que de la sacristie, excepté la Mouille, estimées à 40 florins ; 7° une pièce de vigne à Tougnier, d'une bonne pose, affectée désormais à la cure ; 8° autre vigne à Nernier et une autre ailleurs, les deux estimées 50 florins annuels ; 7° pour dédommagement des prémices que le curé tirait de la Chapelle, assignées au curé du dit lieu, trois muids d'orge à prendre sur la dîme de

---

(1) Cet acte, en copie authentique, a été communiqué par M. Jérome Sallavuard.

(2) Le muids valait douze coupes du pays.

de *sous le Pas*, estimés 75 florins annuels. Lesquelles sommes reviennent à la somme de 150 écus d'or de la valeur de huit florins pièce, qui font 1200 florins. 10° pour les obventions (casuel), que ledit curé retirait de la Chapelle à l'occasion des quêtes et offrandes de Saint-Bernard, etc., l'abbé donnera 80 florins et huit coupes de fèves ; 11° L'abbé promet au curé deux coupes de froment et deux septiers de vin blanc pour les consécrations et communions ; 12° le cierge pascal de cire blanche, ou un écu ; 13° l'abbé donnera pour luminaire de l'église paroissiale (lampe), seize quarterons d'huile ; 14° l'abbé relève le curé de toutes sortes de décimes, subsides, dons gratuits qui pourraient être imposés pour quelque cause que ce soit ; 15° l'abbé sera chargé de maintenir l'église et la sacristie à ses dépens, comme aussi la maison de la cure, si elle venait, sans la faute du curé, à être brûlée ou ruinée.

Les charges du curé sont : 1° de maintenir la maison de la cure en bon état ; 2° d'user de grosses chandelles à l'église et non des petites offertes aux sépultures ; 3° de tenir toujours un vicaire auquel il donnera cinquante écus à déduire des cent cinquante assignés au curé, avec promesse que tous les mois qu'il restera sans vicaire, il perdra le traitement de celui-ci, à moins que le curé n'allègue des raisons que l'évêque aura jugées bonnes ; 4° de tenir un clerc *in habitu* (soutanelle bleue et surplis) pour servir le prêtre dans les fonctions du saint ministère ; 5° de célébrer une messe par semaine avec le répons *Libera me* pour les bienfaiteurs de l'abbaye ; 6° l'abbé, ou en cas de vacance, le prieur, pourra présenter à l'évêque, pour être institué curé, le prêtre qu'il en jugera digne, mais non celui qui aurait déjà un bénéfice exigeant la résidence. Une fois institué, s'il vient à s'absenter sans raison et sans autorisation, il sera privé de traitement pendant cette absence à raison de huit écus par mois ; 7° le curé ne pourra ni résigner ni permuter ; il s'y obligera avant de prendre possession. »

Avant l'introduction des Feuillants, l'abbaye d'Abondance s'était parfois prétendue exempte de la juridiction de l'évêque. Cette prétention fut même déférée au Sénat de Savoie. Saint François de Sales y soutint les droits de son siège et prouva par l'arbitrage de 1161, que les abbés d'Abondance et de Sixt étaient sujets à la juridiction et correction de l'église de Genève et pouvaient être déposés par l'évêque, s'ils devenaient rebelles et désobéissants (1).

Quant aux Feuillants, on a vu, par l'acte de 1604, que saint François de Sales *céda volontiers l'autorité qu'il avait sur cette abbaye afin que les Pères jouissent de leurs privilèges ordinaires, et se contenta que l'honneur qui lui avait été déféré jusqu'alors dans l'église du monastère lui fût rendu et à ses successeurs,* mais il *réserva cependant en tout et partout le bon vouloir de notre S. P. le Pape.* Pendant la vie du Saint et la supériorité d'Aiazza, tout se passa très bien dans le nouvel établissement d'Abondance, tant pour la discipline intérieure que pour l'édification publique. Malheureusement ces deux personnages disparurent trop tôt et, avec eux, disparurent bientôt les belles espérances que les débuts des Feuillants avaient fait concevoir. Cette famille religieuse ne tarda pas à déchoir. Mais avant de la voir disparaître à son tour d'Abondance, nous allons la voir à l'œuvre.

(1), *Vie de S. Franç. de Sal.*, par Ch. Aug., t. I, p. 388-389.

CHAPITRE XV

Les Feuillants à Abondance.

Leur institut. — Leurs débuts à Abondance très satisfaisants, suivis de graves déviations. — Tentatives vaines pour la réintégration des Chanoines de Saint-Augustin. — Règlement des rapports entre le Curé et les Feuillants en 1656. — Ils veulent exclure les habitants de leur église ou leur fournir un Curé Feuillant. — Les habitants cèdent, — l'Evêque aussi, avec des réserves. — Luttes des Feuillants avec tous Evêques depuis Ch.-Auguste jusqu'à Mgr Deschamps. — Légère éclaircie sous Mgr d'Arenthon. — Interminable procès. — Convention simoniaque des Feuillants. — Recrudescence de la lutte en 1734. — Concurrence schismatique. — Réception du Curé Tappaz en 1759. — Lettre des Feuillants au Pape. — Lettre de l'Evêque au Roi, avec mémoire. — Réponse de Charles-Emmanuel III. — Les Commendataires se tournent aussi contre les Feuillants. — Tout appelle un remède radical.

Les Feuillants n'appartenaient pas à l'ordre de Saint-Augustin, comme les chanoines qui venaient de quitter Abondance, mais bien à l'ordre de Saint-Benoît, que l'illustre saint Bernard de Clairvaux avait si admirablement réformé au douzième siècle, et dont les membres s'appelèrent dès lors Cisterciens. Cette réforme s'était soutenue longtemps et avait produit un grand nombre de saints et d'hommes considérables. Mais il venait de s'écouler près de quatre siècles depuis la mort de saint Bernard. La ferveur première de ces cénobites s'était attiédie, puis exilée d'un grand nombre de monastères de ces Cisterciens.

Une nouvelle réforme était bien désirable. Un homme l'entreprit : c'était Jean de la Barrière, né dans le Quercy en 1544. Ayant été nommé abbé commendataire de l'abbaye de Feuillans, dans le diocèse de Rieux, il voulut s'attacher par des vœux à l'ordre dont il possédait ce bénéfice, et en

1573 il fit profession de la règle de Citeaux. Dès lors, il ne pensa plus qu'à la réforme de l'ordre et un zèle, même exagéré, lui fit encore dépasser en austérités les fondateurs de l'institut, saint Benoît et saint Bernard (1). « Outre l'usage de la haire et de la discipline, dit Héliot, les Feuillans allaient déchaux, sans sandales et la tête nue, dormaient tout vêtus sur des planches et prenaient leur nourriture à genoux. Non-seulement ils pratiquaient l'abstinence de tout aliment gras, mais ils s'abstenaient encore d'œufs, de poisson, de beurre, d'huile, et même de sel, se contentant d'herbes cuites à l'eau, de pain d'orge pétri avec le son, et si noir, que les animaux refusaient d'en manger (2). »

Le réformateur eut à vaincre l'opposition de ses propres religieux, effrayés d'austérités auxquelles ils n'étaient pas accoutumés et auxquelles ils ne s'étaient pas engagés dans leur profession. Cependant, autant par son exemple que par sa fermeté, il parvint à triompher des obstacles qu'il avait rencontrés et plusieurs couvents de Cisterciens embrassèrent sa réforme. Sixte V, en 1585, confirma cette règle nouvelle. Un moment accusé en France devant le gouvernement, dénoncé et disgracié à Rome, La Barrière fut frappé de censures. Mais son innocence fut bientôt reconnue et Clément VIII, instruit, par le cardinal Bellarmin, du mérite de ce personnage, s'empressa de l'absoudre, voulut le retenir à Rome et favorisa de son mieux la nouvelle réforme. Il mourut à Rome, en 1600, entre les bras de son ami, le cardinal d'Ossat.

Saint François de Sales et l'abbé Aiazza attendaient des fruits merveilleux de ces religieux ainsi réformés. On a dit ailleurs que le pieux abbé, jusque là prêtre séculier, voulut lui-même, vers la fin de sa carrière, vivre et mourir sous la règle des Feuillants, dont il fit profession en 1630, après un long noviciat. Quant à notre Saint, il reçut aussi plus tard des lettres d'affiliation à la congrégation des Feuil-

---

(1) Feller, *Dict. biogr.*, art. *Barrière*. — Item, E. Brunier, *Hist. de Tamié*, p. 71 et 72.
(2) Cité par Brunier, ibid.

lants. En 1612, alors qu'il se préoccupait de la réforme de l'abbaye de Talloires, où la discipline religieuse s'était sensiblement relâchée, il eût désiré pouvoir y introduire les Feuillants. En 1622, année de sa mort, notre Saint fut délégué par le pape Grégoire XV, pour présider le Chapitre général des Feuillants, assigné à Pignerol. Il s'y confirma toujours davantage dans l'estime de cette sainte congrégation, où il voyait à la fois tant de vertu et tant de science (1).

Si, du vivant des deux saints personnages qui avaient le plus directement contribué à l'établissement des Feuillants, à Abondance, il n'y a eu, dans cette abbaye, que des religieux instruits et édifiants, sans que, pendant les vingt premières années, on puisse signaler aucun souvenir qui leur soit défavorable, dès lors les choses prirent une toute autre face. La division se mit entre eux. Les Pères qui venaient du Piémont ou de France ne pouvaient s'accommoder ni du climat ni de leurs confrères originaires de la Savoie. D'ailleurs ces religieux, étant exempts de la juridiction de l'évêque et de leur abbé commendataire, éloignés des grandes communautés des Feuillants, où la régularité se soutint mieux, n'ayant aucune charge d'âmes ni de fonctions paroissiales à exercer, se sentant désœuvrés et isolés dans un recoin de haute vallée, se prenaient quelquefois à s'ennuyer. Pour y remédier, il y en eut qui cherchèrent des distractions malsaines et se créèrent des relations dans certaines maisons où ils ne portaient pas le bon exemple. Ils sortaient du monastère à leur convenance. On en vit qui jetèrent le froc avec un certain retentissement (n° **29**).

Par suite de cette nouvelle face des choses, le public de la vallée établit entre les nouveaux religieux et les anciens chanoines une comparaison qui n'était pas en tout à l'avantage des Feuillants. Si les premiers passaient pour avoir été plus ignorants que les nouveaux venus, on aimait à se

---

(1) Il eut tant de confiance dans le P. Jean de Saint-François, nouveau général de la Congrégation, qu'il lui communiqua le plan des ouvrages qu'il méditait de composer, après qu'il se serait retiré d'Annecy à Saint-Germain sur Talloires. Ce religieux a fait imprimer la vie de saint François de Sales en 1624.

rappeler qu'ils avaient été bons avec la population et l'on oubliait tous les torts qu'ils avaient pu se donner.

L'abbé claustral de Sixt et ses chanoines, ainsi que les autres couvents de Saint-Augustin en Savoie, jugèrent ces circonstances favorables pour la réintégration des chanoines de Saint-Augustin à Abondance, d'autant surtout qu'ils en avaient été congédiés malgré eux, sans être entendus, à l'insu des abbayes de Saint-Maurice d'Agaune et de Sixt, qui étaient unies à celle d'Abondance et qui pouvaient y prétendre des droits. En conséquence, dans les années 1641 et 1642, les procureurs de ces couvents présentèrent divers mémoires et requêtes à la duchesse Christine de France, régente des Etats, et au cardinal Maurice de Savoie, et insistèrent auprès des ministres à Turin pour obtenir ce rétablissement. Ils eurent même recours à R^d Melchior de Grilly, abbé commendataire d'Abondance. Enfin, ils attaquèrent juridiquement les Feuillants au tribunal de l'Evêque de Genève, alléguant diverses raisons tirées des anciens droits de l'abbaye d'Abondance, de la nature et de l'origine des fondations de celle-ci, de l'union et dépendance où étaient d'autres maisons avec elle, de la conduite des Pères Feuillants, de l'intérêt même du prince et surtout de l'abbé commendataire qui avait perdu son autorité sur ces religieux exempts, et de l'évêque même, qui n'y pouvait plus visiter.

Malgré ces raisons, qu'on alléguait d'ailleurs longtemps après le fait accompli, il n'était pas facile de revenir sur une affaire aussi grave, qui avait été traitée, il y avait trente-cinq ans, avec le concert unanime de l'abbé d'Abondance, de l'évêque de Genève, saint François de Sales, du duc de Savoie et du Pape. A quelle juridiction s'adresser et, d'ailleurs, qui avait qualité officielle pour intenter et poursuivre une action en restitution de l'ancien état de choses? Outre que les Feuillants étaient assez bien en cour, comment la princesse Christine, régente des Etats, pouvait-elle annuler une œuvre à laquelle avaient eu tant de part son beau-père défunt, Ch.-Emmanuel Ier, et son saint aumônier, François de Sales, dont elle venait de vénérer le tombeau à Annecy en 1640? Les successeurs de notre

Saint, témoins de ce qui se passait à Abondance, y désiraient un remède ; mais quand on leur déférait des plaintes contre les Feuillants, ceux-ci en appelaient au Pape qu'ils regardaient comme leur seul juge et qui eût craint de déjuger ses prédécesseurs, Clément VIII et Paul V. Il résulta de toutes ces difficultés que les raisons alléguées et les démarches tendant au rétablissement des chanoines de Saint-Augustin à Abondance et au renvoi des Feuillants demeurèrent pour lors sans résultat (1).

Les curés d'Abondance, prêtres séculiers institués par l'évêque, ainsi que leurs paroissiens, eurent de leur côté à se plaindre des Feuillants. Ceux-ci observaient mal la convention passée le 21 septembre 1618 et signée par saint François de Sales ; ils gênaient les offices paroissiaux et il survint des conflits de juridiction. Les parties se citèrent devant tous les évêques qui occupèrent dès lors le siège de Genève. Désirant pourtant y mettre un terme, R^d Noble, quatrième curé séculier d'Abondance, se concerta avec les Feuillants ; ils formèrent ensemble un projet de convention plus explicite que celle de 1618, et où furent rédigées les questions de détail. Ce projet devait être soumis à l'évêque pour recevoir son approbation (2). Voici cet acte :

« .... Cejourd'hui cinquième de décembre 1655, par devant moy n° soussigné et présents les témoins bas nommés se sont établis en leur personne R^d Dom Hilaire de St-Jean-Baptiste fondé de légitime procure capitulairement faite par les R^{ds} P. Feuillants dudit Abondance du 28 novembre dernier d'une part et R^d Sr Barthelemy Magistry docteur en théologie cha° de Genève aussi fondé en procure du 21 dudit novembre dernier signé Bornand n°, tant au nom dudit Sr Noble, curé d'Abondance, que des paroissiens dudit lieu requérant conjointement avec ledit S^r leur curé l'éclaircissement desdites difficultés d'autre part, lesquels par foy et serment avec promesse *de rato* chacun de leur part et

---

(1) Tous les détails qui précèdent sont fournis par des notes qu'a laissées à Abondance Me Lacroix, alors notaire dans la vallée et recueillies par R^d E. Dufour.

(2) Pièce fournie par M. Pettex, curé de Saint-Gingolph.

quanto citius, à peine de tous dampts sous l'arbitrage et authorité de Mond[t] S[gr] ont convenu comme s'ensuit : premièrement, que nonobstant toutes conventions, traités et autres expédients faits du depuis ladite transaction du 21 septembre 1618, rien ne sera des ors innové, changé ni altéré au préjudice d'icelle, même concernant les articles suivants, lesquels l'on entend être plutôt l'interprétation de ladite convention, que non pas de l'enfreindre ni altérer aucunement, sçavoir, en premier lieu, que pour empêcher que les offices paroissiaux de ladite église et les offices desdits R[ds] P. Feuillants ne s'entrechoquent ni se causent aucun trouble ni empêchement les uns aux autres a été convenu et arbitré pour ce chef que lesdits R[ds] Pères célèbreront leur g[de] messe de si bonne heure en telle sorte qu'ils ayent icelle fini et achevée depuis Paque à neuf heures et dès la St Michel à dix, pour laisser la liberté audit S[r] curé de célébrer sa messe paroissiale avec ses stations, asperges, encensement, procession, prône, prédication et autres fonctions curatiales, laquelle messe paroissiale, il suffira au S[r] curé célébrer à basse voix et c'est au grand autel de ladite église, en telle sorte néantmoins que dans la messe desdits R[ds] Pères ne se fera aucune prédication, catéchisme, ni autres des dites fonctions, sauf de donner une autre aspersion d'eau bénite, si bon leur semble et de faire prêcher à leur dite g[de] messe le jour de St Bernard ; *item* a été convenu et arbitré qu'entre lesdits prédicateurs que choisira le S[r] curé, il n'en introduira aucun qu'à l'agrément desdits R[ds] Pères Feu[ts], non plus que des prêtres pour confesser ou célébrer et que la prédication se faisant par les prédicateurs approuvés dans ce diocèse, ils leur maintiennent la haute chaire de ladite église ; *item,* que ledit S[r] curé faisant les stations avant lad[e] messe paroissiale ne s'arrêtera point dans l'église, sinon pour faire un seul répond devant le balustre du grand autel en général à l'accoutumée et ensuite poursuivra les stations sur le cimetière sans faire autres stations dans l'église sur aucun tombeau ; *item,* que ledit S[r] curé aura une clef de lad[e] église et que les R[ds] Pères pourront fermer les chapelles de lad[e] église, permettant néantmoins audit S[r] curé et à son vicaire d'y celebrer toutes fois et quantes qu'ils désireront et y exercer les confréries qui s'y trouveront établies cy-devant, y exposant les reliques aux jours accoutumés sans rien innover, sous la réserve que, quant aux offrandes et obventions qui se font en ladite église le jour accoutumé pour la dévotion de St Antoine, ledit curé payera annuellement auxdits R^{ds} Pères la somme d'un ducaton effectif et moyennant ce il percevra toutes lesdites offrandes et lesdits R^{ds} Pères entretiendront décemment ladite chapelle et autel ou se font lesdites offrandes, de même qu'ils entretiennent, les autres chapelles ; *item,* a été conclu qu'au temps de Paque, les R^{ds} Pères pourront communier les paroissiens dudit lieu à l'issue de leur g^{de} messe, et ce tant seulement pendant qu'il n'y aura autre église paroissiale que lad^e abbatiale; *item,* sera permis auxdits R^{ds} Pères de faire des processions selon leur institut, moyennant que ce soit hors du temps de lad^e messe et fonctions paroissiales ; *item,* a été conclu que tant les R^{ds} Pères que ledit S^r curé et leurs successeurs accompliront et observeront de point en point le contenu de la dite transaction du 21 septembre 1618 et le tout ainsi dit, arbitré, ordonné et convenu entre les parties en la qualité qu'elles agissent, en présence dudit R^{me} Charle Auguste de Sales, évêque et prince de Genève, et de l'autorité, vouloir et consentement d'iceluy... Fait et prononcé Annecy dans la maison de mondit S^{gr}, en présence... et moy Jean Antoine Mottier no^e ducal royal bourgeois d'Annecy à ce requis recevoir, combien que d'autre main soit écrit, ai le présent expédié en faveur dudit S^r noble curé susdit. — Signé J. A. Mottier no^e.

On remarque dans cette transaction des clauses et concessions qui étonnent, entre autres celles de la communion pascale, de l'agrément préalable de la part des Feuillants pour le choix des prédicateurs et confesseurs approuvés par l'évêque. Mais Ch.-Auguste, désireux d'éviter les conflits qu'il prévoyait, arrivait, avec ces moines d'Abondance, jusqu'aux dernières limites de la condescendance. Les paroissiens, qui pourtant étaient intervenus dans l'acte par la procuration faite à R^d Barthélemi Magistry, trouvèrent que quelques-unes des dispositions de ce traité nuisaient à leurs intérêts, à leurs droits. Ils ne tardèrent pas à intervenir de nouveau : par acte du 2 janvier 1656, Command not*, ils protestèrent, en ce qui les intéressait, contre le projet du 5 décembre précédent. Ils déclarent qu'ils veulent « *que leur curé leur célèbre la grand'messe paroissiale à leur commodité tous les dimanches et fêtes, qu'il introduise à sa volonté les prêtres pour célébrer, qu'il puisse librement faire venir des prédicateurs, confesseurs et missionnaires et les faire monter dans la haute chaire sans aucune permission des Feuillans : qu'il perçoive toutes les offrandes sans être tenu à aucune reconnaissance, que c'est de sa main seulement qu'ils recevront la communion, particulièrement à Pâques et qu'aucune chapelle ne leur soit fermée dans l'église.* » Pour motiver leurs oppositions et revendications, ils allèguent l'usage constamment observé sous les trois prédécesseurs de R^d Noble, curé moderne, savoir les R^{ds} Jean Moccand, Claude de Passier et J. Pierre Moccand. Ce recours posthume n'eut pas de suite (1).

Vers 1649, les Feuillants, qui se désintéressaient d'autant plus de la paroisse d'Abondance, que le curé n'était point un membre de leur communauté, mais un prêtre séculier, voulurent avoir pour eux seuls la belle église d'Abondance, et comme, d'après la transaction de 1604, c'était à l'abbé de fournir aux paroissiens l'édifice du culte, c'est à lui qu'ils s'adressèrent pour l'inviter à bâtir une autre église destinée à la paroisse. Mais comme l'abbé, qui était Barthélemi Soldati, se montrait rétif, les Feuillants lui intentèrent un procès. De leur côté, les syndics et communiers d'Abondance, que cette affaire touchait de près, s'assemblèrent et firent un projet de requête pour « *déclarer de nouveau* (2) *qu'ils empêchent la dite construction, en tant qu'on voudrait les obliger à quitter leur ancienne église, telle*

---

(1) Pièces de la Sainte-Maison de Thonon, communiquées par M. l'abbé Piccard.
(2) Il paraît qu'ils avaient déjà protesté sur ce point contre l'acte de 1604, puisqu'ils le font *de nouveau*.

qu'elle leur a appartenu de toute ancienneté et en la possession de laquelle ils sont de temps immémorial, même au sceu et veu des dits Pères Feuillans. » Le Sénat débouta les Feuillants par la raison que *l'église appartenait aux habitants et qu'on ne pouvait les en exclure* (1).

Après cet échec, les Feuillants firent volte-face. Espérant réussir à faire instituer un des leurs pour curé d'Abondance, il ne s'agissait plus d'exclure les paroissiens de l'église de l'abbaye ; c'est au contraire de là qu'ils espéraient régner sur la vallée. Mais c'est aussi alors que les habitants, qui voulaient leur échapper, transigèrent (le 18 juin 1664) pour avoir toujours un prêtre séculier et consentirent à ce que le mur qui sépare la nef de l'église fût avancé à leurs frais, sauf leur recours contre l'abbé. Cette combinaison impliquait la construction immédiate de l'église et c'est pour cela que R^d Curtaz, curé, ou gardiateur séculier d'Abondance, nommé par l'évêque, pressait activement le travail et avait déjà fait approvisionner quantité de matériaux (2). Mais ce zèle séparatiste ne tarda pas à fléchir, aussi bien du côté des Feuillants que des habitants. En voyant ces préparatifs et cette activité pour une église paroissiale, les Feuillants, au lieu de persister à exclure les communiers de l'église de l'abbaye, s'adressent directement aux syndics et à quelques hommes influents de la paroisse ; ils leur représentent que, pour la construction de l'église paroissiale, ils allaient se jeter dans des dépenses ruineuses et inutiles : « *Vous avez une belle église toute faite, c'est celle qui a servi à vos ancêtres et où vous avez été baptisés ; le Sénat vous en a garanti la jouissance ; vous y avez droit et son entretien ainsi que son mobilier sacré ne vous coûtent rien. Conservez donc votre église qui est aussi la nôtre. Pour jouir de ces précieux avantages et vous épargner des dépenses*

---

(1) M. Charvet, *Recherch.*, p. 46-47.
(2) M. Charvet, *Recherch.*, p. 47. C'est sans doute alors qu'on jeta les fondations de l'agrandissement de l'église et qu'on aperçoit encore devant la porte.

énormes, soyons unis comme au temps de vos anciens chanoines, et que désormais votre curé soit un des prêtres de notre congrégation. Cette combinaison, qui est toute dans vos intérêts, favorisera dans la paroisse la plus chrétienne harmonie. » Ces suggestions, qui n'étaient pas moins intéressées du côté des Feuillants, que favorables aux habitants, ramenèrent aux moines d'Abondance la majorité des dissidents qui consentirent à recevoir un Feuillant pour curé. Dès lors, il ne fut plus question d'une église séparée pour la paroisse.

Pendant le long épiscopat de Mgr Jean d'Arenthon, les Feuillants, en ce qui concernait leur conduite extérieure, laissèrent peu à désirer. Il y avait parmi eux des sujets fort instruits. On connaît le mérite de dom Hilaire Leyat, prieur d'Abondance, puis de Lémenc. Un de ces religieux enrichit de notes savantes la théologie de Thomas des Charmes qu'il enseignait à quelques novices et à des étudiants séculiers. En 1671, dom Juvénal de Saint-Joseph, feuillant d'Abondance, composa et fit imprimer à Thonon, un chant religieux, ou espèce de poème en prose, dont le sujet est *la grotte de Bethléem (Antrum Bethleemiticum).* Cette pièce abonde en excellentes pensées et en pieux sentiments, le tout rendu dans un beau langage latin. A la tête de cet opuscule se trouve une dédicace latine aussi délicate que flatteuse à l'adresse de ce grand évêque.

Du reste, nos Feuillants d'Abondance, en vertu de leurs privilèges et par cession volontaire de saint François de Sales dans l'acte de 1604, ne relevaient, en ce qui concernait l'intérieur du monastère, que des supérieurs hiérarchiques de leur congrégation ; l'évêque n'y avait pas droit de visite et nous ne connaissons aucun des prélats de ce diocèse qui s'y soit présenté. Mgr d'Arenthon lui-même, le seul pour lequel nous les voyons bien disposés, n'eût pas été mieux accueilli comme visiteur que ses prédécesseurs ou ses successeurs. On sait que dans la quatrième visite pastorale qu'il fit à Abondance, en 1695, malgré les fatigues et les principes de la maladie dont il mourut peu de jours après, il ne rendit aux Feuillants qu'une visite de pure civilité, mais qu'il ne logea point à l'abbaye et qu'il vint mourir dans une maison laïque du voisinage.

Il survint entre les Feuillants d'Abondance et l'autorité diocésaine un conflit qui dura plus d'un siècle et qui ne nuisit pas moins à la piété qu'à l'édification publique. Il a eu pour les Feuillants eux-mêmes des suites assez graves, pour qu'il faille pénétrer dans cet interminable litige. Il s'agit du droit que s'attribuaient les Feuillants de faire desservir la paroisse d'Abondance par un de leurs religieux en qualité de curé, droit qu'ils pensaient avoir hérité des chanoines, leurs devanciers à Abondance. Mais ce droit leur était dénié par l'évêque du diocèse (1).

On a vu qu'après le départ des chanoines de Saint-Augustin, en 1607, R^d Jean Moccand, l'un de ces chanoines, qui était déjà curé d'Abondance avant l'arrivée des Feuillants, fut maintenu et confirmé en cette qualité. Il exerça encore la charge d'âmes dans cette paroisse pendant les vingt ans qui suivirent l'institution des Feuillants. Le 15 avril 1627, se sentant âgé et infirme, R^d Moccand permuta sa cure contre une chapelle, bénéfice simple, avec Claude De Passier, prêtre séculier, qui fut, le même jour, installé curé d'Abondance par Mgr Jean-François de Sales. A R^d De Passier, qui ne vécut que deux ans depuis, succéda R^d Jean-Pierre Moccand, autre prêtre séculier, élu au concours du 2 décembre 1629. Il administra la paroisse comme curé jusqu'au 9 août 1640, époque où R^d Pierre Noble, aussi prêtre séculier, fut installé curé d'Abondance par Mgr Juste Guérin, ensuite de l'acte de résignation faite par manière de permutation entre les susdits R^{ds} Moccand et Noble. Voilà donc à Abondance quatre curés successifs dont aucun n'est feuillant.

R^d Noble étant mort en avril 1656, l'évêque Charles-Auguste de Sales fit mettre au concours la cure d'Abondance. Le 8 mai suivant, les Feuillants firent acte d'opposition au concours et à toute provision ou institution que l'évêque

(1) Tout ce qui va suivre est extrait substantiellement du mémoire que Mgr Deschamps adressa en 1760 au roi Ch.-Emmanuel III et qui provient de la bibliothèque de Mgr Magnin, évêque d'Annecy.

pourrait donner, attendu que *la cure d'Abondance était un bénéfice régulier et que dom Hilaire de Saint-Jean-Baptiste (Leyat)* (1), *feuillant, en avait été élu titulaire du consentement de l'abbé commendataire et que l'évêque n'avait à intervenir que pour donner à l'élu l'approbation pour ce qui concerne les Sacrements et, au besoin, l'institution.*

Le procureur épiscopal répondit à cet acte d'indépendance et d'opposition que c'était à l'abbé et au prieur d'Abondance à justifier de leurs droits ; que, dès l'introduction des Feuillants à Abondance, le bénéfice paroissial avait toujours été occupé par un prêtre séculier, relevant de l'évêque diocésain ; que les Feuillants, d'après leur règle, sont incapables de posséder des bénéfices à charge d'âmes, et qu'ainsi, il n'y avait pas lieu d'accueillir l'opposition des Feuillants. Ceux-ci, le 5 juillet suivant, insistèrent, alléguant qu'ils étaient les successeurs en tout des chanoines d'Abondance, lesquels tiraient ordinairement les curés d'Abondance du sein de leur chapitre, en leur conservant leur prébende ; que rien, dans leur règle, ne s'opposait à la charge d'âmes et que, dans d'autres lieux, les Feuillants occupaient des cures, etc. L'évêque répondit qu'il ne pouvait, en l'état, ni accorder ni refuser les réquisitions des Feuillants.

Cette réponse étant prise pour un refus formel, dom Hilaire Leyat se pourvut au vice-légat d'Avignon, à qui on recourait alors en semblable matière. Ce prélat, par bulle du 8 septembre suivant (1656) lui conféra le bénéfice, moyennant un examen à subir devant l'évêque de Belley ou son grand-vicaire, condition à laquelle il satisfit et reçut ensuite ses provisions.

L'évêché d'Annecy attaqua ces provisions pour vice d'obreption, attendu qu'il y était dit que le bénéfice-cure d'Abondance avait été jusqu'alors occupé, tantôt par des

---

(1) Dom Hilaire Leyat, né à Boëge, d'abord Feuillant à Pignerol, fut ensuite prieur du monastère d'Abondance et enfin de celui de Lémenc, près de Chambéry. Il était très versé dans l'histoire de notre pays ; il a composé plusieurs manuscrits de mérite. Guichenon et Charles-Auguste de Sales le tenaient en singulière estime.

prêtres séculiers, tantôt par des religieux de leur ordre, ce qui n'était pas vrai des Feuillants ; et, pendant ce temps, R⁴ François Bergoen, prêtre séculier désigné par l'évêque, se présenta aussi, le 17 octobre 1656, au vice-légat et en obtint de même des provisions pour la cure d'Abondance.

Comme ces deux concurrents au même poste ne pouvaient se prévaloir en Savoie de provisions émanées d'une puissance *étrangère,* ils se pourvurent au Sénat aux fins d'être maintenus dans la possession dudit bénéfice et de faire débouter la partie adverse. Le 5 juillet 1657, intervint arrêt du Sénat qui permettait respectivement aux parties de faire exécuter leurs bulles, sans préjudice de leurs droits quant au fond. Ensuite de cet arrêt, R⁴ Bergoen prit possession le 7 et dom Hilaire le 8 juillet.

Les deux concurrents durent en conséquence se pourvoir au Sénat, pour percevoir les fruits de la cure d'Abondance, dès le décès de R⁴ Noble. Le 13 septembre, le Sénat rendit un nouvel arrêt par lequel, sans préjuger le droit des parties au mérite du principal, il fut donné à R⁴ Bergoen main-levée des bénéfices de la cure jusqu'à concurrence de 125 écus d'Italie, à teneur de la transaction de 1618 pour le service religieux fait par lui ou par son vicaire, avec injonction aux parties de faire vider dans quatre mois l'instance au plaid possessoire. Dom Hilaire incidenta encore et la chose traîna en longueur. Le 24 avril 1660, le Sénat prononça que dom Hilaire serait *de plus fort retenu et maintenu en la possesion soit quasi du bénéfice d'Abondance, en payant le service fait par R⁴ Bergoen, son vicaire et le clerc, sans préjudice des droits des parties au pétitoire.*

Requis de livrer les effets de la sacristie, les titres et papiers de la cure à forme de l'inventaire qu'il avait dû prendre comme gardiateur, R⁴ Bergoen n'obtempéra pas et ne tint pas compte d'un nouvel arrêt du Sénat, du 2 avril 1661. Alors dom Hilaire Leyat produisit l'affaire devant l'autorité diocésaine qui, par sentence du 16 septembre 1662, y obligea R⁴ Bergoen sous peine de censure, toujours sans préjudice du droit des parties au pétitoire.

Dom Hilaire Leyat, soit qu'il fût fatigué de ces interminables débats, soit que sa conscience fût peu rassurée, soit même qu'il fût entré dans le projet schismatique dont on va parler, fit avec les habitants un traité par lequel il promettait de se départir de la cure d'Abondance et de laisser à l'évêque le soin d'y pourvoir comme il verrait. C'est ensuite de cette promesse qu'on voit arriver R^d Curtaz, prêtre séculier, en qualité de curé d'Abondance ; c'est alors que les paroissiens s'occupaient activement de se séparer de l'abbaye et de se construire une église. On a vu comment ils renoncèrent à ce projet, sous les suggestions intéressées des Feuillants, qui ne pouvaient se résigner à lâcher cette proie.

C'est pourquoi ils offrirent à l'abbé commendataire, Amoretti, de lui relâcher environ le tiers du revenu assigné pour traitement du curé d'Abondance, à condition qu'il nommerait un feuillant à ce bénéfice, à l'exclusion de tout prêtre séculier. Cette convention simoniaque fut convertie en acte authentique par transaction passée à Chambéry le 17 octobre 1664 (n° **31**), mais l'autorité ecclésiastique n'en eut connaissance qu'en 1734.

Peu après, le 30 octobre 1664, dom Hilaire réalisa la promesse faite aux paroissiens, de renoncer à la cure d'Abondance et de laisser à l'évêque le soin de pourvoir à son remplacement comme il verrait. Il remit sa démission. Mais, à l'insu de Mgr J. d'Arenthon, tout était prêt pour l'exécution de la convention simoniaque, et le jour même de cette démission, dom Bernard de Saint-Etienne, aussi feuillant, supplia l'évêque de le pourvoir de cette cure, attendu que c'était un bénéfice régulier et du patronage du monastère. Ce prélat lui accorda sur le champ des lettres d'institution, sans l'assujettir au concours. Mais ces lettres portent que le bénéfice-cure d'Abondance est conféré à dom Bernard sous le droit de patronage de l'Abbé moderne et sans *préjudice de la cause tant mue qu'à mouvoir au pétitoire*, c'est-à-dire, sans entendre préjuger la question de fond sur les droits que les deux parties prétendaient.

Pendant le long épiscopat de Mgr d'Arenthon et la longue

vie de dom Bernard, curé feuillant d'Abondance, tout s'y passa pacifiquement ; il n'y eut ni schisme ni compétition de deux prétendants ou concurrents à ce bénéfice.

Dom Bernard étant décédé seul et paisible possesseur de cette cure, R^d Carron de Saint-Thomas, abbé d'Abondance, le prieur et les religieux nommèrent, par acte du 5 août 1701, dom Joseph de Sainte-Anne de la Forest, pour lui succéder. Mais Mgr de Bernex, alors évêque diocésain, qui voulait pourvoir la paroisse d'Abondance d'un curé séculier, fit publier le concours pour la collation de ce bénéfice. Les Feuillants y mirent acte d'opposition et protestèrent contre la juridiction épiscopale. De là nouveaux débats. Cependant, sensible aux besoins religieux de cette population, ce prélat, le 19 juin 1702, délivra au susdit dom Joseph de la Forest, feuillant, des lettres d'institution pour la cure d'Abondance ; mais elles étaient accompagnées de trois clauses :

1° Que cette institution était accordée par grâce spéciale,

2° Qu'elle ne tirerait pas à conséquence contre les droits du clergé de Genève,

3° Qu'il n'était point dérogé à la transaction intervenue entre R^d Aiazza et Jean Moccand, en 1618.

Dom Joseph de la Forest mourut en 1714, et le même évêque, par lettre du 23 juin de la dite année, instituait curé d'Abondance dom Maurice de Saint-François Demoéruel, religieux feuillant. Les lettres d'institution portent les mêmes clauses que celles de 1702. Le R^d Demoeruel jouit paisiblement de son bénéfice jusqu'à sa mort, le 7 avril 1734. C'est dès cette époque que cette vieille question se réveilla avec plus de chaleur.

A peine le décès de dom Demoéruel fut-il connu à Annecy, que l'autorité diocésaine donna la gardiature de la cure d'Abondance à R^d Pertuiset, prêtre séculier, qui en était déjà vicaire. Le prieur claustral et ses religieux s'y opposèrent ; ils voulaient pour curé dom Charles de Sainte-Hélène. Mgr de Bernex agonisait et les grands vicaires sursirent à répondre à la requête des Feuillants. Mais le 27 mai 1734, R^d Ribiollet, devenu grand vicaire capitulaire, répondit *n'y avoir lieu aux fins suppliées par la requête*. Le 19 juin, cette cure fut mise au concours et adjugée à R^d Louis Ducret, prêtre séculier, qui fut renvoyé au révérendissime Dataire du Pape pour obtenir la provision de ce bénéfice. En attendant il fut établi vicaire administrateur et économe de la dite église. Requête des Feuillants au Sénat contre ces actes. Alors, les grands vicaires retirent aux Feuillants l'approbation pour le sacrement de Pénitence, en les remerciant de leurs services passés, et ils confèrent ce soin et les pouvoirs nécessaires à deux ecclésiastiques séculiers.

Dom Grégoire de Saint-François de Sales Cochet, présenté au dit bénéfice par révérendissime de Tencin, archevêque d'Embrun, alors abbé d'Abondance, ne put obtenir son institution canonique des grands-vicaires d'Annecy, faute de produire un titre qui donnât au révérendissime abbé le droit de nomination dans les mois réservés au Saint-Siège. Le Sénat, auquel ce refus fut déféré, avait déclaré, par son arrêt du 24 mars 1734, maintenir à l'abbé le droit de nommer, même un feuillant, renvoyer dom Cochet à se pourvoir par-devant qui de droit, pour obtenir son institution et réserver le droit des parties au pétitoire.

L'élu des Feuillants n'ayant pu obtenir son institution ni du métropolitain ni des vicaires-généraux, se pourvut de nouveau au Sénat pour obliger l'autorité diocésaine à l'accorder.

Ils lui adressèrent une requête qui est une véritable philippique contre les vicaires-généraux et contre les prêtres séculiers qu'ils avaient envoyés à Abondance pour le service religieux de la paroisse. Pour fortifier leur recours au Sénat, ils l'appuyèrent d'une supplique émanée des syndics et de plusieurs communiers d'Abondance qu'ils avaient eu l'habileté de circonvenir et de mettre dans leurs intérêts. Mais les habitants ne tardèrent pas à se raviser. Ils comprirent qu'ils relevaient de l'autorité diocésaine, plutôt que des prétentions des Feuillants; que leur supplique était un acte schismatique qui les exposait aux peines canoniques. Maître **Jacques Folliet**, personnage important dans la localité et qui n'avait point pactisé avec les Feuillants, décida ses compatriotes à révoquer leur supplique au Sénat ; c'est ce qu'ils firent par une procuration passée à cet effet à Jacques Bénand.

Les Feuillants n'en persistèrent pas moins à vouloir seuls disposer de la paroisse d'Abondance, et le Sénat, sans se prononcer sur le fond en litige, se montrait favorable à leurs prétentions. Après des débats qui durèrent encore près de trois ans, notre aréopage décida, à la date du 11 mars 1737 que tout ce qu'avaient fait les grands-vicaires dans la question pendante « *sera cassé, annulé et réparé, maintient l'abbé commendataire en possession seu quasi, de nommer et présenter même un religieux feuillant à la vicairie perpétuelle d'Abondance en cas de vacance d'icelle, avec inhibition expresse aux intimés* (grands-vicaires), *de l'y troubler à peine de 500 livres d'amende par réduction de leur temporel.* »

Mais les grands-vicaires, qui venaient de découvrir la convention simoniaque de 1664, n'en demeurèrent que plus fermes à refuser l'institution canonique à dom Cochet, l'élu du cardinal de Tencin et du chapitre des Feuillants, et, devant les menaces qui leur étaient faites, il se retirèrent à Seyssel sur France.

C'était, à tous les points de vue, une situation déplorable ; le roi en fut informé et s'en émut. Il fit examiner l'affaire par l'archevêque de Turin, qui donna raison aux grands-vicaires. Dès lors, Charles-Emmanuel III, par ses lettres patentes du 17 février 1738 et du 3 décembre 1739, accorda au procureur du clergé la révision des arrêts précédents du Sénat. Mais ce procès en révision, malgré toutes les instances et poursuites faites de part et d'autre, demeura encore pendant (1), en sorte que durant la vie de

---

(1) Cette révision n'a jamais eu lieu. Du reste dès l'origine du conflit la question de fond s'était modifiée. Les Feuillants avaient obtenu des bulles portant permission de faire desservir les cures dépendantes de l'abbaye par leurs religieux. Elles furent enregistrées au Sénat en l'année 1708. Ce fait, consigné dans le *Recueil de la pratique de Savoie dans les matières ecclésiastiques*, explique et justifie les arrêts rendus par le Sénat sur cette grave question.

dom Cochet, soit pendant 25 ans, la paroisse d'Abondance n'eut point de curé ; car R^d Ducret, nommé par l'autorité diocésaine, ne put exercer sa juridiction, et dom Cochet, nommé par les Feuillants, ne put recevoir son institution. La paroisse ne fut desservie que par un seul vicaire jusqu'en 1759.

Pendant ces interminables débats les Feuillants poussèrent l'audace jusqu'à nier l'autorité de l'évêque, à défendre aux prêtres séculiers qu'il envoyait dans la vallée, de célébrer dans aucune église ou chapelle situées sur ce territoire, et pour donner plus de solennité à cette défense, ils se réunirent en chapitre ; de là ils fulminèrent un interdit, comme s'ils avaient le droit d'infliger des censures et à cet attentat, ils mêlent le récit d'un scandale dont ils étaient les auteurs et dont ils se font un mérite (n° **30**).

Mgr de Tencin, abbé d'Abondance, décéda en octobre 1758 et dom Cochet en novembre suivant. La mort de ce dernier fut notifiée à l'évêque par les Feuillants sur la fin d'avril 1759. Mgr Deschamps, avant d'y nommer un curé séculier, voulut attendre la décision du procès en révision ; mais, outre que le Sénat n'était pas pressé de se déjuger, les Feuillants lui ayant présenté avec insistance un autre feuillant pour curé d'Abondance, dom Charles Second Caudaz, l'évêque crut devoir prévenir leurs entreprises ultérieures, en se prévalant du droit qui lui était acquis, pendant la vacance de l'abbaye, de nommer le curé d'Abondance. En conséquence, il indiqua le concours qui fut tenu le 4 juillet 1759 et R^d Jean-Aimé Tappaz, de la Roche, ayant réuni les suffrages, l'évêque le nomma curé d'Abondance et lui donna ses lettres d'institution pour ce bénéfice. A cette nouvelle, les Feuillants, qui ne négligeaient rien pour s'attacher les paroissiens d'Abondance, s'appliquèrent à ameuter la population contre le curé séculier qui allait arriver. En effet, son apparition fut signalée par des scènes déplorables, où, à l'instigation des Feuillants, un certain nombre de factieux se livrèrent à des violences et à des voies de fait des plus graves.

C'était le 19 août, jour de dimanche, en 1759. R^d Tappaz, accompagné du notaire Guyon, qui avait déjà rédigé l'acte de prise de possession, et le nommé Jean Rivollet, d'Arenthon, se présente devant la porte de l'église dont il était désormais le curé titulaire. Il la trouva fermée. L'abbé claustral s'oppose à son entrée. Une nombreuse foule au milieu de laquelle deux Feuillants s'étaient mêlés pour l'exciter, se mit à vociférer. Aux menaces succédèrent même des pierres lancées. Tout ce que put dire M. Tappaz pour calmer cette population ameutée étant inutile, et voyant que le danger devenait grave pour lui et ses deux compagnons, il se retira pour lors; mais il se hâta d'envoyer sa plainte au Sénat. Celui-ci fit procéder à information par le juge-mage et l'avocat fiscal du Chablais sur les faits et circonstances narrés dans la requête. Les conclusions de l'avocat général sont du 27 août 1759; le 1er septembre suivant, le sénateur Dichat fut commis pour recevoir la procédure et le Sénat rendit arrêt pour maintenir R^d Tappaz en possession de sa nouvelle cure et lui assurer au besoin l'appui de la force publique (1).

Si les habitants d'Abondance furent entraînés à quelques voies de fait regrettables, c'est moins pour l'estime et l'attachement voués aux Feuillants, que parce que ceux-ci leur avaient persuadé que, puisqu'ils allaient avoir un clergé entièrement séculier, ils seraient obligés de se construire une église paroissiale, celle du couvent devant demeurer exclusivement réservée aux moines; que désormais toutes les dépenses du culte et d'entretien de leur clergé retomberaient à leur charge et qu'ainsi ils allaient perdre la plus précieuse et la dernière de leurs immunités. Déjà, en 1734, les syndics avaient protesté par procureur devant le Sénat, de ne vouloir concourir en rien aux frais du culte, dans la supposition même que l'autorité diocésaine fût fondée à établir un clergé séculier à Abondance. Dès qu'ils virent plus tard leur immunité sauvegardée par la nouvelle combinaison dont nous aurons à parler au chapitre suivant, ils s'en accommodèrent avec autant d'empressement que de profit.

(1) Tout ce qui précède a été extrait par M. Dufour, vicaire d'Abondance, d'un *avis en droit* imprimé et conservé à Abondance.

Non contents de ces voies de fait dont ils passaient pour les instigateurs, les Feuillants tentèrent un autre moyen pour obtenir la possession de la cure d'Abondance. Peu après la nomination de M. Tappaz, ils adressèrent directement au Pape une supplique dans laquelle ils récriminent vivement contre l'autorité diocésaine au sujet d'Abondance et lui imputent des torts nombreux. Mais elle était entachée de deux vices graves : elle était subreptice, en ce qu'elle passait sous silence le caractère simoniaque de la convention de 1664 faite entre les Feuillants et l'abbé Amoretti. Elle était obreptice par l'allégation de faits inexacts. En effet, il est faux que la bulle de leur établissement à Abondance leur ait donné toutes les *juridictions* des anciens chanoines de saint Augustin ; il est faux que depuis 1737, la paroisse n'ait été desservie, jusqu'en 1759, que par un vicaire séculier, puisque, dès cette première date, Abondance a eu constamment et simultanément un gardiateur et un vicaire séculiers, c'est-à-dire deux prêtres; il est faux que l'église d'Abondance fût exclusivement destinée aux fonctions monacales, puisque, en 1649, sur requête des syndics, le Sénat déclara que l'*église appartenait aux habitants et qu'on ne pouvait les en exclure.*

Le Saint-Siège, à la réception d'une supplique aussi importante, la communiqua à la S. Congrégation du Concile, qui la renvoya à Mgr Deschamps, évêque de Genève, avec prière « *d'instruire la S. Congrégation sur les articles exposés dans la supplique, après avoir entendu ceux qui pourraient y avoir quelque intérêt, et, en donnant son avis, de renvoyer la dite supplique.* »

Aussi surpris qu'outré d'une telle démarche de la part des Feuillants, l'évêque se mit en mesure de réfuter leur *factum*. Pour cela, il entendit entre autres R^d Pertuiset, alors curé de Ballaison, mais qui, de 1731 à 1740, avait desservi la paroisse d'Abondance, et ensuite R^d Tappaz, curé moderne d'Abondance. Leur rapport est accablant. Avec ces divers documents, Mgr Deschamps rédigea des mémoires, les uns ostensibles, les autres secrets, où il énumère tous ses griefs contre les Feuillants. Non content de les envoyer à Rome avec la supplique, il adressa directement au Roi une copie de ses mémoires, en les accompagnant de la lettre suivante, en date du 25 février 1760 :

Lettre (inédite) de Mgr Deschamps au Roi (1760).

Sire,

J'ai cru qu'il était de mon devoir indispensable de porter aux pieds du thrône de V. M. un détail fidèle de la conduite que les Religieux Feuillans de l'abbaye d'Abondance viennent de tenir à mon égard. Il leur serait difficile de justifier la démarche irrégulière en tous sens qu'ils se sont permise contre moi par leur recours à Rome pendant le temps d'une litispendance au Sénat de Savoie pour un droit aussi incontestable que celui de la nomination (faite par) un évêque à une cure dans le cas de vacance du siège abbatial. Un procédé aussi peu en règle m'a enfin forcé de mettre sous les yeux de V. M. dans les mémoires que j'ai l'honneur de lui présenter ce que j'aurois été charmé de pouvoir ensevelir dans un éternel silence. Je ne l'ai peut-être rompu que trop tard ; mais ils m'ont enfin provoqué de plus d'une façon à démontrer malgré moi combien l'irrégularité de leur conduite les rend peu dignes depuis longtemps d'une cure qu'ils poursuivent avec autant d'avidité. Je ne doute pas que la piété de V. M. ne soit alarmée à la vue d'un récit qui m'a couté infiniment dans un sens, mais que je dois au bon ordre, au voisinage de l'hérésie, à l'honneur de mon diocèse et aux droits de mon clergé. Je suis persuadé que tous ceux à qui V. M. daignera commettre l'examen de mes mémoires se convaincront par eux-mêmes et par les lumières qu'il leur sera aisé de se procurer que, pour parvenir à la fin de tant de désordres et d'une infinité de procès qui ne cesseront de se succéder, il n'est point de remède plus efficace que la translation des religieux d'Abondance, déjà une fois projetée et qui sur le consentement, dit-on, accordé de leur général, aurait été effectuée sans les troubles excités par la dernière guerre. Je sais que dans eux j'ai des adversaires qui, de tout temps peu scrupuleux pour le choix des moyens, pourroient être redoutables à tout autre ; mais je ne leur oppose d'autres armes que ma confiance à la bonté de ma cause et à la protection que la piété et le zèle de V. M. ne sauroient lui refuser. L'autorité des rois et une émanation de la toute-puissance d'un Dieu qui veut le bien et qui ne peut que voir ses images d'un œil de complaisance bien marquée, quand elles coupent de certains maux par la racine. Je suis plus que persuadé d'ailleurs que les Feuillans eux-mêmes se convaincront de la justice de l'arrêt que V. M. voudra bien prononcer contre eux, pour peu qu'ils se rappellent que ç'a été pour édifier et non pas pour détruire qu'ils furent appelés en Abondance. J'ai l'honneur d'être avec le zèle le plus vif et le respect le plus profond...

Charles-Emmanuel III ne fit pas attendre sa réponse à une pareille communication. Voici la lettre autographe, signée de sa main, qu'il adressa, le 21 mars suivant, à Mgr Deschamps (1) :

Lettre (inédite) du Roi à Mgr Deschamps au sujet des Feuillans d'Abondance, du 21 mars 1760.

« Au tres-Rev^d, tres-cher et devot Orateur, l'Evêque de Genève. Le roy de Sardaigne, de Chipre, et de Jerusalem, etc.

Tres Rev^d, tres cher et devot Orateur,

Nous avons reçu comme une preuve particulière de votre zèle pastoral et de votre prudence et attention pour ce qui intéresse le bon Ordre et la religion, les représentations que vous nous avez faites par votre lettre du 25 février dernier concernant la vie et la conduite des religieux Feuillans dans le monastère de notre abbaye d'Abondance.

---

(1) Ces précieux documents m'ont été communiqués par M. Pettex, curé de Saint-Gingolph.

Nous n'avons pu apprendre qu'avec horreur et indignation des désordres si scandaleux et si invétérés de leur part. En nous portant volontiers à y faire remédier efficacement et préférant cependant les voïes de la clémence à celle d'une rigueur si méritée, afin de ménager l'honneur de leur ordre, Nous avons déterminé d'écrire au Pape pour lui demander la suppression de ce monastère, en mettant sous les yeux de Sa S^{té} le tableau de la vie de ces moines et le plan de suppression qui fut déjà projeté sous le dernier Pontificat, et sur les instances du feu cardinal de Tencin dernier abbé commendataire auquel nous en avions donné notre agrément. Nous vous confions cette détermination que nous avons prise, en vous assurant que nous protègerons toujours votre personne et votre clergé et que nous emploirons notre autorité contre tous les maux qui pourront intéresser notre Ste Religion, le bon ordre et les mœurs. Sur ce nous prions Dieu qu'il vous ait en sa S^{te} garde.

A Turin le 21 mars 1760.

  Signé : C. Emanuel. — Contresigné : Mazé.

Cette lettre, admirable de tous points, se fait surtout remarquer par la prudence catholique avec laquelle le roi veut déférer cette grave affaire au Saint-Siège pour obtenir le remède à cette situation, et par la dextérité avec laquelle il fait intervenir le cardinal de Tencin, abbé d'Abondance, réclamant lui-même la suppression des Feuillants.

En effet, autant l'abbé commendataire Aiazza avait désiré l'établissement des Feuillants à Abondance, autant les derniers abbés commendataires désiraient qu'ils en fussent congédiés. Il est vrai que leurs motifs étaient tout autres que ceux de l'évêque de Genève. Les abbés commendataires n'envisageaient que le côté financier de la situation. Outre les huit cents écus d'or que l'abbé d'Abondance s'était obligé par transaction à payer annuellement aux moines feuillants, il était encore surchargé de pensions qu'il devait solder sur les revenus de l'abbaye devenus désormais insuffisants. Déjà, dès la prélature de Jérôme Valperga, l'abbé dut payer, sous peine de censure, une pension de

deux cents ducats d'or à Alexandre Farnèse, cardinal (1).
En 1604, l'abbé Aiazza déclare que, outre les charges
ordinaires, il doit payer annuellement quatre cents écus
d'or de pension, sans y comprendre les deniers (2). Le
1ᵉʳ juin 1666, le Sénat enregistra des bulles de Rome portant
provision d'une pension de deux cents écus d'or en faveur
de Révérendissime Victor-Augustin Ripa, évêque de Verceil. On trouve aussi dans le archives du Sénat qu'une autre
pension annuelle était payée sur les revenus de l'abbaye
dans les années 1689, 1690 et 1691 à Joachim Carron de
Saint-Thomas, chevalier des saints Maurice et Lazare (3).
Il faut d'ailleurs se rappeler que la dîme, au lieu d'être à la
cote sixième, comme anciennement, n'était plus, depuis
Jérôme Valperga, qu'à la cote quinzième, ce qui formait une
diminution des trois cinquièmes de revenus.

Une autre cause de diminution de ressources, fut la
réduction des revenus de l'abbaye sous la main du Souverain. L'abbé J.-B. Amoretti étant décédé le 28 janvier
1687, son neveu se pourvut au Sénat pour être payé de ce
qui pouvait lui revenir sur les revenus de l'abbaye. Le
5 février suivant, ces revenus furent saisis par la Chambre
des Comptes. Les Sʳˢ Jacques Favre d'Abondance, avocat
au Sénat de Savoie, et Claude Piotton, châtelain d'Abondance, en furent établis économes dépositaires. Le 24 mai
1690, ils rendirent leurs comptes à Thonon au chevalier de
Lucey, gouverneur du château de Chambéry, constitué
procureur du nouvel abbé commendataire, J.-Fr. Carron
de Sommariva. La recette en argent, sans parler des
prestations en nature, fut de 45,313 florins pour les trois
ans et la dépense de 44,911 florins. Cette réduction civile
coûta 1,874 florins, payés aux commissaires de la saisie
par le sieur Piotton (4). En 1690, M. de Lucey *admodia*

(1) Note extraite à Abondance par Rᵈ E. Dufour.
(2) Transaction du 26 octobre 1604.
(3) La note de ces deux dernières pensions a été extraite des archives
du Sénat.
(4) En 1689, le président de la Chambre des Comptes et du Sénat
ordonna de transporter aux châteaux de Chambéry et des Allinges les
titres et livres de l'abbaye pour les préserver du vandalisme des
Luzernois qui infestaient alors le pays.

les biens et revenus de l'abbaye à Claude Piotton et à son gendre Maxit Maurice pour le prix annuel de 850 florins (1).

Le 17 août 1710, pendant la seconde occupation de la Savoie par Louis XIV, M. de Ville, avocat-général, le même qui avait déjà présidé à la saisie de 1687, fut encore chargé avec plusieurs sénateurs et commissaires de la Chambre des Comptes, par Messire François de Tencin, premier président du Sénat, de procéder à une nouvelle réduction des biens de l'abbaye d'Abondance, par suite de la mort de l'abbé Carron de Sommarive (2).

Il était survenu d'autres causes d'appauvrissement. Pendant l'occupation de la Savoie, dans les premières années du dix-huitième siècle, à l'occasion de la succession au trône d'Espagne ; plus tard, pendant l'occupation espagnole, dès 1741 à 1748, il y eut des répartitions de dépenses et de fournitures et un système de capitation qui pesèrent lourdement sur le pays et furent loin d'épargner l'abbaye d'Abondance. Voilà les principaux motifs qui faisaient désirer aux abbés d'Abondance le départ des Feuillants.

L'évêque de Genève, pour travailler à l'éloignement de ces religieux, s'inspirait de motifs plus graves et plus élevés. C'était le côté moral de la situation qu'il envisageait uniquement.

En adressant au roi le *Mémoire instructif concernant l'état de la cure d'Abondance,* Mgr Deschamps, s'abandonnant à l'ardeur de son zèle et à l'amertume de sa douleur, avait donné à son mémoire cette éloquente préface :

« Il (l'évêque de Genève) (3), ne peut dissimuler que ce qui le touche plus sensiblement et qui lui paraît un motif plus pressant de souhaiter l'exclusion des Feuillants, c'est la conduite scandaleuse desdits religieux et les maux infinis qu'elle a causés dans la paroisse et dans les contrées voisines.

---

(1) R^d E. Dufour, note prise à Abondance.

(2) Ce magistrat, en 1701, avait requis la saisie des biens de l'abbaye de Tamié et, en 1707, il fut encore nommé par Mre Guérin de Tencin pour réduire ces mêmes biens de Tamié sous la main de Louis XIV qui occupait la Savoie depuis 4 ans. (E. Brunier, *Hist. de l'ab. de Tamié*, p. 122 et 135).

(3) Provenant de la bibliothèque de feu Mgr Magnin.

« Ce n'est qu'en gémissant de son impuissance de remettre dans l'ordre ces religieux trop disposés à se prévaloir de leur indépendance, qu'il a pu entendre les plaintes réitérées qui lui ont souvent été portées par des personnes distinguées par leur caractère ; ce n'est aussi qu'avec le même sentiment d'amertume et de douleur qu'il peut encore se rappeler le souvenir de tant de faits honteux, qu'il aurait souhaité pouvoir ensevelir dans un éternel oubli. Mais, voyant que le mal est arrivé à un point qui condamnerait son silence, s'il se taisait plus longtemps, et sentant d'ailleurs qu'il ne peut y remédier sans le secours d'une autorité supérieure, il se voit forcé à en chercher le remède efficace dans les sages déterminations de la piété, du zèle et de la religion d'un souverain aussi amateur du bon ordre, que celui qui nous gouverne (1)... »

Ainsi des motifs de tout genre s'accumulaient contre les Feuillants d'Abondance : la déconsidération où ils étaient tombés aux yeux de tous les paroissiens que n'avaient pas circonvenus les flatteries et les captations de ces religieux dégénérés, le *tolle* général qui s'élevait de tous côtés contre eux ; les plaintes et dénonciations de l'évêque établies par un *mémoire* et des témoignages irrécusables, le consentement et les vœux intéressés des derniers abbés commendataires, l'intervention du roi qui s'était ému de cet état de choses et dont l'esprit réformateur s'était déjà manifesté contre d'autres communautés déchues, la nécessité pour le chef de l'Eglise de ne pas laisser au philosophisme impie du dix-huitième siècle une aussi riche matière de déclamations contre les institutions catholiques, tout faisait prévoir et désirer un changement prochain et radical dans l'abbaye d'Abondance.

Le chapitre suivant nous montrera quel remède fut apporté à un pareil mal et comment les vœux de Mgr Deschamps furent enfin remplis.

---

(1) On regrette que dans toute sa correspondance, l'Évêque ne dise rien de l'autorité et du droit du Pape.

CHAPITRE XVI

Suppression des Feuillants. — Substitution de la Sainte-Maison de Thonon.

Bref de Clément XIII. — Sa fulmination, sa mise en vigueur. — Sort fait aux Feuillants d'Abondance. — Bref de 1762 en faveur de la Sainte-Maison. — Règlement d'intérêts au changement de régime. — Acte de 1763. — Succession des Curés à Abondance pendant les Chanoines et les Feuillants.

On verra, par les documents officiels qui vont être produits, que la suppression ou éviction des Feuillants d'Abondance s'est faite avec tous les ménagements et sans aucune mention expresse des motifs qui avaient le plus efficacement déterminé l'évêque à demander l'exclusion de ces religieux. Il résulte aussi des pièces authentiques que le projet d'éviction remonte au moins à trente ans avant son exécution. Dans ce chapitre, nous laisserons d'ordinaire parler les documents officiels dont la traduction (1) sera aussi fidèle que possible. Voici d'abord le bref de suppression des Feuillants adressés par le Pape à l'évêque de Genève ou à son official (n° **32**).

« CLÉMENT, Pape XIII,

« Vénérable Frère, ou cher Fils, salut et bénédiction apostolique.

« Il Nous a été exposé récemment, de la part de Notre très cher Fils en N.-S., l'Ill^{me} Roi de Sardaigne Charles-Emmanuel, que, dans le diocèse de Genève, se trouve fondée et située une abbaye appelée de Notre-Dame d'A-

---

(1) Ces pièces sont toutes en latin dans le texte original.

bondance, laquelle, comme on l'assure, est du droit de patronage dudit Ch.-Emmanuel, en sa qualité de Duc de Savoie (1). Il est de coutume qu'elle se donne en commende à vie ; elle a son monastère et son église attenante, dans laquelle dès l'origine résidaient douze chanoines réguliers de l'ordre de S.-Augustin, jusqu'au moment où, à leur place, saint François de Sales, alors évêque de Genève, en vertu de lettres sous forme de bref, émanées de notre prédécesseur d'heureuse mémoire le Pape Paul V, sous date du 28 septembre 1606, leur a ensuite, par acte du 7 mai 1607, substitué et introduit douze moines de l'ordre de Saint-Bernard de la Congrégation de N.-Dame des Feuillants, comme on les y voit encore maintenant.

« Or considérant la notable et très importante diminution des fruits, revenus et provenance de la dite église, Pierre Guérin de Tencin, cardinal prêtre de la sainte Eglise romaine qui, de son vivant, était abbé commendataire à vie de cette abbaye, ayant obtenu le consentement du roi Ch.-Emmanuel, représenta à notre prédécesseur, le pape Benoît XIV de bonne mémoire que, pour fournir aux douze religieux du dit monastère les dépenses nécessaires, il était réduit lui-même à un état de grande gêne et de souffrance, qui ne pourrait encore qu'empirer pour les abbés futurs, attendu qu'on voyait les fruits, revenus et provenances de l'abbaye diminuer de plus en plus. Notre précité prédécesseur Benoît XIV donna cette affaire à

---

(1) Les Comtes de Savoie n'avaient jamais prétendu à ce droit. C'est Amédée VIII, premier duc de cette maison, qui l'a exercé, on ne sait à quel titre, en nommant le premier abbé commendataire. Dès 1760 nous voyons Ch. Emmanuel appeler l'établissement d'Abondance *notre abbaye*. Dès lors elle a été appelée *royale abbaye*. Ce prince avait fait rechercher les titres qui lui donnaient droit de patronage sur un grand nombre de maisons religieuses, et, d'ordinaire, les souverains trouvent ce qu'ils cherchent. Le 7 août 1751, M. l'avocat Bordet, d'Evian, reçut 21 livres, 13 sous et 4 deniers pour frais d'un voyage à Abondance, afin d'y rechercher les titres qui établissaient les droits de patronage de S. M. sur le prieuré de Peillonnex (*Prieuré de Peillon.*, par M. Mugnier, p. 48). On peut voir aussi dans *l'Hist. de l'Ab. de Tamié*, par M. E. Brunier, les **recherches faites pour assujettir cet établissement au patronage de la Couronne.**

examiner à Jean-Jacques Milloz, en son vivant, cardinal de la S. E. R., alors son auditeur, lequel eut ensuite à ce sujet un grand nombre de conférences avec notre cher fils Alexandre, cardinal-diacre d'Albane, en sa qualité de protecteur des intérêts du Roi de Sardaigne, avec notre cher Fils, en son vivant, abbé général de la Congrégation réformée de S. Bernard, ordre de Citeaux et avec notre Vén. Frère aujourd'hui évêque de Tivoli et alors auditeur dudit cardinal Pierre (de Tencin). Enfin, après avoir éclairci tous les doutes élevés sur ce sujet, il en fut fait un rapport à notre prédécesseur Benoit (XIV) et, à la faveur de ce rapport, il devint facile de procéder et de rédiger certaines lettres apostoliques avec des mémoires et conditions qui devaient y être exprimées. Ces lettres, qui allaient être alors expédiées, étaient dictées par l'intention de pourvoir avec exactitude à la conservation des droits de la dite abbaye, ainsi qu'à l'utilité, à la dignité et à l'avantage des moines de ce monastère. Or il arriva que, par l'effet de la guerre qui éclata dans ce pays (Savoie, les Espagnols), la concession sollicitée ne put aucunement être exécutée. Mais comme le Roi Ch.-Emmanuel a repris cette demande avec les mêmes clauses et conditions déjà concertées sous Benoit XIV sur les instances du cardinal Pierre (de Tencin), en y ajoutant encore une autre circonstance qui consiste en ce que ce Souverain, suivant qu'il s'en est ouvert à Nous par une lettre, aurait l'intention de Nous faire ultérieurement d'autres propositions au sujet de l'application des fruits et revenus de cette abbaye, application qu'il désirait vivement voir se réaliser, comme étant une mesure très utile pour l'accroissement du culte divin, la propagation de la religion catholique, et l'affermissement des Fidèles dans la religion, à cet effet, il Nous a humblement adressé une supplique, afin que nous daignions statuer favorablement sur ce qui précède et accueillir ses demandes ultérieures avec notre bienveillance apostolique.

« En conséquence, Nous, voulant autant que Nous le pouvons, accéder favorablement aux pieux désirs de S. M. Ch.-Emmanuel, Nous plaisant à louer son zèle et à

Nous prêter à ses demandes, ayant aussi entendu Notre cher Fils le moderne abbé de la Congrégation réformée de Saint-Bernard, lequel prête son consentement à ce qui précède, par les présentes, donnons commission et mandat à votre fraternité, frère Evêque, dont la foi, la prudence, l'intégrité, la vigilance et le zèle religieux nous inspirent pleine confiance, ou à votre discrétion, Notre fils l'Official, à l'effet que, dans la supposition que l'exposé ci-dessus soit véritable, vous réduisiez les douze prébendes desdits moines Bernardins à six seulement auxquelles vous assurerez, de la manière la plus valide, la pension annuelle de trois cents livres de Savoie, soit de soixante écus romains pour chaque prébende, en sorte que les dits religieux prébendés aient, pour tous, une assignation annuelle de 1800 livres de Savoie, lesquels six religieux prébendés passeront au monastère du prieuré de Lémenc, proche de Chambéry du même ordre, pour y être toujours entretenus avec la susdite assignation de 1800 livres qui devra leur être payée tous les ans, à raison de trois cents livres à chacun. Quant aux autres six religieux qui résident dans ledit monastère d'Abondance, le Père abbé général les placera à sa convenance dans d'autres monastères de Feuillans.

« Quant au monastère d'Abondance, trois prêtres y succèderont aux moines de Saint-Bernard, un perpétuel qui aura la charge des âmes du bourg ou *château* d'Abondance *(castrum)*, les autres en qualité de vicaires ou d'assistants du curé, amovibles à volonté et de la nomination de l'abbé commendataire ou du roi de Sardaigne, en cas que les projets ci-dessus mentionnés et que S. M. se réserve de proposer aient leur exécution et que l'abbaye ne soit plus donnée en commende ; et les dits prêtres, outre le soin des âmes, seront obligés de célébrer les messes et d'accomplir toutes les charges qui sont attachées à l'abbaye, en assignant à chacun d'eux une portion congrue et proportionnée aux charges et aux fatigues qui leur sont imposées, le tout suivant la coutume du pays.

« Et afin que tout s'exécute d'une manière convenable

et avec le moins de préjudices, pour lesdits religieux, qu'il sera possible, on déterminera qu'il y aura toujours un religieux de la Congrégation de S. Bernard, qui sera élu en qualité d'abbé d'Abondance, qui en portera le nom et qui, en cette qualité, assistera à toutes les assemblées et aux chapitres généraux de l'ordre où il aura voix active et passive et qui jouira de tous les privilèges et prérogatives dont ont joui jusqu'à présent les dits abbés d'Abondance.

« Vous aurez soin de prendre une exacte connaissance de tous les biens, fonds, des rentes, des maisons et autres choses possédées par les moines, et des titres en vertu desquels ils les possèdent ; s'il vous conste que les dits fonds leur aient été donnés sous la charge de quelques messes ou de quelque autre obligation, pour lors ils devront les abandonner à l'abbaye qui demeurera chargée des mêmes obligations et qui devra les faire accomplir ; mais s'il vous conste que ces mêmes fonds ou quelques-uns d'entre eux ont été donnés auxdits moines, libres et sans aucune charge, ou qu'ils les ont achetés de leurs propres deniers, pour lors vous devez leur permettre de les vendre ou de les aliéner, ainsi qu'ils le jugeront à propos.

« Vous devrez aussi leur permettre d'emporter ou de vendre tous les meubles qu'ils ont, comme les linges de table et de lits, couvertures, rideaux, étain, batterie de cuisine, tableaux, bibliothèques, comme encore toutes les provisions qui se trouveront dans le monastère, tant en blé, farine, vin, fourrage, qu'autres semblables denrées ; il en sera de même des bœufs, chevaux, brebis, chèvres et autres bestiaux qui se trouveront dans les biens que doivent laisser les dits religieux, à moins qu'il ne conste que l'abbé d'Abondance leur en ait donné l'équivalent, lorsqu'ils y vinrent pour la première fois.

« Vous leur permettrez aussi, mais avec discrétion et selon votre appréciation, d'emporter à Lémenc, où la moitié de la communauté sera transportée, et pour s'y en servir, quelques-uns des ornements qui existent dans leur sacristie.

« De plus, ils pourront disposer en toute liberté des fûts et tonneaux qui existent soit dans l'abbaye du dit Abondance, soit à Marèche, en laissant toutefois une portion suffisante pour l'usage des trois prêtres qui doivent leur succéder à l'abbaye, sous la réserve cependant que, s'il vous conste que, lorsque les dits religieux furent introduits à Abondance, les abbés commendataires leur donnèrent une provision suffisante desdits fûts et tonneaux, ils seront obligés d'en laisser autant qu'on leur en donna en entrant ; et comme lesdits religieux furent obligés de faire de grandes dépenses et même d'emprunter à intérêt pour réparer l'église et le monastère, lorsqu'ils furent incendiés, vous aurez soin de faire la liquidation des dépenses qu'ils firent pour ces réparations, afin de leur faire ensuite restituer et rentrer la quote-part qui devait être à la charge de l'abbé commendataire, à moins que cela n'ait déjà été fait en tout ou en partie, et même pour les décharger totalement des dettes qu'ils auraient contractées pour faire les dites réparations, s'ils en doivent encore quelques sommes, lesquelles, audit cas, demeureront à la charge de l'abbé, ou de ceux qui succèderont à son droit, en cas que l'abbaye ne soit plus donnée en commende, ou que les revenus de la dite abbaye soient appliqués à quelque autre destination.

« Enfin étant juste de dédommager les Feuillants tant par rapport à la taxe de quatre-vingts écus que l'on devra donner tous les dix ans à l'abbé titulaire et caustral d'Abondance, pour se rendre aux assemblées et aux chapitres accoutumés, outre la susdite somme de 1800 livres de Savoie, les dits religieux devront encore recevoir tous les ans la somme de cent vingt-cinq livres, que l'abbé leur payera ou ceux qui, comme il a été dit, succèderont à son droit. »

Le dit pape Clément XIII termine ce bref important, en accordant à l'Evêque de Genève la liberté et l'autorité absolue pour agir, gérer, décréter, statuer et contracter sur tout ce qui se réfère à cette question, en déclarant **confirmer et ratifier d'avance par le présent bref, tous les** actes du prélat commissaire et leur donner toute la vigueur de l'autorité apostolique ; suppléant et remédiant à tout vice ou défaut, même substantiel, qui y serait intervenu ; il prononce que tant l'abbé moderne ou futur du monastère d'Abondance, que l'abbé général des Feuillants, ses moines ou tous autres que la chose pourra concerner, sont inviolablement et perpétuellement tenus et obligés à observer les dispositions de ce présent bref. Le Pape le termine par certaines formules pour en assurer la stricte observation :

« Donné à Rome, à Sainte-Marie-Majeure, sous l'anneau du Pêcheur, le 9 mai 1761, la huitième année de Notre Pontificat.

« Pour D. Cardinal Passionei, signé Jean Florius, substitut ; et au dos :

« J.-B. ORENGUS. »

Mgr Deschamps ayant sursis de quelques semaines à la fulmination du bref apostolique, le Roi lui fit écrire, le 1er juillet 1761, la lettre suivante par son ministre d'Etat interne, S. E. Mazé :

« Monsieur,

« Le Roi ayant considéré qu'il convenait de prévenir les incidents et les difficultés que pourrait occasionner un plus long délai de la fulmination du bref qu'il vous a fait parvenir, Monsieur, concernant le monastère de l'abbaye d'Abondance, S. M. m'a ordonné de vous écrire qu'Elle agréera que vous fassiez cette fulmination avec les déclarations et commissions dont la nature et l'état des choses peuvent la rendre susceptible. En attendant que l'on puisse passer outre à l'exécution de ce bref, c'est toujours avec le plus vif empressement que je vous réitère, Monsieur, les assurances du respect infini avec lequel j'ai l'honneur d'être Votre très humble... Signé Mazé. »

Les principaux *incidents* et *difficultés* qu'il s'agissait de prévenir, c'était la crainte que les Feuillants ne cherchassent à ameuter la population en leur faveur et à dévaliser le monastère de ses meilleurs titres et richesses mobilières.

Si l'Evêque avait sursis à fulminer le bref de suppression des Feuillants, c'est qu'il voulait être éclairé sur quelques difficultés que présentait l'exécution de cette délicate commission. Il exposa ses doutes à l'avocat général, qui les résolut dans un long mémoire. Nous avons aussi un avis en droit délibéré *sub censura* le 14 juin 1761 et rédigé par le savant magistrat J.-P. Biord, frère de l'évêque de ce nom, où il trace la marche à suivre pour l'exécution de ce bref (n° **33**). On voit que ces graves personnages regardaient l'exclusion des Feuillants comme une mesure qu'on ne saurait trop tôt exécuter.

L'évêque se conforma de tous points aux avis reçus. Par décret rendu à Annecy le 8 juillet 1761, signé de sa main, dûment scellé et contresigné Buttin, greffier, il réduisit à six les douze prébendes dont les Feuillants avaient joui et aux six d'entre eux qui devaient en jouir à l'avenir, il assigna pour domicile le prieuré de Lémenc près de Chambéry ; cette prébende était pour chacun de 300 livres. Quant aux six autres Feuillants, leur abbé général les placera et les entretiendra comme il verra. Il laisse aux Feuillants la liberté d'emporter tout le mobilier qu'ils prouveront leur appartenir ; il conserve à celui de leurs moines qu'ils auront élu la dignité et le titre d'abbé d'Abondance, ainsi que d'autres avantages qui ne sont énumérés que comme fiche de consolation, mais dont ils n'ont jamais joui.

A leur place, il règle que le service religieux se fera dans la paroisse d'Abondance par un curé inamovible et deux vicaires, moyennant une congrue à prendre sur les revenus de l'abbaye, obligés à la charge des âmes, à l'acquittement des messes et aux autres charges attachées à l'abbaye. Enfin, pour l'exécution de tout ce qui vient d'être statué, il déclare déléguer son official (alors M. Conseil), déjà délégué par le bref, commissaire en cette partie. Pour procéder juridiquement et exclure tout prétexte d'ignorance de la part des Feuillants, il leur fit signifier le bref de suppression et les pièces qui s'y référaient par la voie du sergent-royal André Billoud-Roulet d'Abondance (1). Celui-ci leur notifia son exploit le 23 juillet 1761.

---

(1) M. Tappaz, dit cet huissier, lui donna cent sous de gratification.

C'en fut fait des Feuillants à Abondance. Leur départ n'occasionna aucune scène fâcheuse. Le P. lecteur du monastère, soit le professeur, partit le premier, le 31 août 1761, avec quatre étudiants novices ou aspirants Feuillants ; ils s'appelaient D. Ange-Victor, D. Benoît, D. Fortuné et D. Comire. Ils s'arrêtèrent un instant dans leur maison de Marêche avant de se rendre à Lémenc ; ils firent le trajet d'Evian à Genève par le lac où ils risquèrent de périr par une tempête qui survint. Il resta encore quelque temps au monastère d'Abondance dom Guillaume Comoto, abbé claustral, dom Hyacinthe, prieur, dom Ambroise, dom Eugène, procureur, dom Guérin, sacristain, ce dernier de la famille Favre de la Contamine, le seul qui fût Savoyard ; tous les autres étaient italiens ou de quelque autre pays étranger. Le P. Procureur, dom Eugène, fut le seul qui ne put quitter la vallée où sa fonction de procureur des Feuillants le retint. Il ne tarda pas à être pris d'une violente fièvre qui, après dix-neuf jours de souffrances patiemment endurées, le conduisit au tombeau le 31 décembre 1761 ; il fut sépulturé dans l'église d'Abondance, en la chapelle de Saint-Bernard. Ceux qu'on reverra encore quelque temps à Abondance n'y furent plus que des étrangers retenus par les intérêts de leur congrégation ; mais dès le 23 juillet 1761, l'arrêt de mort de leur communauté d'Abondance leur avait été notifié ; ils ne restaient plus dans leur ancien monastère qu'à titre d'hospitalité.

Ainsi finit cet établissement dont saint François de Sales et le pieux abbé Aiazza s'étaient promis tant de bien spirituel et d'édification publique. Pendant que vécurent ces deux saints personnages, ces religieux répondirent à leurs espérances ; plus tard survinrent l'ambition, le relâchement, le schisme, la simonie et même le scandale, en sorte que leur disparition, au lieu de causer des regrets, fut un soulagement général.

Nous avons vu que saint François de Sales n'avait point eu d'abord en vue les Feuillants pour le monastère d'Abondance ; son esprit et ses sentiments sur la vie religieuse différaient entièrement de ceux de Jean de la Barrière.

Notre Saint avait proposé au duc de Savoie *d'employer* (1) quelques *grasses* abbayes de ses Etats à *envoyer* de bons prédicateurs en Chablais et à ériger à Thonon un *collège* et une maison de *Miséricorde* pour l'exercice des *arts mécaniques,* c'est-à dire, la *Sainte-Maison,* car, ce sont là les grandes lignes de cet établissement. Abondance était une de ces *grasses abbayes* que le Saint avait en vue. Mais ce qui ne se fit pas en 1597, nous allons le voir se réaliser en 1762.

Par la suppression du monastère et de la congrégation des Feuillants à Abondance, les bâtiments de ce couvent, les biens, les rentes et les droits qui en relevaient étaient donc désormais vacants. Il s'agissait de leur assigner une autre destination. Charles-Emmanuel avait déclaré au pape et à l'évêque de Genève que, au sujet des biens et revenus que les Feuillants allaient laisser vacants à Abondance, il se réservait de faire des propositions qui devaient tourner à l'avantage de la religion catholique. Le pape l'avait félicité de son zèle et avait promis de seconder ses pieuses intentions. Or, ces intentions ayant été officiellement présentées au Souverain-Pontife, celui-ci s'empressa d'y répondre par la bulle du 4 mai 1762, qui est la suite, le complément et l'explication du bref du 9 mai 1761.

Cette bulle complémentaire de 1762 porte d'abord la suppression du chapitre collégial de Saint-Jeoire, près de Chambéry et transfère quelques-uns de ses membres à la Sainte-Maison de Thonon, à laquelle elle unit et attribue les biens du dit chapitre. Aussi cette bulle fut-elle adressée, non-seulement à l'évêque de Genève, mais encore à celui de Grenoble, dont relevait la collégiale supprimée de Saint-Jeoire.

Touchant le monastère et l'abbaye supprimés d'Abondance, ainsi que les biens, revenus et droits qui en relevaient, les intentions du roi et les décisions du pape sont aussi entièrement en faveur de la Sainte-Maison, comme la même bulle le statue. Le pape, par cette importante et longue

---

(1) **Ch. Auguste,** *Vie,* Ier vol., p. 145.

pièce dont, voici le précis, charge l'évêque de Genève de supprimer et d'éteindre le titre et la nature du monastère d'Abondance, la coutume de le donner en commende et la mense abbatiale (toutes choses que n'avait pas faites le bref de 1761), d'en attribuer et transporter à la Sainte-Maison de Thonon tous les biens meubles et immeubles, rentes, revenus (1), droits et appartenances quelconques, de lui en conférer la propriété et possession réelle, actuelle et corporelle, selon les sages dispositions du conseil de la milice des SS. Maurice et Lazare (dont la Sainte-Maison relevait), avec obligation cependant, pour la dite Sainte-Maison, de supporter toutes les charges qui pesaient sur ledit monastère, spécialement de payer annuellement aux six moines transférés à Lémenc, la pension assignée par le bref de 1761 et d'accomplir les autres dispositions portées dans le dit bref. Il est aussi réglé que le préfet de la Sainte-Maison aura le nom, le titre et toutes les prérogatives, honneurs et prééminences d'abbé commendataire (2), tels qu'en jouissaient les anciens abbés commendataires d'Abondance. Enfin, le pontife déclare que, par les présentes, il n'entend pas unir à la Sainte-Maison les bénéfices qui dépendaient du dit monastère d'Abondance. « Donné à Rome, à Sainte-Marie-Majeure, l'an de l'Incarnation de N.-S., 1762, le 3 des ides de mai, 4ᵉ année de son pontificat. » Cette bulle fut fulminée le 2 août 1762 (n° **34**).

L'exécution de cette bulle rencontra des difficultés et subit des retards. S'il n'y eut pas d'opposition formelle, il y eut une certaine résistance d'inertie et de mauvais vouloir de la part de l'abbé Palazzi que les Feuillants avaient mis dans leurs intérêts. Or, ce Rᵈ Palazzi était économe royal de tous les bénéfices consistoriaux. Il fallut huit longs

---

(1) Ces revenus étaient évalués dans les livres de la Chambre apostolique à la somme de 300 florins d'or, équivalant aujourd'hui à environ 12,000 francs.

(2) Nous ne voyons pas que les Feuillants, en vertu du bref de 1761, se fussent nommé un religieux de leur ordre qui ait porté le titre d'abbé commendataire d'Abondance. Depuis leur éviction ce titre eût été plutôt un opprobre ou une dérision qu'un honneur.

mois avant d'obtenir la main-levée du monastère d'Abondance (1). D'un autre côté, il était survenu entre les Feuillants et la Sainte-Maison des procès qui ventilaient devant la justice. Enfin, le roi fit entendre qu'il fallait en finir avec cette affaire et les débats qu'elle entraînait. On comprit que l'autorité supérieure voulait être obéie. Alors, sur les instances réitérées, mais conciliantes, de R^d François Laurent, préfet de la Sainte-Maison et nouvel abbé commendataire d'Abondance, avec la participation active de Mgr Deschamps, de son official délégué apostolique (2) pour cette question, avec les précieuses lumières de l'avocat-général et de M. P.-J^h Biord, les dernières difficultés furent enfin levées ; l'accord fut concerté et donna matière à l'acte important, dont voici le précis :

« Sur toutes les prétentions, *repliques* et *dupliques,* lesdites parties désirant éviter plus amples discussions... de l'avis de leur conseil respectif, ont traité et transigé comme s'ensuit. Pour ce est-il que l'an, jour, lieu et heure que dessus (3), par devant moi notaire soussigné et les témoins se sont établis personnellement R^d dom Guillaume Comoto, abbé claustral à Lémenc et ci-devant, de l'abbaye d'Abondance et R^d dom Ambroise Turrion procureur, et dom Guérin Favre sacristain, tous trois religieux feuillans, les seuls qui restent actuellement dans ledit monastère que les autres ont déjà évacué... lesquels pour eux et toute leur communauté... par le présent quittent, relachent, cèdent et abandonnent purement et irrévocablement... à la dite Ste Maison de Thonon,... à l'acceptation du dit R^d S^{gr} François, fils de feu Messire Joseph Laurent, natif de

---

(1) Voir *l'Histoire de Thonon*, par M. l'abbé Piccard, ch. xv, p. 339, où l'historique de la Sainte-Maison est traité avec des documents inédits fort intéressants.

(2) M. Conseil, plus tard premier évêque de Chambéry, était official et par conséquent délégué apostolique ; mais le grand-vicaire J.-P. Biord, évêque peu après, alors plein de vigueur et d'habileté, fut aussi nommé commissaire apostolique, surtout pour les circonstances de déplacement et de voyage à Abondance.

(3) Le commencement de l'acte manque à la copie que j'ai sous les yeux. Mais il résulte d'autres pièces authentiques qu'il s'agit de l'année **1763.**

Chambéry, Préfet de la Ste Maison, abbé commendataire du dit Abondance et des R^{ds} S^{grs} Claude à feu Jean-François Biollay, natif de Thonon et Michel à feu Jean-Claude Châtel, natif de Veigy, tous deux prêtres de la Ste Maison :

1° Tous les biens, fonds et immeubles acquis en propre aux dits Feuillans et qui peuvent leur appartenir rière les paroisses de Neuvecelle et Maxilly... 2° Plus, ils cèdent tous les alpéages par eux acquis rière la montagne de Bize avec le chalet qu'ils y ont bâti... sans en réserver aucuns, sauf les dix qu'ils ont cédé au R^{d} Curé d'Abondance, comme dépendants d'une fondation... s'étant du tout dévestis pour en investir la Ste Maison par la tradition de la plume à écrire suivant la coutume, en se constituant au besoin ne plus les tenir qu'au nom de la Ste Maison, jusqu'à ce qu'elle en ait pris la réelle possession, ce qu'elle pourra faire sans autre en vertu du présent... étant aussi compris dans le susdit relâchement et abandon les fruits actuellement pendant par la racine dans ces dits biens et tous les meubles qui se trouveront au dit Marèche de quelle espèce qu'ils soient, sauf un petit lit que le R^{d} abbé claustral se réserve et les tonneaux qu'il est tenu de laisser et faire parvenir au curé d'Abondance... 3° Plus, ils cèdent, quittent et remettent à la dite Ste Maison tous droits et prétentions qui auraient pu leur compéter pour leur indemnisation au sujet des réparations et bâtisses par eux faites tant avant qu'après l'incendie arrivé en 1728 et pour quel autre chef que ce soit, tant en vertu du bref et de la bulle de S. S., qu'en vertu de tout autre titre, si aucun il y en a, même en vertu du décret de saisie et des arrêts par eux obtenus au préjudice de feu S. Em. le S^{gr} Cardinal de Tencin... en vertu des actes, quels qu'ils soient, passés avec ses procureurs... de tous lesquels titres, décrets, arrêts, saisie, procédure et contrats ils ont au besoin cédé et cèdent le bénéfice à la dite Ste Maison... 4° Par rapport aux biens, fonds, bâtiments, alpéages et chalets sus relâchés... ils promettent maintenir envers et contre tous, tant au pétitoire qu'au possessoire usagés, loués et débrigués de toute charge et, pour plus grande sureté, ils ont actuellement remis à R^me abbé et Préfet tous les contrats d'acquis, actes, arrêts, saisies, procédures et transactions... et 5° ce ont fait les R^ds abbé claustral et Religieux Feuillans... pour et moyennant la somme de 12,000 livres monnaie de Savoie à compte de laquelle ils confessent avoir reçu des dits R^ds abbé commendataire, préfet et prêtres de la Ste Maison celle de 2000 livres, au moyen de la promesse que ces derniers font d'en relever dès ce jourd'hui avec l'intérêt au 4 0/0 lesdits R^ds Religieux envers le R^d Curé d'Abondance ensuite de l'assignation à lui faite de la dite somme par le contrat passé entre eux... et les 10,000 livres restant seront payées par la dite Ste Maison aux R^ds religieux, quand la dite Ste Maison jugera à propos, lui étant libre de retenir le dit capital, en payant annuellement... 400 livres pour l'intérêt convenu à commencer le 18 juillet de l'année prochaine, étant facultatif à la Ste Maison de s'en libérer par portion de 3333 livres, six sols, 8 deniers... restant icelle... chargée d'acquitter dans son église à Thonon à la décharge du recteur de la chapelle de N.-D. et de St Jean-Baptiste fondée en l'église de St Paul les 20 messes annuelles dont les R^ds P. Feuillans étaient chargés par la transaction entre eux et R^d Messire Antoine Dunant le 21 novembre 1685, Bron not^e, lesdites messes ayant été transférées à cet autel par R^d S^gr vicaire général Biord, commissaire apostolique, attendu qu'elle est affectée sur un fond sur lequel est édifiée la maison de Marèche, comprise dans le présent relâchement... Le présent acte fait sous la réserve de l'agrément de S. M. et de la ratification de la congrégation des Feuillans, s'en rapportant pour les autres chefs au sujet de l'exécution du bref et bulles à l'acte de mise en possession reçu par moi le 8 du courant et aux verbaux et ordonnances du R^d S^r commissaire apostolique, lequel, en cas qu'il survienne de nouvelles difficultés... continuera sa commission.

« Fait et prononcé en présence de sp^ble Pierre Duperrier et sp^ble Louis Dubouloz, tous avocats au Sénat, bourgeois et habitants de Thonon, conseil respectif des parties et Me Michel Buttin notaire collégié, greffier de l'évêché de

Genève. Insinué le 20 juillet (1763). Signé Bessonis notaire. »

A la suite de cet acte et en faisant corps, se trouvent deux inventaires, l'un des meubles du monastère d'Abondance, remis par les Feuillants aux prêtres de la Sainte-Maison par la transaction ci-dessus écrite; l'autre, du mobilier de la maison de Marèche. Sans qu'il soit nécessaire de les reproduire, on voit que rien n'y ressent le luxe, mais que cependant les Feuillants ne pratiquaient pas dans notre pays les terribles austérités que Jean de la Barrière avait introduites dans sa réforme. Avant ces inventaires les Feuillants avaient déjà reçu la part des ornements d'église qui leur avait été assignée. S'il faut en croire la tradition, et des écrits de l'époque, il y aurait eu des détournements assez importants, même en vases sacrés, article sur lequel le bref ne donnait aucun droit aux Feuillants (1). Mais laissons-les aller en paix (2), sans lapider leur mémoire.

---

(1) Un vieillard plus qu'octogénaire, qui aimait la chronique, me racontait, il y a 25 ans, qu'une des charges qui pesaient sur les Feuillants, c'est la pratique de la contrebande par le Vallais. M. Tappaz, selon ce vieillard, avait articulé ce grief. Or on sait que, aux yeux de nos anciens rois de Sardaigne, la contrebande était un crime.

(2) La paroisse d'Abondance a été administrée successivement par un grand nombre de curés soit, pendant l'existence des chanoines de Saint-Augustin, soit pendant celle des Feuillants à Abondance. Voici la note de ceux que fournissent l'obituaire d'Abondance, les visites épiscocopales ou d'autres documents :

Pendant les Chanoines.

1° 1443. Rd Henri Vulliod, institué curé d'Abondance par Félix V.
2° 1471. Rd chanoine de Albo, curé d'Abondance et de la Chapelle.
3° 1538. Rd Jacques Perrodet, d'Abondance.
4° 1597. Rd Etienne Perrodet,   id.
5° — Rd Guigues d'Arlod.
6° — Rd Guillaume de Billens.
7° — Rd Guillaume N.
8° — Rd Humbert de Charrière (de Charreriis.)
9° — Rd Aymond d'Arlod.
10° — Rd Jean N.
11° 1605. Rd Antoine du Nant.
(L'ordre de succession chronologique n'est pas toujours certain).

Pendant les Feuillants.

12° 1607 à 1627. Rd Jean Moccand, précédemment chanoine à Abondance.
13° 1627. Rd Depassier Claude, prêtre séculier.

CHAPITRE XVII

Situation religieuse de la Vallée. — Evènements locaux. Familles notables.

Au changement de régime la paroisse obtient des garanties pour ses droits et ses intérêts. M‍ʳ Biord en signe le procès-verbal. — Recours des paroisses à la Sainte-Maison pour la congrue de leur clergé respectif. — Base acceptée. — La religion refleurit. — Chapelle de Charmit et autres. — Évènements divers. — Mort de Mgr d'Arenthon à Abondance. — Mesure contre la peste en 1630. — Suite des guerres, contributions lourdes et prolongées. — Incendies. — Inondations. — Mauvaises saisons. — Familles Folliet, Favre, Blanc, Sallavuard et autres anciennes — ou notables familles.

Dès les siècles les plus reculés de son existence, la population de la vallée d'Abondance, avons-nous constaté, a toujours mis au rang de ses intérêts les plus chers sa religion et ses libertés. Si elle a dû voir, au seizième siècle, ses franchises s'amoindrir d'abord, puis disparaître dans le droit commun, du moins, elle échappait au régime féodal et parfois arbitraire que l'abbaye exerçait par ses officiers et ses agents. Quant à sa foi catholique, on a vu comment, en 1536, cette religieuse population, ainsi que les autres

14° 1631. Rᵈ Jean-Pierre Moccand, prêtre séculier.
15° 1640. Rᵈ Pierre Noble, prêtre séculier.
16° 1656. Dom Hilaire Leyat, feuillant, et Rᵗ Bergoend, prêtre séculier en concurrence.
17° 1664. Rᵈ Curtaz, prêtre séculier, par démission de Rᵈ Leyat.
18° 1665. Dom Bernard de Saint-Etienne, feuillant.
19° 1702. Rᵈ Dom Joseph, de Sainte-Anne de La Forest, feuillant.
20° 1714. Rᵈ Dom Maurice de Moeruel, feuillant.
21° 1735. Dom Gregoire Cochet, feuillant. E. Rᵈ Louis Ducret, séculier, en concurrence.
22° 1759. Rᵈ Jean-Aimé Tappaz, prêtre séculier, jusqu'à la Révolution.

habitants du Chablais-Gavot, avait mis pour première condition, dans l'acte de son annexion au Vallais, la réserve que rien ne serait changé en matière de religion. Ce qui ne fait pas moins d'honneur à ces montagnards, c'est de ne point avoir laissé leur foi s'affaiblir, malgré les tristes spectacles qu'ont présenté quelquefois ceux qui devaient leur servir de guides et de modèles dans le bien.

Par le départ définitif des Feuillants et la substitution de la Sainte-Maison, un nouvel ordre de choses allait s'établir. La paroisse resta en éveil sur ce qui touchait à ses droits et à ses intérêts. Le 14 juillet 1763 fut une journée qu'elle saisit avec empressement pour les protéger. Ce jour-là, « *ayant eu notice* de la possession qu'a prise le R^d S^{gr} préfet de la Ste-Maison de Thonon, abbé de la royale abbaye de N.-D. d'Abondance et de la mense régulière d'icelle supprimée par le S. P. le Pape, et que le R^d S^{gr} vicaire général Biord, commissaire apostolique, avec le Sr Puthod, procureur fiscal epāl, se trouvent sur *les lieux* pour l'exécution de la dite bulle et régler les intérêts de la d^e abbaye, notamment avec le R^d Sr Curé dudit Abondance, ayant intérêt que rien ne soit innové au préjudice des droits, coutumes et possessions de la dite paroisse, nommèrent et députèrent, par une procuration notariée, le Sr André Pioutaz, syndic, pour comparaître devant le dit S^{gr} vicaire général et lui présenter un mémoire dressé et paraphé par Me Claude-Michel Folliet notaire royal. »

Le même jour, 14 juillet 1763, le syndic Pioutaz présenta le mémoire en question. Voici le précis des demandes formulées et de la solution qui y fut donnée le même jour.

1° La paroisse d'Abondance conservera son immunité de tous frais pour l'église, la sacristie, le clocher, les cloches, le couvert des bâtiments, ornements, vases sacrés, luminaires, lampe ardente, maison presbytérale.

2° Elle n'aura rien à payer pour salaire d'employés d'église, tels que le clerc, le marguillier (sonneur), porte-bannière, porte-croix, etc.

3° Il est reconnu qu'il n'est rien dû au R^d curé pour mariages, port de sacrements, relevailles, linges qui couvrent la bière, et que pour les enterrements, il ne sera payé que les 2 sols 6 deniers qu'on met sur la bière. On continuera d'apporter les morts auprès de l'église ; pour l'enregistrement du baptême il sera payé un sol ; pour extrait d'acte de baptême ou de mariage, 24 sols ; pour une procession demandée pour la paroisse, 20 sols ; pour grand'messe de sépulture, 3 livres, y compris le luminaire de l'autel ; pour le luminaire fourni par le curé autour de la bière, 8 sols.

4° Chaque faisant feu continuera de payer au curé pour prémice un quart d'orge et un quart d'avoine ras, mesure d'Abondance. Si l'orge n'est pas pur, les deux quarts seront de *bataille*.

Quant à la dîme, qui se paie à l'abbé, elle demeurera à la cote quinzième ; les pesettes, lentilles, chanvre n'y sont pas assujétis.

5° Les jours de fêtes et de dimanche les messes se diront, la première à 6 heures, en été, à 7 en hiver, la seconde toujours à 8 heures et la grand'messe paroissiale à 10. Les vêpres se diront en été à 3 heures, en hiver à 2 heures.

6° L'aumône quotidienne se continuera comme par le passé sur les 3 heures au son de la cloche ; de même les cinq donnes générales, de la Septuagésime, de l'Ascension, de la Trinité, de la Saint-Jean-Baptiste et de la Saint-Bernard, se feront toujours comme de coutume, avec la quantité de blé fixée par les transactions, réduite en pain et accompagnée d'une distribution de serac ; plus les 26 pauvres du Lavabo au Jeudi-Saint recevront leur part du muid de fèves et des deux coupes de froment à ce destinées, ainsi que cinq sols chacun, le tout aux frais des nouveaux commendataires. L'abbé faisait anciennement le pain bénit à Pâques et distribuait un demi-seytier de vin après les vêpres de ce jour. Le nouveau commendataire, Mes[re] Laurent, s'engage à faire de même, si les communiers établissent qu'il y est obligé.

7° Le compte de la *boîte des âmes* se rendra en l'assistance du R[d] curé ; sur le produit, il sera prélevé 26 sols et 8 deniers pour une messe chaque mois et quatre livres annuellement pour le *libera me* que le curé chante chaque dimanche sous la lampe. Le surplus du produit de cette quête se distribue en aumônes.

Procès-verbal de ce qui précède est soigneusement rédigé et prononcé aux parties, avec le consentement du procureur fiscal épiscopal, dans le monastère du dit Abondance où nous avons choisi notre tribunal le dit jour.

Signé : BIORD, *official, comm^re apostolique.*

Depuis le départ définitif des Feuillants, en 1762, voici quelle fut la situation des choses au point de vue religieux et des frais du culte dans la vallée d'Abondance et dans quelques paroisses voisines qui avaient naguère relevé de l'abbaye désormais supprimée.

La paroisse d'Abondance eut un curé séculier; R^d Tappaz, de la Roche, fut le premier et le seul avant la Révolution. On a vu quelles avaient été, dès les transactions de 1604 et de 1618 jusqu'au départ des Feuillants, ses charges pastorales et ses ressources matérielles. Il jouissait d'une convenable aisance. Dès cette époque, et à l'avènement de la Sainte-Maison qui était désormais chargée de fournir la congrue du curé, on en ignore le montant; mais, l'avocat-général, dans des *observations* spéciales, juge qu'il y a lieu de s'en tenir à celle qui a été fixée par les anciennes transactions, ou de la porter au moins à 600 livres (1). La paroisse eut aussi dès lors deux vicaires qui percevaient chacun 300 livres pour traitement, avec l'obligation d'acquitter une partie des charges, de vivre et d'habiter avec le curé. L'évêque avait seul la nomination des deux vicaires ; le roi s'était réservé celle du curé.

Comme en 1762, la seule maison presbytérale qui existât à Abondance était une sorte de chalet construit en 1720, connu depuis sous le nom de *vicairie*, et que ce bâtiment était de beaucoup trop restreint pour y loger les trois prêtres qui devaient dès lors desservir la paroisse, on demanda à S. M. d'assigner une portion suffisante et convenable dans

(1) **Pièces émanées de la Sainte-Maison et communiquées par M. l'abbé Piccard.**

le monastère désormais vide, pour y loger le curé et ses vicaires, en y joignant un jardin, comme il y en avait un dans le pourpris de la cure qu'avait entraînée la Dranse; ce qui ne manqua pas d'être accordé de la même manière, que la chose s'y voit encore aujourd'hui.

La Chapelle d'Abondance. — A l'origine, avons-nous dit ailleurs, la paroisse actuelle de La Chapelle, anciennement *Chapelle des Frasses,* comprenait toute la vallée supérieure jusqu'à Morgin, limite du côté du Vallais. On ne peut préciser l'époque de sa séparation d'avec Abondance ; mais elle remonte bien près de l'origine du monastère, car la Chapelle d'Abondance nous apparaît déjà comme paroisse en 1178, puisque le 2 des ides de mai 1218, date de la lettre du pape Honorius III, il y avait déjà plus de quarante ans que l'abbé d'Abondance jouissait pacifiquement, disait-il, du droit de nommer à l'église des Frasses (1). L'acte du 25 juillet 1325 (n° **5**), nous montre la paroisse des Frasses réclamant et se faisant reconnaître ses antiques franchises, s'administrant déjà elle-même au temporel par ses syndics et jouissant de son autonomie (2).

Cette paroisse des Frasses comprenant alors la section de Châtel qui n'était pas encore érigée en paroisse, était plus populeuse (3) que celle d'Abondance ; car, d'après les procès-verbaux des visites épiscopales, on voit que La Chapelle en 1443 comptait 80 feux et en 1471, elle en comptait

---

(1) **Procurator** vero et conventus (Habundancie) proposuit ex adverso quod quum dictas ecclesias *(des Frasses et de Passy),* cum pleno jure instituendi presbyteros in eisdem per annos quadringenta et amplius possiderint sine lite, etc. *(Gallia Christiana,* t. xvi, p. 154.)

(2) C'est donc par mégarde que M. L. Charvet, *Recherches,* p. 36, a écrit que l'église de la Chapelle a été démembrée d'Abondance par saint François de Sales en 1617.

(3) Le 23 juin 1539, les communiers de la Chapelle firent, par acte authentique, le bornage des biens communs qu'ils possédaient par indivis, afin que les propriétés particulières n'anticipassent point sur la propriété commune. Quelques-uns de ces biens communaux s'étendant sur les montagnes n'étaient pas délimités entre Abondance et la Chapelle; il y avait des enclaves et peut-être des anticipations. Sur la demande de Jean Command, procureur des gens de la Chapelle et sur arrêt du Sénat rendu le 4 août 1638, le seigneur Prosper... de Montmélian, conseiller d'Etat et sénateur, fut commis pour présider à un bornage entre la

90, tandis qu'aux deux dates précitées, Abondance n'en comptait que 60 (1).

Châtel. — Les distances, la rigueur des hivers, l'augmentation de la population avaient depuis longtemps fait désirer aux hameaux les plus voisins du Vallais de se détacher de La Chapelle et de s'ériger en paroisse. C'est ce qui eut lieu vers l'an 1643 (2). En 1763, Châtel avait 107 feux, et La Chapelle 130.

Vacheresse et Bonnevaux, qui ne formaient qu'une seule paroisse avaient, jusqu'en 1762, relevé de l'abbaye d'Abondance. Le curé de Vacheresse était nommé et entretenu par l'abbé, qui percevait les dîmes et prémices. En 1367, Vacheresse apparaît déjà comme paroisse ancienne. La visite de 1443 ne lui assigne, sans doute par erreur, que 45 feux et 36 florins de revenus. Plus tard, la population s'accrut et eut deux prêtres pour le service religieux,

---

Chapelle et Richebourg (section d'Abondance). L'opération, d'abord sujette à des contestations, finit par une parfaite entente ; elle dura 13 jours, et le procès-verbal de partage couvre 19 pages. (J'ai entre mes mains les copies de ces deux actes.)

(1) Notes fournies par MM. Dufour, Pettex et Gonthier, curés. D'après ces visites, le revenu moyen de la Chapelle d'Abondance, y compris la section de Châtel *(Magni Castri)* était, en 1443, d'environ 80 florins ; en 1471, il était pour la Chapelle d'Abondance de 40 florins ; (le revenu de la section de la Chapelle et de Châtel n'est pas mentionné). Abondance donnait en 1443 un revenu de 1500 florins et, en 1471, de 600 florins (erreur manifeste, puisque, en 1481, son revenu était évalué à 1700 florins, au lieu de 600. C'est donc vraisemblablement 1600 florins.) On voit que, en 1471, Abondance et la Chapelle ont le même chanoine pour curé. C'était le nommé de Albo. La visite de 1411 faite par Mgr Jean de Bertrand, un des plus dignes évêques de Genève, de même que celle de Mgr Barthélemi, suffragant de Genève, en 1413, constatent que l'évêque diocésain visitait non seulement l'église et la paroisse d'Abondance, mais bien encore le monastère lui même. Saint François de Sales était donc bien fondé à dire que l'abbé d'Abondance et son couvent étaient sujets à la juridiction et correction de l'évêque de Genève. Ce que le Saint prouvait d'ailleurs par l'arbitrage de 1161. (Besson, *Preuves*, n° 29).

(1) M. Pétel, obligeant curé de Châtel, me marque que cette séparation a été prononcée en 1643 par Mgr Ch.-Auguste de Sales et que l'église a été construite en 1647. La séparation n'a pu se décréter en 1643 par Ch.-Auguste, qui n'est devenu coadjuteur de Mgr Juste Guérin qu'en 1645. Châtel a eu successivement pour curés R^{ds} Brelaz, Degrange, Burquier, Crépy, autre Brelaz, Favre, Béchet, Benvignat, Jacquier et Pétel.

après comme avant l'érection de Bonnevaux en paroisse, vers la fin du dix-huitième siècle.

Bonnevaux, section de Vacheresse, avait une chapelle où, dès les temps les plus reculés, le curé de Vacheresse devait dire ou faire dire chaque dimanche une messe pour les habitants de ce hameau populeux ; on y tenait le Saint-Sacrement. Le 16 septembre 1606, saint François de Sales, visitant cette chapelle qu'il appelle *église,* permit aux habitants, *ouis sur ce le Curé et les paroissiens de Vacheresse, de se confesser et de communier dans l'église de Bonnevaux et d'y faire le pain bénit... attendu la distance des lieux dudit Vacheresse et Bonnevaux.* En 1764, R^d Tappaz, curé d'Abondance, rédigea un long mémoire où il exposait solidement les *motifs et raisons qu'ont les habitants de Bonnevaux de se séparer de l'église paroissiale de Vacheresse et d'ériger un curé* (1). Cette nécessité, reconnue par tous les évêques, le fut aussi par l'autorité civile. Par décret de Mgr Biord, du 24 janvier 1778, admis par le Sénat le 24 février suivant, Bonnevaux fut démembré de Vacheresse et son premier curé, R^d Nambride, fut mis en possession de cette nouvelle paroisse le 16 mars 1778. L'année suivante, l'église, qui avait été agrandie, reçut une nouvelle bénédiction.

Chevenoz, en aval de Vacheresse, comptait, en 1443, 35 feux, et en 1763, il en possédait 88. Malgré ce petit nombre de paroissiens, cette paroisse était desservie par deux prêtres.

Vinzier était une petite filleule de Chevenoz. En 1443, il n'avait encore que dix-sept feux, mais en 1763, il en avait cinquante-cinq. Cette population s'est dès lors notablement accrue et la culture de ses terres lui a procuré de l'aisance (2).

(1) **Extrait des documents fournis par** R^{ds} E. Dufour, et Piccard, vicaire à Thonon.

(2) A la Révolution de 1793, les paroisses de Vinzier et de Bonnevaux avaient pour curés, la première R^d Pierre Burnat de Publier et la seconde R^d Noel Tavernier. M. Fleury *(Histoire de l'Église de Genève,*

Une fois la Sainte-Maison de Thonon substituée aux droits des Feuillants à Abondance, elle en accepta aussi toutes les obligations. En retour des dîmes et de la prémice qu'elle percevait sur toutes les paroisses qui avaient anciennement relevé de l'abbaye, elle était obligée de fournir ou d'assurer la congrue aux divers bénéficiers qui desservaient ces paroisses. Or, sur les réclamations de ces divers curés, leur congrue fut jugée insuffisante. Le gouvernement sarde se prêta à favoriser une augmentation de traitement ; il en avait donné un gage et l'exemple, en élevant à cinq cents livres de Piémont, à prendre sur le trésor public, le traitement des curés de Neydens, de Valleiry et de Bossey près de Genève, paroisses que cette République venait de rendre à la Savoie. En conséquence, les barons de la Bâtie et Foncet furent nommés commissaires royaux pour évaluer la congrue, soit le traitement que percevaient les curés qui avaient anciennement relevé de l'abbaye et ceux dont la congrue n'atteignait pas le chiffre de quatre cents livres (1) furent reconnus désormais avoir droit à cette somme annuelle, soit en numéraire soit en nature. La Sainte-Maison trouvait que trois cent soixante-quinze livres devaient leur suffire. Il y a apparence que le chiffre des commissaires a prévalu. Dans cette congrue n'entraient pas les oblations, obventions ou casuel, fondations à charges et produits de pieux usages, tels que bénédictions des

---

t. III, p. 401 et 402), signale ces deux prêtres comme des *jureurs schismatiques* et livre ainsi leur mémoire à la réprobation publique. Ce n'est pas la seule erreur de fait de cet ouvrage, d'ailleurs bien estimable. Les jureurs schismatiques sont ceux qui, après le serment à la Constitution civile du clergé, ne l'ont point rétracté. Aucun de ces malheureux obstinés dans le schisme n'a été employé au saint Ministère après le Concordat. Or nous voyons M. Tavernier, l'ami et le compagnon du martyr Vernaz, placé comme recteur à Chevenoz en 1803, y mourir en 1809 avec la réputation d'un saint prêtre, et quant à M. Burnat, il était si peu *jureur schismatique* que, par une contradiction frappante, M. Fleury lui-même (ibid , p. 229), nous dit que, le 15 août 1795, Pierre Burnat, curé de Vinzier, fut nommé, par Mgr Paget, chef de l'archiprêtré d'Evian et de Saint-Paul, comprenant 16 paroisses. Il mourut recteur de Vinzier, en 1817, laissant la mémoire la plus vénérée dans le pays entier.

(1) 400 livres de Piémont, soit 472 francs, à plus d'un siècle en arrière, auraient équivalu à une somme actuelle d'environ 1000 francs.

maisons, des granges, des chalets, etc. Mais en retour, comme il n'y avait pas de fabriques organisées pour le culte, le curé était tenu de fournir les hosties, le vin pour la messe, et, parfois, une partie du luminaire, le blanchissage des linges sacrés, etc. Les autres fournitures, telles que l'huile pour la lampe, achat d'ornements et de linges, etc., retombaient à la charge des paroissiens.

Les nobles commissaires précités avaient reconnu et déclaré que les paroisses ci-dessous désignées avaient droit à une augmentation de congrue dans les proportions suivantes, pour arriver à la somme de quatre cents livres :

1	Chevenoz	ne percevant que	196 livres,	avait encore droit à	214	pour arriver à	400''
2	La Chapelle d'Abond.	—	288	—	112	—	400.
3	Châtel	—	465	—	215	—	680.
4	Vacheresse (curé et vic.)	—	599	—	81	—	680.
5	Vinzier	—	180	—	220	—	400.
6	Larringe	—	209	—	191	—	400.
7	Bonnevaux	—	0	—	400	—	400.

Publier, *Féterne* et d'autres paroisses, qui avaient relevé de l'abbaye, réclamaient aussi une augmentation de congrue ; mais leur congrue fut jugée suffisante. On a vu auparavant que le Pape avait déclaré ne pas unir à la Sainte-Maison les anciens bénéfices dépendant d'Abondance. L'évêque seul avait la nomination des titulaires, et la Sainte Maison n'y avait apparemment point conservé droit de patronage.

La vallée d'Abondance se trouva bien, sous le rapport religieux, du nouvel ordre de choses. Quoique la foi et les mœurs eussent toujours régné dans la vallée, elles se prirent à refleurir mieux que jamais, après qu'eurent disparu les dernières traces des Feuillants.

Sans parler des prescriptions ni des institutions communes à tous les catholiques, on voyait dans cette vallée des usages, des dévotions et d'autres pratiques qui étaient tout ensemble la preuve et le fruit de l'esprit religieux qui régnait parmi les habitants.

A côté du culte de saint Bernard de Clairvaux, que les **Feuillants** honoraient comme leur premier instituteur, se trouvait, plus ancienne et beaucoup plus populaire, la dévotion à saint Bernard de Menthon. Le culte de cet apôtre des Alpes s'est vigoureusement perpétué dans la vallée, ainsi que dans tout le Chablais-Gavot, et il y partage avec saint François de Sales et saint Guérin, la vénération et la confiance de ces populations.

Il existait à Abondance, ainsi que dans Saint-Gingolph qui en dépendait, une Confrérie dite du Saint-Esprit, qui avait ses fonds, ses revenus et ses statuts. C'était une Société de *secours mutuels,* sanctifiée et régie par la religion. Ses membres faisaient une profession plus parfaite des œuvres de foi et de charité.

On trouvait aussi dans cette vallée des traces de dévotion et des fondations à l'honneur de Notre-Dame du Puy. Du reste le culte de la sainte Vierge, sous différents titres, était populaire : l'église d'Abondance était sous le vocable de l'Assomption de Notre-Dame. La section de Charmit, à Abondance, avait une chapelle à Notre-Dame de Compassion, où la piété des fidèles obtenait parfois des faveurs signalées, et les registres paroissiaux d'Abondance relatent, en particulier, quelques traits d'enfants morts-nés qui, transportés à ce sanctuaire, ont donné des signes de vie et ont pu recevoir le baptême.

Le pape Clément IX, par un rescrit original en parchemin qui est sous nos yeux, à la date du 8 novembre 1668, attacha une indulgence plénière à gagner dans cette chapelle à ceux qui, confessés et communiés, la visiteraient pendant le jour ecclésiastique du vendredi qui précède les Rameaux, en y priant avec ferveur selon les intentions du Saint-Siège (1).

Le 13 décembre 1614, M⁰ Guillaume Faucon, notaire

---

(1) Communiqué par M. Pettex. Le pape déclare que cet indult sera nul, si cette chapelle a déjà obtenu quelque indulgence temporaire ou perpétuelle et si *pro impetratione, præsentatione, admissione, seu publicatione* aliquid vel minimum detur seu sponte oblatum recipiatur. Aussi le rescrit qui contient cette indulgence est-il délivré *gratis pro Deo.* Il est visé par Mgr Jean d'Arenthon qui dit : *Publicentur ut sonant.* Les protestants ne reprocheront pas à ce pape d'avoir trafiqué des indulgences. On en doit dire autant des autres papes.

ducal de Vacheresse et curial de l'abbaye d'Abondance, fit une supplique à saint François de Sales pour être autorisé à ériger à Madame sainte Anne une chapelle sur les confins de sa paroisse natale. Le Saint approuva ce projet le même jour (1). Cette chapelle fut en effet érigée au lieu appelé en l'*Eau-Noire,* sur le chemin public tendant directement à Abondance.

Cette expansion de foi rayonnait dans les environs et on sait la confiance qu'inspirent encore aux pèlerins l'oratoire de Notre-Dame-de-la-Paraz et l'antique chapelle de Notre-Dame d'Armone (2).

Evènements divers. — Un de ces évènements qui marquent le plus dans les souvenirs d'Abondance et même dans ceux de tout le diocèse, c'est la mort de Mgr Jean d'Arenthon d'Alex, dont nous n'avons dit qu'un mot incidemment. On sait la haute estime qu'avait professée pour lui le pape Alexandre VII : il pensait que ce prélat serait un jour canonisé. Quoi qu'il puisse advenir, cet évêque est, après saint François de Sales, celui qui a le plus illustré le siège du diocèse de Genève.

Or, ce grand homme faisait sa quatrième visite pastorale à Abondance, lorsque, le 1er juillet 1695, il fut atteint d'une pleurésie meurtrière dont il mourut le 4 du même mois. « *Il est à noter*, porte l'acte de décès signé Diaconis, *que la première et la dernière visite qu'il a faict pendant son épiscopat, ç'a esté celle d'Abondance. Enfin, il est venu finir là où il avoit commencé, au grand regret de tous les estats tant séculiers que réguliers de son diocèse.* » Abondance fut donc la première paroisse à pleurer la perte de cet apostolique prélat, et c'est encore pour elle un précieux souvenir, d'avoir reçu sa dernière visite et recueilli son dernier soupir (3).

---

(1) *Œuv. de saint Franç. de Sal.*, édit. Migne, t. vi, col. 1108.

(2) En 1612, saint François de Sales autorisa l'érection d'une chapelle à saint Bernard sur la montagne d'Ubine. Une épizootie qui régnait depuis trois ans dans ces chalets disparut complètement. *(Vie de saint Bernard,* par un chanoine, p. 136.) Nous y renvoyons pour plusieurs traits merveilleux où la critique trop sceptique de notre siècle veut ne voir que des contes légendaires.

(3) En 1841, j'ai vu, dans la maison où avait logé ce grand évêque, la

En 1629 et 1630, éclata la terrible peste qui menaça de dépeupler notre pays. Bien qu'on ignore le nombre même approximatif de victimes qu'elle fit dans la vallée d'Abondance, il fut pris des mesures énergiques pour conjurer le fléau. Le 1ᵉʳ juillet 1630, par l'avis et délibération de messire Duplessis (Richelieu), au nom de Louis XIII qui occupait alors notre pays, arrivèrent à Abondance et dans les autres chefs-lieux les inhibitions et les mesures à prendre sous des peines draconiennes. Du reste, les détails manquent sur les ravages que l'épidémie a exercés dans la vallée.

Bien que ce petit peuple de la vallée d'Abondance semblât caché et isolé au sein de ses montagnes, sa position frontière sur le Vallais l'exposa assez souvent à des passages de troupes et aux suites funestes de la guerre. Déjà vers 1250, cette population avait dû ravitailler la colonne de guerriers que le comte Pierre de Savoie avait fait passer par Morgin, pour tomber sur les derrières de l'armée vallaisanne, forte de 3,000 combattants, massés à Bret, pendant que, avec le reste de ses troupes, il faisait mine de vouloir forcer cet étroit passage.

De 1385 jusqu'en 1415, avec des intermittences de trèves assez courtes, les comtes de Savoie avaient guerroyé contre le Haut-Vallais dont l'évêque de Sion était le principal magistrat. Il y eut des alternatives de succès et de revers ; mais dans tous ces cas, les pays frontières avaient à souffrir soit pour les dégâts soit pour des fournitures et contributions de guerre.

---

chambre et le lit où il s'est éteint. Cette pièce a dès lors conservé le nom de *Chambre d'Arenthon*. Ses successeurs se sont constamment fait, dans leurs visites pastorales à Abondance, un pieux devoir de visiter cette chambre et de féliciter la famille hospitalière Folliet. Après la Révolution Nosseigneurs de Thiollaz, Rey, Rendu et Magnin se sont donné cette religieuse satisfaction. Le 8 février 1721, Mgr Rossillon de Bernex écrivit une bienveillante lettre au chef de la famille Folliet. M. Folliet, curé d'Allinge, honorable membre de la famille de ce nom, a bien voulu m'en adresser une copie *in parte quâ* : « *Il est bien juste que les évêques de Genève soient affectionnés à votre famille, puisque vous avez été affectionné à mon prédécesseur qui est mort dans votre maison, et que j'ai eu un de vos fils pour mon aumônier, dont la vertu et le bon naturel ne s'effaceront jamais de mon souvenir.* »

En 1476, après d'importants avantages remportés sur les Vallaisans, ceux-ci se remettent en campagne, s'emparent de Saint-Maurice, alors capitale du Chablais et menacent de promener le fléau de la guerre dans le Chablais-Gavot. Déjà ils occupaient les crêtes de Morgin et s'abattaient sur la vallée d'Abondance qui n'avait pas un soldat à leur opposer. Dans cette situation désespérée, les habitants d'Abondance, comme ceux des autres paroisses du Chablais, envoient des députés à Saint-Maurice pour traiter avec les chefs des sept dizains vallaisans et se préserver ou se délivrer de l'invasion à prix d'argent. Abondance dut payer une somme de 840 florins (1). Dans leurs excursions dévastatrices, ils avaient commis beaucoup de déprédations (2).

Nous avons parlé au chapitre douzième de l'occupation du Chablais oriental par les Vallaisans en 1536.

Après qu'ils l'eurent restitué au duc de Savoie, ils l'occupèrent encore en 1589, pendant que Sancy, avec ses troupes françaises, envahissait le Bas-Chablais et d'autres provinces de la Savoie. Après la retraite des Vallaisans, dom Amédée, bâtard de Savoie, jeta une partie de ses gens dans les vallées d'Aulps et d'Abondance, afin de prévenir toute tentative sur le Faucigny. Le Chablais conquis par la France à l'instigation de Genève fut frappé d'une contribution de guerre de 79,000 livres. La montagne ne fut pas plus épargnée que la plaine et les villes. Le registre des naissances et baptêmes d'Abondance porte la note suivante : « *1600. Le 1ᵉʳ novembre, Mgr de Sancy et ses troupes nous ont ici ravagé.* » En effet, Henri IV, pour hâter la paix, a-t-on dit, livra encore au pillage notre malheureux pays.

Peu après survint l'impôt de la cire qui, sans être lourd, ne laissait pas, à la longue, d'être une nouvelle charge (1).

---

(1) Boccard, *Hist. du Vall.*, p. 127. Evian fournit 300 florins d'or de 24 gros ; Thonon, 800 ; toutes les paroisses furent rançonnées, qui plus, qui moins.

(2) Outre l'orgue d'Abondance, ils emportèrent quelques canons, encore à l'état rudimentaire, marqués aux armes de Blonay.

(1) Abondance en fournissait 3 livres, la Chapelle 4, **Vacheresse et**

En 1630, la vallée d'Abondance eut à loger et à entretenir une compagnie de cavalerie qui coûtait 80 florins par jour (1).

On ne peut préciser le chiffre auquel s'élevèrent dans la vallée d'Abondance les contributions diverses lors de la première occupation de la Savoie par Louis XIV dès l'année 1691 à l'année 1696 ; mais on en peut juger par comparaison. Annecy, en 1691, fut frappé d'une contribution de 110,000 florins et cette occupation dura cinq ans.

En 1701, les Français de Louis XIV s'emparèrent de nouveau de la Savoie et l'occupèrent douze ans, soit jusqu'à la paix d'Utrecht en 1713. Nous avons sous les yeux les comptes de contributions imposées à la seule paroisse d'Abondance ; en voici un aperçu :

En l'année 1705	104	florins
— 1706	92	—
— 1707	113	—
— 1708	143	—
— 1710 (2)	130	—
— 1713 (3)	170	—

et ainsi approximativement pour les autres années de l'occupation.

Pendant les vingt-neuf ans (4) qui suivirent la paix d'U-

Bonnevaux 4, Chevenoz 2, Bernex 3, etc. (Note fournie par M. Jules Vuy). S'il était vrai (chose absurde), que l'amas de cette cire se fît en vue d'une illumination qui fêterait la prise de Genève, Ch. Emmanuel se serait berné dans cette prévoyance. C'est Genève qui fête encore annuellement l'*escalade* manquée, fête qu'elle pourrait supprimer.

(1) Note de M. Dufour extraite des archives d'Abondance.

(2) La même année 1710, Vacheresse payait 78 florins, la Chapelle, 115, Saint-Gingolph, 21, Chevenoz, 26, Bernex, 49, Novel, 8, Saint-Paul, 58, Thonon, 130, Ballaison, 24. M. E. Dufour dit que cette somme était la quotité fixée par jour, ce qui serait exorbitant. Nous n'avons pu contrôler.

(3) Un acte du notaire Folliet rédigé dans l'automne de 1713 et communiqué par M. E. Serand, porte que, en 1713, une affreuse tempête avait détruit entièrement les récoltes des sections de Richebourg, de Charmy et de Sous-le-Pas. On recourut pour obtenir l'exemption ou une forte réduction d'impôts pour cette triste saison. Mais les besoins du trésor public étaient si grands, que la minime réduction qui fut accordée porta, non sur les impositions ordinaires qui furent maintenues, mais seulement sur l'augmentation affectée à chaque cote.

(4) Nous ne parlons pas des Luzernois ou Vaudois des vallées de

trecht, nos provinces se remirent doucement des maux de la guerre sous le gouvernement paternel de Victor-Amédée II et de son fils et successeur Ch.-Emmanuel III. Mais en 1742 survint la guerre pour la succession d'Autriche. La Savoie fut envahie par une armée espagnole qui s'y cantonna pendant six ans. Ce furent réquisitions sur réquisitions en argent, en denrées, en prestations de toute nature. Toutes les communes étaient taxées au *prorata* du nombre des habitants et des ressources. En 1743, Abondance et la vallée eurent à loger un grand nombre de cavaliers espagnols, hommes et chevaux. Ne se contentant pas des fournitures règlementaires déjà écrasantes, ces soldats pillards se livraient encore à toutes sortes d'exactions et de violences, ravageant les jardins et la campagne, volant le bétail, dépeuplant les basses-cours et maltraitant l'habitant qui s'opposait à ces excès. Cet état de choses, avec quelques modifications de détail, se prolongea jusqu'à la paix d'Aix-la-Chapelle en 1748. Les Espagnols partirent.

Cette paix et ce départ ne remédièrent pas d'abord aux maux de la guerre. Après l'évacuation de la Savoie, outre les impôts ordinaires perçus par le Trésor, il y eut encore une imposition extraordinaire, répartie sur chaque province et ensuite subdivisée par communes. Cet impôt subsistait encore huit ans après la conclusion de la paix. Voici une copie de l'édit royal par lequel Ch.-Emmanuel, à la date du 8 février 1756, proroge encore cette imposition extraordinaire : « L'échéance de quelques dettes ci-devant contractées pour cause de nécessité publique et d'utilité de l'Etat tombant dans le cours de la présente année (1756) et les revenus ordinaires procédant des tributs, gabelles et autres revenus domaniaux outre le fonds que la dépense ordinaire de la couronne requiert ne pouvant suppléer au surplus de ce qui est nécessaire pour satisfaire aux susdites obligations, nous sommes dans la nécessité indispensable de continuer pour l'année courante, l'imposition extraor-

---

Pignerol qui, vers la fin du dix-septième siècle, ont traversé et effrayé le Chablais ; ils ne se montrèrent pas dans la vallée d'Abondance.

dinaire sur le même pied qu'elle a été ci-devant... C'est pourquoi, eu sur ce l'avis de notre conseil, ordonnons comme s'ensuit :

« 1° Les provinces ci après, outre la taxe, taille et tributs ordinaires auxquels elles sont tenues payeront l'imposition extraordinaire ci-après :

« Le duché de Savoie 335,611 livres, six sols et huit deniers, monnoie de Piémont. » (Et ainsi par proportions des autres provinces des anciens Etats sardes.)

Signé : « Ch. Emanuel. » Contresigné : « Mazé. »

En 1628 et 1629 la vallée d'Abondance avait été saccagée par la grêle. Les habitants ne pouvant payer les impôts, Amed Boccard, commis de Me Charier, trésorier de S. A. Royale, fit emprisonner à Thonon Nicolas Thouly, l'un des syndics de la vallée. En février 1630, on recourut pour sa mise en liberté et pour une remise de l'impôt des deux années précédentes. Thouly fut libéré, mais la Chambre des comptes n'admit pas la libération ni la diminution de l'impôt, comme il en conste par l'exploit de l'huissier Veillet (1).

En 1662 et 1663, la tempête avait aussi complètement anéanti les récoltes. Ces malheurs, joints aux frais d'un long procès intenté aux Feuillants, avaient obéré la situation financière d'Abondance. Soit pour en finir avec cet interminable procès, soit pour éviter les effets d'un monitoire du Pape contre les détenteurs des titres, les syndics et conseillers d'Abondance avaient consenti à un accommodement par devant Mgr d'Arenthon, évêque de Genève. Pour payer les 3,900 florins qu'elle devait, la commune fut réduite à vendre des communaux (2).

Le monastère et l'église de l'abbaye ont subi plusieurs incendies qui, cependant, n'ont pas endommagé la puissante maçonnerie de ses édifices. Le premier incendie eut lieu vers l'an 1400 (la date précise fait défaut). Le second, qui

---

(1) Notes prises à Abondance par M. E. Dufour.
(2) C'est alors qu'elle vendit la Treiche, les Contamines, l'Equevelliet, le Bailly, etc. Ce qui eut lieu le 18 mai 1663. (Notes prises à Abondance par R^d E. Dufour.)

consuma la toiture et la charpente de ces bâtiments, arriva le 14 octobre 1633. Enfin, le dernier éclata le 19 juillet 1728 à une heure de l'après-midi, par l'imprudence d'un ouvrier qui restaurait les clochetons de l'église.

Les inondations ne sont pas rares dans les vallées situées, comme celle d'Abondance, entre des montagnes élevées. Mais celle qui causa le plus de dégâts, fut celle du 6 novembre 1651. Elle ravina quantité de terres dans la vallée, ou les couvrit d'ensablements et de pierres roulées. Elle nuisit particulièrement à l'abbaye par les érosions et dégâts qu'elle fit dans les deux pièces importantes, appelées les prés d'Offaz et Frarou. Plus tard, le 10 avril 1689, la nuit de Pâques, les eaux furent si abondantes et si torrentielles, qu'elles ruinèrent le pré de la cure qui était d'excellent rapport. L'inondation emporta le pont d'Offaz et tous les autres ponts jusqu'à Vacheresse. On évalua à plus de mille pistoles les dommages causés à la vallée. C'est aux inondations qu'est dû le changement du lit de la Dranse au chef-lieu d'Abondance et la ruine de la maison presbytérale que l'abbé Aiazza avait fait construire pour l'habitation du clergé paroissial.

La saison de 1771 fut singulièrement mauvaise dans les vallées du Chablais. Les 16, 17 et 18 juin de cette année, il tomba une si grande quantité de neige dans les montagnes où le bétail était inalpé depuis deux jours, que les cornes des vaches en redescendant apparaissaient à peine au-dessus de cette haute couche. L'hiver de cette triste saison fut cruel; la disette était générale; (1) des troupes de mendiants périrent de misère et de froid. Depuis 1776, une série d'hivers précoces, de mauvaises récoltes et de mortalité parmi le bétail avaient appauvri les campagnes. On redoutait la peste; le peuple était tenu en haleine par la terreur du brigandage, des vols et incendies que commettaient les vagabonds affamés qui affluaient de tous côtés dans la vallée. On prit des mesures très rigoureuses pour rassurer

---

(1) M. Victor de Saint-Genix, cité par R^d E. Dufour. Annecy reçut 1600 sacs de blé et de farine pour le Genevois, et ainsi à proportion pour les autres provinces de la Savoie.

les habitants contre ces excès. A son tour, le gouvernement adopta des moyens pour remédier dans la mesure du possible à la disette et aux maux de la situation (1).

Familles notables de la vallée. — Cette population ayant formé, jusqu'à la fin du seizième siècle, une petite république, se gouvernant par ses coutumes, jouissant de ses franchises sous la houlette des abbés, vivant dans une sorte d'indépendance politique et civile vis-à-vis des comtes de Savoie, il en résultait entre les habitants un état d'égalité incompatible avec toute tendance aristocratique. Pendant qu'a duré la juridiction temporelle des abbés, il n'y avait aucune carrière, aucun emploi qui pût stimuler l'ambition de ces hommes libres. Ils les voyaient sans regret confiés à des étrangers, pourvu que ceux-ci ne s'érigeassent pas systématiquement en ennemis des libertés et des coutumes de la vallée. On voit cependant quelquefois des hommes du lieu exercer les fonctions de curiaux, de métraux, de notaires de l'abbaye, et jamais les choses ne marchèrent mieux, que lorsque l'entente et la confiance régnaient entre l'abbaye et la population. Mais comme ces fonctions n'étaient pas héréditaires, elles n'ont point créé parmi les habitants de classe aristocratique, ni même ce qu'on appela plus tard de bourgeoisie.

Mais depuis que les ducs de Savoie eurent réduit la vallée d'Abondance sous le droit commun, vers la fin du seizième siècle, il y eut des châtelains, des juges, des fonctionnaires pris tantôt dans la vallée, tantôt du dehors. L'horizon s'élargit pour les habitants; les carrières publiques ou libérales leur furent ouvertes dans les Etats des princes de Savoie. Il y eut dès lors plus d'essor; les talents, les services publics, la fortune, l'éducation, créèrent parmi eux une bourgeoisie. Toutefois ces nouveaux bourgeois conservèrent, du moins dans les limites de la vallée, les mœurs, l'égalité et la simplicité antiques.

Les principales familles, celles qui ont eu plus de notoriété, sont les familles Folliet, Blanc, Sallavuard et Favre.

(1) Notes tirées de la cure d'Abondance.

La famille Folliet, la plus apparente de toutes, n'est connue sous ce nom à Abondance que depuis moins de trois siècles. Elle a fourni des notaires, des avocats, des juges, des conseillers généraux, des députés, etc. Un membre de cette famille avait secondé M. Olier dans la fondation de Saint-Sulpice. C'est dans cette école célèbre que M. Folliet, curé d'Allinge, prêtre de mérite et de bonnes œuvres, a fait ses études ecclésiastiques. C'est dans la maison de cette honorable famille qu'est décédé, en 1695, ainsi qu'on l'a dit auparavant, Mgr Jean d'Arenthon d'Alex.

La famille Blanc d'Abondance, aujourd'hui éteinte, a fourni deux médecins-chirurgiens dans les troupes sardes, ainsi que deux aumôniers militaires dans l'ancienne brigade de Savoie et cinq prêtres, tous d'un grand mérite : 1° R^d Pierre Blanc, d'abord aumônier militaire, puis nommé curé-archiprêtre de Valleiry en 1755. Il a été le premier curé de cette paroisse depuis que Genève l'eut rendue au roi de Sardaigne ; il y est décédé le 1er septembre 1781, à l'âge de 74 ans. 2° R^d Blanc... (prénom inconnu), a été curé de Machilly depuis 1765 jusqu'en 1793, époque où, sans se souiller d'aucun serment, il émigra au Val d'Illiers, en Vallais, selon le manuscrit de son R^d neveu, J.-F. Blanc. 3° Celui-ci, déjà curé à La Clusaz avant la Révolution, n'émigra qu'un moment en Vallais, d'où il revenait fréquemment dans la vallée d'Abondance en 1793 et 1794. Il marque que, dès le 2 juillet 1794, il ne quitta plus la Savoie. Au rétablissement du culte, il fut nommé curé au Grand-Bornand, où il est mort en 1826, avec la réputation d'un prêtre aussi pieux qu'instruit. Il a laissé de précieux manuscrits et d'importants documents sur Abondance. J'en ai fréquemment fait usage pour le présent travail. 4° R^d Pierre Blanc, frère du précédent, était vicaire de Saint-Cergues quand éclata la Révolution. Le manuscrit mentionné de R^d J.-Fr. Blanc porte : *Septembre 1793, j'ai eu avis pendant la nuit de passer incessamment en Vallais ; j'y ai été, avec mon frère vicaire de Saint-Cergue, joindre mon oncle curé de Machilly, déporté* (émigré) *au Val d'Illiers.* R^d Pierre Blanc fut nommé missionnaire à Abondance dont il ouvrit et réconcilia l'église en 1795, ainsi qu'on le verra. Après le Concordat, il fut nommé curé de Saint-Paul, où il est mort le 30 juin 1813 et a été inhumé au pied du marchepied de la grande porte de l'église paroissiale. Homme d'une foi vive, il a laissé à Saint-Paul la mémoire la plus vénérée. 5° R^d Blanc, neveu des deux précédents, prêtre distingué, mort curé de Manigod en 1851.

La famille Favre, qui s'est éteinte par la mort de François-Marie Favre, l'ami de Mgr Rey, le fondateur de l'école congréganiste d'Abondance, a fourni anciennement plusieurs personnages remarquables. D'abord, vers l'an 1600, spectable Pierre Favre, professeur de droit à Chambéry, a composé un ouvrage savant sur les laods, matière de droit alors très importante; ensuite, spectable Michel Favre, avocat au Sénat de Savoie, a laissé un manuscrit très sérieux sur la *Raison d'État*; enfin, plusieurs notaires et hommes de loi. D'aucuns veulent, non sans quelque apparence de vérité, que le fameux avocat Jules Favre et député de Lyon, soit issu de la maison Favre d'Abondance: mais il paraît certain qu'il descendait des Favre-Clavaire d'Annecy.

La famille Sallavuard, des plus anciennes de la vallée, a aussi eu sa part dans les carrières libérales; elle a fourni des hommes de loi, des notaires, et récemment, un grand-vicaire, publiciste de mérite.

Les familles, non moins anciennes, des Maxit, des Déportes, des Boccard, des Command, des l'Advocat, des Danelli, etc., ont aussi produit des notaires et des personnes de marque.

Parmi les familles anciennes de la vallée, qu'on rencontre déjà en 1430, on peut citer, outre celles qu'on vient de nommer, les noms des familles Maulaz, Curdy, Trosset, Grilliet, Perroud, Voisin, Curtaz, Billiod, Berthod, Girard, Berthet. Viennent ensuite, mais un peu plus tard, les familles Gagneux, Cettour, Bénand, etc. Des familles, déjà connues en 1430, ont disparu ou ont changé de nom, ce qui se faisait quelquefois d'une génération à une autre.

C'est d'Abondance que sont sorties les familles Piccard, Piotton (1), Marchand, Cayen, Gallaz, etc.

Abondance avait une famille fort ancienne, aujourd'hui éteinte, du nom de Perrodet, qui avait été anoblie au seizième siècle. Elle avait fourni à l'abbaye des chanoines, des curés, des métraux, des curiaux, et plusieurs notaires. L'honorable famille Dubouloz est récente à Abondance.

Une branche de l'illustre maison de Menthon possédait anciennement la seigneurie de la vieille tour de Bonnevaux, aux portes d'Abondance. Mais, comme elle n'avait aucune possession ni juridiction dans la vallée proprement dite d'Abondance, on ne cite ici que pour mémoire cette noble famille. Du reste, elle vendit tous ses droits sur Bonnevaux à l'honorable famille Loys.

CHAPITRE XVIII

La Vallée d'Abondance pendant la Révolution.

Allobroges de la Vallée. — L'incorporation à la France en 1792. — Faiblesse de M. Tappaz. — Le jacobin Maxit. — Insurrection. — La garde de la Fiogère. — Vain espoir. — Enquête sur les contre-révolutionnaires de la Vallée. — Déposition de Maxit. — R^d Vernaz arrêté et fusillé. — Fin tragique de Maxit. — Vente des biens de l'Abbaye. — L'Eglise d'Abondance rendue au culte en 1795. — R^{ds} Pierre Blanc et Billiod, Missionnaires. — Rétractation de M. Tappaz. — Restauration. — M. Testu et son collège à la Chapelle. — Conclusion du livre.

Depuis le départ des Espagnols, en 1748, la vallée d'Abondance, comme toute la Savoie, respirait en goûtant les bienfaits de la paix. Depuis le départ des Feuillants, en 1762,

---

(1) Cette famille n'y était pas ancienne, à moins qu'elle ne fût une branche de la famille Piottaz.

Abondance jouissait aussi de la paix religieuse sous la conduite de son clergé séculier, édifiant et dévoué. Si, dans nos villes, la jeunesse lettrée et les adeptes du philosophisme du dix-huitième siècle faisaient bruyamment retentir leurs appels à la liberté et leurs déclamations contre la *superstition* et la *tyrannie*, c'est-à-dire contre l'autel et le trône, ces bruits n'arrivaient pas jusque dans les hautes vallées du Chablais, ou n'y rencontraient pas d'échos. Leurs habitants étaient un peuple de traditions et non de nouveautés. Content de son sort, se suffisant à lui-même, sans que le besoin l'obligeât à émigrer, le peuple de la vallée d'Abondance restait attaché à sa foi religieuse et politique.

Quant l'invasion de 1792 eut amené la Révolution en Savoie, la population de la vallée d'Abondance fut saisie d'appréhensions et de regrets du régime passé ; quelques-uns l'attendirent à l'épreuve des promesses qu'avaient faites les commissaires de la République française. L'ambition, l'intérêt, la nouveauté, lui fournirent quelques adhérents de circonstance ; mais, sur une population de près de 4,000 âmes, il n'y eut guère qu'un partisan qui ait adopté ses principes et ses violences. Nous le verrons à l'œuvre.

A peine la Savoie eut-elle été envahie, que l'on éleva partout des arbres de *liberté,* qui ne tardèrent pas à être surmontés du bonnet phrygien. Les trois paroisses de la vallée durent voir remplacer la croix blanche de Savoie par le drapeau tricolore. En voyant ces emblèmes encore inconnus, un vieillard, patriarche de l'endroit, s'écria devant un groupe nombreux de spectateurs étonnés : *Fotre, tadan, je n'ame ren cé patin roge ; creyde mel pi, i cheint mô*.

Quoique occupée, la Savoie n'était pas encore officiellement incorporée à la France. On avait laissé à notre pays le droit de se nommer des députés qui devaient se former en constituante à Chambéry, pour délibérer sur ses destinées politiques. Ce n'était au fond qu'une formalité, car on allait voter sous l'*égide des armées françaises*. Les assemblées primaires eurent lieu les 14, 15 et 16 octobre 1792. Abondance se donna pour député F.-M. Folliet et pour adjoints ou suppléants P.-J. Blanc et J.-P. Sallavuard ; La

Chapelle élut Athanase Bron et pour suppléants le notaire Cl. Maxit et J. Desportes ; Châtel se fit représenter par Ch.-M. Maxit, fils du dit notaire et lui donna pour adjoints Ath. Bron et Tupin. Ce Charles-M. Maxit, qu'on appelait *Carlin,* avant les élections primaires, avait été nommé, nous apprend il lui-même, commissaire du Club des Jacobins, de Chambéry, pour préparer et diriger ces élections et pour remplir dans la vallée un rôle révolutionnaire : il ne faillit pas à ce mandat.

Tous ces délégués votèrent pour l'incorporation de la Savoie à la France, dans la mémorable séance du 22 octobre 1792, tenue à Chambéry. Ce n'est point, certes, que tous ces députés fussent des révolutionnaires. Leur vote s'explique et se justifie amplement par la retraite précipitée et l'abandon de toutes les troupes sardes qui se retirèrent sur les Alpes sans brûler une amorce, ainsi que par l'occupation de toute la Savoie par les troupes françaises, que le roi sarde était incapable de déloger. Au fond, on était français avant les élections et le vote ne fit que sanctionner un fait inéluctable. Ce vote fut acclamé par un grand nombre d'esprits amateurs de la nouveauté et séduits par le mirage des libertés promises ; mais il fut réprouvé par la masse de la population des campagnes. Le résultat de ces élections fut porté à Paris par sept députés délégués de la Constituante de Chambéry, qui se donna le nom d'*Assemblée nationale des Allobroges.* On ne tarda pas à apprendre que, dans sa séance du 3 décembre 1792, la Convention nationale avait agréé le vœu de nos Allobroges et prononcé l'incorporation de la Savoie à la République française. Dès lors, on fut français par le droit populaire, bien que le roi sarde n'ait renoncé que quelques années plus tard à ses droits héréditaires sur la Savoie par le traité de Cherasco.

Malgré les légitimes inquiétudes qu'inspiraient aux esprits réfléchis certains faits récemment survenus en France, tels que la mise en vigueur de la constitution civile du clergé, l'incarcération de Louis XVI et les massacres de septembre, nos montagnards de la vallée d'Abondance, comme les autres habitants de la Savoie, se seraient peut-être résignés au régime nouveau, s'ils eussent vu se réaliser les belles espérances qu'on avait fait miroiter à leurs yeux. Ce qu'ils redoutaient, ce n'était pas la France, mais la Révolution. Les promesses dont on les avait bercés ne tardèrent pas à s'évanouir et bientôt ils virent mettre en vigueur les mesures les plus impopulaires, surtout la proclamation du 8 février 1793, qui, à l'instar de la France, rendait exécutoire en Savoie la constitution civile du clergé. C'était l'organisation du schisme et l'abolition du culte catholique; c'était une blessure profonde aux plus chères affections de cette religieuse population.

Une douleur et un scandale qu'elle éprouva, ce fut la triste attitude qu'avait prise R^d Tappaz, encore curé d'Abondance, avant même que la proclamation du 8 février eût mis en vigueur cette œuvre schismatique. Il y avait trente-cinq ans qu'il dirigeait avec sagesse et intelligence l'importante paroisse d'Abondance. Mais l'âge avait fini par affaiblir son caractère ; peut-être aussi une teinte gallicane et légèrement janséniste s'était-elle mêlée à ses anciennes études ecclésiastiques. Le fait est qu'il tomba dans une fausse et malheureuse interprétation de la constitution civile du clergé, telle qu'elle était appliquée en France, où elle avait déjà fait des martyrs et d'où une multitude de prêtres fidèles avait émigré à l'étranger, pour éviter le schisme et un serment coupables. Dans son sermon de Noël 1792, M. Tappaz entreprit de montrer à son peuple, que les évêques et les prêtres établis en France, en vertu de la seule constitution civile du clergé et sous la juridiction émanée de l'Eglise, étaient néanmoins de vrais et légitimes pasteurs des âmes, et ministres de la religion, erreur scandaleuse qu'il répara plus tard.

Deux mois après arriva le moment où il fallait prêter le serment prescrit par la constitution civile et la proclamation du 8 février. Ou le serment ou l'exil, pas de milieu. D'après sa théorie de Noël précédent, M. Tappaz aurait pu prêter ce serment. Mais d'après les principes catholiques et les brefs de Pie VI, il ne pouvait prêter ce serment sans devenir schismatique. L'a-t-il prêté? Les registres municipaux de l'époque n'en font nulle mention.

Nous avons de lui une solennelle rétractation, où il désavoue et déplore, en 1796, les torts qu'il a eus et les scandales donnés à son peuple. Il n'y rétracte que son sermon de Noël et sa démission remise entre des mains laïques. Cette démission même prouverait qu'il n'a pas fait le serment en question ; car, une fois ce serment prêté, il n'y avait plus de raison de se démettre ; il serait tranquillement demeuré, sous la protection de la loi, curé constitutionnel et schismatique d'Abondance. C'est surtout cette situation schismatique que sa rétractation aurait dû mentionner et déplorer. Les derniers registres qu'il a rédigés et signés portent la date de 1793. Il émigre ensuite et disparaît d'Abondance. Si, après le serment qu'il aurait fait, il eût été pris d'un remords de conscience qui le lui eût fait rétracter, ce même bon mouvement de sa conscience l'aurait détourné de remettre sa démission entre les mains des municipaux sans qualité pour la recevoir (1). Quoi qu'il en soit de ce serment et malgré la rétractation de M. Tappaz, il a laissé à Abondance la réputation d'un pasteur faible et devenu prévaricateur.

Nous ne voyons point de ces défaillances chez les autres prêtres de la vallée. Les curés de la Chapelle et de Châtel, MM. Testu et Favre, ne balancèrent pas ; il en fut de même des vicaires de la vallée : R[ds] Birraux, Hudry, Chenal et Cartier : ils émigrèrent. Comme le Vallais, où la plupart de ces dignes prêtres s'étaient réfugiés, n'était qu'à deux pas de la vallée, ils y rentraient furtivement de temps à autre pour le soin des âmes. Il fallait un courage héroïque pour affronter les dangers qu'ils couraient dans le ministère apostolique ; il y avait peine de mort contre tout prêtre insermenté, émigré et rentré sur le territoire de la République. Heureusement la religion schismatique de Pannisset, évêque intrus du Mont-Blanc, ne prit jamais pied dans

---

(1) M. Fleury, *Hist. de l'Egl. de Gen.*, IIIe vol., p. 402, fait de M. Tappaz un *jureur rétracté*. Il ne donne aucune preuve de ce serment.

cette vallée, non plus que le culte de la déesse Raison ou les mômeries de la Théophilanthropie. On continuait de garder le dimanche, et on négligeait le décadi. Le culte catholique, réduit alors à sa plus stricte simplicité, n'eut, pendant le régime de la Terreur, d'autres ministres que de pieux laïques qui se réunissaient clandestinement pour des prières en commun ou quelque lecture chrétienne.

Le patriote Carlin Maxit était furieux de ne pouvoir défanatiser ses compatriotes ; ses principes avérés de jacobinisme, son crédit auprès du district, sa fougue de jeune révolutionnaire, en faisaient la terreur de l'endroit ; mais c'étaient surtout les prêtres réfractaires qu'il poursuivait de sa haine. R^d Favre, curé de Châtel, avait refusé le serment et s'était exilé. Maxit Carlin, qui venait d'être nommé secrétaire de Châtel, et à qui l'administration du district avait confié la charge de régisseur des biens nationaux de la vallée, fit vendre, en cette dernière qualité, le mobilier du dit curé de Châtel et s'attira, par cet acte, un redoublement d'aversion.

Mais ce qui aigrit davantage encore l'esprit public contre lui, c'est le zèle qu'il déploya pour le recrutement *forcé* du bataillon des *volontaires* du Mont-Blanc. Ceux qui furent recrutés pour faire partie de ce bataillon émigrèrent en Vallais ou allèrent s'enrôler sous les drapeaux du roi sarde, qui conservait les sommités et les principaux passages des Alpes. Ceux qui rejoignirent cette troupe de *volontaires* désertèrent ensuite.

Le bruit s'étant répandu en Savoie qu'une puissante armée d'Austro-Sardes allait venir déloger les Français de notre pays, des émissaires des Piémontais vinrent y souffler la révolte et organiser la résistance armée aux troupes de la République. La vallée de Thônes, en mai 1793, donna le signal de l'insurrection ; Annecy eut sa *bagarre* anti-révolutionnaire que quelques-uns payèrent de leur tête et plusieurs de leur liberté. Le Haut-Faucigny, la vallée d'Aulps étaient en pleine insurrection et sous les armes. Celle d'Abondance s'associa au mouvement réactionnaire.

Le moment paraissait favorable. Les deux compagnies

des volontaires des Basses-Alpes qui étaient cantonnées dans la vallée d'Abondance, reçurent l'ordre d'aller rejoindre le corps d'armée qui faisait le siège de Lyon. Leur départ fut un grand soulagement pour la vallée ; quelques jeunes gens allèrent se poster sur la hauteur de Bellegarde et se donnèrent le tort de précipiter des blocs sur la route par où s'en allaient ces soldats inoffensifs et sans défiance.

On se crut délivré de la Révolution ; on commença par abattre les arbres de la Liberté et par brûler les insignes qui les pavoisaient ; on sonna le tocsin pour appeler aux armes les habitants valides, afin d'aller rejoindre le corps des Piémontais qui s'était établi à Cluses ; on ouvrit un registre pour inscrire les volontaires ; on fit des quêtes pour les défrayer et les récompenser. L'Allobroge François Folliet, devenu juge de paix à Abondance, fut traduit à Cluses soit comme ôtage, soit comme patriote vendu à la France. La municipalité nommée par les commissaires de la République fut dissoute et remplacée par l'ancien conseil ; le maire, J. P. Sallavuard, dut quitter son écharpe ; le notaire Folliet, ancien châtelain, reprit ses fonctions au nom du roi sarde. Tout cela se passa sous l'égide de cent cinquante soldats piémontais qui étaient venus de Cluses occuper la vallée d'Abondance et y remettre les choses sur l'ancien pied. On organisa une garde pour fermer les avenues de la vallée, à la Fiogère et sur d'autres points qui pouvaient donner accès aux Français. Le nommé Borret, commandant du poste de Morgin pour le Vallais, vint passer plusieurs jours au chef lieu d'Abondance pour organiser, discipliner et exercer lui-même ces volontaires. Il avait même, au besoin, promis des armes à la vallée. Outre les braves qui gardaient ces nouvelles Thermopyles, une trentaine de jeunes gens étaient allés s'enrôler dans le corps de Piémontais qui, de Cluses, se disposait à marcher sur Annecy et Carouge.

Pendant cette échauffourée, Carlin Maxit et le jeune Barnabé Folliet, lequel, sans être terroriste, s'était montré chaud partisan de la France, avaient jugé prudent de se mettre en lieu de sûreté.

L'illusion ne fut pas longue pour les royalistes de la vallée. En septembre 1793, les républicains, qui venaient d'avoir raison de l'héroïque résistance de Lyon, étaient rentrés en Savoie, nombreux et furieux. Toute l'espérance mise dans les Austro-Sardes se dissipa; le corps piémontais qui occupait le Haut-Faucigny fut, à son tour, battu à Miribel, près de Sallanches. Tout se débanda; les volontaires, qui s'étaient enrôlés à Cluses, regagnèrent leurs foyers ou passèrent la frontière.

Dès lors, ceux qui défendaient le passage de la Fiogère cessèrent toute tentative de résistance. Quelques-uns des plus compromis émigrèrent. Les Piémontais, après l'échec de Miribel, avaient gravi les sommités des Alpes pour se reformer et se recruter. Un piquet de ces soldats s'étaient réfugiés à Abondance, prêts soit à se rendre à un nouvel appel de leurs chefs, soit à rentrer en Piémont par le Saint-Bernard. Ce qu'ayant appris, le commandant français en Savoie dirigea un détachement de quatre cents hommes sur Abondance, et un nombre égal de Français arrivés à Saint-Jean d'Aulps, devaient contourner la montagne de Chaufloria, en longeant les frontières du Vallais, pour cerner cette poignée de fuyards piémontais (1). La contribution de guerre dut être considérable, car la petite commune de Reyvroz, assez inoffensive, avait été cotée à 709 livres et la vallée de Thônes à 40,000 livres.

Carlin Maxit était rentré dans sa commune et les autorités françaises furent rétablies dans la vallée.

C'est de cette époque que date le régime de la Terreur. Il s'agissait de sévir contre les instigateurs et les partisans de l'insurrection. Des enquêtes sévères furent prescrites par l'administration du district de Thonon. Nous avons sous les yeux le volumineux procès-verbal des *informations prises dans quelques communes du canton d'Abondance par le citoyen J^h-Marie Vaudaux, membre et commissaire du Conseil général d'administration du district*

---

(1) R^d Blanc, qui était rentré à Abondance et qui a écrit ces intéressants détails, ne marque pas si les Piémontais réussirent à s'échapper.

contre tous les individus coupables de délits d'incivisme, contre-révolution, etc. » Ces informations commencèrent à La Chapelle, le 13 nivose an II (2 janvier 1794) et finirent à Abondance le 20 nivose suivant an II (9 janvier 1794).

Cette enquête se fit dans des circonstances critiques, au fort de la Terreur. Bien qu'on ne voie pas trace de pression ni de passion dans la procédure du commissaire enquêteur, il arrivait dans la vallée comme représentant du régime de la Terreur, chargé de préparer les éléments pour les vengeances de la Convention. Les déposants cités devant le commissaire furent au nombre de trente-trois ; un certain nombre d'entre eux étaient étrangers à la vallée. Qu'ils fussent ou non patriotes, ils avaient à redouter, d'un côté les rigueurs du pouvoir, s'ils se montraient faibles et indulgents ; de l'autre, un retour inopiné à l'ancien ordre de choses, s'ils pesaient sur les accusés. Or, ces retours sont assez fréquents dans les révolutions et on venait d'en voir un exemple, à quatre mois en arrière. Les témoins qui assistaient à l'enquête étaient des hommes investis de la confiance de la nation, savoir les cit. F.-M. Folliet, juge de paix et naguère allobroge, son fils Barnabé, Fr. Cayen, receveur des douanes à Châtel et quelques soldats de la 2me Cie du 4me bataillon des volontaires des Basses-Alpes cantonnés à Châtel. Le secrétaire fut le jacobin Carlin Maxit. Malgré toutes ces circonstances qui semblaient devoir inspirer la rigueur, l'ensemble des dispositions porte plutôt l'empreinte de la modération. On savait que, pendant le règne de la Terreur, il n'y avait d'autre sort que la guillotine pour ceux qui étaient signalés comme contre-révolutionnaires. Ceux que les déposants craignaient le moins de charger, c'étaient ceux qui venaient d'émigrer et qui s'étaient ainsi dérobés aux colères de la Convention.

Les principaux inculpés dans les trois paroisses de la vallée sont : André Genoud, Voisin Pierre dit Boudemoz, Brellaz François fils d'André, Desportes Maurice dit Bayard, Vulliod Maurice, notable destitué, la femme Andrea Crépy née Garin, Choupaz Maurice, Borrel, commandant du poste vallaisan de Morgin, Labarre Claude, du Biot, porteur des dépêches sardes, Blanc Joseph, Resca douanier à Châtel, les frères Grilliet André et Laurent dits Mugnier, Roulet Maurice, Barthélemi David dit Crémagny, secrétaire de Châtel, destitué, Favre Thomas, Manuel Piottaz, Perroud Antoine, les frères Danelli, Berthoud, dit l'Ecolier, son frère dit Maquignon, Dépotex André, Girard Jean-Pierre, Rey André, Favre André dit Mathy, officier municipal, destitué, Girard Gabriel, le notaire Folliet, ancien châtelain, le chirurgien Blanc, Berthet Jean-Claude, ex-soldat du régiment de Courten, Mercier Claude, Trosset dit Maigre, Galley François, le fils Déportes, Maxit dit Jorand, les sœurs Favre nées Joudon.

Après les diverses dépositions et accusations de trente-deux témoins, se présente en dernier lieu le trente-troisième témoin déposant. C'est Carlin Maxit lui-même. A cette opération qui eut lieu à Châtel, n'intervinrent que Vaudaux comme enquêteur, Cayen, à qui Maxit céda sa plume de secrétaire, et enfin, ce jacobin, dont voici la déposition dans toute sa teneur :

« Le jour de l'assemblée primaire de Châtel relativement au mode de gouvernement à choisir pour la ci-devant Savoye et à laquelle j'assistois comme commissaire de la Société des Jacobins de Chambéry, Maurice *Roullet* fut le seul qui s'opposa à ce que l'assemblée votât pour la réunion à la République française, en proférant beaucoup d'injures et de calomnies contre sa constitution et ses partisans.

« L'un des derniers jours du mois d'août proche passé, *Borrel*, commandant de Morgins, en Vallais, vint dans cette commune pour proposer à la municipalité de mettre les habitants sous les armes et de se réunir à ceux d'Abondance pour faire la garde au poste de la Fiogère ; je le vis en compagnie du ci-devant capucin Elie, chez le cit. Pierre Maxit, alors maire, et je l'entendis annoncer qu'il viendrait commander la garde et tenir des propos des plus insolents contre la Révolution et les patriotes et promettre qu'il fournirait des armes aux habitants de la vallée ; qu'il viendrait même avec le détachement de Morgin et enfin qu'il espéroit avoir dans peu le plaisir d'aller avec son d. détachement et plusieurs volontaires vallaisans à Paris, pour s'aider à proclamer Louis XVII.

« Le surlendemain du coupement de notre arbre de liberté, j'ouis François, fils d'André *Brelat*, se réjouir de cet évènement et dire hautement au public que *maintenant que la vallée avait le bonheur d'être débarrassée de ces coquins de François, il falloit aller faire bonne garde à la Fiogère pour leur empêcher de revenir et que l'on devroit regarder comme de mauvais sujets et des scélérats ceux qui s'y refuseroient*.

« J'ai vu Claude Labarre, natif du Biot et habitant de cette commune, colporter deux fois sur la fin du mois d'août et commencement du suivant, avec empressement et satisfaction des ordres et proclamations à la part du dit Gallay, prétendu commissaire du roi sarde et autres agents de ce brigand couronné. Il eut l'imprudence de me dire une fois dans ce temps là que si je ne me dépêchois pas d'enlever de mon chapeau la cocarde nationale que personne ne portait alors que moi dans la commune, je verrois beau jeu ; enfin, je l'ai entendu prêcher pour inviter les gens de cette commune à se rendre en foule au dit poste de la Fiogère.

« Le jour du coupement du dit arbre, j'entendis Mauris *Chouppaz*, l'un des officiers municipaux de cette commune que vous avez destitué, proposer que l'on en fît un feu de joie et tenir même des propos les plus inciviques et contre-révolutionnaires, avec beaucoup plus de violence encore qu'il n'avait coutume de le faire.

« Ledit Mauris *Déporte* dit Bayard, et Maurice *Vuillod*, cy-devant notable s'empressèrent, aussitôt que les Piémontais furent arrivés en Faucigny, d'inciter de tout leur pouvoir les habitants de cette commune à prendre les armes pour *notre bon et légitime souverain*, disaient-ils, contre ces coquins et brigands de français qui étoient venus détruire la religion dans ce pays, corrompre les mœurs et nous plonger dans un abyme de malheurs. Ils firent même une cueillette d'argent pour distribuer, disaient-ils, aux braves qui partiroient avec eux pour aller à Cluses rejoindre l'armée piémontaise. Je fus un de ceux auxquels ils s'adressoient ; mais ils n'eurent pas lieu de se louer de ma générosité, encore moins de la réponse que je leur fis. Ils réussirent d'emmener avec eux sept à huit jeunes gens et entre autres Claude Mercier, le fils Trosset dit Maigre, François Gallay et le fils de J.-F. Déporte. Le dit Déporte, dit Bayard, vint, environ dix jours après, chargé, dit-il, d'une commission de la part de l'infâme marquis de Sales pour Lausanne, et, en repartant, il emmena son fils Pierre et celui de François Maxit dit Jorand.

« *André Genoud* fut un de ceux qui firent le plus de tapage, lors de l'arrêté des représentants du peuple, concernant le serment civique des prêtres. Il proposa qu'on envoyât aux dits représentants une adresse par laquelle on leur demanderait impérieusement la révocation de la dite proclamation et il dit que, si quelqu'un s'avisait de refuser de signer cette délibération, il fallait lui couper le col, et je lui ai encore ouï dire plusieurs fois que, si dans les commencements l'on s'était mis sur le pied de ne vouloir recevoir dans la vallée aucun des ordres de ces brigands de Français et que l'on eût étranglé le premier qui y en avait apporté, l'on y serait bien tranquille et que, si tous pensaient comme lui, on serait encore à temps de faire cela.

« *Andréaz Crépy*, née Guerin, aussi habitante de cette commune, va très fréquemment en Vallais sans passeport. C'est une de ces femelles qui bavardent le plus fortement contre la révolution et les patriotes ; j'ai été moi-même une infinité de fois témoin de ces propos insolents, d'autant plus dangereux qu'elle jouit d'une fortune considérable. Je lui ai ouï dire une fois qu'elle avait envoyé quatre louis en Vallais à un prêtre qu'elle a gardé chez elle pendant le courant de l'hiver dernier.

« Les frères André et Jean *Danelli* d'Abondance accompagnoient, armés de fusil, Gallay et ses satellites, lorsque ceux-ci vinrent couper notre arbre de liberté, et après cette opération, je les vis se porter chez le Maire.

« J'assistai à l'assemblée primaire de notre canton, convoquée pour nommer les électeurs ; elle fut des plus tumultueuses et orageuses et aucune nomination n'y fut faite. Les auteurs de ce trouble furent, entre autres, le dit Jean Danelli, André Rey, Antoine Favre dit Mathy et le meunier Favre Thomas, tous de la commune d'Abondance, qui excitèrent le peuple et surtout les femmes à se porter sur Athanase Bron, lors secrétaire de la dite commune, pour le maltraiter, et il aurait probablement été massacré, s'il n'avoit réussi à s'échapper. L'on s'empara des proclamations, décrets, lois et registres qui étoient dans la chambre consulaire et que l'on mit en lambeaux.

« Jean-Claude *Berthet,* ci-devant soldat de Courten, habitant à Richebourg, hameau d'Abondance, se présenta un jour sur la fin du mois d'août armé d'un sabre dans notre municipalité, pour la requérir d'envoyer chaque jour un certain nombre d'habitants au poste de la Fiogère, nous faisant des menaces à la part des Piémontais, si nous continuions à faire les renitents.

« Ayant rencontré, il y a environ quinze jours, Barthélemi David, lors secrétaire de la commune de Châtel, je lui parlai par manière de reproche et d'improbation du certificat de civisme que le Conseil général de cette commune avoit accordé, quelques jours auparavant, à Mauris Roullet détenu dans les prisons nationales de Thonon pour cause de délit d'incivisme et contre-révolution. Le dit David me répondit d'un air hypocrite : *Oh! pour que nous ne puissions pas être compromis, j'ai eu la précaution de mettre dans le dit certificat de civisme :* TANDIS QU'IL A SÉJOURNÉ DANS LA COMMUNE *et s'il s'est mal comporté hors d'icelle, nous sommes censés l'ignorer.* Sur quoi je lui répliquai : *Mais encore sous ce point de vue, vous en avez imposé, car je sais que le dit Roullet s'est comporté très inciviquement dans votre commune pendant le mois d'août et de septembre derniers et que, entre autres, tandis que les Piémontois y étoient, il a fait l'office de caporal fourrier.*

« Enfin, j'observe que j'aurois eu beaucoup plus de choses à vous dire, tant contre ceux dont je vous ai parlé, que contre d'autres. Mais comme je fus absent de cette commune dès les premiers jours du mois de septembre jusqu'au moment que l'on vint entièrement expulser les Piémontais de cette vallée, je ne pourrois vous rien dire de plus, que ce que j'ai moi-même ouï dire à quelques-uns de ceux que vous avez entendus avant moy.

 Signé : « Maxit. »
  Signé : « Vaudaux. »
   Signé : « F. Cayen, faisant les fonctions de Sec. »

Les plus compromis d'entre ces inculpés, étant alors émigrés, ne rentrèrent qu'après la chute de Robespierre, en juillet 1794. Quelques-uns cependant étaient dans la maison d'arrêt de Thonon. Nous n'en connaissons aucun qui ait payé de sa tête sa participation à l'insurrection d'août et de septembre 1793. Il serait possible que ceux qui étaient le plus chargés dans l'enquête aient fait partie de ce convoi funèbre de cent cinquante victimes de ce département que la guillotine réclamait à Paris et qui furent délivrés aux approches de la capitale, à la nouvelle de la chute de Robespierre (1).

Quant à Carlin Maxit, appartenant à une riche et honorable famille de la Chapelle-d'Abondance, sans mentionner la manière indigne dont il se conduisit envers ses plus proches parents, qui gémissaient sur son exaltation terroriste (2), un fait plus déplorable vint s'ajouter aux autres et charger sa mémoire.

Le 3 ventose (21 février 1794), deux mois seulement après l'enquête faite dans la vallée d'Abondance, Carlin Maxit, revenant à cheval de Thonon et arrivé au chef-lieu de Vacheresse, y vit un nombreux attroupement. Un prêtre, R^d François Vernaz, natif de Chevenoz, récemment vicaire à Fessy, se trouvait entre les mains de deux gendarmes et ces gendarmes, intimidés par l'attitude du groupe qui l'entourait, n'ayant eu d'ailleurs aucun mandat spécial d'arrestation contre cet ecclésiastique, se disposaient à le relâcher

---

(1) *Palais de l'Isle* de M. Burdet, n° 1145.
(2) Manuscrit du R^d Blanc. — Item, *Hist. de l'Egl. de Gen.*, 3ᵉ vol., p. 161 et suiv.

sous le prétexte que personne ne voulait reconnaître le détenu pour un prêtre. Maxit se présente et, devant l'irrésolution des gendarmes, il s'oppose énergiquement à ce que le détenu fût relâché ; *au nom de la loi,* il ordonne au commandant de la garde nationale de le traduire incessamment à Thonon, sous peine d'en rendre compte *corps pour corps.* Ainsi fut fait, et le futur martyr fut conduit dans la maison d'arrêt de Thonon dans la nuit du 3 au 4 ventose.

Le lendemain, Maxit craignant que personne ne voulût reconnaître le *calotin* comme prêtre, redescendit de bonne heure à Thonon, emmenant avec lui le malheureux Châtillon qui l'avait livré aux gendarmes. Sur leur déposition, attestant qu'ils reconnaissaient le détenu pour un prêtre insermenté, émigré et rentré, R^d Vernaz fut condamné et fusillé sur le canal, derrière l'hôpital actuel de Thonon, le jour même de sa condamnation, 4 ventose an II (22 février 1794).

Dès lors ces deux hommes, marqués au front du stigmate de Caïn, ne semblaient plus aux religieuses populations qui les entouraient que de grands coupables, dévoués aux anathèmes du ciel et de la terre. C'est ainsi que l'opinion publique interpréta l'évènement qui ne tarda pas à suivre.

C'était le 11 février 1795, moins d'un an après l'exécution de M. Vernaz : deux officiers savoyards du roi sarde, les nommés Biord et Jordan, passant à La Chapelle-d'Abondance, s'arrêtèrent à l'auberge Crépy pour se reposer et se restaurer. Ils y furent rencontrés par C. Maxit, qui avait été le condisciple de Biord et qui invita avec instance les deux officiers à venir chez lui. Sur leur refus, il emporta le manteau de l'un d'eux et les obligea ainsi à le suivre. Ils trouvèrent sa chambre garnie, comme un arsenal, d'armes à feu chargées. On servit à manger et à boire. Maxit assaisonnait le tout d'une politique furibonde, maudissant le *tyran sarde,* chargeant d'imprécations et d'injures les *vils suppôts* qui servaient les têtes couronnées et brandissant avec menace et emportement un couteau qu'il tenait à la main. Devant de pareils accès de fureur, ses hôtes involontaires et désarmés se continrent de leur mieux, redoutant une catastrophe. Cette crainte redoubla, lorsqu'ils entendirent Carlin demander à son domestique, dit l'Américain, d'aller lui chercher le nommé Tochet. Ils se crurent dans un guet-apens où il y allait de leur vie. Alors Jordan, se jugeant dans le cas de légitime défense, se lève et, se donnant tranquillement l'air d'admirer cette belle rangée d'armes qui décoraient la muraille, saisit prestement un des fusils chargés, vise droit à la poitrine de C. Maxit et fait feu. Celui-ci reçoit toute la charge et tombe raide mort. Les deux officiers poursuivirent leur route.

Quand cet évènement fut connu dans la commune, ce fut d'abord la stupeur, puis un grand soulagement dans toute la vallée. Les honneurs funèbres se réduisirent pour ce malheureux, à être inhumé avec une pipe à la bouche, sans drap sur sa bière, par deux domestiques, le sien et celui de son père, sans autre convoi.

Le dimanche suivant, on célébra avec un entrain extraordinaire l'anniversaire de la prise de Toulon. Personne ne s'y méprit : ce surcroît de réjouissances fut tout le deuil voué à la mémoire du terroriste.

La hache de thermidor, en abattant Robespierre, avait produit une grande détente. Il survint même une loi qui prescrivait des mesures de répression contre ceux qui avaient commis *des horreurs* avant le 9 thermidor. L'exaltation révolutionnaire s'était momentanément refroidie, et les idées de modération prévalurent, bien que le Directoire, peu de temps après, tentât encore d'inspirer et d'exercer la terreur.

Dès le printemps de 1795, tout était prêt pour la vente des biens de l'abbaye d'Abondance. Le 3 germinal an III, les administrateurs du district de Thonon, les citoyens Jacquier, agent national, Guyon, Vaudaux et Cayen, secrétaire, procédèrent à cette vente par parties brisées. La montagne de Chaufforia, contenant 305 journaux, fut adjugée, ce jour-là, à Joseph Naz, de Thonon, pour le prix de 9,705 livres ; mais le district accorda encore un délai jusqu'au 18 du même mois pour la surenchère.

Au jour désigné, les enchères recommencèrent, non plus par parties brisées, mais sur tous les immeubles ou biens nationaux que l'abbaye avait possédés dans toute la vallée d'Abondance. L'offre de la dernière surenchère fut successivement couverte, pendant la durée de douze feux, par les citoyens Naz, Jacquier, Berger François, Favrat Jean-Pierre et Fraissinet Jean-Marc, natif de Marseille et demeurant à Thonon. Le prix total arriva au chiffre de 127,500 livres, offert pendant le treizième feu par ledit Fraissinet. Personne n'ayant surenchéri, tous ces biensfonds lui furent définitivement adjugés. On remarquera qu'aucun des surenchérisseurs n'appartenait à la vallée d'Abondance. La nation y passait, non pour propriétaire, mais pour spoliatrice. La probité seule éloigna les habitants de la vallée de ces enchères ; car, après le Concordat qui vint, quelques années plus tard, convalider ces ventes, ces braves montagnards se trouvèrent assez riches pour acheter tout ce qu'on consentit à leur revendre.

Restaient les bâtiments, église et monastère. Cette église monumentale n'a pas été mise en adjudication. On n'aurait osé la livrer au commerce pour des destinations profanes. Le 27 fructidor an IV, le couvent avec son beau cloître, fut vendu comme bien national à Cl. Berthet, de Thonon. Celui-ci les revendit au chirurgien Pierre Blanc ; mais cette vente n'ayant pas tenu, les hoirs dudit Berthet revendirent ces bâtiments, le 10 mai 1836, à R^d Barnabé Sallavuard, chanoine, et à son frère, J.-P. aux héritiers desquels ils appartiennent encore en partie (1).

Après le 10 thermidor an II, il était rentré un certain nombre de prêtres émigrés. L'autorité diocésaine se préoccupa d'organiser un service religieux, tout de dévouement et encore plein de danger, pour le maintien de la foi et le soin des consciences chrétiennes. Mgr Paget rendit exécutoire un système ou règlement de mission, par lequel on

(1) On trouve dans les *Çà et Là*, de Louis Veuillot, t. II, p. 55 et suiv. un récit fantaisiste qui semblerait, par le contexte, concerner Abondance. Mais le *gredin* dont il raconte la mort tragique y est absolument inconnu. Ce récit tient donc du roman plus que de l'histoire.

assignait à des prêtres demeurés fidèles pendant la tourmente, une circonscription plus ou moins étendue, où ils exerçaient charge d'âmes, mais sans avoir d'autres ressources que la piété des fidèles ou leur propre patrimoine. C'est par cette considération, que l'on plaça plusieurs de ces bons prêtres dans leur paroisse natale ou dans le voisinage. Celui qui fut désigné pour Abondance fut R⁴ Pierre Blanc, natif de ce lieu, précédemment vicaire à Saint-Cergues, puis curé de Saint-Paul. Sa nomination comme missionnaire d'Abondance est du 6 avril 1795.

Cependant, malgré les promesses de la liberté des cultes, cette liberté pour le culte catholique et public n'arrivait pas. Les églises restaient fermées ; il n'y avait encore que des messes basses dans des maisons privées ou même dans des granges ; la religion ne pouvait encore déployer la pompe de ses solennités. Il tardait aux habitants d'Abondance de rentrer dans leur église, fermée depuis trois ans. Le missionnaire Blanc n'était pas moins impatient que les fidèles ; mais il était lui-même sous le coup de la loi comme prêtre insermenté, émigré et rentré. Pourtant il n'y avait plus de terroristes dans la vallée, et les quelques patriotes qu'Abondance comptait encore n'avaient été ni jacobins avérés ni persécuteurs des prêtres. Il régnait en 1795 une sorte de calme ou de bonace révolutionnaire. L'accord de tous fut complet pour rouvrir l'église et rendre au culte l'éclat des anciens jours. Le missionnaire rendit compte de la situation au grand-vicaire Bigex, lui demanda l'autorisation de réconcilier l'église de l'abbaye et d'y rétablir le culte. C'est ce qui fut accordé avec empressement par l'autorité, qui accompagna cependant cette concession de quelques avis de prudence. Le registre paroissial d'Abondance contient en ces termes le court récit de cette cérémonie :

« L'an mil sept cent nonante-cinq et le huit décembre, l'église d'Abondance a été réconciliée par le soussigné et par commission spéciale de Messieurs les vicaires capitulaires et le dimanche suivant il suppléa les cérémonies du baptème à tous les enfants qui en avaient été privés et donna le baptême sous condition à tous ceux dont le baptême n'était pas certain et cela en vertu de la même commission.

« Signé : Pierre BLANC, missionnaire d'Abondance. »

La paroisse d'Abondance eut donc, des premières, la gloire et la consolation de voir son église rouverte et rendue au culte.

L'année suivante fut aussi une époque de calme relatif. Mais en fructidor (1797), les tribulations recommencèrent encore pour les prêtres, dont un grand nombre furent déportés dans de lointains et meurtriers parages. Les églises qui avaient été rouvertes furent encore fermées par intermittence. Les prêtres n'émigrèrent pas, mais il fallait se soustraire aux perquisitions, et la vallée d'Abondance devint un asile assuré pour plusieurs ecclésiastiques qui s'y réfugièrent. Le clergé s'était retrempé dans l'épreuve, et les populations, privées pendant plusieurs années des bienfaits de la religion, étaient disposées aux derniers sacrifices pour la conserver.

Nous avons perdu de vue M. Tappaz, dernier curé d'Abondance, dont l'attitude au commencement de la Révolution avait attristé et mésédifié son peuple. Il nous apparaît encore, en 1796, non plus comme un pasteur qui a soutenu le bon combat, mais comme un pénitent public. Voici l'acte de rétractation qu'il adressa aux supérieurs diocésains et à ses ex-paroissiens d'Abondance, le 2 octobre 1796, et qui fut lue dans l'assemblée des fidèles, édifiés et consolés des sentiments et des dispositions qu'elle exprime :

« J'ai avancé dans un discours public que la religion était encore en France parce que, disais-je, il y a encore 44,000 paroisses, des curés, des vicaires et 83 évêques. C'est avec la plus grande douleur que je déplore le scandale que ces paroles causèrent dans toute la paroisse, dans les environs et dans tout le diocèse. Ma douleur est extrême quand je pense que, au lieu de le réparer d'une manière claire et authentique, je me suis borné jusqu'à présent, à **vouloir expliquer dans un sens catholique des paroles** que je reconnais aujourd'hui n'en avoir pas été susceptibles.

« Animé du désir de donner à mon peuple l'explication que je lui dois et qui écarte tout nuage tendant à faire suspecter la foi de son pasteur, jaloux de la confiance de toutes mes ouailles, de mon plein gré, et dans la vue de rendre un hommage solennel à la sainte Eglise catholique, dans le sein de laquelle je veux, avec la grâce, terminer ma carrière et rendre le dernier soupir, et dont j'ai l'honneur d'être le ministre, je rétracte purement et simplement cette partie de mon discours de Noël 1792, dans lequel j'ai donné lieu de croire que les évêques, curés et vicaires établis en France en exécution de la constitution prétendue civile du clergé étaient de vrais et légitimes ministres de la religion.

« Je condamne aussi comme hérétique et schismatique toute opinion qui attribuerait aux susdits évêques, curés et vicaires, le légitime ministère de la parole et des sacrements.

« J'adhère avec une entière soumission de cœur et d'esprit aux différents brefs émanés du Saint-Siège concernant le déplorable schisme actuel de l'Eglise de France et notamment aux brefs du 10 mars 1791 qui condamne la constitution civile du clergé de France, comme un amas d'hérésies et de principes schismatiques, et à celui du 13 avril de la même année.

« J'adhère avec soumission à la lettre pastorale et avertissement de Mgr notre évêque J.-M. Paget, en date du 9 avril 1793, qui prémunit les fidèles de son diocèse contre les scandales du schisme qui s'y établissait à cette époque.

« Enfin je rétracte la démission que j'ai donnée de mon bénéfice entre des mains laïques, et je reconnais que cet acte a été un attentat contre l'autorité de l'Eglise.

« Je rends hommage aux principes de sa discipline qui ne permettent pas de livrer ainsi la juridiction spirituelle aux caprices et aux passions des hommes, et je gémis de m'être laissé aller, par des considérations humaines, à une démarche qui blessait la soumission que je devais à mes supérieurs légitimes. »

Telle est la rétractation de M. Tappaz, insérée dans les registres paroissiaux d'Abondance. Il y reconnaît ses torts en toute humilité (1).

R^d Pierre Blanc, chargé provisoirement de la paroisse d'Abondance, ne tarda pas à être secondé d'un autre missionnaire, R^d Billoud, natif d'Abondance. Ces deux dignes prêtres avaient traversé avec honneur et sans aucun serment les mauvais jours de la Révolution, mais non sans avoir beaucoup à souffrir, surtout M. Billoud (n° **35**). Entourés de la vénération et de la confiance de leurs compatriotes, ces deux missionnaires travaillèrent à l'envi et avec succès à guérir les maux que la Révolution avait faits dans leur paroisse natale.

L'ancien curé de la Chapelle, R^d Testu, natif de La Clusaz, fut rétabli et maintenu curé dans son ancien poste. Outre son ministère paroissial, il organisa, à La Chapelle, de concert avec l'avocat Naz, de Thonon, une sorte de collège ou de petit-séminaire (2), destiné à remplir les rangs du clergé décimé par dix annnées de Révolution. Les cours se composaient de toutes les matières de l'enseignement secondaire. Il sortit de là plusieurs excellents sujets qui entrèrent au séminaire de Chambéry et devinrent de précieuses recrues pour le diocèse.

A l'époque où le Concordat fut mis en vigueur (1803), le régime des prêtres missionnaires cessa, et le clergé fut constitué d'une manière moins précaire avec la protection du gouvernement redevenu catholique. Les prêtres en exercice étant désormais assurés d'un traitement fixe, purent être déplacés des paroisses d'où ils étaient originaires et où ils avaient eu jusqu'alors une existence plus assurée. R^d Pierre Blanc fut nommé curé de Saint-Paul et à R^d Billoud fut donnée la cure de Perrigny (3). Celle

---

(1) Dès sa démission, il ne reparut plus à Abondance.

(2) Bellevaux, Morzine, Mélan surtout, et d'autres localités encore, eurent alors de ces précieuses écoles.

(3) En 1831, étant encore jeune écolier, j'ai eu l'avantage de connaître ce vénérable octogénaire, et de recevoir chez lui, pendant deux jours, la plus affectueuse hospitalité. L'année suivante, je dus prier pour cette âme sacerdotale que Dieu avait appelée à Lui.

d'Abondance fut confiée à R^d Peroud, natif de Lugrin, vénérable débris de l'ancien clergé de Genève, qui fut installé avec son vicaire dans la partie du couvent qu'avait déjà occupée le clergé d'Abondance avant la Révolution, et où loge encore le clergé actuel (1).

Après le Consulat et le premier Empire, survint la Restauration. Dès cette époque, les souvenirs et les récits de nos vieillards remplacent avantageusement notre récit, qui ne serait que de l'histoire contemporaine.

Au milieu des révolutions religieuses et politiques que ce petit peuple de la vallée d'Abondance a traversées, toujours semblable à lui-même, il a conservé sa physionomie à part, cet air de dignité et d'indépendance, qui est un reflet de son origine et de ses antiques franchises, ainsi que sa fidélité héréditaire aux principes religieux, qui avaient fait sa force dans la mauvaise comme dans la bonne fortune. On peut lui adresser, en finissant, les éloges et les vœux du poète latin : *O heureux peuple ! s'il sait reconnaître et garder ses précieux avantages !* (2).

---

(1) Après M. Péroud, Abondance a eu successivement pour curés MM. Royer, de Genève, qui se retira à Thonon en 1841, Morand, de Groisy, récemment mort curé d'Ugine, Mégemond, de Thonon, J. Vulliet, du Grand-Bornand, ces deux derniers décédés à Abondance, et enfin R^d Philippe, de Feigères, aujourd'hui curé et archiprêtre d'Abondance, tous prêtres de mérite et de zèle.

(2) O fortunatos nimiùm, sua si bona nôrint !

PIÈCES JUSTIFICATIVES & DOCUMENTS

Note 1re. — *L'orthographe de quelques-unes de ces pièces a été modernisée et il s'y rencontre parfois des noms propres inexactement reproduits. Cet inconvénient tient à ce que ces documents sont des copies prises sur sur les originaux dans le dix septième et le dix-huitième siècles, époques où la paléographie et la critique historique laissaient à désirer. Mais ces pièces, souvent à double ou même à triple exemplaire, ont été soigneusement comparées entre elles et toujours on retrouve l'identité de substance et de rédaction.*

Du reste le plus grand nombre des documents qui vont suivre et qui sont inédits sont des copies prises sur des parchemins originaux ou sur des actes authentiques que j'ai entre les mains.

Note 2e. — *Par motif de brièveté, on élaguera des formules inutiles.*

N° 1.

Acte de Donation de la Vallée d'Abondance. — 1108.
(Voir p. 29 de ce livre.)

In nomine Domini æterni et Salvatoris Jesu Christi.
Quicumque vult de bonis alicujus ecclesiæ aliquid acquirere, oportet primum ut a rectoribus ipsius communi fratrum consensu studeat donum et litteras testatorias accipere, quatenus et firmius et tutius valeat habere et legitime perpetualiter possidere. Quapropter notum sit omnibus Dei fidelibus, tam natis quam nascituris, quod frater Arluinus prior regularium canonicorum ecclesiæ Stæ Mariæ de Abundantia, laudante et con-

cedente domino Guidone de Festerna, ipsius ecclesiæ advocato, venit ad ecclesiam S^ti Mauritii de Agauno et ad dominum Guidonem illius ecclesiæ præpositum et ad reliquos fratres, petens ut per consensum Amedei filii Huberti Comitis et tutoris ejus Aimonis Gebennensis Comitis, darent sibi et fratribus suis ecclesiam illam de Abundantia cum tota ipsa valle, quia certum erat eam esse de jure et territorio Agaunensis ecclesiæ. Cujus petitioni Guido præpositus et nos canonici S^ti Mauritii omnes communi consilio et prædictorum principum concessione, Domino etiam Guidone de Festerna laudante, irrefragabiliter annuentes concedimus et donamus illam ecclesiam Sanctæ Mariæ cum tota valle ipsa ipsi Arluino et cæteris fratribus ejus et eorum successoribus canonice ibidem viventibus perpètualiter habenda et possidenda cum campis, pratis, pascuis, silvis ; aquis, aquarumque decursibus, alpibus, montibus et collibus, planis cultis et incultis et cum omnibus omnium rerum usibus, excepta venatione cervorum et tam de illis quam de omnibus aliis feris quocumque modo vel ubicumque capti fuerint, si infra vallem ipsam moveantur, semper dexteram spatulam habeant, et de ipsis etiam cervis sex per singulos annos licitum sit eis capere, quia Dominus Guido eis concessit, ita tamen ut neque canes neque venatores de alterius potestate nisi de sua, vel sui Vicedomni illuc adducant. Habet autem Vallis ipsa terminos ab oriente Morgens, ab austro et aquilone sicut aquæ infra Vallem ipsam influunt, ab occidente Pertuis. Hanc autem donationem eo tenore facimus, ut in festivitate sancti Mauritii unam libram ceræ Agaunensi ecclesiæ annuatim persolvant et sic secure in legitima advocatione Domini Guidonis et hæredum ejus qui Festernam tenuerunt, (peut-être *tenebunt* ou *tenuerint*) perenniter habeant et possideant. Si quis autem hanc donationem infringere vel inquietare præsumpserit, non habeat potestatem vendicare quod reperit (peut-être *cœperit* ou *repetit*) sed sit culpabilis et excommunicatus et maledictus a Deo patre, et Domino nostro Jesu Christo et a Spiritu Sancto et a Dei Genitrice Maria et a beato Mauritio cum sociis suis et omnibus Sanctis Dei ; cunctis autem eidem loco benefacientibus sit pax et merces æterna in sæcula sæculorum. Nos fratres quorum nomina subscripta sunt, annuente Guidone præposito nostro, hanc cartam et donationem fecimus et scribere rogavimus. — Guillermus sacrista firmavit — Anselmus cantor firmavit — L'Audriel magister - frater Boso dapifer — frater Borno, medicus — frater Guarnerius — frater Gonho — frater Turumbertus — frater Ludovicus — frater Bernardus pincerna — frater Robertus — frater Anselmus — fr. Guillelmus — fr. Durandus — fr. Anselmus et Gerardus — fr. l'Eldebaldus — fratres et alii omnes firmaverunt. Ego Oldericus vice domni Turumberti cancellarii hanc cartam scripsi in die sabbati sexto nonas maii indictione prima, luna decima octava, epacta sexta, Henrico rege regnante anno tertio, anno ab incarnatione Domini (1108). Actum in Agaunensi Claustro feliciter. Hac sunt nomina laicorum principum qui testes sunt : Amedeus de Ploniaco, (Blonay) — Gerardus de Alingio et Boso filius ejus. »

Tiré des Archives royales de Turin par feu Mgr Magnin et conforme à la copie notariée faite sur le propre original par le not. Favre Michel, d'Abondance, en 1739 et à celle de Guichenon (*Preuv.* p. 29).

N° **2**.

Sommaire de la Règle d'Abondance, rédigé par le Vén. Ponce de Faucigni (vers 1130) (p. 35.)

Quanquam a sanctis Patribus in superioribus hujus libelli partibus satis sit delucidatum, qualiter clerici vivere debeant, adeo ut, qui hec que superius comprehensa sunt sedula meditacione perlegerit, perspicue in his reperire valeat qualis eius debeat esse fidei devocio, actuum morumque exornacio, ac divinorum cultuum execucio ; propter plerosque tamen simplices minusque capaces hec strictim breviterque replicanda pernecessarium duximus, ut, qui hec aut legere aut forte ab aliis lecta plene intelligere nequiverit, utatur hac defloratiuncula, utpote galacho, diversorum florum vernantium nectare referto, discant quid illis agendum quidve vitandum sit. Legalibus interea institutis et evangelicis saluberrimis monemur preceptis, ut Dominum Deum nostrum totis precordiis diligamus, et proximum tanquam nos ipsos etc. Si igitur ab omnibus fidelibus his salutiferis preceptis totis nisibus est favendum, quanto magis ab his qui divinis cultibus mancipati sunt, et aliis exemplo virtutum condimentum esse debent : proinde oportet ut primo omnium *Dominum Deum diligant ex toto corde, tota anima, tota virtute et proximos tanquam seipsos,* et nosse quia *in his duobus preceptis tota lex pendet et Prophete : non occidant neque fratrem oderint, quia* ait Apostolus : *qui fratrem odit homicida est ; non adulterent, non faciant furtum, non concupiscant rem alienam, non falsum testimonium dicant,* et quod sibi noluerint fieri alteri ne faciant, non sint superbi, tumidi, non detractionibus adsueti, non ebrietati servientes, non luxuria enervati, non iracundia turbidi, non quibuslibet aliis viciis substrati, non vaniloqui, non invidi, non somnolenti, non pigri, non murmuratores, non susurrones, non vinolenti, non multum edaces ; fraudes et dolositates caveant ; usuris nequaquam inserviant, non iurent ne forte periurint : malum pro malo non reddant. Cum in se aliquid boni viderint Deo, et malum cum viderint sibi deputent : discordiam fugiant et quos discordantes invenerint ad caritatis concordiam revocent, et iuxta Psalmiste vocem declinent a malo et faciant bonum : actendant et Apostolum prohibentem : *non,* inquit, *in comessacionibus et ebrietatibus, non cubilibus et impudiciciis, non in contentione et emulatione, sed induimini Ihesum Christum.* Animadvertant etiam, quod ab his viciis ab Apostolis prohibitis omnium viciorum seges emergat, et quod horum morborum mater superbia sit : Oportet etiam ut animam corpusque suum ab omni inquinamento carnis et spiritus custodiant, ut, iuxta Apostolum, *integer spiritus eorum et anima et corpus sine querela in adventu Domini nostri Ihesu Christi servetur.* Sobrie et pie et iuste vivant ; secularia desideria prorsus abjiciant, quia, juxta eumdem Apostolum, *nemo militans Deo implicet se negociis secularibus, ut ei placeat cui se probavit :* ieiunium ament, hospites colligant, pauperes recreent, nudos vestiant, infirmos visitent, mortuos sepeliant, in tribulatione positis opem ferant, dolentem consolentur, amori Christi nichil preponant, caritatem non derelinquant, pacem si fieri potest cum omnibus hominibus habeant, diem iudicii timeant, vitam eternam spiritaliter concupiscant, spem suam Deo comittant, proprio Episcopo in omnibus secundum canonicam institucionem obtemperent, magistros non temere reprehendant : postremo in doctrinis spiritualibus operam dent, lectionibus, psalmis, ymnis, canticis et ceterorum bonorum operum exercitiis iugiter incumbant : in dormitorio nisi quem infirmitas detinuerit omnes dormiant : in refectorio pariter reficiantur. Cotidie ad collationem veniant : mox ut signum datum fuerit ad Ecclesiam omnes festinate veniant, et horas canonicas non neglegenter sed cum omni religione pariter celebrent; ecclesiam non pompatice sed reverenter ingrediantur. In choro non cum baculis stent, vaniloquiis nequaquam insistant, sed cum omni devocione et reverentia divine servitutis opus peragant, scientes Angelorum presentiam semper illic esse : et e claustris nonnisi per licentiam egrediantur : egressi irreprehensibiliter vivant, ut ab his qui foris sunt bonum testimonium habeant, et religionem ac propositum suum actibus inclitis nequaquam maculent, sed potius omnes qui se coniunxerint sale sapientiæ, et bonorum operum exemplis condiant. Contubernia feminarum nullatenus appetant ; non vanis oculis, aut petulanti, tumidoque gestu, ac dissolutis renibus incedant ; non spectaculis, non pompis intersint secularibus ; non alee, non quibuslibet venacionibus inserviant. Apostoli namque instructi documento, quo ait : *Non in veste preciosa,* nequaquam preciosis delectentur vestibus. Caveant summopere ne extra claustra moras faciant, nisi prout sibi a priore constitutum est, et oportunitas temporis dictaverit. Intra claustra positi non ocio vacent, sed aut divinis officiis, aut propriis utilitatibus, aut certe magistrorum iussionibus pareant, ne ocio torpentes ab Apostolo audiant : *Qui non vult operari nec manducet.* Seniores specialiter diligant iuniores : iuniores senioribus obsequium dignum exhibeant ; doctiores minus doctis nequaquam se preferant, sed magis eos cum caritate edificent : neque ibi qui nobilitate generis aut virtutem donis polent ceteris se tumide super extollant : omnes in congregacione vicissim sibi caritatis officio serviant, quibus etiam in refectorio comedentibus et religiose silentium tenentibus continuatim legatur lectio : delinquentes zelo rectitudinis pariter arguant et castigent : pueros et adolescentes neglegentes verberum disciplinis corripiant : singuli iuxta capacitatem suam diversarum artium erudiantur disciplinis, ut nullus in collegio canonico inutilis appareat, nec vota fidelium ociosus comedat : tales quippe esse, immo taliter conversari decet omnes qui divinis officiis se manciparunt. Quapropter studeant hec breviter collecta sedula meditacione perlegere et memorie commendare et adiuvante divina gratia iuxta vires adimplere, quo facilius et liberius maiora a sanctis Patribus edita exequi valeant. Vocatione ergo qua vocati sunt nec ad **dexteram nec ad sinistram declinantes ambulent;** quatenus divinis iussionibus obtemperantes ad Christum in cujus sorte esse noscuntur, qui veritas et vita est, eo opitulante pervenire mereantur.

(Voir Cibrario, pour texte entier des constitutions de Saint-Augustin. *Hist. patr. momum.* 3 v. Scriptor.)

N° 3.

Donation de Girold de Neuvecelle, 1121. (p. 75.)

Donationem in perpetuum valituram et duraturam facio pro redemptione animæ meæ et remedio animarum uxoris meæ Guillemettæ et filii mei Burchardi fratribus apud Abundantinum Deo servientibus ego Giroldus de Novacella dono atque laudo ecclesiæ monachorum de Abundantina domino Rodulpho priori ejusdem loci trigenta solidos monetæ Mauricianæ quidquid habebam vel habere videbar apud Abundantina in montibus, in plano, in aquis, in pascuis, in vallibus, in sylvis. Quam donationem si quis parentum nostrorum infregerit vel infringere tentaverit cum Dathan et Abiron habeat portionem suam. Testes sunt Rodolphus prior Abundantinæ, Garinus de Alpibus, Giroldus canonicus gebennensis.

Actum hoc anno ab incarnatione Domini millesimo centesimo XXI, indictione sexta.

(Extrait par Mgr Magnin d'un ancien titre d'Abondance.)

N° 4.

Reconnaissance par les Comtes de Savoie des droits de l'abbaye d'Abondance sur Saint-Gingolph, 1203, 1239, 1322. (p. 82.)

(Documents relat. à l'hist. du Vallais par M. J. Grenaud, 3ᵉ vol., p. 348 et suiv.)

(Amédée V avait chargé une commission d'étudier et de traiter la question de cette juridiction, de telle sorte, dit le Prince, que dictis religiosis in predicto negocio nulla contrarietas irrogetur et jus nostrum ibidem (à Sᵗ-Gingolph) servetur illesum. *Cette commission, nommée à Chambéry le 7 septembre 1319, ne déposa son rapport sur cette affaire qu'en 1322. Voici la solution que lui donna ce prince :)*

. . . . Clare invenimus ipsos religiosos et predecessores eorum habere et ad ipsos pertinere merum et mixtum imperium et jurisdictionem omnimodam in villa territorio et parrochia de Sancto Gingulpho a Nanto dicto de Loucon usque ad pinetum dictum de Aydie et ipsos religiosos esse et fuisse in pacifica possessione juris exercendi merum et mixtum imperium et juridictionem omnimodam et corporis punimentum in parrochia supradicta et plures facinorosos ibidem cepisse et ipsos apud Habundanciam duxisse et in ipsos mutilationem membrorum et extremum supplicium intulisse et si forte... aliquis castellanus aquiani vel Chillionis vel ballivi ibidem commorantes aliquem malefactorem vel facinorosum in aliquo loco dictæ parrochiæ ceperint vel captum duxerint, ipsum captum dictis religiosis postea remiserunt punimentum debitum recepturum et de remissionibus prædictis ipsi religiosi nobis in modum probationis plures litteras remissorias ostenderunt. Item produxerunt coram nobis in modum probationis quamdam antiquam litteram cujus tenor inferius continetur :

« Ego Thomas Maurianensis Comes... cunctis insinuo quod venerabilis abbas Habundantiæ quemdam clamorem et querimoniam ad nostram sepissime curiam deportaverit quod castellanus meus de Alingio exactiones quasdam et injurias in villula S^{ti} Gingulphi sue domui faciebat. Quidam tamen de meis hominibus exactiones illas quas abbas injurias appellabat, me ibidem de jure affirmabant habere. Ad investigandam igitur rei notitiam fideles meos patriæ incolas ante meam veni facere presentiam, per fidelitatem illis precipiens quatinus super hac questione, timore et amore postpositis pure veritati testimonia perhiberent. A quibus post talem preceptionem pro certo didici quod nichil penitus in eadem villa de jure habeo preter unius diei et noctis tractus ante natale Dni et quod tribus tantum hominibus qui ad levandum tractus veniunt cibus necessarius debeatur et pro tali consuetudine a cunctis malefactoribus illos defendere teneor et tueri. Unde quoniam injurias comprimere pocius debeo quam levare, cunctis meis hominibus per fidelitatem precipio ne aliquam vexationem vel injuriam deinceps ibidem faciant vel fieri ab aliquibus permittant, sed omnibus eos juribus protectionis suæ studeant auxilio confovere.

« Hoc recordatio facta est in medio Ville de Thonuns multis presentibus et audientibus anno ab incarnatione M° CC° III. Testes sunt (carte) Petrus de Compeys castellanus de Fisterna castellanus de Alingio, Vuillermus de Cervenz... Stephanus de Roverea, etc. ».

Amédée IV avait confirmé cette charte en ces termes :

« Notum sit omnibus quod nos Amedeus Comes Sabaudiæ et in Ytalia Marchio quamdam cartam per dilectum nostrum Johannem abbatem Habundancie nobis presentatam cujus tenor erat talis : Ego Thomas... (ut supra) et sciendum quod nos Amedeus (IV) comes supradictus omnia supradicta laudamus et concedimus et inviolabiliter tenere et observare promittimus. Datum Auguste anno Dni M° CC° XXXVIIII° mense julio. »

Amédée V reprend et conclut ainsi :

Quibus omnibus superactis... multa deliberacione prehabita participato et interveniente concilio omnium predictorum concilium dicti Dni Comitis ibidem facientium pronunciavimus et pronunciamus predictos religiosos de jure suo meri et mixti imperii supradicti bene et ydonee informasse et predictum latronem (Jean Reynaud) eis, ut in commissione continetur, extortum, eisdem fore remittendum, ad hoc quod ipsum puniant, secundum quod justitia suadebit. Mandantes et precipientes tenore presentium ex vi commissionis predicte castellano Aquiani, quatinus predictum latronem eisdem religiosis aut maudato eorum remittat... Nomen vero ipsius latronis... est Joannes Reynaudi de Allio.

Datum Villenove cum appositione Sigilli curie dicti Dni Comitis... et die veneris post nativitatem Beati Joannis Baptiste. Anno Domini millesimo trecentesimo vigesimo secundo... etc.

N° 5.

Transaction entre l'abbaye d'Abondance et les habitants de La Chapelle (des Frasses), 16 juillet 1325 (Inédit). (p. 144.)

. . . .

Nos G. (Girold) humilis abbas Habundancie et ejusdem loci totus conventus notum facimus universis presentibus et futuris quod cum Johannes Souvey, Johannes Albi, Aubertus Vicini vallis Habundancie procuratores et scindici universitatis hominum nostrorum totius parrochie de capella Fraciarum per ipsam universitatem de consensu nostro ad infra scripta constituti sepissime nobis conquesti fuerint nomine et ex parte universitatis predicte super articulis inferius declaratis ex quibus dicebant ipsi procuratores ipsam universitatem per nos et nuncios seu familiares nostros dampnificari multipliciter et gravari contra antiquas consuetudines hactenus usitatas et timebant verisimiliter ne tacendo gravamina presentia, magis ac magis processu temporis indebite et injuste premerentur *primo* super eo quod nos mistrales extraneos interdum posuimus quod fieri non debere asserebant. — *Item,* quod pro laudibus et vendis suis, introgiis pretii venditionem possessionum et domorum que infra dictam vallem fiunt percipere volumus quatuor vel quinque solidos de libra quâlibet, quod sicut asserunt, facere non debemus. — *Item,* quod ab heredibus hominum nostrorum qui in dicta valle decedunt, habere volumus pro introgiis majores exactiones et pecunie summas quam hactenus fuit usitatum. — *Item,* quod mistrales nostros vel familiares alios, aliqui homines dicte vallis minus juste indiferenter personnaliter capiuntur et in carcere retruduntur. — *Item,* quod quia homines dicte vallis in quolibet biennio debent nobis adjutorium pecuniarium consuetum est ad taxationum ipsius adjutorii vocari quatuor probos homines discretiores in qualibet decimaria vallis predicte repertos secundum quorum (sententiam) debet taxari et levari dictum adjutorium ; nos aut familiares nostri, ut asserunt, ipsam consuetudinam minus sufficienter observamus. — *Item,* quod mistralis noster plura banna obscura, male discussa ab ipsis hominibus exigit et extorquet absque eo quod ipse velit cognitionem nostri causidici expectare, qui causidicus participato proborum hominum consilio tenetur, ut asserunt, ipsa banna declarare — *Item* quod cum quilibet focus habens et nutriens caponem vel galinam, ad prestationem unius caponis vel galine per annum pidanciario nostri monasterii teneatur, ipse pidanciarius de novo indifferenter compellit ad prestationem dicti caponis vel galine habentes et non habentes. *Item* quod cum ipsi homines nobis debeant decimam agnorum suorum, ipse pidanciarius excedit modum debitum et partem suam semper nititur facere potiorem. —*Item* quod cum aliquis hominum predictorum viam universe carnis ingreditur nunc de novo mistralis noster heredes ipsius mortui inquietat sub colore usure per ipsum defunctum commisse et claves et bona ipsius accipit atque barrat, in grave prejudicium. — *Item* quod nos aliqua pascua nobis et ipsis hominibus communia nobis appropriamus et adhuc occupata sine ipsorum consensu, indebite, ut asserunt, detinemus ; *petentes* a nobis ipsi procuratores, nomine quo supra super omnibus predictis eis de debito remedio provideri et ipsos ad bonum statum restitui. Nos abbas et conventus predicti habita super hoc utili deliberatione ipsorum procuratorum petitionibus annuentes, predictos procuratores, una cum pluribus hominibus dicte vallis secum adstantibus ad diem presentem in dicto nostro monasterio vocavimus coram nobis et ibidem per Franciscum de Valliege clericum et Guillermum de Castilione domicellum quos procuratores nostros posuimus in predictis videri, examinari et discuti fecimus omnes articulos supra dictos et quemlibet per se singulariter et divisim eisdem Francisco et Guillermo, Nos et procuratores predicti rogavimus et jussimus declarari quid quid eisdem Francisco et Guillermo expediens super hiis videretur. Qui quidem recepto in se declarationis onere predicto, de consensu nostro ipsos articulos declaraverunt, prout inferius declaratur, perpetuo duraturos.

Primo videlicet, super primo articulo continente (factum) mistralis extranei, dixerunt et declaraverunt predicti Franciscus et Guillermus quod nos abbas et conventus mistralem quem volumus possimus ordinare, bonas consuetudines observando. — *Item*, secundo articulo declaraverunt quod ex nunc in antea emptor quilibet rei immobilis tres solidos et quatuor denarios de qualibet libra conventi pretii nobis infra quadraginta dies post contractum celebratum, tantum solvere teneatur et pro tanto quamlibet venditionem laudare teneri cuilibet emptori debeamus; emptor qui in solutione hujusmodi negligens fuerit nuntio ad recuperationem misso teneatur duos denarios solvere pro qualibet leuca vie sue et de quantitate vie credatur simplici verbo muntii. — *Item* quoad tertium articulum declaraverunt quod nos abbas et conventus predicti ipsa introgia, bonas consuetudines observando, levemus cum casus evenerit, sicut hautenus usi sumus, nullatenus excedendo. — *Item* quoad *quartam* articulum sic declaratum exstitit quod nullus prorsus hominum dicte vallis ex nunc in antea personaliter capiatur, nisi sit latro, proditor, vel homicida, vel aliud enorme delictum commiserit aut aliquem graviter vulneraverit; sufficiat si cautionem obtulerit cum effectu de faciendo in curia nostra justitie complementum exceptis duntaxat de presenti privilegio vilibus personis et que sunt non solvendo (insolvables) que si casum criminalem commiserint propter occasionis et fuge periculum protinus capi possint.— *Item* quoad quintum articulum declaraverunt quod nos teneamur vocare quatuor probos homines, nulla interveniente cautela, de qualibet decimaria, secundum quorum taxationem dictum adjutorium (biennale) exigatur qui dictam taxationem facere fideliter jurare teneantur. — *Item* quoad sextum articulum sic exstitit declaratum quod quilibet homo dicte vallis a quo bannum vel offensa petentur, que si asserat se non debere ad examen nostri causidici remittatur, a cujus causidici sententia, si credat se gravatum, ad nos abbatem et successores nostros possit eidem appellationis remedio subveniri, nec sententia causidici exequatur, donec de causa appellationis cognitum fuerit et discussum. — *Item* (sept. articulo) declaratur quod pidanciarius qui ad perceptionem caponum annuatim tempore consueto voluerit proficisci, ipse unum caponem vel gallinam percipiat in quolibet foco ubi potuerit reperiri, si vero unam gallinam solam repererit, ipsam sub spe multiplicationis usque ad annum sequentem dimittat pro sequenti anno, in quo sive multiplicata fuerit sive non, ipsam gallinam vel aliam ipsi pidanciario percipere liceat, alios vero focos in quibus non reperitur gallina, vel capo non debeat ad hujusdi prestationem compellere, nisi sit talis dominus dicti foci quod habeat unam vacham, bovem, jumentum, porcum, ovem sive capram. — *Item* octavum articulum ad modum qui sequiquitur reduxerunt : quilibet habens quatuor agnos et infra quo tempore fit perceptio solvat pro quolibet agno unum denarium gebennensem decime ; *(S'il y en a davantage, la dime est longuement réglée sur la base qui précède)*. — *Item* nonus articulus terminatur quod ex nunc in antea nulla bona mobilia vel immobilia alicujus defuncti relinquentis heredes legitimos barrentur vel saisiantur, seu claves hospicii assumantur per nos occasione aliqua qua dicatur ipsum defunctum fuisse usurarium vel contractus illicitos commisisse, sed sufficiat nobis quod heredes caveant idonee quod nobis et cuilibet alio de ipsis conquerenti faciant in nostra curia justitie complementum. — *Item* decimus articulus sic declaratur quod. si que pascua communia usque nunc absque consensu hominum dicte vallis appropriavimus vel occupata tenuimus, ipsa nobis perpetuo remaneant possidenda et deinceps aliqua pascua alicui albergare non liceat, per nos vel per alium ullatenus occupare. — *Item* actum est et hoc predicti Franciscus et Guillermus declaraverunt quod jure (?) quas homines dicte vallis fecerint in locis et villis franchis penitus revocentur, de ipsis deinceps se abstinant faciendis et hoc est precipue declaratum quia similis clausula continetur in quadam littera compositionis olim facte inter **bone memorie Dnum Reymundum dudum abbatem dicti monas-**

terii et hominis dicte vallis. Preterea actum extitit expresse et conventum quod omnes littere olim facte inter nos abbatem et conventum predictos et predecessores nostros ex una parte et predictos homines dicte vallis ac antecessores eorum ex altera, de quorum litterarum tenore non fit mentio in compositione presentium in suo robore perseverent quantum ad ea que in presentium compositione nullatenus declarantur, presente tamen compositione in suo robore perpetuo duratura. Testes ad predicta vocati et rogati fuerunt Girardus de Castillione, Petrus Pugin de Lugrino domicelli Franciscus Geneveys confines dicti monasterii Habundancie, Joannes Magni de Capella fraxiarum et Franciscus Thomas de Vacheresses, cum pluribus aliis. Datum apud Habundanciam in capitulo nostro sex decima die mensis Julii anno (1325), promictentes (etc.) — Et ego Johannes servant de Aquiano... notarius publicus, redegi, signavi, etc. Et ut præsens publicum instrumentum majoris roboris obtineat firmitatem, nos officialis curie gebennensis ad requisitionem partium predictarum sigillum curie predicte huic publico instrumento una cum sigillo dicti notarii duximus apponendum. — Et moi, Estienne Merchat, notaire ducal, à la requeste de R^{mo} S^{gr} Vespasien Aiazza, abbé d'Abondance, la copie du susdit contrat ai levée et extraite et après dheue collation expédié. — En foy de quoy me suis soubscript et signé. MERCHAT, not°.

N° **6**.

Confirmation des franchises par Amédée VIII, Comte de Savoie, 1399. (Inédit.) (p. 97.)

Amedeus Comes Sabaudie dilectis ballivis et judicibus Chablasii, Gebennensis et Fucigniaci Castellanisque universis mistralibus et officiariis ac eciam fidelibus et subdictis mediate vel immediate quibuscumque vel eorum loca tenentibus presentibus et futuris salutem.

Supplicacioni dilectorum garderiorum nostrorum hominum incolarum et habitatorum vallis Habundancie facte nobis in hac parte inclinati favorabiliter et begnine actentisque gratis serviciis nobis exhibitis per eosdem vobis et vestrum cuilibet cui presentes pervenerint precipimus et mandamus expresse sic omnino fieri volentes quathenus prefatos homines incolas et habitatores garderios nostros in omnibus eorum bonis usibus quonsuetudinibus et libertatibus protegatis, manutheneatis et viriliter defendatis nec eisdem in personis familia rebus vel bonis universis injuriam molestiam inferatis nec aliqualiter permictatis inferri ipsosque in villis foris nundinis aliisve locis nostris seu vestris ad instanciam cujusvis arrestari detineri vel impediri minus debite nullathenus permictatis nisi dumtaxat quando et quantum foret et reperiretur obligacio.

Datum Chamberii die ultima mensis maii anno Dni millesimo trecentesimo nonagesimo nono per dominum Let... decretorum (N) episcopus Maurianensis (N) Rodulphus de Gruer. — N. P. de Conflens Cancelarius Tabellionis (N) de Verneto Mareschali (N) P. de Serravalle et Amblard Gerbaisi.

Datum pro copia a suo proprio originali extracta per me notarium subscriptum.

Petrus PERROUDET.

N° 7.

Confirmation des franchises par le Duc Louis, 1440. (Inédit.)
(p. 155.)

Ludovicus dux Sabaudie et Auguste... universis serie presentium fiat manifestum quod nos visis instrumentis transactionis et pronunciationis supra scriptis factarum inter deffunctum nuper Reverendum in Christo Patrem Consiliarium et amicum nostrum carissimum Dnum Guillermum de Lugrino abbatem Habundancie quondam conventumque et monasterium dicti loci Habundancie ex una et dilectos nostros homines Vallis Habundancie dicti loci ex altera (parte) maturaque consilii nostri nobiscum residentis super hiis deliberacione prehabita informati cciam ex ipsarum transactionis et pronunciationis serie quod contenta in eadem de beneplacito Sanctissimi patris Domini genitoris mei dum in minoribus foret fuerunt arrestata et conclusa Supplicacioni itaque premencionatorum hominum dicte Vallio super hiis nobis facte favore benivollo inclinati ex nostra certa sciencia pro nobis nostrisque heredibus et successoribus universis ipsas transactionem et pronunciacionem et contenta in eisdem laudamus ratifficamus et confirmamus jure tamen nostro cum alterius racione in premissis semper remanentibus salvis et hoc pro et mediantibus quinquaginta florenis auri pp habitis manibus dilecti fidelis Johanis Loybardi thesaurarii nostri Sabaudie generalis qui de illis legitime tenebitur computare Ballivo judici et procuratori Chablaysii castellanoque Aquiani et fisterne ceterisque officiariis nostris presentibus et futuris ipsorumque locatenentibus et cuilibet eorumdem et sub pena viginti quinque librarum forcium pro quolibet et vice qualibet qui non paruerit commictenda et nobis irremissibiliter applicanda districte precipiendo mandantes quathenus ipsas superscriptas transactionem et pronunciationem nostrasque hujusmodi confirmacionis et ratifficacionis licteras dictis hominibus vallis Habundancie et suis ut convenit observent ac per quoscumque ad quos spectaverit faciant observari quibuscumque frivolis opposicionibus rejectis et non obstantibus nulloque alio a nobis super hoc expectato mandato. — Datum Thonon die XVIII januarii anno Dni (1440) sub sigillo locumtenentis cancellarii nostri quo ante assumpcionem dignitatis nostri Ducatus uti solebamus Aymonis per Dnum presentibus dominis L. Dno Raconixii Mareschalo Sabaudie Petro Marchiandi in cancellaria locumtenente Jo-Dno Chontagnie. R. Dno Coudree. A. de Draconibus presid Gebenn Guillo Bolomier magistro requestarum Francisco de Bonisio (S) Guillo Rigaudi magistro hospicii... Anthus Aymonis.

(Suivent les signatures autographes de cinq notaires.)

N° 8.

Confirmation des franchises par le B. Amédée IX. (Inédit.)
(p. 155.)

Amedeus Dux Sabaudie Chablaysii et Auguste Sacri Romani Imperii princeps Vicariusque perpetuus Marchio in Ytalia Pedemoncium princeps Nycieque Versellarum ac Friburgi etc. Universis serie pncium facimus manifestum, quod nos visis instrumentis transaccionis et pronunciacionis hiis annexis necnon ipsarum confirmacionibus tam bone memorie Illustrissimi domini et genitoris mei in pede earumdem quam felicis recordacionis clementissimi avi nostri aliunde descriptis omnibus per nobiscum residens consilium debite Visitatis et ipsius consilii matura deliberacione prehabita Supplicacioni itaque dilectorum nostrorum hominum Vallis Habundancie ibidem mencionatorum super hiis nobis facte benivole inclinati ex nostra certa sciencia pro nobisque et successoribus nostris premencionatas transactionem et pronunciacionem ipsarum que confirmacionem supertactas ratas habentes harum serie laudamus ratifficamus et confirmamus ac roboris firmitatem perpetuo obtinere volumus quocumque tamen jure nostro cum alterius racione in premissis semper salvis et hec egimus tam liberaliter et de gracia speciali quam pro et mediantibus vigenti florenis pp per nos propterea habitis manibus dilecti consiliarii et thesaurarii nostri Sabaudie generalis Johannis Locteri qui de illis nobis legitime tenebitur... (Le reste manque.)

N° **9**.

Confirmation des franchises d'Abondance par le Vallais
1539. (Inédit). (P. 155 et 162.)

Nos Adrianus de Riedmatten Dei et apostolicæ sedis gratia epus Sedunensis, prefectus et comes Vallesii nec non Petrus Vallen. ballivus et oratores omnium septem desenorum patrie Vallesii Seduni in arce maiorie gnali in nostro concilio congregati notum facimus universis et singulis quibus expedit quod hodierna die date presentium coram nobis comparuerunt probi homines Claudius de Portis Mauritius Curtat Franciscus Pyotat et Franciscus Trot uti procuratores eoque nomine ac sindici totius communitatis vallis Habundantie exponentes verum fore quod olim pro Republica ipsius vallis, inter dnum abbatem dicte vallis ex una et probos homines communitatis incolarum ejusdem vallis facta fuerit transactio tam pretextu frácesiarum libertatum quam etiam jurium partium predictarum que etiam transactio hactenus observata fuerit atque approbata et ratifficata per B[to] memorie Felicem in apostolatus summun apicem electum apostolice confirmationis robore Imo etiam per plures illus[s] Dnos duces Sabaudie quos enumerare brevitatis causa omittimus confirmata. Hinc est quod jam supradicti procuratores ac sindici nomine quod supra subditi nostri per nos tanquam eorum dominos superioresque easdem libertates, immunitates, privilegia, frácesias assensu authoritate que nostris per nos suppliciter confirmari, approbari ratificarique pro vitandis variis que occasione differentiarum oriri solent descriminibus petierunt. promptam de jamdictis transactione, confirmationibus ejusdem, approbationibus et ratificationibus scripto fidem facientes. Nos itaque prefati episcopus prefectus et comes sacrique imperii romani princeps, ballivus ac oratores septem desenorum jura omnium et singulorum subditorum nostrorum non pessum ire volentes nec ea quovis modo rescindere aut diminuere, verum potius in quantum possumus servare diffendere ac manutenere restaurareque. Dictorum procuratorum proborumque hominum petitionem justam legitimam ac necessarium agnoscentes, singulari quoque favore eosdem prosequentes ipsorum in hac parte supplicationi annuimus pretactasque francesias libertates ac privilegia sicut olim eorumdem principes facere consueverunt ratificamus approbamus laudamus et confirmamus ad tenorem in dicta transactione conventorum jure tamen nostro cum alterius ratione in premissis semper salvis remanentibus. Mandantes universis et singulis officiariis tam mediatis quam immediatis ac subditis nostris eorumque successoribus aut vices gerentibus quathenus dictis probis hominibus communitatis et incolarum prefate vallis ac eorum posteritati dictarum francesiarum libertatum ac privilegiorum ratificationes approbationes confirmationesque premissas teneant ac observunt et attendi teneri observarique faciant quibuscumque excusationibus oppositionibus seu contradictionibus rejectis nullo super his expectato alio mandato cum potestate sub penis formidabilibus quibuscumque personis totiens quotiens opus fuerit precipiendi ne contra formam vim tenorem earumdem francesiarum libertatum facere presumant. Data per nos est presens confirmatio loco quo supra virginei partus anno post millesimum quingentissimum trigesimo nono subsignata manu secretarii nostri ac insuper sigilli nostri appensione fulta roborataque presentibus h. V^{is} Anthonio Maioris Joanne... Anthonio de Bartherinis, Anthonio Tscha... nostris familiaribus et testibus ad premissa vocatis et rogatis.

Per eumdem Reverendissimum Ballivum et oratores terre Vallesii.

Signé : Stephanus de CABANIS, notarius.

(Place du sceau), qui est détaché.

N° **10**.

Reconnaissance et témoignage rendus aux franchises d'Abondance par la République du Vallais. 1770. (Inédit).
(P. 96).

Nos Christianus Rotten ballivus et oratores L. L. septem desenorum Reipublicæ Vallesii Seduni in comitiis generalibus congregati omnibus quibus interest reddimus manifestum qualiternam coram hac suprema nostra sessione comparuerint honorabiles procuratores trium parrochiarum vallis Abundantiæ ducatus Sabaudie (nempe de la Chapelle, du Châtel et de N.-D. d'Abondance), constantibus eorum legaliter exhibitis procuratoriis, humiliter supplicantes quatenus dignaremur inspectis archivis nostris, ipsis supplicantibus, suis utique expensis, concedere copias authenticas documentorum apud nos existentium personas et bona dictarum trium parrochiarum vallis Abundantiæ concernentium, una cum litteris attestatricibus cujusnam fuerint conditionis olim ipsorum antecessores et proavi, dum Vallesianæ Reipublicæ subditi (erant) et an ab inde ex iisdem tribus parochiis originarii in hac republica domicilium figentes semper absque interruptione quavis habiti et censiti fuerint pro hominibus francæ conditionis ab omni macula servili liberis et cum notabili ad alios Sabaudos differentia. Et præmissa non in alium finem, ut asseruerunt, nisi quatenus audita et visa veritate attentius mores suos eidem conformiter dirigere valeant et implorando pro personis abinceps in terras et ditionem nostram domicilium forsan translaturis continuationem supremæ nostræ benevolentiæ, justitiæ et æquitatis. Nos itaque ballivus et oratores, cum veritatis testimonium nemini recusari debeat et justa petentibus assensus non sit denegandus, declaramus homines memoratarum trium parochiarum *de la Chapelle, du Châtel et de N.-D. d'Abondance,* per prædecessores nostros, dum eorum fuerint subditi et per nos etiam ab inde usque ad hanc diem, dum in republica nostra morati sunt vel abierunt continuo fuisse habitos reputatos et censitos pro personis francæ et liberæ conditionis, nulli omnino taillabilitati subjectis cum notabili differentia in ordine ad alias exaliis Sabaudiæ provinciis oriundas personas **modo tamen petentes corroborationem et litteras suæ originis coram suprema sessione solito modo exhibentes, exhibuerint** et probarint quod in linea legitima descendant ab antiqua aliqua Vallicolarum præfatarum parochiarum progenie. Insuper attestamur quod, posteaquam commissarii per nos annis superioribus supreme deputati cancellariam et archiva Reipublicæ visitarunt, retulerint se, facta accurata perquisitione, nullum penitus invenisse vestigium recognitionis alicujus per incolas pluries fatarum trium parochiarum in favorem reipublicæ Vallesianæ factæ, nec etiam censuum feudalium, aut laudiniorum solutorum aut debitorum. Quapropter vestigiis prædecessorum nostrorum inhærentes, justitiæ et æquitati consonum judicamus, ut pro libertate favorabiliter decidamus et pronuntiemus, prout tenore præsentium pronuntiamus originarios e dictis tribus parochiis, dum in Republica nostra moram ducent et morientur, uti hactenus, ita abinceps habendos et reputandos esse per magistratus nostros quoscumque pro hominibus francæ, liberæ et a taillabilitate quavis immunis conditionis, modo tamen ut hactenus viventes coram nostra suprema sessione litteras suæ originis pro solita corroboratione præsentarint. — Datum in castro majoriæ e comitiis nostris Seduni, hac die decima octava maii anni millesimi septengentesimi Septuagesimi. In fidem autem fecimus apponi consuetum Reipublicæ sigillum, juncta generalis nostri cancellarii subsignatione.

Signé : Mauritius Antonius Fabianus Veneger,
secretarius status.

(*Copie prise sur l'original par* R^d *J.-F. Blanc, qui la certifie* PARFAITEMENT CONFORME.)

N° **11**.

Sentence arbitrale du duc Amédée VIII, au sujet de l'Ochéage (Hauciége) entre l'Abbaye et la Vallée — 1425.
(Inédit.) (p. 143.)

Amedeus Dux Sabaudiæ Chablasii et Augustæ princeps, marchio in Italia, comes Pedemontium et Gebennensis Valentinentisque et Diensis universis serie præsentium facimus manifestum quod cum quæstionis materia pridem fuerit suborta inter R^{dum} in Christo Patrem dominum Guillermum de Lugrino Abbatem venerabilesque viros conventus Abundanciæ ex una, et homines ac communitatem vallis Abundanciæ partibus ex altera, videlicet de et super eo quod ipsi religiosi petebant per ipsos homines et communitatem sibi solvi et solito more prœstari tribus diebus continuis cujuslibet anni totum fructum lacticinum animalium cujuslibet chaleti in montibus dictæ vallis pasqueantium scilicet pro Alpagiis seu *ochesiis* et calderiis eisdem religiosis per ipsos homines temporibus retroactis memoriam hominum prorsus excedentibus solvi et prœstari consuetum et hoc tam pro anno prœsenti, quo per ipsos homines in solutione et prœstatione prœmissorum foret cessatum, quam abinde temporibus profuturis ; ad quœ pro parte ipsorum hominum et communitatis opponebatur et vice versa petebatur per ipsos Religiosos ministrari montes, calderias, alpagia et alia consueta, qui et quœ ac prout eisdem hominibus per ipsos religiosos propterea consuetum fuit ministrari et quœ dicunt homines antedicti ministrata non fuisse, maxime mons de *Chaufloria* qui culpa dictorum Abbatis et conventus jam certis annis prœteritis fuit impeditus et sequestratus, propter quœ dicti homines non potuerunt, ut consueverunt, pascuare seu pasquerare et per consequens dicebant propterea ad prœstationes et alpagia supra petita se minime teneri, prout latius per ipsas partes coram nobis propositum fuit et objectum. Tandem ipsœ partes affectantes de et super prœmissis omnibus et singulis nostro amicabili interveniente tractata ad finalem concordiam devenire, propter hæc in nostra prœsentia constituti, videlicet nobiles et religiosi viri frater Franciscus de Intigningio canonicus et pidantiarius dicti monasterii ac Petrus de Lugrino domicellas pro et nomine dictorum abbatis et conventus Abundanciœ, pro quibus se ad infra scripta fortes faciunt et de rato habendo ut infra promittunt parte ex una, et Berthetus Piquer ac Humbertus Porche suis propriis ac nominibus aliorum hominum, et communitatis vallis Abundanciœ, pro quibus se etiam fortes faciunt et de rato habendo ut infra promittunt, ex altera. Quœ quidem partes scienter prudenter et spontanee de et super prœmissis omnibus et singulis et dependentibus ex eis, quœ in nos velut in arbitratorem et amicabilem compositorem compromiserunt, nobisque plenariam liberam et omnimodam potestatem contulerunt de et super his cognoscendi, declarandi, pronuntiandi et ordinandi jure vel concordia ad meram et omnimodam nostri arbitrii voluntatem, promiseruntque juramentis suis, evangeliis Dei tactis et sub suorum omnium obligatione et expressa ypotheca bonorum, una pars alteri et altera alteri vicissim hinc et inde tenere, **attendere, observare et effectualiter adimplere quidquid per nos** in et circa præmissa dictum, declaratum, pronuntiatumve fuerit, aut alias quomodolibet ordinatum, cum omni alia solemnitate, jurisque et facti renuntiatione ad hæc necessaria, pariter et cautela. Cujusquidem sic attributæ nobis potestatis vigore, nos præfatus Dux, visis prius et solerti scrutinio per nostrum nobiscum residens concilium, advisis ipsarum partium utrobique juribus, documentis et cœteris informationibus ad postulationem prædictorum coram nobis hinc et inde comparentium, de et super omnibus et singulis, pronuntiavimus, declaravimus et ordinavimus in hunc qui sequitur modum. Imprimis pronuntiamus, declaramus et ordinamus quod dicti homines et communitas Abundantiæ solvant et solvere teneantur prædictis religiosis Abbati et conventui Abundanciæ tam retentas istius proxime præteriti anni, alpagii, seu *ochegii* de quo agitur, quam ulterius singulis annis in futurum ipsum alpagium seu ochegium, prout hactenus consueverunt, ad rationem trium dierum continuorum cujuslibet anni pro quolibet chaleto, probe, legaliter, absque fraude et sine exceptione quacumque, sicque singulis annis et inde futuris solvere teneantur dicti homines et expedire prædictis Abbati, religiosis et conventui, more solito et prout hactenus consueverunt *ochegium* et alpagium consueta trium dierum integraliter pro quibuslibet et singulis chaletis, qui per dictos homines inde fient in dictis montibus et in quibus dicti homines fructum facere reperientur. *Item* quod dicti religiosi abbas et conventus teneantur et debeant, *præmissis mediantibus,* eisdem hominibus et communitati Abundanciæ infra proximum festum Paschæ expeditum reddere montem nuncupatum de *Chaufloria,* sicque ipsi homines et communitas amodo in antea in ipso monte animalia sua de pascere pariter et pasquerare valeant, prout retroactis temporibus consueverant et soliti erant, sublatis impedimentis in dicto monte quibuscumque. *Item* ulterius teneantur et debeant memorati religiosi eisdem hominibus et communitati ministrare calderias propter hoc necessarias prout retrofluxis temporibus fieri solitum est. Ita quod de ipsis calderiis ipsi homines ad præmissa utantur et gaudeant arbitrio boni viri legaliter et absque fraude. *Item* quod si aliqua obscuritas, ambiguitas aut controversia de et super præmissis seu aliquo eorumdem in posterum orirentur, illarum declarationem, et interpretationem nobis per præsentes reservamus. Qua sic facta pronuntiatione nostra memoratæ partes comparentes tum illico per universa ipsius capitula laudaverunt, emologaverunt, ratificaverunt et approbaverunt, promiseruntque sub juramentis et obligationibus suis præmissis mutuis et solemnibus stipulationibus hinc et inde intervenientibus, illam in omnibus et per omnia tenere, attendere, adimplere et effectualiter observare, ac etiam laudari, emologari, ratificari et approbari facere et procurare cum effectu ratificationem hujusmodi videlicet prædicti pidantiarius et Petrus de Lugrino per prenominatum abbatem et conventum, dictique Berthetus Piguer et Humbertus Porche per dictos homines et communitatem Abundanciæ publicis instrumentis nobis utrobique offerendis infra proximum festum beati Michaelis, cum promissionibus et cæteris clausulis opportunis renuntiantes hinc et inde dictæ partis etc... Mandantes...

Dictum Thononi (13 septembre 1425.)

Per Dominum præsentibus dominis abbate Filiaci præposito Montisjovis, Humberto bastardo de Sabaudia ex marchionibus Saluciarum, Henrico de Columberio Dresone, Guillermo Diderii præposito Augustensi, Urbano Ciriferii (sic), Francisco Compesii, Roberto de Monte Vuagnardo, Magistro hospicii.

Repost. Bolomier.

(Extrait d'un parchemin authentique par R^d Blanc, vic. d'Abondance, le 24 novembre 1783.)

N° **12**.

Sentence arbitrale d'Amédée VIII sur les Franchises (1430)
Inédit. (p. 148 et seq.)

In nomine sanctissime et individue Trinitatis gloriosissime Dei genitricis Virginis Marie et tocius celestis curie triumphantis, amen.....

R^{dus} in Christo Pater Dnus Guilliermus de Lugrino abbas venerabilis Monasterii B. M. de Habundancia ex una Anthonius Perrodeti et Berthetus Pinel procuratores tocius universitatis vallis Habundancie ex alia parte. inthuentes quod plurime et varie lites querele et contemptiones versate sunt diucius inter partes ipsas et majores in futurum versari timebantur que partibus ipsis gravia dampna actulerunt et graviora successivis temporibus afferre parerent nisi superne pacis et concordie dono superveniret auxilium tantis periculis et dampnis futuris ac preteritis prout possibile fuerit occurrere cupientes et via pacis eorum decidi petitiones et querelas compromissum validum fecerunt in Ill^{mum} Principem et Dominum nostrum dnum Amedeum Sabaudie ducem ac in venerabiles et circumspectos viros dnos Johannem Monachi legum doctorem canonicum ecclesie gebenn... et Ludovicum Parisis licenciatum in decretis canonicum Geben ecclesie decanumque et canonicum ecclesie B. M. Lete Annessiaci ut ecclesiasticas personas ab utraque partium predictarum de medio electos et in venerabiles et egregios viros dnos Franciscum de Veyriaco de Gebenn legum doctorem et militem electum pro parte R^{di} Dni Abbatis et Ludovicum de Montheolo legum doctorem pro parte hominum Habundancie veluti in eorum arbitros. De et super eisdem peticionibus et querelis via amicabili et arbitramentali terminandis et decidendis ut de hujusmodi compromisso patet publico instrumento recepto signatoque et subscripto per Franciscum Monachi Jacobum Albi Berthetum Sovey notarios publicos de anno presenti (1430) millesimo quatercentesimo trigesimo indicione octava et die quindecima mensis marcii proxime preteriti. Cujus quidem compromissi tenor hic immediate sequitur.

In nomine sanctissime Trinitatis... Anno a nativitate Dni nri Jhu X^{ti} (1430)... (*Suivent l'acte de procuration, les stipulations qui s'y réfèrent, les noms des témoins Noble Jean de Faverge (de Fabrica) des Comtes de Saint-Martin d'Yvrée et de Jacques Blanc (Albi) de Vouvry notaire de l'acte, au nom des gens d'Abondance et de leurs procureurs prédésignés.*)

Actendentes plurimas et varias causas lites et querelas inter ipsas partes vigere et exoriri hinc et inde maxime cum primo diceret prelibatus Abbas contra homines et communitatem vallis predicte prout sequitur infra.

In primis quod predicti Dnus Abbas et conventus sunt et fuerunt in possessione vel quasi percipiendi sextam gerbam avene et ordei crescentium in territorio et campis predicte vallis tam pro decima quam pro terragio excepto ab anno Dni (1425) citra usque ad diem presentem quo turbaverunt et turbare conati fuerunt predictos religiosos in eorum possessione. *Item* dicunt quod retencio, usurpacio dicte sexte gerba... prejudicat pro quolibet anno ducentum libris salvo pluri et sic ipsum interesse a dicto anno (1425) usque ad annum et dies presentes ad mille libras ascendit quas petunt sibi solvi et expediri salva judicis competentis legali taxa...

Secundo ultra promissa dicunt dicti Dni religiosi contra homines dicte vallis tenentes possessiones et predia quod ipsi debent laudes et vendas pro possessionibus et prediis ac aliis rebus immobilibus que vendunt et de illis que dant et permutant non interveniente pecunia numerata laudes seu laudinium et sunt laudes et vende pro singulis sex denariis precii eorum unus denarius ita quod si sint sex floreni in preciis debetur unus florenus pro laudibus et vendis pro laudinio vero debetur medietas quando non intervenit precium. Quare petunt sibi solvi.

Tercio dicunt quod dicti homines seu nonnulli ex ipsis in fraudem laudum et vendarum que debentur cum casus occurrit et laudiniorum dictis religiosis in instrumentis simulate concipiunt et scribi faciunt aliter et ex alia causa contractum quam re vera contractum est.

Quarto proponunt quod sunt in possessione vel quasi percipiendi et exigendi introgia successionum bonorum parentum hominum deffunctorum secundum qualitatem patrimonii decedentis Nichillominus nonnulli a quinque annis citra ex eo quia contentiones fuerunt cum dictis religiosis conati fuerunt dictos religiosos in eorum possessione vel quasi turbare dicta introgia retinere actemptando et ea expedire non curando. Unde petunt quod non investiti successores deffunctorum a quinque annis citra se veniant et procurent investiri per ipsos dnos religiosos et solvant introgia debita solito more ut supra.

Quinto dicunt quod sunt et fuerunt in possessione vel quasi tanto tempore quod hominis memoria in contrarium non extat percipiendi bona mobilia hominum utriusque sexus sine liberis naturalibus et legitimis a suis propriis corporibus legitime procreatis decedentium in predicta valle Habundancie. Nichillominus nonnulli perfide impedire turbareque nituntur dictos religiosos in levacione dictorum bonorum mobilium falso exquisito colore videlicet filios adoptivos sibi faciendo et sub tali colore dictos religiosos in dicta eorum possessione expresse turbando et defraudando. Tales filii non dicuntur naturales sed tantum legitimi. Idcirco quia dicti homines reverenter loquendo magis fraudandi gratia quam aliter predictos filios adoptivos sibi constituunt frausque nemini patrocinari debeat petunt dicti religiosi ipsa bona dictis religiosis filiacione seu adopcione **predictis non obstantibus tradi et expediri.**

Sexto dicunt quod nonnulli hominum vallis predicte eorum ausu et temeraria voluntate violenter et de facto processerunt de novo ad constructionem certorum molendinorum baptitorum et follarum de et super cursu aque Drancie et cursibus aliarum aquarum in valle Habundancie labentium que cedunt in grave dampnum et prejudicium dictorum religiosorum cum ad eos in solidum pertineant cursus dictarum aquarum per totum districtum ipsius vallis molendina et alia artificia ipsorum Religiosorum inde magnum suscipiunt decrementum quapropter petunt et requirunt quod dicta molendina et baptitoria ac cetera instrumenta tollantur et removeantur et ad nichilum deducantur seu sub annuo censu congruo et dicto monasterio utili dicta molendina et alia artificia suscipiant.

Septimo dicunt quod de alienacione possessionum et aliarum rerum immobilium dicte Vallis non debet nec potest fieri instrumentum nisi per notarium curie ipsorum religiosorum seu alium per ipsos deputatum et sigillo dicti abbatis sigillatum sicut antiquitus fuit observatum et consuetum. Quare petunt pronunciari et declarari ita fiendum et instrumenta que non fuerint sigillata sigillo ipsius Dni abbatis fidem non facere.

Octavo et ultimo observari capitulum pronunciacionis et transactionis facte inter ipsas partes de non tenendo consilium in valle Habundancie et de se adunando super aliquibus tractandis consulendis sine presencia alicujus officiarii dictorum religiosorum.

Protestantes in principio medio et fine quod per predicta vel aliqua alia que petant non intendunt recedere a transactionibus jam factis juratis et confirmatis acthenus et a sententiis latis pro dicto monasterio tam in curia romana quam alibi et tam per Ill[mum] Dnum nostrum ducem Sabaudie quam alias 'nec eciam a dependentibus emergentibus et connexis earumdem et illis vel alicui particule capitulo seu articulo contentorum in illis renunciare vel aliqualiter contra venire.

Dictis hominibus peticiones et querelas prelibati Rev[di] Dni abbatis et conventus sui monasterii negantibus et dicentibus in eis non competere jus querele eisdem Dno abbati et conventui et ex adverso dicentibus et proponentibus se gravari et opprimi plurimum in eorum juribus et maxime super infra scripta.....

Primo quod cum Vallis Habundancie regatur jure consuetudinario et non scripto et per tanta tempora cujus inicii non existat in contrarium memoria quando et quociescumque occurrit sentencia ferenda in aliqua criminali corporali causa infra limites juridicionis vallis Habundancie cognicio fit per consuetudinarios et probos homines vallis secundum quorum cognicionem proceditur judicatur et fit exequucio prout et in ceteris patriis et locis territorii ducatus Sabaudie se regentibus consuetudine. Contingit quod Rdus Dnus abbas et ejus officiarii sine ulla consuetudinariorum cognicione suspendi fecit Mermetum Burnier de ipsa valle contra dictam consuetudinem et eam infringendo.

Item in eo quod officiarii ipsius R^{di} Dni abbatis dietim capiunt de probis hominibus vallis et atrocibus ac impiis modis eos pertractant et cruciatus afferunt in corporibus eorum adeo quod metu minarum carceris et tantorum cruciatuum compelluntur concordare ad magnas pecuniarum summas.

Item in eo quod retrofluxis temporibus ipsi officiarii dictis occasionibus magnas extorsiones fecerunt hominibus et singularibus personis dicte vallis sine ulla cognicione sed per metum carcerum et cruciatuum corporis violencia compulsiva ducti fuere ad compromissiones faciendas que jure retractari debent.

Item quia multas consuetudines usitatas temporibus retrofluxis habent ipsi homines in valle ipsa que infringuntur in pluribus quas sibi juxta solitum observari petunt.

Item et *maxime* quia sine accusatore aliquo per inquisicionem procedunt contra jus divinum canonicum et civile et consuetudidem patrie ex qua sine denunciatore non debet per inquisicionem procedi.

Item quia alibi citantur et evocantur quam est solitum cum tantum evocari debeant in loco tribunali apud passum Habundancie et trahuntur intra sectas ecclesie abbacie.

Item quia de causis civilibus inter eosdem Rdum Dnum abbatem et conventum ac homines vertentibus cum contingit aliquam inquisicionem fieri contra singulas personas vallis eciam racione extrinseci debiti inquiruntur in illis causis maxime super decima et aliis de quibus pendet civilis questio inter partes.

Item in eo quod Dnus abbas et conventus tenent occupatas plures res et bona pluribus et diversis singularibus personis **ipsius vallis Habundancie.**

Prefato Reverendo Dno Abbate querelas et peticiones hominum ipsorum eciam inficiante.

Tandem partes ipse suis et quibus supra nominibus mutuo consensu recensentes et animo deliberato Angelico ducti Spiritu considerantes quanta sint litium gravia dispendia odii fomenta et intollerabilium inconveniencium augmenta et ex contrario quanti sint pacis et concordie fructus quam Deus in terris intendens semper de ea principaliter inter suos apostolos predicavit recedere volentes ab omni litigiorum anffractu et viam pacis et concordie assumere et per easdem pacis vias predictas eorum omnes et singulas hinc inde factas querelas et proposiciones sedari et ad bonum statum reduci et earumdem parcium certa sciencia pura et spontanea voluntate cessantibus omni fraude et compulsione sese de omnibus et singulis premissis querelis et peticionibus suprascriptis et de verbo ad verbum insertis et dependentibus ex eisdem compromiserunt compromissum firmum et validum fecerunt in Illustrissimum. *(Comme ci-devant, en y ajoutant une amende de mille livres contre les contrevenants, dont moitié au Duc arbitre et moitié à la partie fidèle, avec ratification authentique des parties.)*

Anno presenti currente millesimo quatercentesimo trigesimo indictione octava die vero quinta mensis aprilis personaliter hac de causa et propter ea que secuntur laudabiliter peragenda Constitutus in camera paramenti castri Thononensis in presencia videlicet prelibati Ill^{mi} principis Dni nostri Domini Amedei Sabaudie Ducis jamdictorumque dominorum ejus arbitrorum presentibusque eciam Reverendo in Christo patre Dno Johanne de Arsiis ac nobilibus et egregiis viris Dno Johanne de Belloforti cancellario Sabaudie Dno Humberto bastardo de Sabaudia milite Dno Montagniaci Dno Rodulpho de Alingio Dno Coudree Dno Johanne de Gingino Dno Dyvone militibus Dno Anthonio de Draconibus Francisco Compesii et Johanne de Dyvona secretario omnibusque consiliariis Dni notri Ducis ac in presencia mei Petri Carterii prelibati Dni nostri Ducis Secretarii Imperialique auctoritate notarii publici omnia universa et singula supra et infra scripta ac in presenti instrumento contenta et comprehensa more publice persone, viceque nomine et ad opus dictarum parcium ambarum et cujuslibet eorum heredumque et successorum suorum singula singulis referendo et omnium et singulorum quorum interest, intererit aut interesse poterit quomodolibet nunc et in futurum stipulantis solemniter et recipientis.

Sepius nominati Illustrissimus etc... et domini Johannes Monachi Ludovicus Parisii Franciscus de Veyriaco et Ludovicus de Montheolo Arbitri seu Arbitratores et amicabiles compositores a partibus prenominatis positi electi et nominati vigore et pretextu compromissi jamdicti et potestatis ab ipsis partibus eisdem actribute ad predictarum questionum peticionum et querelarum ac differenciarum sedacionem declaracionem arbitrium laudum pronunciacionem sentencieque eorum arbitramentalis prolacionem et promulgacionem processerunt in hunc qui sequitur modum.

Et primo videlicet de querela dicto Dni Abbatis et ejus conventus sexte gerbe ordei et avene quam sibi solvi petebant.

Quia dictis Dnis arbitris non constat sufficienter quod Abbas et conventus habeant aliquod jus servitutis terragii in et super terris hominum dicte vallis, ideo pronunciant Dni Arbitri quod de et pro dicto terragio nil abinde debeatur per homines supradictos sed ejus respectu absoluti sunt quictique et liberi ac immunes ab eodem terragio absolvuntque per presentes ipsi Dni Arbitri.

Verum quia perceptio sexte gerbe fuit facta ex usu longevo sub nomine decime in et super terris seminatis ordeo et avena exceptis quibusdam locis ideo dicti Dni arbitri pronunciant... quod in et super omnibus locis et terris acthenus usque in diem presentem retrofluxis temporibus seminatis et laboratis in quibus perceperunt sextam gerbam etiam ex nunc in perpetuum percipiant et percipere debeant pacifice et quiete ac levare singulis annis. In locis autem in quibus non sunt consueta percipi in posterum eciam non percipiantur.

... De exertis si fiant undecima gerba dumtaxat solvatur solvique et per dictos Dnum Abbatem percipi et levari debeat ex nunc in perpetuum.

(Suit une longue liste de mas exceptés ou favorisés.)

Super secunda peticione loquente de laudibus et vendis vendicionum rerum immobilium atque laudibus seu laudiniis permutacionum et donacionum pronunciant Dni arbitri quod super vendicionum contractibus servetur inconcusse per utramque parcium predictarum sentencia arbitralis prelibati Ill[mi] Ducis nostri per quam ordinatum extitit solvi debere tres solidos et quatuor denarios pro libra seu de sex denariis precii unum denarium.

De permutationibus vero seu excambiis de re mobili ad immobilem pronunciaverunt nil debere solvi de introgio seu laudinio nisi si et ubi intervenerunt turnæ seu refficio in pecunia numerata respectu quarum turnarum seu refficionis quo casu solvatur et solvi debeat quantum et prout eodemque modo quo de vendicionum precio scilicet de sex denariis unus sicut acthenus cciam fuit et est consuetum.

De Donacionibus autem aliquarum rerum immobilium in ipsa valle existentium et constitutarum liberis seu descendentibus et parentibus ascendentibus cujuscumque gradus et collateralibus usque ad quartum gradum consanguinitatis inclusive actingentibus tali donatori seu donatoribus computando gradus secundum disposicionem juris canonici atque filiolis spiritualibus per patrinum seu matrinam patrinosve seu matrinas quocienscumque tales donaciones fieri contingit seu contigerit in futurum nil solvatur de introgio seu laudinio. Ubi autem tales donaciones fient et fieri continget aliis personis quam superius expresis alicujus rei immobilis solvatur et solvi debeat ad estimacionem rei donate de duodecim denariis valoris rei donate unus denarius talis monete cujus seu qualis valoris fuerit res donata.

De affrarazionibus autem et associacionibus quas fieri contingeret in futurum per quoscumque seu inter quoscumque fiant nil de introgio seu pro laudiniis solvatur seu solvi debeat per tales se ad invicem *affrarachiantes*.

Super tertia vero querimonia loquente de fraudibus et simulacionibus contractuum qui fiunt in dicta valle et que commictuntur in eisdem decreverunt dicti Dnus Dux et ceteri arbitri quod ex inde in antea omnes et singule fraudes et simulaciones cessent et cessare debeant atque in earum obviacionem donans et donatarius significent et significare debeant et teneantur dictis Dno Abbati et conventui donacionem sic inter eos factam seu imposterum fiendam et suis juramentis affirment tactis sacrosanctis Dei evangeliis si dictus Abbas exigere voluerit quod fuit et est vera et non ficta seu simulata donacio quodque nullum pro eadem intervenerit precium in pecunia numerata re nec spe. Et casu quo postea reperiretur dolum fraudem vel aliam machinacionem intervenisse dicte donacioni in fraudem introgii dicta donacio seu permutacio sit ipso jure nulla et irrita et res donata seu permutata pleno jure pro pena fraudis deveniat ad Dnum Abbatem et conventum predictos.

Super quarta autem querela..... loquente de introgiis successionum bonorum parentum et aliorum hominum morientium in dicta valle ordinando declaraverunt ipsi Dnus Dux et ceteri arbitri ut sequitur videlicet Quod pro introgiis successionum cujuscumque morientis in dicta valle solvatur et solvi debeat tantum quantum ille talis deffunctus reperiretur solvisse aut taxatus esse vel fuisse in et de adjutorio seu presia biennali que solvitur dictis Dno Abbati et ejus conventui Nec ultra debeat nec possit exigi seu tallis deffuncti successor ad solvendum cogi et compelli ita tamen quod si quis donaverit totalem hereditatem suam alicui qui non teneretur introgium solvere racione donacionis tunc et eo casu teneatur et debeat talis donatarius post mortem ipsius donantis non habentis alium heredem solventem seu qui solvere debeat introgium successionis propter universalem suorum bonorum donacionem ipsis Dno Abbati et conventui introgium dicte successionis ne jus ecclesie in eodem introgio successionis habeat seu valeat deperire.

Super quinto articulo principali de et super usu successionis bonorum mobilium decedentium sine liberis naturalibus et legitimis et fraudibus que fiunt et fieri solent per affiliaciones seu associaciones et *affrarechiamenta* per homines naturales liberos non habentes ad exclusionem perceptionis hujusmodi bonorum mobilium pronunciant et ordinant prenominati Ill^{mus} Dux et ejus coarbitri quod homines dicte vallis possint et valeant affrarechiamenta affiliaciones et associaciones facere secundum usus et consuetudines eorum. Quibus factis non veniant bona mobilia ad dictos Dnos Abbatem et conventum non obstante quod ipsis non factis Dnus Abbas et conventus successionem mobilium habuissent. Item quod ubi fratres aut alius veniens ad successionem immobilium deffunti sine liberis in domo cum deffuncto manens vel eciam conjux talis deffuncti superstites remanerent prefati Dnus Abbas et conventus eciam non succedant in bonis mobilibus sicut nec est aliter consuetum. Ubi autem nulla esset affiliacio associacio seu affrarechiacio facta per deffunctum cum alio nec remaneret heres aut conjux comoniter habitans cum deffuncto tunc et eo casu **dictus Dnus Abbas et conventus percipiant et percipere debeant** et possint bona mobilia talis defuncti sine liberis ita tamen quod ipsi Dnus Abbas et conventus debeant et teneantur solvere omnia debita ipsius deffuncti cujus bona mobilia capient sicut eciam acthenus fuit et est consuetum.

Super sexta peticione loquente de molendinis noviter factis prenominati Ill^{mus} Dux noster et ceteri Dni arbitri pronunciant quod molendina et artifficia que nichil sunt antiquitus solvere consueta, seu verius de et proquibus nichil antiquitus solvi consuetum est libera sint et nichil in posterum solvatur pro eisdem (molendinis) eciam si et quandocumque refficiantur atque possint reffici quociens opus fuerit arbitrio eorum quorum sunt et eidem fore et servari pronunciaverunt de quibuscumque artifficiis usque in presentem diem constructis de et pro quibus non est aliquid solvi consuetum. Illa vero molendina et alia artifficia pro quibus aliquid deberi et solvi consuetum est remaneant sub *suo* servicio. Item si contingat in futurum aliqua molendina construi super cursu Drancie vel ex aqua cursus ipsius Drancie solvantur et solvi debeant pro singulo molendino annis singulis duodecim denarii monete cursalis. Pro aliis vero artifficiis quecumque sint nichil solvere teneantur homines predicte vallis sicut nec repertum est hactenus solutum fuisse.

Ulterius quod ubi aliqui homines dicte vallis ex rivis vel fontibus in et super propriis prediis et possessionibus ipsorum hominum transeuntibus vel existentibus aliqua molendina aut quevis artifficia facerent vel facere possent super eorum proprio nichil solvere teneantur sed eis liberum sit et permissum eadem facere pro libito voluntatis eorumdem sicut jure communi permissum est.

Super septimo articulo loquente quod notarii seu scribe deputati per prefatum Dnum Abbatem recipiant instrumenta tantum in ipsa valle que sigillari debeant etc.

Declarant dni arbitri quod quelibet partium supradictarum in suis contractibus et actibus possint et eis licitum sit impune assumere quoscumque voluerint notarios publicos et per eos confici reffici recipique facere instrumenta eorumdem ita eciam quod dicti homines non teneantur sua instrumenta sigillari facere sigillo dictorum dni abbatis et conventus sit tamen hoc eis liberum fieri facere si voluerint.

Et hoc de et super articulis et peticionibus dictorum dnorum abbatis **et conventus.**

Quo vero ad peticiones querelas et demandas predictorum hominum dicte vallis Habundancie prelibati Ill[mus] princeps et dnus noster Dominus Amedeus dux Sabaudie suique in hac parte coarbitri sentenciant et ordinant per presentes prout sequetur et ecce.

Primo super primo articulo loquente de cognitione fienda per probos homines et consuetudinarios dicte vallis in causis criminalibus corporalibus habita prius super hoc diligenti informatione declaraverunt quod cogniciones causarum criminalium corporalium que occurrent vel occurrere poterunt in dicta valle ex nunc imposterum fiant et fieri debeant per probos homines et consuetudinarios ipsius vallis executiones vero dampnatorum et condempnatorum et condempnandorum hujusmodi spectent et pertineant officiariis predictorum dnorum abbatis et religiosorum conventus nomine ipsorum. Cause tamen appellationum et nullitatum devolvantur et devolvi debeant ad abbatem et conventum seu eorum judicem appellacionum per quem tales appellaciones et nullitatum cause audiri cognosci decidi et sine debito terminari debeant possint et valeant.

Super secunda principali querela continente quod officiarii conventus dietim capiunt de probis hominibus dicte vallis injuste, etc.

Declarant dicti dni arbitri quod ipsi homines non capiantur aut alias quomodolibet vexentur nec atrocibus carceribus pertractentur nisi ex causis racionalibus de jure et consuetudine patrie vallis Habundancie, sed bene grate amicabiliter tractentur justicia non lesa. Ac se abstineant officiari predicti ab omnibus illicitis extorsionibus et oppressionibus eisdem inferendis et ab eis faciendis.

Super tertia principali querela loquente de extorsionibus vi compulsiva et carcerum metu factis ordinaverunt dicti dni arbitri quod omnes et singule querele contra officiarios dicti dni abbatis debeant audiri videri et terminari per dnos Franciscum de Veyriaco et Ludovicum de Montheolo summarie et simpliciter quorum cognicioni partes ambe stare et parere teneantur...

Super quarta vero principali querela loquente de usibus et consuetudinibus ipsius vallis Habundancie quos asserunt ipsi homines eis infringi ordinant dicti Dni arbitri quod omnes antique bone et laudabiles consuetudines et boni usus dicte vallis cis inviolabiliter observentur nisi tamen si et quathenus parcium transactione aut sentenciis inter partes latis sit vel esse reperiatur derogatum.

Super quinta principali peticione mencionem faciente de processibus per inquisicionem sine denunciatore contra jus et consuetudines patrie vallis Habundancie ordinando senteciaverunt quod non possit per prefatos R^{dum} dnum abbatem et conventum contra aliquem dicte vallis per inquisicionem sine denunciatore (procedi) nisi in casibus dumtaxat quibus jure communi permictitur...

Super sexta querela continente quod homines ipsius vallis alibi citantur et evocantur quam debeant, videlicet non in loco Passus Habundancie sed infra septas abbatie Habundancie definiunt et declarant per presentes ipsi dni arbitri quod in omnibus et singulis causis civilibus et pecuniariis homines dicte vallis evocari et citari debeant fiantque cogniciones et reddatur jus in loco Passus Habundancie et non alibi. Et eodem modo fiat et observetur in omnibus causis criminalibus in quibus non vertitur pena sanguinis. In causis autem criminalibus in quibus pena sanguinis verteretur ne evocatio in locum Passus preberet fuge occasionem possint delati citari et evocari infra septas abbacie et ibi processus formari sentencia tamen et cognicio ferri et fieri debeant loco publico in loco Passus Habundancie secundum consuetudinem patrie antiquitus observatam.

Super septima et ultima querela quod dnus abbas et conventus detinent occupatas plures res et bona pluribus personis dicte Vallis pronunciaverunt dni arbitri quod omnes ipse querele audiantur et summarie simplici veritatis informacione habita per prefatos de Veyriaco et de Montheolo terminentur definiantur et decidantur quorum declaracioni partes stare debeant sub pena in hujusmodi compromisso adjeta per quemlibet non obtemperantem seu eciam contra facientem commictenda et applicanda....

Et denique pronunciaverunt decreverunt et ordinaverunt dicti dni arbitri quod mediantibus premissis omnes et singule tites querele questionesque et injurie quenunc subsistunt et ventilantur sint casse et extincte et in perpetuum sincera bona et perpetua pax et verus amor inter partes debeat esse ac vigere ab inde in antea et in perpetuum.

(Suivent les garanties, approbations, ratifications et louanges.)

Ego autem... Petrus Carterii... notarius publicus... hoc publicum instrumentum recepi et in hanc publicam formam redigi feci per Henricum Mercerii de Aquiano notarium publicum coadjutorum meum ipsumque manu mea propria subscripsi.

P. Carterii.

Facta debita collatione cum originali proprio de verbo ad verbum nichil addito nichilque remoto per nos Nycolaum Picardi et Johannem Fabri ac Guilliermum Oley et Berthetum Georgi notarios subsignatos atque Johannem Nicollerati.

Signé: G. Oley, — Picardi Nicolaus, — J. Fabri, — Georgii B^{tus}, Nicollerati.

N° 13

Jugement d'Amédée VIII au sujet de meurtres (P. 147).

Quoad casum Mermeti Burnier qui propter mortem dicti Berbillaux mistralis Habundancie per nonnullos dicte vallis homines interempti et occisi captus fuerat per officiarios dicti Dni Abbatis et qui in carceribus existens ut communiter fertur mortem sibi consciens laqueo se suspendisse dicitur. Quia dicti homines et potissime parentes et amici dicti Burnier asserentes ipsum mortuum fuisse in dictis carceribus dolo culpa seu diffectu dictorum officiarorum petebant ipsum Burnier aut saltem ipsius corpus et cadaver sibi reddi et restitui et inde sibi de culpabilibus si qui forent mortis ipsius justiciam ministrari. Pro parte vero dicti Dni abbatis ejusque conventus et officiariorum predicta negando contrarium asserebatur prosequebanturque dicti officiarii alios culpabiles et obnoxios de interemptu seu morte dicti Berbilaux ut via juridica punirentur. Ideo premissis altercationibus hinc et inde per dictos Dnos Arbitros auditis et intellectis maturaque et solerti indagine palpatis et omnibus plene digestis et discussis... pronunciant declarantque arbitrantur et ordinant pro bono pacis et concordie dictarum parcium prelibuti dni arbitri ut sequitur. Quia ad dictos homines non spectat inquirere de morte dicti Burnier nec est verissimile predictos officiarios circa ipsius mortem dolose aut indebite versatos fuisse ideo pronunciant dictos homines nullatenus insistere prosequi seu querelare debere quin imo silencium perpetuum eisdem fore imponendum quod eisdem imponunt per presentes. Verum quia quam plurimi ex hominibus dicte vallis fuerant per officiarios dictorum Dni Abbatis inquisicionalibus processibus involuti pretextu mortis dicti Berbillaux contra quos dicta curia prosequitur ut punicione condigna cohercerentur inter quos personaliter carceribus mancipatus detinetur quidam de predicta morte inculpatus nomine Johannes Albi quidam vero alius nomine Quinclet vulgariter nuncupatus patriam propter hoc absentasse dicitur. Quia tamen justicie in parte saltem in personam dicti Burnier qui personaliter exequutus et furchis suspensus extitit satisfactum fuisse dicitur ideo ut omnis litium et ulterioris controversie matheria cesset et amputetur pronunciant dicti dni arbitri... dictum captivatum... a carceribus fore relaxandum omnesque... alios homines dicte vallis... de morte dicti Berbillaud... fore in posterum quietos liberatos et immunes... omnesque penas et bampna propter hoc incursas et incursa eis remictendas et relaxandas Excepto tamen... Quinclet quem pronunciaut dicti dni arbitri a dicta patria et districtu et dictione Habundancie fore relegatum per quinquennium... Salva tamen et reservata Dno Duci petestate quam sibi retinet per presentes... dicto Quinclet graciam et remissionem faciendi.

N° 14.

Fragment d'une supplique adressée à Charles III. (Inédit.)
(p. 161.)

Illustrissime Princeps

. . . .

Ad Illustrissimam Dominationem vestram recurrunt ipsi humiles exponentes quibus supra uominibus supplicantes humiliter Dei amore et pietatis intuitu super premissis ipsis de remedio opportuno provideri dictasque transactiones, franchesias, libertates, bonos usus et consuetudines ipsis concessas et tractenus observari consuetas mandare dignemini observari et omnibus subditis vestris tom mediatis quam immediatis sub penis inhiberi ne eosdem habitantes dicte vallis contra mentem dictarum franchesiarum vigore etiam vestrarum licterarum molestent, ad aliud tribunal quam eorum judicis ordinarii evocent et assignent sive per curiam ecclesiasticam excomonicent, clericis intimando quod si secus fecerint quod bona eorum temporalia ad manus vestras reducetis ; ipsique eorum judici quod curiam non teneat nisi de quatuordecim diebus in quatuordecim dies ut hactenus fuit assuetum ; et dicto mistrali quod juret se observaturum predictas ipsorum franchesias, libertates et consuetudines ; et curiali quod penes dictam vallem Habundancie resideat et ab eadem expleta que recipiet et conficiet non extrahat, et alias super premissis ipsis provideri ut juridicum et racioni consonum. Illustrissimam dominationem vestram ad vota conservet Omnipotens.

Décision du Duc Charles III.

Carolus dux Sabaudie etc. dilectis universis et singulis officiiariis et commissariis nostris in sabannexis nominatis salutem visis supplicacione licteris que nostris hiis annexis necnon franchesiis inibi mencionatis et omnium tenore considerato presertim ultime supplicacionis vobis et vestrum cuilibet in solidum expresse commictimus et precipiendo mandamus sub pena centum librarum forcium pro quolibet quathenus ipsas licteras nostras annexas supplicantibus conjunctim et divisim juxta eorum formam et tenorem observetis et per partem supplicatam et quos expedierit observari faciatis illis, easque exequamini et ad plenum demandetis exequucionis effectum compellentes propterea penarum impositione et declaracione ac viis et modis aliis omnibus opportunis quibus debite fieri poterit forcioribus cum effectu Ludovicum de Flumine mistralem in quem supplicatur ad jurandum (sc) observaturum franchesias libertates et bonos usus et consuetudines de quibus eadem refert supplicacio et in dictis annexis fit mencio nam in premissis et circa eciam penas et multas imponendi declarandi voceque preconia si opus sit prout in ipsis licteris nostris inhibendi et alia negocia faciendi vobis et vestrum cuilibet in solidum plenam presentibus impertimur potestatem frivolis opposicionibus excusiacionibusque licteris mandatis et aliis contrariantibus non obstantibus.

Datum Thaurini die (19 febr. 1509).

Franciscus Picardi de Novassella.

(Copie notariée prise sur l'original.)

N° 15.

Serment prêté par le Métral d'observer les franchises.
(Inédit.) (p. 162.)

« Anno Dni (1509, 19 mars) Petrus Alamandi ducatus Sabaudie serviens generalis ipsum nobilem Ludovicum de Flumine citavit ad comparendum personaliter coram me dicto Francisco Picardi commissario ut supra deputato in loco passus Habund die vigesima prima mensis marcii ad jurandum et observandum ipsas franchesias bonos usus et quonsuetudines prout supra Quo quidem die (21) dicte citacionis vigore prefatus nob. Ludovicus de Flumine personaliter comparuit et inde dominicalium mandatorum predictorum vigore et compulcione per me sibi facta (penarum) juravit in manibus Reverendi Dni Guigon de Arlo canonici prioris claustralis ac electi insignis monasterii Habundancie tactis Dei evangeliis sacrosanctis tanquam mistralis terre et juridicionis abbatie B. Marie de Habundancia franchesias libertates et consuetudines et bonos usus communitatis et singularum personarum tenere actendere et eisdem prout illis usi fuerunt inviolabiliter penitus et omnino observare et sub pena imposita vigenti quinque marcarum argenti casu quo contrarium fecerit commictanda et prefato illustrissimo Dno nostro duci (sive) ejus errario irremissibiliter applicanda de qua quidem exequucione.....

Acta fuerunt hec publice in dicto loco Passus Habundancie ubi ad hec fuerunt testes venerabiles viri Dni Jacobus Perrodeti Glaudius de Blonay Jacobus de Bellagarda Humbertus Fabri Ludovicus de Intigningio et Aymo Fabri canonici dicti monasterii Habundancie necnon Georgius Picardi Aymon Cugniardi et plures alii.

(Copie notariée.)

N° 16.

Lettre du cardinal Senegalien, ex-abbé d'Abondance (1515)
(Inédite) (p. 128 et 170.)

Spectabilibus viris dominis scindicis Vallis Habundancie, filiis meis.

Spectabiles viri, filii nostri carissimi, salutem.
Accepimus litteras vestras secundo augusti ad nos datas,

concernentes reparationem monasterii S. Mariæ de Abundancia, pro qua petitis a nobis centum ducattos quolibet anno et licet R^{dus} pater Dnus Joannes-Franciscus prothonotarius de Maximo cui resignavimus ipsum monasterium obligaverit se ad omnia onera monasterii et in spem (?) ad reparationem necessariam et opportunam et pacta non servaverit, volumus tamen vestræ petitioni libentissime annuere, quod prius et sine vestris implorationibus fecissemus, si dictum prothonotarium ipsam reparationem facere recusavisse nobis innotuisset. Ut autem effectu... mens nostra cognoscatur mittimus R^{dum} generalem ordinis minorum qui reparationis initium disponet et ordinabit. Constituimus omnino quod in prima paga nobis solvenda per dictum prothonotarium solventur centum duccati pro dicta reparatione et sic quolibet anno perseverabimus usque ad integram reparationem.

Bene valete. Romæ, quinta septembris MDXV.

Signé : SENEGALIEN, *Episcopus et Cardinalis.*

Et moy dict not° et commissaire susdict qui la lettre sus escripte ay faict extraire sur son propre original... après dheue collation faicte sur son propre original. En foy de quoy me suis souscript combien d'aultre main soit escript.

Signé : Bron (?) le reste illisible.

N° 17.

Quelques règles tracées par Mgr Barthélemi (1443)
(inédit) (p. 167).

..... Supra dictus visitator processit ad visitationem monaterii ac monachorum in eo existentium et pro abbatis et corum observatione regulari, prout alias tenentur et debent, ordinavit et injunxit ab eisdem observari per modum qui sequitur, videlicet, ut teneat in monasterio seu in ecclesia decretum basileense tantum super observatione cultus divini. *item,* de celebrandis horis canonicis mutavit in horas quartam et tertiam ubi super est de quinta et quarta. *item* dicantur missæ quinque ubi super est de quatuor. — *Item* addidit quod in refectorio sit tantum unum ostium. *Item* addidit quod prior, qui est nunc infirmarius, tantum serviat in suo prioratu, quum non possit habere duo incompatibilia. *Item,* quod canonici singulariter dormiant prout in benedictinis continetur. *Item* addidit quod in capitulo ipso non sit tantum lectura seu suffragia mortuorum, sed et examinatio et satisfactio culparum et tractatus de bonis et regimine monasterii et operum. *Item,* quod religiosi habentes beneficia extra monasterium non sint soli, sed dominus abbas provideat eis de sociis ejusdem ordinis, ubicumque suppeditant facultates, prout de jure est et in benedictinis. *Item,* quod pitanciarius qui est curatus aut dimittat curam aut dictum officium, quum sint duo incompatibilia. *Item* curatus continuo resideat in monasterio et similiter alii canonici et pro vice non se absentent ultra duos, quin esset necessitas et unum statuatur illis terminum ad redeundum. *Item,* quod officia divisa sint per singulos canonicos. *Item,* quod deputentur locus et personæ pro hospitibus et teneatur debita hospitalitas in monasterio et diligenter fiant eleemosinæ. *Item* quod sacrista sit diligens in suo officio et omni hora teneatur lumen continuum in lampade ante corpus Christi. *Item* muniatur de necessariis altare parrochianorum, etc.

N° **18**.

Règlement de la table de l'Abbaye (1458) (inédit) (p. 195).

..... Dnus abbas et conventus non possint recipere in ipso monasterio aliquem in canonicum ultra numerum duodecimum, prout reperimus consuetum et observatum et ordo regalæ ipsorum canonicorum fundatus sub regula beatorum apostolorum qui dictum numerum non excedunt, dictat et requirit.

Quos pidanciarius debeat librare dno abbati quinque prebendas canonicales ut infra designatas.

Quod prefatus pidanciarius teneatur librare dno abbati et canonicis bonas sufficientes carnes porcinas, bovinas, mutoninas et caponinas et aliam pidanciam secundum distinctionem temporum et congruentiam dierum, videlicet, a festo paschæ carnes porcinas salsatas, bonas, sufficientes et condecentes carnibus porcinis, a die festo paschæ ad festum pentecostes inclusive et cum ipsis bonas et receptibiles pollalias, videlicet bonos capones; sed predictos capones receptibiles pascere faciat diligenter et fideliter.

Quod pidanciarius debeat emere pro provisione dicti monasterii bonos, sufficientes ac mundos porcos.

Quod dicti religiosi teneantur deputare duos vel tres canonicos cum juramento ad visitandum et recipiendum dictos porcos antequam mactentur, et quando fuerint occisi et bacconati visitent et examinent dictos bacones et faciant numerum sufficientem et quos non invenerint sufficientes separent ab aliis pro famulis sub pœna amissionis baconis non receptibilis.

Quod pidanciarius teneatur librare dno abbati et canonicis a festo pentecostes ad festum S^{ti} Augustini carnes mutonis recentes, bonas et receptibiles, ita quod dicti mutones sint duorum annorum salvo pluri et fiant in quolibet quadrante sex peciæ tantum et non leventur a dictis mutonibus aliquæ pinguedines.

Quod pidanciarius teneatur librare dictis canonicis pecias pectoris castelli spatularum et cauda dictorum mutonum, alternatis vicibus, incipiendo a priore usque ad juniorem, novitiis et non professis exclusis.

Quod pidanciarius teneatur librare dno abbati et canonicis a festo beati Augustini ad dominicam quinquagesimæ bonas carnes bovinas et recentes, ita quod boves sint etiam trium annorum et non minoris ætatis.

Quod boves qui debunt hiemari et reservari pro provisione anni sequentis debeant pasquerari tempore æstivo in monte de Chaufloria et de Bella Cresto usque ad vigiliam nativitatis B. Mariæ et ab ipsa vigilia in prato vocato prau-*Frarou* usque ad hiemem sequentem et cum ipsis non pasqueantur quæcumque alia animalia.

Quod pidanciarius teneatur postea nutrire de bono *recordo*, quo deficiente, de suo meliori fœno et ab aliis animalibus separare ac etiam qualibet quindena sufficienter assalare quamque de una pugnata salis.

Item quod deputentur duo de ipsis religiosis qui omni anno juxta festum S^{ti} Michaelis visitent et ordinent pasturas pro dictis bobus nutriendis.

Quod pidanciarius debeat facere in quolibet quadrante anteriori unius prædictorum boum, dempta spatula, octo prebendas et sic librentur tres costæ pro qualibet prebenda et de dicta spatula debeat facere tres pecias seu prebendas. Boves sint trium annorum et non minoris ætatis et non excedant ætatem sexti anni et quod sint sufficientes et pingues.

Quod ossa miolaria ipsorum boum et peciæ pectoris librentur dictis canonicis alternatis vicibus, reservata dno abbati una meliori dictarum peciarum et non præsumat pidanciarius librare vaccas quæ lactaverint seu portaverint illa æstate.

Pidanciarius teneatur librare dno abbati pro se et statu suo

qualibet die qua debentur carnes dum fuerit residens in suo monasterio quinque prebendas canonicales, sive unius canonici.

Quod pidanciarius teneatur librare in quadragesima bonos pisces et receptibiles tam salsatos quam recentes dno abbati quinque prebendas et pro qualibet prebenda duo frustra ferratæ aut duas bisolas et si non inveniantur tunc possit librare de aliis piscibus ad æquivalentiam et si pisces propter perversitatem temporis inveniri non possent, tunc teneatur librare pro qualibet prebenda duo bona alleca receptibilia et boni saporis et qualibet die bonum signopium ad mensuram ordinariam simul cum bona salsa.

Quod pidanciarius teneatur a festo paschæ ad tempus quo incipiunt comedi mutones librare bonam salsam ad sufficientem mensuram, ordinatam et signatam ; quæ salsa componatur de bonis et sufficientibus speciebus, videlicet de bono gyngibere albo, pipere, cinamomo et croco.

Quod coquus teneatur librare bona allia viridia a tempore quo incipiunt comedi mutones cum petasone salso usque ad festum beati Augustini composita cum vino et aceto et bonis herbis.

Dessert. — Quod pidanciarius teneatur librare dno abbati et canonicis de grossis cascis et siris arpiagiorum et grosso fructu ipsius pidanciariæ qui fit in monte de Lens de suis vachis et vachis suorum consortium, vel de æquivalentibus in grossitudine a festo paschæ usque ad festum Assumptionis, ex tunc teneatur librare de novis arpagiis usque ad festum B. Michaelis et a dicto festo usque ad dominicam quinquagesimæ de bonis, maturis et sufficientibus vacherinis vaccarum ipsius pidanciarii qui fiunt in autumno et teneatur librare per totum annum et secundum modum et mensuram ordinatam et signatam et hactenus observatam.

Quod pidanciarius teneatur librare canonicis sal pro salsando carnes et pisces, quoties ex eis dantur ab aliqua persona.

Quod pidanciarius teneatur librare eisdem canonicis butyrum quotiescumque eis fuerit necessarium pro componendo ovimixtia et alia cibaria preparando et oleum pro frigendo pisces quando eis dabuntur et aliunde habebunt.

Teneatur librare judici dicti monasterii prebendam canonicalem quando tenebit et necessarium erit tenendi assisias generales in loco passus Habundantia et clerico suo medietatem prebendæ; necnon mistrali ipsius monasterii omnibus diebus

Sabbati in prandio, dum tamen teneat Jordatas in loco passus prebendam canonicalem et clerico curiæ medietatem in prandio tantum. Prelatis dictum monasterium transitum facientibus et militibus si ducant statum militis quinque prebendas canonicales, nobilibus vero, religiosis, presbyteris, clericis et aliis personis æquivalentibus prebendam canonicalem; parentibus religiosorum trina vice in anno pro tribus refectionibus continuis prebendam canonicalem pro qualibet vice.

Quod pidanciarius teneatur facere inventorium omni anno in festo beati Joannis Baptistæ et Lucæ de omnibus animalibus, fructu et pidantia ipsius officii pidanciariæ, cum juramento revelare illa animalia fructum et pidanciam. Quod inventorium limitetur ad quadringinta vaccas, centum oves, viginti mogias, viginti octo mojones, duos tauros, octo vitulos teneros masculos, duodecim vitulos femelas, viginti boves castratos duorum annorum, decem anilias unius anni, septem masculos ejusdem ætatis, trigenta sex castrones, sexaginta duos agnos masculos unius anni et duodecim agnos femelas ejusdem ætatis.

Quod Dnus Abbas teneatur fieri facere in cupa frumenti ad mensuram Aquiani novem panes albos tantum et non plures pro librando canonicis.

Quod Dnus Abbas teneatur ministrare de meliore frumento quod poterit reperiri.

Quod Dnus Abbas teneatur librari facere quotiescumque jejuniam eveniet in die simul et semel cuilibet canonico tertiam unius prædictorem panum et aliis diebus et temporibus anni cuilibet canonico in prandio unum quartum cum dimidio dictorum panum et pro cœna sextum et si eveniat aliquod festum duplex teneatur facere librari duplum.

Quod Dnus Abbas teneatur facere librari curato et custodi in quadragesima a tempore quo incipiunt audiri confessiones ultra prebendam omni mane usque ad pascham cuilibet sextum unius panis et dimidium mirale vini.

Quod Dnus Abbas teneatur librari facere coquo monasterii in adventa et quadragesima bona pisa alba pro potagio dictorum canonicorum et bonum frumentum album et bonas fabas pro conficiendo fabam fretam et admidalla cum mensura consueta pro frumento dictis canonicis librando.

Quod Dnus Abbas teneatur omni anno facere bonam et sufficientem provisionem de vino bono et sufficienti pro sustentatione dictorum canonicorum ; **quod tempore vendemiarum** faciat impleri duo dolia sufficientia pro potu religiosorum in adventu et quadragesima de bono vino albo crescente in vinea campi *Petrosi* et quando dicta vinea deficiet, de æquivalenti vino quod teneatur librari facere bona vina purificata et sine macula toto anno et quod non possit facere librari religiosis de aliquo vino post quod dolium fuerit bibitum usque ad unum pedem cum dimidio et reliquum librare servitoribus. Quod teneatur librari facere de bono et sufficienti vino in omnibus diebus festis.

Quod Dnus Abbas teneatur librari facere a dominica prima adventus usque ad dominicam sequentem adventus et quotiescumque jejunium adveniet in die simul et semel duo miralia vini ; aliis temporibus anni cuilibet canonico unum mirale vini cum medio pro prandio et in cœna unum mirale.

(*Chaque jour que l'office était double à l'église, on augmentait la portion d'un demi mirale de vin (3/5 du litre) et on doublait une des portions de la table et les fêtes solennelles la portion double était plus ample, et le vin, ainsi que la nourriture, meilleurs qu'à l'ordinaire.*)

(Extrait d'acte authentique à Abondance.)

N° 19

Dû par l'Abbaye à la Vallée par le titre précédent (1458) Lettre de saint François de Sales (1606). (Inédit). (p. 86).

Quod Dnus Abbas teneatur perpetuis temporibus sumptuare et manutenere calderias in omnibus montibus et chaletis vallis Habundanciæ ubicumque pidanciarius percipere consuevit arpagia.

Quod quandocumque pidanciarius recuperabit arpagia, unus vel duo ex dictis religiosis deputentur cum ipso pidanciario, qui sint præsentes eidem et ne fiat fraus, redigant in scriptis quantitatem et numerum arpagiorum in quolibet chaleto.

Quod Abbas teneatur librari facere pastoribus montium et chaletorum in quibus pidanciarius percipit arpagia, videlicet pro quolibet chaleto tres tortas hordei.

Quod eligatur per Dnos Abbatem et conventum proba persona quæ eroget quotidie eleemosinam de decima panis in citurno hospitalis et non alibi, quam decimam celerarius eleemosinario librare teneatur una cum tribus panibus frumenti claris cum tertio et pro erogando pauperibus omni die sex pochias fabarum et quod pidanciarius teneatur librare eidem eleemosinario omni ebdomada omnia capita sirorum pro dando cum dicto pane quorum quodlibet valere debeat duo generalia siri.

(Et ailleurs) : Quod Dnus Abbas teneatur librari facere hospitalario quinquies in anno, pro erogando, tria modia hordei, ad magnam mensuram anno quolibet. Quod pidanciarius ratione hospitalitatis teneatur anno quolibet facere quinque donas generales in pane et pidancia, videlicet, dominica septuagesimæ, die Ascensionis (1), dominica Trinitatis, die Nativitatis B. J. Baptistæ et die S. Martini hiemalis (2), et quod quolibet eleemosina valere debeat in pane et pidancia tribus denariis. (Cœtera deficiunt, si quæ sunt).

D'après l'acte de 1604, les cinq donnes sont maintenues et éclaircies. Les Feuillants se chargeaient de dépenser en donnes cinq muids d'orge, soit environ 60 coupes et 350 livres de sérac ; pour l'aumône quotidienne, onze muids annuellement, soit 132 coupes, et pour la donne du Jeudi-Saint, aux enfants et au peuple, deux coupes de froment et un muid de fèves.

---

(1) Dans les derniers temps du séjour des chanoines de Saint-Augustin à Abondance, on avait modifié cet ordre, en fixant les donnes aux grandes fêtes. En janvier 1606, saint François de Sales défendit de faire ces distributions aux fêtes d'obligation, et en prescrit le renvoi à des jours moins solennels.

Voici, sur ce sujet, sa lettre à R^d Moccand, curé d'Abondance :

« Monsieur, j'ai appris que l'on fait certaines aumônes générales sous votre surveillance, le jour même de la Pentecôte et celui de la Fête-Dieu et que cela est cause que plusieurs habitants des paroisses voisines abandonnent ces jours-là les offices de leur paroisse et que ceux du lieu sont forts distraits de leurs devoirs et dévotions, au préjudice de l'honneur dû à des jours de si grande solennité. C'est pourquoi je vous ordonne de faire transférer ladite aumône en un autre jour moins célèbre, afin que l'un des biens n'empêche pas l'autre. Mais il faut que cela se fasse sans réplique et par conséquent je désire que vous vous y employiez vivement et me donniez avis de l'exécution.

« En me recommandant à vos prières, je demeure, etc.

« FRANÇOIS, *Ev.* »

(*Œuvres de saint François de Sales*, édit. Migne, t, vi, col. 932.)

(2) L'acte de 1604 permet la substitution de la fête de saint Bernard à celle de saint Martin, parce que la foire de Saint-Martin, à Evian, nuisait à la *donne*.

N° 20.

Acte de dédition au Vallais, 1536. (P. 184.)

Nos Adrianus Dei gracia epus Sedun prefectus et comes Vallesii necnon ballivus consules et communitates patrie ejusdem Vallesii notum fieri volumus cunctis et universis quibus interest intererit aut interesse poterit in futurum quod cum jampridem fortuito casu hostile bellum ingrueret inter ill^{mum} principem Sabaudie ducem ac magnificos dnos Bernen in quo bello ipsi dni Bernen occuparunt sibique subjecerunt dominia terras civitates arces variasque juriditiones citra et ultra lacum Lemanum existentes et exitentia olim prelibato ill^{mo} Sabaudie duci spectantia et quia homines communitatum Montheoli Sancti Gingulphi Aquiani et certarum aliarum communitatum citra dictum lacum a Sancto Mauricio Agaun inferius existentium illiusmodi belli metu perculsi atque correpti usque adeo ut nichil sibi tutum existimarent et a principe suo derelicti ut quid facerent quidve consilii captarent penitus in tanta rerum omnium perturbatione sponte et sine aliqua nostra requisitione repetitis vicibus licteris ac nuntiis ad nos destinatis *sese nobis* sub tamen certis conditionibus ac preservationibus subscriptis, *videlicet* ut conformitas nostre fidei utrinque observetur et mutuo manuteneatur *item* ut suscipiantur in nostram subjectionem et obedientiam citra corporum et bonorum suorum lesionem et offensam *item* ut libertatibus immunitatibus usibus et consuetudinibus suis laudabiliter acthenus tempore prefati Ill^{mi} Ducis eorum principis observatis gaudere possint et valeant *item* casu quo metu *(nutu)* divino contingeret prefatum Ill^{mum} Sabaudie Ducem recuperaret patriam per prefatos magnifficos dnos Bernen et alios occupatam eo casu etiam mediante refusione laborum et expensarum ob eam patriam sustentarum patriam nobis redditam pref. dno Duci restituere dignaremur *reddere* obtulerunt nostram protectionem tam fidei quam etiam eorum immunitatum libertatum ac rerum et personnarum tuitionem humillime implorantes. Quibus per nos mature intellectis non potuimus illos bonis moti respectibus pro bono convicinandi modo proque mutua confederatione nos requirentibus ita deserere desolatos cum justa et licita petentibus non sit denegandus assensus. Cum eos susceperimus in nostros subditos et in eam subjectionem ac protectionem que per preservationes pacta et conditiones solemniter inter nos utrinque conclusas superscriptas citra tamen derogationem mutue confederationis prius inter prelibatum Ill^{mum} illorum principem et nos vallate et firmate cui pro observantia fidei nostre date inheremus acquiescentes petitionibus eorum sub ea preservatione quod non simus obligati ad aliquam prenominate patrie nobis sponte reddite restitutionem nisi prefatus Ill^{us} Sabaudie dux patrias terras dominia civitates ac jurisdictiones per prefatos magnifficos dnos Bernen et alios hoc bello captas et in subjectionem atque obedientiam redactas recuperaverit atque pacifice possederit ita tamen et tali conditione expresse adjecta ut laborum et omnium expensarum ob eamdem patriam nobis redditam sustentarum nobis integra satisfactio fiat. Quibus preservationibus ut premictitur per et inter nos utrinque preservatis inter alias dictarum communitatum a Sancto Mauricio Agaun. citra dictum lacum usque ad aquam Dransie tam in plano quam in monte homines probi atque honesti viri Glaudius de Portis Petrus Tros Nicodus Tochet Petrus Garini Johannes Ravissodi Guillermus Crepi Jordanus Grilliet Mermetus Masson Rodelus Crepi Guillermus Brelaz Petrus Borcard Petrus Jorani Petrus Comand Mauricius filius Johannis Tochet aliàs Brelaz agentes in hac parte nomine hominum parochie Capelle fraciarum communitatis vallis Habundancie fidem facientes de potestate ad infrascripta peragenda instrumento procure manu egregii de Portis notarii de anno presenti et die decima octava mensis hujus februarii recepto. *Item* Johannes Chernaveli Mermetus Maulaz Nycolaus Perrodi Petrus Albi Petrus Burdet Petrus Fabri alias Martini Aymo Curdi Andreas Plat Glaudius Regis Deifilius Bertrandi Johannis Exebuaz Mermetus Regis Michael Grilliet Franciscus Exebuaz nomine hominum parochie inferioris abbatie Habundancie ad infra scripta specialiter expresse deputati constanti instrumento ad hoc confecto manu Hudrici de anno presenti die sex decima mensis hujus februarii recepto. *Item* Guillermus Oley Franciscus Vullie Petrus... Petrus Bovieri Jacobus Moret Glaudius filius Jacobi de Nanto Colletus Brun Petrus Oley Franciscus Tagant Petrus Gallient Johannes Fabri Johannes Tagant Coletus Vullye Petrus Faulcon Petrus Guernat et Hugoninus de Nanto Petrus Joudon Mauricius Perrochet Ludovicus Citurii et Johannes Perrochi suis et aliorum hominum Parrochie de Vacheresses et bone Vallis ad infra scripta specialiter deputati constante instrumento manu dicti Hudrici recepto de anno presenti die decima septima hujus februarii. *Acquieverunt* seque sub predictis pactis preservationibus et articulis nobis reddiderunt suis propriis et dictarum communitatum Vallis Habundancie nominibus in nostros perpetuos et fideles subditos obedientie et fidelitatis juramentum prestantes in manibus magnifici Jodoci Kalbermatter nostri generalis capitanei ad id per nos deputati ac notariorum nostrorum subsignatorum Aquiani in domo hospitalis dicti loci die vigesima... presentis mensis februarii anni presentis subscripti in presentia spectabilium procerum atque honestorum virorum *(Sequuntur nomina procerum et testium ex cunctis desenis Vallesii, inter quæ leguntur nomina Rieddmatten, Leporis, Debertherinis, etc.)* promictentes insuper nos Adrianus Episcopus prefatus pro aobis et successoribus nostris per juramentum nostrum manus ad pectus more nostro apponentes necnon nos ballivus consules oratores atque communitates predicte patrie Vallesii atque homines et procuratores dictarum communitatum maxime Vallis Habundancie predictam stipulationem solemnem per juramenta ad Sancta Dei evangelia corporaliter prestita ac sub expressa obligatione quorumcumque bonorum nostrorum et suorum premissa omnia et singula rata et grata habere tenere complere et inviolabiliter observare prout superius scripta sunt et nunquam in contrarium facientes nec consentientes. Quinymo dicti homines recepti esse boni fideles et et legales erga nos prefatum Episcopum et communitates dictorum septem desenorum patrie Vallesii et suos honorem quietem et utilitatem procurare damnumque et incommodum *nostros* et dictarum communitatum... evitare ac omnia alia et singula facere que boni et legales homines domino suo facere debent et tenentur et que in veteri et nova fidelitatis continentur forma cum et sub omni et qualicumque juris et facti renunciatione ad hec necessaria pariter et opportuna. De quibus omnibus et singulis premissis precepta et petita sunt instrumenta publica tot et quanta fuerunt necessaria ad opus quorum interest et interesse poterit ejusdem tenoris et substantie ac substantia rei non mutata sub tamen sigilli nostri in talibus soliti appositione in fidei robur et veritatis testimonium omnium et singulorum premissorum.

Acta fuerunt hec apud Sanctum Mauricium Agaun in nostro generali consilio tento in prato abbatie Sancti Mauricii retro eamdem abbatiam sito die vigesima quinta mensis februarii inditione nona anno a nativitate Dni curren millesimo quingentesimo trigesimo sexto presentibus ibidem honestis viris... Zetringe Anthonio de Bertherens et Anthonio Maioris familiaribus prefati domini ballivi testibus ad premissa interpellatis et me Anthonio Megreschen de Pou... (?) sacris apostolica et imperiali auctoritatibus notario publico cive et cancellario Sedunensi qui omnibus et singulis premissis una cum prenominatis testibus presens interfui eaque sic fieri vidi et audivi. Ideoque hoc presens instrumentum una cum notario subsignato recepi et subsignavi in fidem et veritatis testimonium omnium et singulorum premissorum.

Idem Anthonius Megrenschen (?) notarius.

Datum pro copia a suo originali non sigillato tamen per unum ex notariis subscripto et signato-sumpta et duplata per me notarium subscriptum.

P. DE PORTIS notarius.

N° 21

Autorisation accordée au Métral de l'Abbaye par les Syndics pour la Police. (Inédit) (p. 98).

In nomine Domini amen. Universis serie præsentium fiat manifestum quod cum vallis Abundantiæ regatur jure consuetudinario et per formam franchisiarum dictæ vallis Abundanciæ in quibus cavetur quod officiarii dictæ vallis contra aliquem ex hominibus dictæ vallis non debeant procedere nisi in casibus dumtaxat quibus jure communi permittitur sine denuntiatore per inquisitionem ex officio curiæ et forma a jure exacta prout legitur in eorum transactione et sententia arbitramentali in capitulo super quinta principali petitione dictorum hominum et propterea ex præmissis delicta plura et maleficia remaneant impunita, quodque plures vagabundi et inutiles homines ibi resideant super hospiciis et tabernis, qui nihil operantur, nec habent facultates unde valeant et debeant sustinere expensas quas faciunt et quamvis sint valde suspecti contra eosdem nulla fit justitia nec inquisitio propter præmissa propter quod nobilis Guil.. Pelliceri, mistralis Abundantiæ apud syndicos dixit se non posse facere justitiam, scindici vero dictæ vallis dicentes quod nullo modo volunt obviare justitiæ.. dummodo non fiat in prejudicium suarum franchesiarum et libertatum, quærentes congruum modum per quem dicta maleficia purgentur — hinc est quod anno a nativitate (1525) et (16 octobre) coram me notario publico et testibus infra scriptis fuerunt personaliter constituti Claudius Torchit, Antonius Vesin, Glaudius Advocat et Berthetus Girardi, scindici moderni.. qui quidem pro interesse publico nomine totius communitatis faciunt instantiam in manibus dicti nobilis Guillermi Pelliceri Mistralis Abundanciæ conquerendo generaliter de omnibus vagabundis, occultis malefactoribus ac aliis delinquentibus ut fiat justitia et ut in eosdem possit ipsa justitia ministrari requirunt et consentiunt quod præfatus mistralis et sui officiarii *una vice duntaxat* faciant unam generalem inquisitionem in dicta valle contra omnes delinquentes, vagabundos, malefactores.. et quod dicta generalis inquisitio fiat tam ex officio curiæ quam ad *instantiam ipsorum scindicorum... item,* quod in dictis informationibus sumendis debeant interesse et realiter intersint prædicti quatuor scindici, ita quod sine ipsis scindicis... nihil fieri possit et debeat. *Item* quod homines qui reperti fuerint vacabundi, criminosi aut aliis criminibus diffamati possint de eorum vita et moribus interrogari per dictos officiarios in præsentia dictorum scindicorum et quod possit contra eos procedi secundum formam consuetudinis et franchesiarum quibus non intendunt derogare, non autem alias procedatur in dicta inquisitione et quod facultas et modus procedendi et inquirendi pro hac vice duntaxat pro *hac vice duntaxat* fiat et procedat de libera voluntate dictorum scindicorum et universitatis ita ut quod non debeat nec possit trahi in consequentiam... item quod dicta largitio et modus inquirendi et procedendi non debeat nisi hinc ad proximum festum purificationis B. M. et non ultra. Item quod si quid fiat super eisdem supra præmissa... illud sit et esse debeat ipso jure nullum nulliusque momenti, de quibus præmissis omnibus dicti scindici... instrumentum publicum fieri postulaverant, dictusque nobilis mistralis fieri jussit. Acta fuerunt hæc in decimaria Exerti super possessione Bertheti Touli juxta Drantiam inferius gaffam Exerti, præsentibus etc. — et me Ludovico Clerici de Turre mandamenti Faucignaci.. Notario publico, etc. (1).

(1) Tiré des archives de La Chapelle, relevé et signé par **Rd Blanc,** le 8 février **1784.**

N° **22**.

Sentence portée par les consuétudinaires contre Marrolaz, 1476. (Inedit.) (p. 100.)

Noverint universi præsentes inspecturi quod in prothocolis discreti quodam viri Petri de Molendino notarii publici continetur quoddam publicum instrumentum per eum receptum cujus tenor sequitur et est talis.

In nomine Domini amen. Anno sumpto a nativitate ejusdem Domini (1476, 15 janvier) comparuerunt coram honestis viris Mermeto Maxi, Mermeto de Portis, Jaqueto Brelaz et Guillermo Fabri, veluti procuratoribus et scindicis (et 105) probis hominibus et consuetudinariis Vallis Abundantiæ quibus cognitio causarum criminalium corporalium secundum consuetudinem ipsius vallis et vigore sententiæ arbitramentalis per recolendœ memoriæ Illustrissimum principem dominum Amedeum ducem Sabaudiæ latæ, datæ Thononii die quinta mensis aprilis anno Domini quatercentesimo trigesimo... providus vir Petrus Brelat notarius publicus et velut procurator et procuratorio nomine, canonicus ecclesiæ Cathedralis S^{ti} Petri Gebennensis administrator insignis monasterii B. Mariæ Abundantiæ... petens et requirens quo supra nominibus consuetudinarios de et super quodam processu criminali ex officio curiæ dictorum dominorum administratorum et religiosorum eorumque Monasterii, contra Joannem Marrolaz de Arromonte Sedunensis diœcesis, cognosci sententiari, jus dici et definiri ex una parte, et dictus Joannes Marrolaz delatus, requirens equidem per ipsos consuetudinarios de et super ipso processu cognosci et se a contentis in eodem absolvi et liberari ex alia parte. Quibus partibus auditis per ipsos consuetudinarios, lectis eis prius lingua romana per supra nominatum procuratorem et expositis articulis dicti processus et responsionibus per ipsum delatum factis et illis auditis et intellectis, participato prius etiam consilio cum peritis in jure et consuetudine, et quia per ipsius Joannis Marrolaz delati confessionem constat eum fuisse in Sancto Mauritio Agaunensi carceribus mancipatum et detentum et ab illis carceribus illicenciatum recessisse, idcirco voce et organo dicti Mermeti Maxi et eo sic in vulgari sermone referente, in aliorum supranominatorum proborum hominum et consuetudinariorum præsentia, cognoverunt et sentenciaverunt, cognoscuntque et sententiant ipsum Joannem delatum esse bannitum et quem banniverunt de valle prædicta Abundantiæ per unum annum ; quo vero ad alia in ipso processus contenta, quia non probantur nec fuerunt justificata, hoc ideo ipsum Joannem delatum absolverunt et absolvant; de quibus probi homines et consuetudinarii per nos notarios subscriptos instrumentum publicum seu litteras testimoniales sibi fieri (petierunt). Actum fuit hoc in passu Abundantiæ in ala ipsius loci, præsentibus *(témoins nommés, tous étrangers à la vallée, soit de Monthey, du Biot, d'Aromont et de Vacheresse).* Et ego Mermetus Mistralis (Métral) de Aquiano... ex dictis prothocolis supra scriptum instrumentum levari fui, subscripsi et signavi in testimonium præmissorum.

(Transcrit sur un parchemin à la Chapelle le 7 décembre 1783, par R^d Blanc, qui le certifie conforme.)

N° 23.

Fragment de la sentence portée par les Consuétudinaires dans l'affaire d'Andrier (inédit) (p. 162).

. . . . , ...

Viso processa tuo in curia Abondantiæ in nostra presentia per egregios officiarios Rev^{di} Domini Abundantiæ præfatos contra te formato ; visis responsionibus tuis summariis et formalibus, articulatis et multiplicibus repetitionibus in nostrum syndicorum et consuetudinariorum vallis Abundantiæ presentia factis, criminaliter intentatis ; visis denique informationibus tempore tuæ detentionis tam in locis vallis Abundantiæ, Fisterna et Tuliaci contra te per egregium curialem Abundantiæ sumptis et omnibus aliis, contra hæc de jure et consuetudine dicte Vallis prævisis per syndicos et consiliarios ejusdem visendis, et quia per prædictas consuetudines jamdictæ Vallis ex præmissis nulla nobis subest causa legitima propter quam tu detentus ab intitulatis absolvi et carceribus liberari non possis ;

Hiis igitur Nos Joannes Exevuas, Nicolaus Perrodi, Maurituis Durandi, Berthetus Vuarandi syndici dictæ Vallis Abondantiæ, Claudius De Portis, etc..., vigore libertatum nostrarum pro Tribunali in loco Passus sedentes, secuto more localis nostri antiquissimi usu, participato prius peritorum consilio, voce et organo prædicti Joannis Exevuas et sic ea vulgari sermone referente in aliorum proborum hominum presentia.

Cognoscimus unanimiter et sententiamus te Claudium Andreri penes manus officiariorum R^{di} D^{ni} Abundantiæ detentum ab institulatis et carceribus esse absolvendum et liberandum, quem itaque ab intitulatione et detentione prædictis absolvimus et liberamus et sine aliquo costu expensarum abire volumus, tibi reservando contra quos putaveris tua juxta causa... Data et lata fuit hæc nostra cognitio et sententia in platea passus Abundantiæ, præsentibus etc... meque Petro de Portis de Abundantia... notario publico, clerico curiæ terræ et jurisdictionis Fusignis Abbatis Monasterii Beatæ Mariæ Abundantiæ, qui una cum testibus... dum sententia et cognitio supra scripta proferretur præsens fui vocatus et hoc publicum instrumentum recepi rogatus, quod manu mea propria scripsi, meque hic subscripsi et signeto meo solito signavi, in robur, fidem et testimonium veritatis omnium præmissorum.

(Sur copie extraite, le 5 décembre 178., d'un parchemin existant aux archives de la Chapelle par R^d Jean-François Blanc, alors vicaire d'Abondance et signé au bas de la copie.)

N° **24**.

Sentence d'acquittement de Claudine Albi, 1557.

(Inédit.) (p. 101.)

In nomine Domini, amen.

Anno (1557, 30 janvier) cum claudia uxor Andreæ Albi de Capella Fraxiarum fuerit detenta reclusa et mancipata in carceribus turris Vallis Abundantiæ... ac in ipsis carceribus contra eamdem Claudiam detentam formatus processus per magnificum virum Theodolum Kalbermatten gubernatorem Aquiani uti judicem jurisdictionis Abundantiæ seu ejus locum tenentem præsente honesto Claudio de Portis mistrali jurisdictionis Abundantiæ et me notario subsignato curiali dictæ Vallis Abundantiæ de et super nece morte et perditione cujusdam infantis seu filiæ per Mauritiam filiam quondam Mermeti Curdi, datæ Joanni R. et per eamdem Claudiam in præsentia ipsius Mauritiæ receptæ et ex post non visæ prout ita assertum et articulatum extitit parte egregii procuratoris patrimonialis R^{di} Domini Abbatis Abundantiæ et prout in processu ipsius Claudiæ, in præsentia virorum honestorum scindicorum et **consuetudinariorum Vallis Abundantiæ**... .contineri legitur.

Deinde die supra scripta præfata Claudia fuit... adducta et præsentata, inde comparuit coram præfatis scindicis et consuetudinariis, quibus cognitio criminalium et corporalium causarum secundum jus scriptum et consuetudinem dictæ Vallis Abundantiæ pertinere dignoscitur : Egregius vir Reymondus Danelli procurator et nomine procuratoris R^{di} Dni Claudii de Blonay abbatis... petens et requirens per supra nominatos scindicos et consuetudinarios super dicto processu criminali contra dictam Claudiam formato cognosci sententiari, jus dici et definiri et dicta Claudia delata requirens... se liberari et absolvi. Quibus visis et auditis... cognitionis et sententiæ tenor est talis : Viso processu tuo per magnificum et egregios officiarios R^{di} Dni Abbatis prænominatos contra te, Claudiam, formato ; visis equidem informationibus contra te sumptis, necnon responsionibus tuis tam summariis quam formalibus per te factis et in te criminaliter intentatis per quas clare constat te Claudiam quamplura perjuria commisisse deum et justitiam fatigando et deridendo ex quo in te fuit processum juxta juris ordinem et quæ sustinueris tormenta per te demerita ob et propter tuas quamplures et diversas in tuis responsionibus et repetitionibus variationes et omnibus aliis... videndis, hiis igitur nos Jacobus de Calce, Joannes Touly, Remondus Chemavelli, Joannes David scindici et *(suivent les noms de 24 conseillers de la vallée au nom de tous les consuétudinaires,)* sedentes pro tribunali in loco Passus Abundantiæ... participato prius peritorum consilio, voce tamen et organo prædicti Jacobi de Calce scindici et sic eo vulgari sermone referente... cognoscimus et unanimiter sententiamus pro nunc te Claudiam.. ab institulatis et carceribus quibus subes esse absolvendam et liberandam, quam itaque ab institulatis et detentione prædictis absolvimus et liberamus et sine aliquo costu expensarum abire volumus, de quibus præmissis etc. Data et lata fuit hæc nostra sententia præsentibus ibidem nobilibus Jacobo du Nant secretario gubernatoris Aquiani... et pluribus aliis vocatis et rogatis meque Adriano Hudrici de Villario Combæ Boegii... notario publico qui dum sententia prædicta proferretur præsens fui, præsensque publicum instrumentum rogatus recepi... signetoque meo majori in talibus mihi fieri solito signavi in testimonium etc.

(Relevé sur un parchemin des Archives de la Chapelle par R^d J.-J. Blanc, qui le certifie conforme, le 6 décembre 1783.)

N° **25**

Sentence de mort contre Claudine Jorand — 1502

(Inédit en entier) (p. 103).

In nomine Domini Amen. — Quoniam jure scripto et usu consuetudinario communiter approbato repertum extitit et indultum ut ea qua peraguntur ad perpetuam rei memoriam publica conscribantur et in publicam formam redigantur ; quoniam labilis est hominum memoria et non potest de omnibus recordari gestis ; igitur hujus rei et publici instrumenti testimonio pateat universis et singulis tam præsentibus quam futuris quod anno Domini millesimo quingentesimo secundo, indictione quinta cum ipso anno sumpta et die decima mensis septembris, existente multitudine populi subtus alam Passus Abundanciæ in quo jura reddi sunt solita, ex eo maxime quod Claudia uxor Antonii Jorand de Capella Fraxiarum Vallis Abundanciæ, quæ per officiarios R^{di} Domini Abbatis seu commendatarii incliti monasterii B. M. V. Abundantiæ, fuit de mandato, ut asseritur, consilii illustris et R^{di} domini et domini episcopi gebennensis pro nefandissimo crimine hæresis detenta et inde coram venerando Domino Stephano de Gento sacræ inquisitionis fidei vice inquisitore, ac certis scindicis et consuetudinariis vallis Abundantiæ, ipsum nefandissimum crimen hæresis commisse confessa constante processu contra eam formato et per egregium Johannem Butini secretarium sacræ inquisitionis fidei formato, indeque brachio sæculari die hodierna per dictum dominum Stephanum de Gento remissa et in loco passus Abundantiæ pro audiendo jus per brachium sæculare, per virum nobilem Guillermum Perrodeti mistralem terræ et jurisdictionis Abundantiæ et suos inferiores officiarios adducta. Hinc est quod coram me notario publico et testibus subscriptis subtus ala ipsius Passus Abundantiæ, existente egregio viro Petro Grudi de Aquiano notario se gerente pro procuratore et fisco dicti domini Abbatis Abundantiæ et conventus ejusdem ; ipso Petrus Grudi vices gerens, ut supra, requisiit instanter et instantissime honestos viros Jaquetum de Mollia Jaquetum Curdi, Anth... Bues, alias Vullye, Girardum Regis, Scindicos assuetos vallis Abundantiæ, necnon Joannem

Crudi, Ant.. Claudium Trot. Franciscum Charnavelli, Franciscum de Cresco, Fr. Peillex, Colletum Curtaz, Johannem Exevuaz, Coletum David et Berthetam Fabri ex consuetudinariis prædictæ vallis, quod secundum consuetudinem morem et ritum ipsorum scindicorum et consuetudinariorum ac vallis prædictæ Abundantiæ, judicare habeant et sententiam ferre super processu seu remissione brachio sæculari de dicta Claudia, ut supra narratur, crimen hæreseos confessata, qua quidem requisitione sic audita, ipsi præfati scindici et consuetudinarii, organo dicti Jaqueti de Mollia, ad definitivam procedentes sententiam et cognitionem, participato prius consilio aliorum consuetudinariorum dictæ vallis ; quoniam eisdem scindicis et consuetudinariis constat per confessionem dictæ Claudiæ, ipsam Claudiam crimen hæreseos et multa alia delicta ex ejus deinde spontanea confessione commisisse, per dictum dominum Stephanum de Gento brachio sæculari sententialiter remissa, aliisque justis de causis animum ipsorum scindicorum et consuetudinariorum et quorumlibet judicum moventibus et ut unius terror cedat in exemplum, per hanc eorum definitivam sententiam et cognitionem, ore et organo prædicti Jaqueti de Mollia sententiaverunt, pronunciaverunt, cognoverunt et declaraverunt dictam Claudiam in eorum præsentiæ per præfatum nobilem mistralem in dicto loco Passus Abundanciæ constitutam et adductam, fore et esse ignis incendio in loco talia fieri solito concremandam in tantum quod anima ipsius Claudiæ a corpore separetur ; bona vero ejusdem Claudiæ, quibus de consuetudine et jure eorum scripto ex successione in gradu propinquiori pertinebunt, judicantes et declarantes. — De quibus omnibus et singulis supra scriptis ipsi scindici et consuetudinarii... litteras testimoniales per me notarium subsignatum fieri postulaverunt et requisierant : quas ex mei tabellionatus officio duxi concedendas — Acta, dicta, promulgata et sententiata fuere supra scripta in loco Passus Abundantiæ supra dicto, præsentibus ibidem nobilibus viris Xambo (?) de Blonay filio nobilis Joannis de Blonay, de Sancto Paulo, Ludovico Charmini de Villa turris Viviati, honestis viris Rolivo et Ludovico Maserens, alias Rigaliez ac pluribus aliis testibus ad præmissa vocatis et rogatis.

Et me Johanne Fabri de Vacheresse... notario publico, curiarumque Illustrissimi principis Domini notri Ducis Sabaudiæ jurato, **qui hoc præsens instrumentum seu sententiam et** cognitionem rogatus recepi... Manuque mea propria subscripsi et signavi fideliter in robur, etc.

idem FABRI, notarius.

(Relevé sur un parchemin authentique dans les archives de La Chapelle le 28 janvier 1784 par R^d J. F. Blanc, qui certifie sa copie conforme.)

N° **26**

Confirmation des Franchises par l'abbé Soldatis (1643)
(Inédit) (p. 107 et 135).

« Apographum ratihabitionis.

« D^{nus} Bartholomeus Soldatis sanctæ theologiæ et utriusque juris doctor prothonotarius apostolicus eques et commendatarius S^m Mauricii et Lazari Imolensis serenissimi principis Mauritii a Sabaudia generaliter auditor ejusque consilii justitiæ Director, Abbas et perpetuus commendatarius S^{tæ} Mariæ Abondantiæ diœcesis Gebenensis has omnibus lecturis Salutem in Domino.

« Illa benevolentia qua homines Vallis Abondantiæ prosequimur ad eorum privilegia, Immunitatesque confirmandas nos impellit æquitasque a nobis exigit ut qua inter antecessores nostros ac ipsius Vallis Scindicos judicio vel transactione stabilita sunt rata habeamus et confirmemus. Quapropter cum honorabiles Scindici Andreas advocat Claudius Crud, Claudius Command et Claudius Grilliet post adventum nostrum nobis presentaverint mandata specialiter sibi facta ab hominibus communitatis Abundantiæ sub die 23 Augusti proxime elapsi sub rogatis notariorum advocati Favre et Aprilis qui præstantes nobis debita et consueta obsequia nomine totius vallis humiliter etiam petunt confirmationem privilegiorum suorum ad quod nobis etiam exhibuerunt acta compromissi facti in Serenissimum Ducem Amedeum inter R^{dum} P. Guillelmum Lugrinium prædecessorem nostrum et scindicos dictæ Vallis necnon sententiam a Serenissimo Duce latam vigore compromissi, sicque etiam instrumentum transactionis ejusdem sententiæ, cum præterea nobis etiam exhibuerint bullam Sanctissimi (Felicis ?) papæ ipsam sententiam confirmantem aliasque literas confirmatorias Ser^{rum} Ducum Ludovici Caroli et Emmanuelis Philiberti instanterque nobis supplicaverunt ut hæc omnia approbare ratificare et confirmare vellemus. Nos eorum supplicationibus benigno favore inclinati arbitramentalem sententiam et transactionem cum omnibus privilegiis franchisiis et immunitatibus in eadem sententia expressis harum literarum vigore approbamus ratifficamus et confirmamus volumusque quod homines communitatis dictæ Vallis ac eorum successores dicta sententia et transactione necnon privilegiis immunitatibus et franchisiis eo modo utantur ac fruantur quo hactenus juste ac debite usi sunt atque etiam nunc utuntur et non aliter nec alio modo. Idcirco mandamus omnibus nostris officialibus et illorum locum tenentibus ut has nostras confirmatorias literas observent et exsequantur illasque observari et exsequi ab omnibus omnino curent nec ulla ratione impediant quominus homines communitatis dictæ vallis eisdem privilegiis immunitatibus et franchisiis eo modo quo usi sunt usque nunc in posterum libere utantur sub pœna centum librarum in quorum fidem presentes literas a nobis subscriptas nostro sigillo munitas confieri mandamus. Datum Concisæ prope Thononum die 2ª septembris anno Dⁿⁱ millesimo sexcentesimo quadragesimo tertio. Signé : Bartholomeus Soldatis Abbas.

« De mandato præfati Illustrissimi et Rev[mi] D. Abbatis. Paschalis notarius secret. »

(Copie prise sur l'acte original.)

N° **27**.

Dernière et inutile tentative pour le maintien des franchises en matière de justice (inédit) (p. 165).

Extrait des registres du greffe d'Abondance du quatorzième jour du mois de mars 1605.

Par devant Nous Vespazien Ayazza, abbé commendataire perpétuel de l'Abbaye de N.-D. d'Abondance et dépendances, auroient comparu en la grande salle de notre Abbaye les honnêtes Maurice Brelaz, Henri Peillex et André Gagneux, tant à leurs noms que des autres scindiques de la Chapelle de N.-D. d'Abondance, nous produisant un acte pris au gref criminel de notre juridiction cejourd'hui concernant leurs franchises et libertés, a fin de faire libérer Jean Maxit, Claude Avril et Antoine David detenus prisonniers à l'instance de notre procureur d'office. Après que lecture nous seroit été faitte du dit acte, avons déclaré et déclarons que notre intention ne porte de faire aucun préjudice contre les dittes franchises de la Vallée d'Abondance, même pour les leur avoir ratifiées ; ce que toutefois entendons que les dittes franchises sont conformes aux édits et ordonnances de S. A. R., et quant au fait dont est question, déclarons n'être tenu de rendre compte de l'administration de notre justice sinon à S. A., au Souverain Sénat de Savoie ou bien au lieutenant de sa ditte Altesse, les interpellant montrer par quelle raison ils se veulent entremeler de notre jurisdiction, et cependant protestons *de usurpata et turbata jurisdictione*, de quoi en donnerons avis à S. A. ou au dit Senat, *salvo jure addendi et deminuendi*, et pour le surplus les renvoyons par devant notre juge à sa première venue ici, pour leur être fait droit ainsi qu'il verra à faire par raison ; et les dits scindiques de la vallée, pour réponse aux dittes avances à la part du dit R^{me} Seigneur Abbé susécrit disent : Ne voulons en rien empêcher ni altérer la justice d'icelui, ains au contraire prêter main forte à ce que de droit à icelle, moins entreprendre contre la d^e jurisdiction contre droit et raison, ni aulmon... en tant qu'il se trouvera aux d^{es} formalités quelques nullités et contraventions aux édits de sa ditte Altesse, arrêt et style de son Souverain Senat et préjudiciable aux coutumes franchises et libertés de la d^e Vallée, les dits scindiques protestent s'en prévaloir *tempore loco et actu*.

Le procureur d'office d'Abondance ayant vu la réplique faitte par les scindiques du dit Abondance à la réponse faitte par le R^{me} Seigneur Abbé à l'acte premier par les dits scindiques touchant la détention de Jean Maxit, Claude Avril et Antoine David, se servant de la réserve faitte par le dit R^{me} S^{gr} Abbé d'*ajouter* ou *diminuer* à sa reponse, nie expressément cette coutume alléguée par les dits scindiques, et quant à la déclaration qu'ils font ne vouloir entrevenir à l'administration de la justice, sinon pour les nullités que pourroient être faittes ou pour les prejudices que pourroient être faits aux franchises de la Vallée, il répond que se vouloir mêler de connoitre des nullités sinon par appellation, c'est usurper la jurisdiction de S. A. et du Souverain Sénat, et, pour ce, reste valide la proteste faitte par le dit S^{gr} Abbé de *usurpata jurisdictione* et quant aux privilèges et franchises, il nie de nouveau qu'ils ayent aucun privilège touchant la jurisdiction et quant aux autres privilèges, s'ils les ont, il ne contredit qu'ils soient observés *prout jurier et actu* que soit signifié, ce qu'auroit été fait par moi grefier à la personne des dits Maurice Brelaz, Henri Peillex et André Gagneux, lesquels en ont requis copie et communication, que leur a été accordé, fait le dit an et jour.

Signé : Dozun Greffy.

Relevé et certifié conforme le 13 février 1784, par R^d J.-F. Blanc, vicaire d'Abondance.

N° 28.

Bulle d'établissement des Feuillants à Abondance, 1606.

(Inédit.) (p. 211.)

Venerabili fratri episcopo Gebennensi Paulus PP Quintus,
Venerabilis frater salutem et apostolicam benedictionem. Romanus Pontifex ex injuncto sibi desuper pastoralis officii debito tum recte officium hujusmodi se explere censet dum per operationes sui ministerii divini cultus augmento ac regularium locorum præsertim vero monasteriorum in deterius tendentium felici ac prospero statui proinde consulitur et quæ ad cum effectum facta esse dignoscuntur ut firma, perpetua et illibata persistant apostolici muniminis consuevit adjicere firmitatem. Sane sicut nobis innotuit in monasterio B. Mariæ de Abundantia ordinis Sancti Augustini canonicorum regularium gebennensis diœcesis, licet duodecim canonici dicti ordinis esse debeant, tamen in præsentia septem dumtaxat reperiuntur, ac ex iis quidem unus novitius est, qui ex forma decretorum a felicis recordationis Clemente papa octavo predecessore nostro super statu (regularium canonicorum) ad professionem admitti non potest; ex reliquis vero sex nonnulli ob infirmam valetudinem ingravescentemque ætatem ad divinum cultum in ecclesia ipsius monasterii, ut decet, peragendum inhabiles fere existunt. Quapropter operæ pretium futurum est dictos monachos per alia ejusdem ordinis monasteria in dominio dilecti filii nobilis viri Caroli Emmanuelis Sabaudiæ ducis et Pedemontium principis existentia auctoritate nostra distribuas et in prædictum monasterium B. Mariæ duodecim monachos ordinis S^{ti} Bernardi congregationis B. Mariæ Feuillensis introducere. Hac enim ratione non solum statui ipsius monasterii B. Mariæ divinique cultus incremento in eodem, sed etiam dictæ sedis propagationi et catholicorum

eidem monasterio subditorum in recta fide confirmationi et
hæreticorum vicinorum ad gremium Sanctæ Matris ecclesiæ
reductioni magnopere consultum erit. Quod etiam sicut ex
litteris dilecti filii nostri et Sanctæ Sedis apostolicæ apud eum
Carolum-Emanuelem ducem et principem nuntii accepimus,
permovit dilectum filium Vespasianum Ayacium inprædicto
B. Mariæ monasterio immutationem hujusmodi amplecti ac
propterea cum dilecto filio visitatore præviæ congregationis
ab illius superiore generali ad hoc negotium tractandum
specialiter deputato de super transigere cogitans ac prout
etiam sub nostro et Sanctæ Sedis beneplacito diversisque
conditionibus et pactis licitis et honestis transegit prout in
publico instrumento desuper die vigesima septima octobris
anni Domini millesimi sexcentesimi quarti confecto plenius
continetur.

Quapropter nos prius dicti Vespasiani studium plurimum
in domino commendantes ac divini cultus catholicæque fidei
augmentum et dictæ congregationis, ex qua uberes fructus ad
Dei gloriam et animarum salutem procedunt dilatatione,
quantum cum Deo possumus prospicere volentes, dictique
instrumenti et in eo contentorum quorumcumque etiam veriores
præsentibus pro expressis habentes, prædictumque Vespasianum ac singulas prædictæ congregationis personas a
quibusvis excommunicationis, suspensionis et interdicti,
aliisque ecclesiasticis sententiis, censuris et pœnis a jure vel
ab homine quavis occasione vel causa latis, si quibus quomodolibet inodati existunt ad effectum præsentium duntaxat
consequendum harum serie absolventes et absolutos fore
censentes, eorum in hac parte nobis humiliter porrectis
supplicationibus inclinati, fraternitati tuæ, de cujus pietate,
providentia et religionis zelo plurimum in Domino confidimus,
per præsentes committimus et mandamus ut, constante tibi de
præmissis, omnes et singulos canonicos dicti monasterii B.
Mariæ professos duntaxat, excepto illo qui a dicto Vespasiano
cui et pro tempore existente dicti monasterii abbati (sic) seu
commendatorio cura parrochianorum dictæ ecclesiæ, quæ
etiam, (sicut accepimus,) exercitium curæ hujusmodi ad præsens deputatus existit, per alia ejusdem ordinis monasteria in
dicto dominio existentia, in quibus, omni mora et contradicne
cessante, recipi et benigne tractari debeant, assignata eorum
singulis provictu et vestitu aliisque eorum necessariis juribus

pensione quadraginta aureorum ex fructibus et proventibus mensæ conventualis ipsius monasterii B. Mariæ annuatim quo ad vixerint vel illis de beneficiis ab eodem monasterio, dependentibus seu aliunde de competenti proventu provisum fuerit integre persolvendorum pro libito et absoluto voluntatis tuæ arbitrio, auctoritate nostra apostolica, distribuas.

In dicto autem monasterio B. Mariæ, illiusque ecclesia et ædificiis ordinem prædictum S^{ti} Augustini omnemque fructum, essentiam et dependentiam regularis ejusdem, (salvis tamen et exceptis nomine, titulo et dignitate Abbatis et mensæ etiam abbatialis quibus in aliquo per hoc præjudicium generari nolumus nec intendimus, perpetuo supprimas et extinguas ; illisque sic suppressis et extinctis, idem monasterium cum omnibus mensæ illius conventualis hujusmodi bonis, juribus et pertinentibus universis congregationis predictæ, ita quod liceat et Fulliacensi generali seu ejus legitimo procuratori, illorum omnium corporalem, realem et actualem possessionem ejusdem congregationis nomine propria auctoritate apprehendere et perpetuo retinere ac in ipsius B. Mariæ Abundantiæ (monasterio) duodecim dictæ congregationis monachos seu religiosos qui inibi conventualiter juxta ritus, mores, consuetudines et instituta regularia vivant divinisque laudibus insistere debeant necnon omnibus et singulis privilegiis, immunitate, exceptionibus, prærogativis, pertinentiis, antelationibus, concessionibus, indultis, indulgentiis aliisque favoribus et gratiis universis tam spiritualibus et levioribus quibus alia ejusdem congregationis monasteria eorumque superiores de jure, privilegio, usu, concessione, communicatione et consuetudine aut alias quomodolibet utuntur, fruuntur, potiuntur et gaudent, ac uti, frui, potiri et gaudere possint aut poterunt quomodolibet in futurum, similiter et pariformiter ac sine ulla prorsus differentia uti, frui, potiri et gaudere libere et licite possent et valeant, similiter perpetuo concedas et assignes. Et ulterius quod statim (ut) aliquem ex dictis canonicis sic distribuendis decedere, aut aliquod ex prædictis beneficiis seu alium competentem redditum annuum assequi contigerit, portionem quadringenta aureorum hujusmodi illi solvi solitam ad monachos seu religiosos dictæ congregationis in eodem monasterio B. Mariæ pro tempore degentes, ad mensam eorum conventualem plene et integre ac sine ulla diminutione reverti et devenire debere eadem auctoritate decernas.....

Datum Romæ apud S^{tum} Marcum sub annulo piscatoris die vigesima septembris millesimo sexcentesimo sexto, pontificatus nostri anno secundo.

Signé Scipio COBELLATIUS.

(Tiré des archives de l'Evêché d'Annecy.)

N° 29

Lettre d'un Ex-Feuillant. 1627.
(Inédit) (p. 225).

Benedicite, mon R^d Père Jacques,

J'ai cru qu'avant de quitter entièrement ce pays, je devais avertir Votre Révérence, bien qu'elle le sache assez, de priver de la fréquentation de la maison du F. tous les religieux quels qu'ils puissent être qui seront sous votre conduite. J'en expérimente à mon grand regret les maux qui s'en ensuivent, mais c'est à ma faute, n'ayant voulu écouter ou observer les enseignements par Vous à mon endroit si souvent réitérés. Le moins aussi que vous pourrez permettre de parler à Etienne ne sera que louable. Je vous conseille, si vous trouvez expédient, de faire mettre des barres de fer aux fenêtres du Chapitre du destrait en bas, à une fenêtre à côté de la salle de Mgr l'Abbé sur la fin du côté du dortoir d'en haut qui a l'aspect sur le couvert où on tient le bois, et aux autres où il y a des barres, vous verrez vous-même si elles tiennent bien. Vous ferez encore, si le trouvez bon, une clausure sur le dortoir d'en haut, pour empêcher le chemin par dessus les voûtes des chambres et aller aux bâtiments voisins. Toutes ces particularités vous pourront faire juger beaucoup de choses. Mais il suffit que Dieu sache que jamais je n'ai mal conversé avec pas aucun de cette maison. Commandez étroitement à vos serviteurs de ne prendre ni bailler aucune lettre pour ladite maison ou pour vos religieux. Ce que je vous dis ici ce n'est pour offenser personne du F., mais pour obvier à ce qui s'en pourrait ensuivre, soit de là ou ailleurs et fermer la bouche aux langues médisantes qui en ce pays-là ne sont en petit nombre. Je m'en vais, Dieu aidant, à Rome sans un sol pour obtenir copie de la nullité de ma profession, jadis heureusement obtenue; que si elle ne peut réussir, ce sera pour me séculariser ou pour entrer en quelque autre religion, laquelle si j'estimais obtenir du T. R. P. général, je n'entreprendrai un aussi long et pénible voyage, sans argent. L'espérance néanmoins de venir au bout du premier, S. Sainteté me le permettant de ce faire jusqu'au 8 décembre prochain, me donnant par icelles pour juge de mon affaire non T. R^d P. général, mais M^r l'Official de Rieux, avec le R^d Père Abbé qui est de présent à Feuillans (1). Et ainsi j'estime faire casser tout ce qui s'est passé par devant sa paternité, laquelle aimera mieux me savoir dehors que par simplicité scandaliser la congrégation. Si cela peut aller de la sorte, j'aurai l'honneur de vous saluer au chapitre pour d'un côté vous remercier de l'affection que, non à la nécessité vous m'avez montrée et exercée, mais aussi, au besoin qui était le principal vous m'avez si nié, délaissé, abandonné, Vous y étant trop rudement comporté, vu que je ne serai en l'état où je suis pour maintenant ; je ne veux pas dire que vous eussiez dû me supporter en cela, nenni ; mais il ne fallait ajouter foi aux personnes qui vous avaient dit m'avoir vu vers l'abbaye en autre habit, la matière étant trop d'importance pour rester là : sentence d'apostat et d'excommunié ; ce sera la cause que cette fois je poursuivrai fort et ferme pour sortir de la Congrégation, car comment pourrais-je vivre en elle ; n'y aurait plus de contentement pour moi. Je me recommande à vos Saints Sacrifices, afin d'obtenir de Dieu son St Esprit et de tous vos religieux et particulièrement des nouveaux venus.

De Thonon, ce 20 mai 1627. Signé : Jean de St-LAURENT (2).

---

(1) L'Abbé Aiazza venait d'entrer chez les Feuillants, à Rieux.
(2) Il est à croire que ce religieux soulève des suppositions malveillantes contre ses confrères d'Abondance. Si de pareils désordres eussent alors régné dans cette Abbaye, le pieux Aiazza ne serait pas allé lui-même, à la dite époque, se faire feuillant, et Ch.-Auguste de Sales, qui écrivait la vie de son saint oncle en 1633, n'aurait pas pu dire que « *ceste ancienne et célèbre abbaye* (d'Abondance) *se vist ornée et réparée de bons moines, tels que sont les Feuillens* (T. I, p. 397).

N° 30

Interdit (abusif) jeté par les Feuillants sur R^d Avrillon, Vicaire d'Abondance. 1739. (Inédit) (p. 240).

Nos infra scripti prior et monachi Cistercienses monasterii regalis Abbatiæ de Abundantia capitulariter congregati, in absentia R^{mi} Patris abbatis nostri (claustralis) unanimiter interdiximus et interdicimus R^{do} D° Avrillon, quodcumque vel minimum pastoralium functionum exercitium, nedum in ecclesia nostra Abbatiali B. M. de Abundantia, verum etiam in aliis Sacellis extra ecclesiam dictam ab ea dependentibus, sicuti et idem omnino interdicimus et quoad poterimus jugiter impediemus quibuscumque quos (uti de prædicto R^{do} D^{no} Avrillon scimus), a superioribus nullum in hoc facultatem habentibus noverimus huc missos. Hinc quia dictus R^{dus} Avrillon, dum quodam die missam celebraret in aliquo campestri nostræ parrochiæ sacello ausus est simul cum una hostia ponere et particulam consecrandam, cum intentione deferendi cuidam non graviter infirmo, ipsi ante consecrationem sublata est particula a quodam ex nostris monachis et coram circumstantibus hoc unanimiter approbantibus confracta est, non paucis post exitum capellæ eidem R^{do} Avrillon factis objurgationibus, quod totum mox abbati nostro R^{mo} a nobis delatum est et ab ipso Senatui in informationem atque remedium ; prædicto autem R^{do} D^{no} in ecclesia nostra abbatiali missam, die saltem dominico celebrare enixe poscenti omnino renuimus, hocque tum in intentati operis pœnam, tum quia ecclesiæ nostræ domini sumus, necnon totius parochiæ curati.

In quorum fidem præsentem nostra manu subscripsimus et sigillo nostro munivimus in nostro B. M. de Abundancia cænobio Die 25 8^{bris} 1739.

(Signés :)
D. Malachias a S^{to} Anselmo, prior
D. Romualdus a S^{to} Carolo
D. Hermenegildus a S^{to} Francisco, celerarius.
D. Machael a S^{to} Hyacintho
D. Carolus Anthonius a S^{to} Theobaldo.
† Loco Sigilli
D. Laurentius a S^{to} Bonaventura.
Theologiæ rector et capituli secretarius.

(Fourni par M. le curé Pettex.)

N° 31

Transaction (simoniaque) **entre R^{me} Amoretti, abbé d'Abondance, et les Feuillants, passée à Chambéry en 1664** (Inédit) (p. 236).

. . . . . . C'est pourquoi ce jourd'hui, 17 octobre 1664, par devant moi notaire ducal soussigné et présents les témoins bas nommés (s'est) personnellement établi et constitué R^d P. Dom Jacques de St-Joseph sous-prieur au monastère de St Pierre de Lémens Laiz de la présente ville, lequel fondé de procure spéciale du 13 août dernier, reçue et signée par Me Command n^{re} de la Chapelle d'Abondance en Chablais et agissant pour et au nom des R^{ds} Prieur et Religieux du monastère de N. D. d'Abondance capitulairement assemblés... lequel, en ladite qualité a promis et promet au dit R^{mo} Abbé Amorety absent, moi dit notaire avec le Sr Philippé agent et procureur général dudit Sr Abbé cy présent, acceptant, stipulant et recevant, de servir et faire desservir la susdite cure à l'avenir par le R^d prieur de ladite Abbaye d'Abondance qui sera *pro tempore* ou par un autre religieux de l'abbaye selon la disposition des supérieurs provincial ou général, lequel sera nommé ou présenté par le R^{mo} S^{gr} Abbé à la même façon et forme qu'il a nommé ci-devant ledit R^d P. Dom Hilaire de Sr Jean-Baptiste, soit que ladite cure vienne à vaquer par démission, décès ou autrement, et de se *contenter* pour l'entretien soit portion congrue, tant du R^d Religieux curé que d'un vicaire séculier amovible et du susdit clerc, de ce qu'est assigné par ladite transaction (de 1618) par le R^{me} S^{gr} Abbé Aiaze pour ladite portion congrue, laquelle demeurera franche au dit R^d Curé de la même façon qu'en jouit de présent le dit P. dom Hilaire de St Jean-Baptiste, *à la réserve* toutefois de 10 écus d'or de 8 florins pièce, 80 florins, deux coupes froment, deux septiers de vin blanc et un écu d'or pour le cierge pascal, porté et contenu dans ladite transaction, lesquelles sommes d'argent, deux coupes de blé et deux septiers de vin il *relâche* et demeurent audit S^{gr} abbé et à son abbaye et de quoi le dit R^d constituant tant à son propre nom comme procureur susdit, qu'au nom de celui qui sera curé, le *quitte* et promet tenir *quitte* à peine de tous dépens, dommages et intérêts, et *moyennant* ce que dessus, ledit R^d Constituant *promet* au dit S^{gr} Abbé, pendant qu'il lui plaira nommer un religieux de la dite Abbaye, desservir et faire desservir la dite paroisse en qualité de curé, tout de même qu'ont fait ci-devant les chanoines réguliers de la dite Abbaye et que les autres prêtres séculiers admis et établis en icelle et aux fins exercer les fonctions curiales dans l'église ordinaire de la dite abbaye, ainsi qu'a été fait ci-devant, et d'établir et tenir ordinairement un prêtre séculier pour servir de vicaire amovible audit Curé, lequel sera admis par le R^{me} S^{gr} Evêque... comme encore d'entretenir un clerc *in habitu*, lequel serve aux messes et à toutes les administrations des SS. Sacrements dans ladite église avec le surplis, et ensemble de maintenir la maison de la Cure en bon état, conformément à l'acte d'état qui sera pris... et ledit Abbé et ses successeurs *déchargés* de l'obligation de faire bâtir la maison de la Cure au cas promis par ladite transaction de 1618, comme aussi de la manutention de la Sacristie de la dite Cure pour laquelle le dit R^d Constituant au nom que dessus fournira, pendant *seulement* que la dite Cure sera exercée ou par ledit R^d prieur ou par une autre religieux comme dessus et non *autrement*, les habits et ornements à ce nécessaires et accoutumés pour l'exercice des offices curiaux *sans* que le dit S^{gr} Abbé ni ses successeurs durant le dit temps y soit aucunement *tenus*, à *condition toutefois* que les R^{mes} Abbés ne nommeront ni ne *pourront* nommer prêtre séculier pour servir la dite Cure à *l'exclusion des susdits religieux* de ladite Abbaye, que l'église de la Cure jà commencée ne soit finie parachevée et en état d'y pouvoir exercer les fonctions curiales, et en ce cas les R^{mos} S^{grs} Abbés seront *en liberté* de nommer et présenter ou réguliers comme dessus, ou prêtre séculier à leur bon plaisir ; plus, a été convenu que ledit R^d Curé devra tenir bon compte de la maison de ladite Cure et faire les réparations nécessaires comme dessus comme bon père de famille, déclarant que si le bâtiment vient à dépérir entièrement ou par vieillesse ou par la ruine des eaux qui la *menacent* ou autre accident, qu'en tel cas ledit Curé pourra faire bâtir un autre bâtiment au lieu qui sera jugé le plus commode pour la dite Cure, du consentement néanmoins exprès de Mgr l'Abbé lequel sera obligé à leur rembourser le prix soit la dépense qui aura été faite pour la construction d'une nouvelle maison pour ladite Cure. Et ce ont fait lesdites parties sous et avec toutes dues promesses, serment par elles prêté, savoir ledit R^d Constituant *manus ad pectus ecclesiasticorum more* et le dit Sr Philippé entre mes mains et en la qualité qu'ils agissent de faire ratifier en temps que de besoin le contenu au présent, obligation, constitution, renonciation à tout droit contraire et clauses requises. Fait et passé à Chambéry, dans la maison dudit Sᵘ Philippé, en la présence d'hon. Ant. Chaumontet, et Jacques Deveginet, tous deux marchands merciers habitant à Chambéry, témoins requis et appelés, lesquels avec les parties ont signé sur ma minute et moi Jean-François Chambon, notᵒ ducal et bourgeois dudit Chambéry soussigné recevant. Expédié le présent audit Sʳ Philippé agent susdit ce réquérant.

Signé : CHAMBON, notᵒ.

Nᵒ **32**.

Suppression des Feuillants d'Abondance, 1761.
(Inédit.) (P. 249.)

Clemens Papa XIII.

Venerabilis frater, seu dilecte fili salutem et apostolicam benedictionem. Nuper pro parte carissimi in Christo filii nostri Caroli Emanuelis Sardiniæ regis illustris nobis expositum fuit quod in ista diœcesi Gebennensi Abbatia B. M. de Abundantia nuncupata de jure patronatus, ut asseritur, ipsius Caroli Emanuelis regis, uti Sabaudiæ ducis fundata ac sita reperitur, quæ in commendam ad vitam concedi solet suumque monasterium cum annexa ecclesia habet, in quo ab initio duodecim canonici regulares ordinis Sancti Augustini residebant, donec et quo usque in eorum locum a Sancto Francisco Salesio tunc existente episcopo Gebennensi vigore quarumdam felicis recordationis Pauli Papæ quinti predecessoris nostri in simili forma brevis die vigesima octava septembris anni (1606) expeditarum litterarum et subinde, nempe die septima maii anni (1607) duodecim monachi ordinis Sancti Bernardi Congregationis B. M. Fulliensis substituti et introducti fuerunt, prout etiamnunc de præsenti existunt. Attenta vero conspicua et magni momenti fructuum, reddituum et proventuum abbatialium seu abbatiæ prædictæ imminutione, bonæ memoriæ Petrus, dum vixit, S. R. E. presbyter cardinalis Guerin de Tencin nuncupatus, qui tunc temporis abbatiam prædictam sibi ad suam vitam concessam in commendam obtinebat, prævio ipsius Caroli Emanuelis regis assensu, felicis recordationis

Benedicto Papæ decimo quarto prædecessori itidem nostro supplicavit quatenus non solum eo quod ipse Petrus Cardinalis tunc patiebatur, suppeditando dictis duodecim monachis in monasterio ejusmodi degentibus sumptus necessarios, verum etiam *(texte altéré)*... idem Benedictus prædecessor negotium ejusmodi ad b. Mem. Joannem Jacobum dum pariter vixit S. R. E. cardinalem Millot nuncupatum tunc temporis suum auditorem perpendendum remisit, qui subinde una cum dilecto filio nostro Alexandro ejusdem S. R. E. diacono cardinali Albani nuncupato tanquam regi Sardiniæ protectore, ac dilecto filio tunc existenti Abbati generali Congregationis reformatæ S. Bernardi ordinis Cisterciensis ac Ven. fratri Francisco nunc episcopo Tiburtinensi, tunc ejusdem Petri Cardinalis auditore, quam plurimos ea super re habuit congressus. Depulsis demum quibusvis inde exortis dubiis,... vigore relationis planum factum fuit concessione et expeditione quarumdam litterarum apostolicarum sub certis modis et conditionibus in litteris prædictis quæ tunc expediri debebant exprimendis, quæ animo tendebant ad recte et secure reddendum jura ejusdem abbatiæ, prout etiam utilitatem, decentiam et commodum monachorum ipsius monasterii; quæ quidem concessio propter bella in ea regione mota minime executa fuit. Cum autem, sicut eadem petitio subjungebat, dictus Carolus Emanuel rex, provisionem a memorato Benedicto prædecessore, instante dicto Petro Cardinali super præmissis captam sub eisdem modis et conditionibus tunc concordatis, alteraque adjecta insuper circumstantia prout ipse Carolus Em. rex per suas litteras nobis animum suum aperuit alias propositiones nobis in posterum faciendi super applicatione fructuum ac reddituum proventuumque abbatialium per quam divini cultus augmento catholicæ religionis propagationi et catholicorum confirmationi utilius prospiciatur, executioni demandari posse plurimum desideret, nobis propterea humiliter supplicari fecit ut sibi in præmissis opportune providere et ut infra, de benignitate nostra apostolica dignaremur. Nos igitur ejus Caroli Em. regis piis votis in hac re quantum cum Domino possumus, favorabiliter annuere volentes suumque studium plurimum commendantes hujusmodi supplicationibus inclinati, audito etiam dilecto filio moderno abbate generali memoratæ congregationis S^{ti} Bernardi qui suum etiam in præmissis **consensum præstat, Fraternitati tuæ, frater episcope, de cujus** fide, prudentia, integritate, vigilantia et religionis zelo plurimum confidimus, seu discretioni tuæ, fili officialis, per præsentes committimus et mandamus, quatenus, etc.....

(Le dispositif du bref étant reproduit exactement dans l'ordonnance dont le texte va suivre, nous l'omettons BREVITATIS CAUSA.)

. . . .

Nos episcopus... necnon commissarius prædictis apostolicis mandatis parere votisque regiis facere satis studiose cupientes, visis per nos et diligentur inspectis prædictis litteris apostolicis nobis commissis, per præsentes statuimus, decernimus, constituimus et ordinamus prout sequitur, scilicet : Duodecim prædicti monasterii de Abundantia ordinis S[ti] Bernardi B. M. Fulliensis monachorum præbendas, eorum numerum imminuendo, ad sex tantum pro totidem monachis reduximus et reducimus, iisque sex monachis monasterium prioratus de Lemens prope Camberium pro sua in posterum mansione et habitatione assignantes et pro uniuscujusque præbenda trecentas Sabaudiæ monetæ libras ex fructibus ac redditibus dictæ Abbatiæ tempore, modo et cum clausulis per nos aut delegatum nostrum postea determinandis persolvendas assignavimus, constituimus et decrevimus ; alios vero sex præfat[i] de Abundantia monasterii monachos ad alia ejusdem ordinis monasteria transferendi eosque in iis collocandi cura et arbitrio R[di] Patris abbatis generalis relinquimus. Iisdem porro monachis liberam facimus facultatem pro arbitrio suo disponendi de prædiis aliisve bonis immobilibus quæ aut propria pecunia se emisse aut absque ullo imposito onere gratuita donatione sibi acquisita fuisse constare fecerint, relicta etiam ipsis libera facultate vendendi aut quo voluerint efferendi universam sui monasterii supellectilem, annonam et cujusvis generis pecora,... lecta tabellas pictas, libros, dolia et alia in præinsertis litteris apostolicis descripta, ea tantum lege ut quæ ex his omnibus quum primum in dictum monasterium introducti fuere ipsis tradita sunt juxta inventoria eo tempore confecta, et etiam prædia, domos, census et alia ejus generis sub alicujus servitii onere sibi concessa abbati commendatorio aut ejus jura habentibus saltem in æquivalenti restituere, ac etiam dolia ad usum trium sacerdotum in monasterio eorum loco sufficiendorum necessaria relinquere debeant et teneantur. Ne vero quidquam **dictorum restituendorum, vel ecclesiæ** supellectilis, ornamentorum et vasorum sacrorum avertant, vel alio transferant, antequam dictorum monachorum portio in monasterium de Lemens ad eorum usum transferenda per nos aut delegatum nostrum ipsis assignata fuerit, omnino qua fungimur auctoritate prohibemus et interdicimus. Propterea ut uno ex prædicta ordinis S^{ti} Bernardi B. M. Fulliensis congregatione monacho legitime eligendo, servatis in posterum sicut hactenus, dignitate, titulo, nomine abbatis de Abundantia, is ita electus jus habeat in omnibus dicti ordinis conventibus et capitulis generalibus suffragium ferendi et aliorum suffragiis fruendi, omnibusque potiatur privilegiis et prærogativis, quibus uti et frui soliti sunt dicti monasterii abbates ; in compensationem vero tum quadraginta scutorum quæ in manibus procuratoris generalis dictæ congregationis annuatim solvebat monasterium de Abundantia, tum octogenta scutorum dicto abbati regulari pro impensis ut ad conventus et capitula se conferat faciendis singulis decenniis persolvendorum, ut abbas commendatarius aut in ejus jura successurus præter mille et octingentas libras superius assignatas prædictis monachis, seu eorum procuratori legitime constituto centum et vigenti quinque dictæ Sabaudiæ monetæ libras singulis annis tempore et modo ut supra determinandis in posterum persolvant eadem qua fungimur auctoritate apostolica nobis commissa statuimus et decernimus. Eadem autem auctoritate... mandamus et præcipimus ut debite æstimatis impensis in reficiendis monasterii ædificiis igne consumptis per dictos monachos factis, si vel jam pro parte sibi competente non satisfecerit abbas commendatarius, vel propterea ære alieno adhuc gravati existant prædicti Fullienses monachi, iis per abbatem commendatarium aut in ejus jura successores secundum estimationem per nos aut per nostrum delegatum faciendam tantumdem refundatur, quantum vel de jure erit vel necesse, ut a debitis ea de re contractis omnino liberi remaneant dicti monachi. — In eorum autem locum in dicto Abundantiæ monasterio tres sacerdotes sæculares, unum pastorem perpetuum cui cura incumbet animarum castelli seu parochiæ de Abundantia de jure patronatus et nominationis abbatis commendatarii aut invictissimi Sardiniæ regis uti Sabaudiæ ducis, si forte in commendam conferri desinat abbatia, alios duos uti vicarios ac parochi assistentes ad nutum amovibiles suffici et substitui **debere decernimus, ac per dictos tres sacerdotes substitutos** sub assignenda unicuique eorum per nos aut delegatum nostrum juxta diœcesis usum et consuetudinem portione competenti ex fructibus et redditibus abbatiæ persolvenda præter curam animarum, missas etiam celebrari, cæteraque abbatiæ annexa onera impleri et persolvi debere statuimus et ordinamus. Cum autem ad prædicta omnia statuta, decreta et constituta exequendum ad prædictum de Abundantia monasterium, prout rerum natura exigit nos transferre nequeamus, idcirco ad officialem nostrum commissarium in hac parte per præinsertas litteras apostolicas jam deputatum earum executionem ulterius faciendam remittimus ipsumque quantum opus fuerit committimus et deputamus quatenus inventoria, æstimationes, et instrumenta omnia necessaria conficere, monachorum translationis pensionisque eis annuatim persolvendæ tempus et modum determinare et ipsis prius contradictorie auditis bonorum mobilium et immobilium abbatiæ restituendorum aut dimittendorum separationem statuere, trium sacerdotum sæcularium in locum monachorum collocatorum onera et obligationes præfinire, congruamque ipsis pro ratine onerum portionem assignare, cæteraque omnia et singula ad plenam et integram prædictarum litterarum apostolicarum executionem requisita peragere et statuere possit et debeat, non obtantibus omnibus quæ in dictis litteris Sanctissimus Dominus noster Papa noluit non obstare. Ne autem prædicti de Abundantia Fullienses monachi de præmissis aut aliquo præmissorum ignorantiam prætendant, tenore præsentium mandamus primo R^{do} domino præsbytero aut clerico hujus nostræ diœcesis ac eorum defectu, committimus primum apparitorem publicum dictæ nostræ diœcesis ut præsentes nostras litteras dictis monachis notificet et ipsarum transumptum per infradictum Secretarium nostrum debite signatum illis tradat. In quorum fidem... Datum Annecii 8 julii 1761. — Anno tertio pontificatus nostri.

Signé à l'original : J.-Nicolas epus Geben.
Buttin secretarius.
(Extrait du greffe de l'Evêché d'Annecy.)

N° 33.

Avis en droit du sénateur Biord sur la bulle de 1762
(Inédit) (P. 256).

La 1re question est de savoir qui est légitime personne pour requérir l'exécution du bref.

On dit que la suppression étant en faveur de la commende c'est à celui qui doit être pourvu de la requérir ; et cependant eu égard que la bulle *habet annexam causam pietatis et utilitatis ecclesiæ,* il paraitrait que le promoteur pourrait la requérir d'office.

Mais comme on est lié par la lettre de M. Mazé qui ordonne de suspendre, il est à propos de représenter la nécessité de passer outre, eu égard aux détournements que font les R^{ds} Feuillants, et qu'il est même nécessaire, crainte que la mort de S. S. n'empêche l'exécution d'une si bonne œuvre, et qu'il plaise à S. M. députer quelqu'un pour les intérêts de la commende.

La 2° question est de savoir si l'on doit ouïr et faire appeler quelqu'un pour la fulmination des bulles, et c'est le point le plus délicat ; mais comme S. S. ne l'a accordé que sur le recours de S. M., les représentations du cardinal de Tencin, ci-devant abbé et du consentement du général de l'ordre des Feuillants, il parait que l'on peut sans autre déclarer par une première ordonnance qu'il y a lieu aux publication et fulmination des bulles et en conséquence en ordonner la lecture et publication dans l'auditoire et que l'ordinaire en soit chargé.

L'on doit subséquemment procéder à sommaire apprise pour vérifier et purifier la condition du bref *constandosi che sia vero l'esposto*, et la dite sommaire apprise, rapportée sur la diminution des revenus de l'abbaye et l'utilité, rendre autre ordonnance portant qu'en conséquence du pouvoir attribué l'on supprime les six prébendes, en transfère six à Lémenc sous les revenus fixés par la dite bulle et ordonne que le tout soit signifié aux R^{ds} Pères Feuillants ; et pour faire les assignations, vérifications, réduction de biens, sera procédé sur les lieux.

Car il faut commencer de s'assurer du principal et cet article étant évacué, l'on passe au surplus, car s'il arrivait quelque obstacle quant à ceux-ci, cela retarderait l'exécution du principal bien loin et pourrait peut-être l'empêcher.

On fait notifier l'ordonnance sur le champ que l'on se trouve sur les lieux pour faire la réduction des biens et à ces fins l'on commence à cacheter partout où il y a de l'essentiel et ne laisse hors que le peu nécessaire, encore sous chargé, et successivement l'on procède à inventaire et l'on saisit du tout celui qui représentera la commende et à mesure que les Feuillants diront que quelque chose leur appartient, on peut le mettre à part en lieu de sûreté et on le porte cependant à la queue de l'inventaire, sans préjudice du droit des Feuillants et sauf à y prononcer.

L'inventaire clos, l'on examine les raisons des Feuillants et l'on en dressera ordonnance dûment raisonnée et on prononce ainsi que de justice.

Mais comme il serait injuste qu'ils pussent emporter leurs effets et faire fraude aux légitimes prétentions du curé et des gardiateurs par la soustraction des effets qui font toute la sûreté de ces prétentions, ce sera pour lors le cas et le temps de demander par lesdits curés et gardiateurs au Sénat le séquestre des effets, ne convenant pas, quant à présent, de faire aucune instance par rapport au mémoire envoyé à Turin, par lequel l'on considère toutes procédures comme abolies, selon l'intention de Sa Majesté.

Délibéré par les soussignés *sub censura* ce 14 juin 1761.

Signé : P.-J. BIORD, conseil.

(Taxé 3 écus neufs de France).

N° 34.

Substitution de la Sainte-Maison de Thonon aux Feuillants
1762 (Inédit) (p. 259)

Clemens episcopus servus servorum Dei dilectis venerabilium fratrum nostrorum Geben. et gratianop. episcoporum officialibus salutem. Vestigia romanorum pontificum... Carolus Emanuel rex, Sabaudiæ dux apud nos pro translatione Monachorum Cisterciensium Ordinis S^{ti} Bernardi Foliensium nuncupatorum qui anno 1606 loco canonicorum regularium ordinis S^{ti} Augustini.. subrogati fuerant, reservata sibi facultate in posterum afferendi nobis propositiones nonnullas propagationi fidei catholicæ utiles post obtentam translationem producendas institit, ut translatio hujusmodi suum plenarium effectum sit habitura, **exponendo quod ad hoc ut redditus dicti monasterii**

Christi fidelium sustentationi et fidei catholicæ inserviant, perpetuo applicentur in stabilem manutentionem piæ domus Albergamenti scientiarum et artium ac domus refugii nuncupatæ, sub titulo B. M. V. Compassionis in oppido. Civitate nuncupato de Thonon Gebenn. diœcesis, quod caput ducatus Chablesii existit et a civitate Gebennensi parum distat... Nos igitur prædictæ piæ domui, utpote in utilitatem fidei catholicæ et ad conversionem hæreticorum erectæ et institutæ specialem gratiam facere volentes... Mandamus quatenus, fili officialis gebennensis, vocatis qui ad id fuerint evocandi monasterium prædictum cujus fructus, redditus et proventus ad trecentum florenos auri in libris cameræ apostolicæ taxati reperiuntur,... illiusque titulum collativum, statum, naturam, essentiam ac consuetudinem illud commendandi, necnon ejusdem monasterii mensam abbatialem auctoritate nostra de præfati Caroli Eman. regis et ducis consensu perpetuo supprimas et extinguas, illisque sic suppressis et extinctis, omnia atque quæcumque dicti monasterii, mensæ abbatialis hujusmodi per te ut præfertur supprimendæ et extinguendæ et ad eam quomodolibet spectantia et pertinentia bona tam mobilia quam immobilia et se moventia omniaque sacra et profana supellectilia, necnon domos, vineas, prædia, possessiones, jura eaque omnia quibus mensa abbatialis hujusmodi instructa reperitur, necnon canones, census, proprietates illorumque respective annuos redditus cujuscumque generis et speciei existentes et undequaque provenientes dictæ piæ domui, ita quod liceat eisdem modernis et pro tempore existentibus, præfecto et congregationi prædictæ piæ domus universorum bonorum illorumque omnium et singulorum annuorum reddituum ac jurium et pertinentiarum quarumcumque veram realem actualem et corporalem possessionum per se vel alium seu alios eorum ac prædictæ piæ domus nomine propria auctoritate libere apprehendere et apprehensam perpetuo retinere, ipsaque bona locare dislocare arrendare illorumque respective fructus redditus et proventus percipere exigere, locare ac in prædictæ piæ domus pro præmissis oneribus supportandis usus et utilitatem juxta providas dispositiones consilii Militiæ SS. Mauritii et Lazari cui prædicta pia domus unita fuit convertere, cum onere tamen piæ domui supplendi oneribus et obligationibus quibus dictum monasterium, ut profertur, suppremendum et extinguendum **forsan obnoxium reperitur et præsertim sex monachos dicti** monasterii ab eodem monasterio, ut profertur supprimendo et extinguendo ac monasterium de Lemens secundo dicti ordinis Gratianop. diœcesis per priorem gubernari solitum, vigore nostrarum jam datarum litterarum translatos in secundo dicto monasterio cum certa tunc expressa assignatione cuilibet eosum tribuenda semper manutenendi eaque omnia in prædictis nostris litteris contenta adimplendi, dicta auctoritate nostra sine alicujus præjudicio de simili prædicti Caroli Em. regis ac ducis consensu etiam perpetuo unias, annectas, incorpores... modernoque et pro tempore existenti prædictæ piæ domus præfecto, quod ipse abbas commendentarius dicti monasterii denominari et inscribi et pro tali etiam ab aliis haberi et reputari, seque denominari facere, omnibusque et singulis prærogativis, honoribus, præeminentiis et aliis quibuscumque juribus... absque ulla prorsus differentia vel diminutione frui et gaudere libere et licite possit et valeat auctoritate apostolica præfato tenore præsentium de speciali gratia pariter perpetuo concedimus et indulgemus...

Per præsentes autem non intendimus beneficia a dicto monasterio dependentia ullatenus unire.

Datum Romæ apud Sanctam Mariam Majorem, anno incarn. Domini (1762) tertia idus maii. anno 4° nostri pontificatus.

(*Extrait des registres du greffe de l'Evêché d'Annecy*).

N° 35

Epreuve de R⁴ Billoud-des-Crest, plus tard missionnaire à Abondance, racontée par lui-même à un ami (1793).
(Inédit) (p. 304).

En exécution de l'arrêté du 28 mars 1793 qui prescrivait le serment aux ecclésiastiques non fonctionnaires publics que n'avait pas atteints la proclamation du 8 février précédent, je me nantis d'un passeport à Cognin où je demeurais ; je le fis viser à Chambéry et je me mis en marche, pour me trouver hors de ma patrie dans trois jours, comme portaient les lettres de contrainte. Arrivé aux portes de Carouge avec cinq capucins du couvent de Chambéry que j'avais trouvés en route, deux soldats nous conduisent à la municipalité ; nous exhibons nos passeports ; on les lit et relit et on signe assez lentement au bruit des huées et des insultes. Les frères et amis qui nous entouraient nous faisaient mine terrible et ne parlaient que de mort. Ensuite on nous fouille et refouille, sans rien trouver contre la loi. Nos paquets sous le bras, nous nous disposons à sortir dudit lieu. La rage parut alors à son comble ; je hasardai la demande d'une escorte jusqu'à la frontière. Un des officiers municipaux qui paraissait réellement touché de notre situation nous accompagna en écharpe et se fit suivre de deux soldats. Le danger lui en fit encore demander deux dans un corps de garde au bas de la ville. Dans ce *long* trajet qui borde l'Arve, quoique d'un petit quart d'heure, inondé comme d'un torrent, d'une foule altérée de sang, l'officier eut beau parler, haranguer et invoquer la loi, la force domina et frappa bientôt de tout côté. Arrivés sur le territoire de Genève, la fureur fut entièrement maîtresse de sa proie. Les pierres, bâtons, sabres, instruments civiques des frères et amis me firent en un instant et à plusieurs reprises mordre la poussière ; terrassé, sans résistance, je me vis assailli de toutes parts et de toutes manières. N'apercevant plus en moi signe de vie on résolut de me jeter dans l'eau. On me traîna par un reste de cheveux sur le bord de la muraille et on me lance dans l'abyme, mais je restai sur le rivage. Quelques moments après, la foule étant un peu dispersée, deux hommes charitables et courageux m'en tirèrent et m'emportèrent sur leurs épaules à Plain-Palais chez un chirurgien, où, à force de soins, je commençai à reprendre connaissance, lorsqu'un restant de notre précédent cortège qui m'avait suivi de loin, vint assaillir les environs de cette maison à coups de pierres. On se vit obligé de me transporter en ville et je fus déposé à la bourse française, où j'eus, quelques moments après, la visite du médecin et du chirurgen et la sonde dans la tête ! On ne voulut rien décider ni ce soir ni pendant huit jours, du danger, des plaies et des blessures. Je passai la nuit dans mon sang. Les soins qu'on me donna pendant deux mois me rétablirent au point de pouvoir hasarder à pied la recherche d'un asile dans un pays étranger. Il me serait impossible de donner un juste détail des soins, des attentions que j'ai éprouvés à Genève, l'empressement des directeurs à me visiter, etc. En moins de mots, je dois à la générosité de Genève le recouvrement de ma santé, à l'exception de la surdité d'une oreille et de quelques douleurs assez aiguës que je ressens de temps en temps. Ma situation au pont d'Arve ne me permit pas d'apercevoir le traitement de mes cinq compagnons de voyage. J'ai su qu'ils furent tous plus ou moins marqués au coin de nos *amis*. Un d'eux fut victime, une année après, des blessures qu'il avait reçues.

(*Extrait du manuscrit de son compatriote,*
R^d *J.-F. Blanc, son ami.*)

FIN

TABLE DES MATIÈRES

	Pages
AVANT-PROPOS	1-5

CHAPITRE PREMIER.

Topographie de la vallée d'Abondance. — *Ses premiers habitants.* — Traditions. — Burgondes. — Paroisse d'Abondance. ... 5 — 17

CHAPITRE II.

Origine du monastère d'Abondance. — Coup d'œil rétrospectif sur Saint-Maurice d'Agaune. — Premiers Moines d'Abondance. — Saint Colomban. — Mouvement religieux au XIIme siècle. — Arluin et ses Chanoines reçoivent la Vallée d'Abondance. — Acte de donation. — Installation à Abondance. ... 18 — 31

CHAPITRE III

Statuts et règles du monastère d'Abondance. — Le vénérable Ponce de Faucigny. — Observations. — Le Monastère, d'abord Prieuré, devient bientôt Abbaye. — Vie édifiante, louée par le Pape. ... 32 — 55

CHAPITRE IV.

Créations et succursales de l'abbaye d'Abondance. — Fondation de Sixt par le vénérable Ponce, et ses conditions. — Débat réglé ; — D'Entremont, — De Grandval, — De Gollie. — Traité d'union fraternelle avec Agaune. — Droit d'Abondance sur le Prieuré de Peillonnex, — Sur plusieurs paroisses. — Renommée de l'Abbaye d'Abondance. — Rang de l'abbé au Synode diocésain. ... 55 — 67

CHAPITRE V.

Eglise et cloître d'Abondance. — Description architectonique. — Le Monastère. — Dilapidation ... 68 — 73

CHAPITRE VI.

Prospérité temporelle de l'abbaye d'Abondance. — Diverses donations et possessions. — Droits féodaux. — Droits sur Montagnes. — Juridiction sur Saint-Gingolph. — Le voleur Reynaud. — Inventaire et sacs de titres. — Observation sur le régime féodal au sujet des tènements fonciers avec leurs hommes. — L'Abbaye d'Abondance justifiée ... 74 — 91

CHAPITRE VII.

Habitants de la vallée au moyen-âge. — *Leurs franchises. La justice.* — Leur situation avant et après la cession de 1108. — Redevances réelles. — Liberté personnelle. — Franchises héréditaires dans la Vallée, — attestées par le Vallais, — confirmées par les princes. — Détail des Franchises. — Le jury. — Jugement de Marrolaz, — de Claudine-Albi, — de Brelaz. — Supplice de Claudine Jorand. — Vente de ses biens. — Le Métral, l'Abbé lui-même tenus à l'observance des franchises. ... 91 — 107

CHAPITRE VIII

Sceaux de l'Abbaye. — Succession des Abbés. — Spécimen et destination des Sceaux. — Deux sortes d'Abbés, — Conventuels et Commendataires. — Notes chronologiques sur les 23 Abbés conventuels et sur les 21 Abbés commendataires. 107 136

CHAPITRE IX.

Luttes entre les habitants de la vallée et l'Abbaye, au sujet des Franchises. — Elles sont respectées durant trois siècles. — Premières atteintes. — Transaction de 1325 et Martin V. — L'Ochéage, décision d'Amédée VIII en 1425. — Violences réciproques. — Sentence arbitrale présidée par Amédée VIII en 1430. — Son jugement sur meurtres et complices. — Réclamation des habitants contre censures ecclésiastiques. — Nouveaux différends et transaction de 1445. — Nouvelles plaintes des habitants, leur recours à Charles III. — Décision du Duc. — Autre meurtre, sans suite. — Réduction de redevances. — Les franchises et le droit commun. — Derniers et inutiles efforts pour le maintien des franchises. 137 165

CHAPITRE X.

Démêlés au sujet des frais du culte. — Immunité de l'habitant à cet égard. — Première atteinte en 1443, renouvelée en 1517. — Droit reconnu par l'Evêque. — Plainte des habitants au cardinal Sénégalien, sa réponse. — Plainte au Sénat et décision. — Cette immunité reconnue et respectée jusqu'à la Révolution. 165 174

CHAPITRE XI.

Démêlés de l'Abbaye et de la vallée avec divers voisins. — Dus à l'imperfection du bornage. — Longues contestations avec les habitants de la Vallée d'Aulph, torts réciproques. — Intervention des princes et de la Justice. — Différends terminés avec Vacheresse pour Bize, — Avec Monthey pour montagnes limitrophes 174 180

CHAPITRE XII.

Occupation du Chablais-Gavot par les Vallaisans en 1536. — Prélude de cet évènement. — Situation désespérée. — Acte de dédition au Vallais, concerté. — Texte de cet acte. — Appréciation.... 181 190

CHAPITRE XIII.

Décadence de l'abbaye d'Abondance. — L'Abbaye, édifiante pendant trois siècles, déchoit par l'effet du grand schisme, — de la commende, — de la pluralité des bénéfices — et de la richesse. — Code de la Table. — Vie sensuelle prouvée par le nécrologe. — Déconsidération. — Saint François de Sales s'élève en vain contre ces abus. 191 199

CHAPITRE XIV.

Substitution des moines Feuillants aux chanoines de St-Augustin. — Ce que saint François de Sales eût désiré. — Il seconde l'abbé Aïazza dans son projet de réforme. Acte préliminaire de 1604. — Bref de Paul V en 1606 pour l'introduction des Feuillants et fixant le sort des anciens Chanoines. — Mesure justifiée et exécutée. — Curé confirmé. — Dernier mot sur les Chanoines d'Abon- 200 dance. — Transaction de 1608 et de 1618. — Saint François de Sales renonce au droit de visite. 222

CHAPITRE XV.

Les Feuillants à Abondance. — Leur institut. — Leurs débuts à Abondance très satisfaisants, suivis de graves déviations. — Tentatives vaines pour la réintégration des Chanoines de Saint-Augustin. — Règlement des rapports entre le Curé et les Feuillants en 1656. — Ils veulent exclure les habitants de leur église ou leur fournir un Curé Feuillant. — Les habitants cèdent, — l'Evêque aussi, avec des réserves. — Luttes des Feuillants avec tous les Evêques depuis Ch.-Auguste jusqu'à Mgr Deschamps. — Légère éclaircie sous Mgr d'Arenthon. — Interminable procès. — Convention simoniaque des Feuillants. — Recrudescence de la lutte en 1734. — Concurrence schismatique. — Réception du Curé Tappaz en 1759. — Lettre des Feuillants au Pape. — Lettre de l'Evêque au Roi, avec mémoire. — Réponse de Charles-Emmanuel III. — Les Commendataires se tournent aussi contre les Feuillants. — Tout appelle un remède radical.. 223 248

CHAPITRE XVI.

Suppression des Feuillants. Substitution de la Sainte-Maison de Thonon. — Bref de Clément XIII. — Sa fulmination, sa mise en vigueur. — Sort fait aux Feuillants d'Abondance. — Bref de 1762 en faveur de la Sainte-Maison. — Règlement d'intérêts au changement de régime. — Acte de 1763. — Succession des Curés à Abondance pendant les Chanoines et les Feuillants 249 263

CHAPITRE XVII.

Situation religieuse de la vallée. Evènements locaux. — Familles notables de la vallée. — Au changement de régime la paroisse obtient des garanties pour ses droits et ses intérêts. — M. Biord en signe le procès-verbal. — Recours des paroisses à la Sainte-Maison pour la congrue de leur clergé respectif. — Base acceptée. — La religion refleurit. — Chapelle de Charmit et autres — Evènements divers. — Mort de Mgr d'Arenthon à Abondance. — Mesures contre la peste en 1630. — Suite des guerres, contributions lourdes et prolongées. — Incendies. — Inondations. — Mauvaises saisons. — Familles Folliet, Favre, Blanc, Sallavuard et autres anciennes — ou notables familles.. 264 284

CHAPITRE XVIII.

La vallée d'Abondance pendant la Révolution. — Allobroges de la vallée. L'incorporation à la France en 1792. — Faiblesse de M. Tappaz. — Le jacobin Maxit — Insurrection. — La garde de la Fiogère. — Vain espoir. — Enquête sur les contre-révolutionnaires de la vallée. — Déposition de Maxit. — R^d Vernaz arrêté et fusillé. — Fin tragique de Maxit. — Vente des biens de l'abbaye. — L'église d'Abondance rendue au culte en 1795. — R^{ds} Pierre Blanc et Billoud, missionnaires. — Rétractation de M. Tappaz. — Restauration. — M. Testu et son collège à la Chapelle. — Conclusion du livre.......... 284 305

PIÈCES JUSTIFICATIVES ET DOCUMENTS

Nos des Notes		Années	Pages
1	Donation de la vallée d'Abondance à Arluin................	1108	306
2	Règles et constitutions du monastère d'Abondance.....vers	1130	308
3	Donation faite par le Sr Girold de Neuvecelle................	1121	311
4	Reconnaissance par les Comtes de Savoie des droits de l'abbaye d'Abondance sur Saint-Gingolph.......de 1203 à	1322	311
5	Transaction entre l'abbaye et la vallée......	1325	313
6	Confirmation des franchises d'Abondance par le Comte Amédée VIII............	1399	317
7	Confirmation des franchises par le Duc Louis de Savoie....	1440	318
8	Confirmation id. par le B. Amédée IX. .Date manque		319
9	Confirmation id. par les seigneurs du Vallais.......	1539	320
10	Reconnaissance et témoignages rendus aux franchises de la vallée par la République du Vallais..................	1770	322
11	Sentence arbitrale d'Amédée VIII au sujet de l'Ochéage.....	1425	323
12	Principal titre écrit des franchises d'Abondance, soit sentence arbitrale d'Amédée VIII et de ses coarbitres.....	1430	326
13	Jugement d'Amédée VIII au sujet de meurtres.............	1430	338
14	Fragment d'une pétition au Duc Charles III et décision.....	1509	330
15	Le Métral fait serment d'observer les franchises...........	1509	341
16	Lettre du cardinal Senegalien, ex-abbé d'Abondance........	1515	346
17	Visite à Abondance de Mgr Barthélemi.....	1443	342
18	Règlement de la table du monastère.....	1458	343
19	Dû à la vallée par l'abbaye......................	1458	347
20	Acte de dédition du Chablais-Gavot au Vallais.............	1536	349
21	Autorisation accordée au Métral pour la Police...........	1525	352
22	Sentence portée par les Consuétudinaires cotre Marrollaz .	1476	354
23	Acquittement d'Andrier (Andreri)........................	1552	355
24	Acquittement de Claudine Blanc (Albi)...................	1557	356
25	Sentence de mort contre Claudine Jorand	1502	358
26	Confirmation des franchises par l'abbé Soldati.............	1643	360
27	Dernière et inutile tentative pour maintien des franchises..	1605	361
28	Bulle d'établissement des Feuillants à Abondance	1606	363
29	Lettre d'un ex-Feuillant.....	1627	266
30	Interdit (abusif) lancé par les Feuillants....................	1739	368
31	Transaction simoniaque entre l'abbé et les Feuillants.......	1664	370
32	Bref de suppression des Feuillants.................	1661	372
33	Avis en droit du Sénateur Biord pour l'exécution du bref...	1761	374
34	Substitution de la Sainte-Maison de Thonon aux Feuillants.	1762	380
35	Epreuve de Rd Billoud d'Abondance........................	1793	382

www.ingramcontent.com/pod-product-compliance
Lightning Source LLC
Chambersburg PA
CBHW060345190426
43201CB00043B/756